AF559615

रेगिस्तान में झील

[कहानी-संग्रह]

रेगिस्तान में झील

आनंद हर्षुल

ISBN : 978-81-267-2588-5

मूल्य : ₹ 450

© आनंद हर्षुल

पहला संस्करण : 2014

प्रकाशक : राजकमल प्रकाशन प्रा. लि.
1-बी, नेताजी सुभाष मार्ग, दरियागंज
नई दिल्ली-110 002

शाखाएँ : अशोक राजपथ, साइंस कॉलेज के सामने, पटना-800 006
पहली मंजिल, दरबारी बिल्डिंग, महात्मा गांधी मार्ग, इलाहाबाद-211 001
36 ए, शेक्सपियर सरणी, कोलकाता-700 017

वेबसाइट : www.rajkamalprakashan.como
ई-मेल : info@rajkamalprakashan.com

संयोजन : जीवेश प्रभाकर

मुद्रक : बी.के. ऑफसेट
नवीन शाहदरा, दिल्ली-110 032

REGISTAN MEIN JHEEL
Stories by Anand Harshul

इस पुस्तक के सर्वाधिकार सुरक्षित हैं। प्रकाशक की लिखित अनुमति के बिना इसके किसी भी अंश की, फोटोकॉपी एवं रिकॉर्डिंग सहित इलेक्ट्रॉनिक अथवा मशीनी, किसी भी माध्यम से अथवा ज्ञान के संग्रहण एवं पुनर्प्रयोग की प्रणाली द्वारा, किसी भी रूप में, पुनरुत्पादित अथवा संचारित-प्रसारित नहीं किया जा सकता।

राजेन्द्र मिश्र को
जिनके आस-पास से मैंने साहित्य की गरिमा
को समझने का प्रयत्न किया
और
छोटे भाई योग को जिसके संग-साथ
मैंने जीवन को समझा।

अनुक्रम

[वर्ष 1984 (पहली कहानी) से 2001 तक की कहानियाँ]

बैठे हुए हाथी के भीतर लड़का

वह चुपचाप पड़ी सड़क के दिखने के छोर को एक साँस में छूना चाहता है। सड़क दिखने के पार भी है, पर वह उसके दिखने तक ही सोचता है, यदि इससे अधिक सोचा जाए तो रास्ता लम्बा हो जाता है। घुटने से एड़ियों तक मील के पत्थरों का वजन धीरे-धीरे नाचता है और पैर अपने ही शरीर से अलग हो जाते हैं। यह सोचकर कि बस, उस मोड़ तक दूरी पार करनी है—थकान उठने नहीं पाती। सड़क कम हो जाती है।

वह इतना डरा होता है कि धूल भरे किनारे को ही पकड़े रहता है। सड़क पर चलने की हिम्मत जुटाना उसके लिए मुश्किल है। उसे लगता है—वहाँ तक पैरों के पहुँचते ही कोई भारी-भरकम मोटरगाड़ी उसके सिर पर आ धमकेगी और वह दूर तक घिसटता चला जाएगा। उसका डर वाजिब है। उसका बायाँ पैर दाएँ से तीन इंच कम है—चलने में दाएँ की बराबरी नहीं कर पाता है। यदि वह यह मान भी ले कि दुर्घटना में आदमी हमेशा मर ही नहीं जाता तो भी वह अपना दायाँ पैर या कोई एक हाथ खोना, कभी नहीं चाहेगा।

वह जहाँ काम करता है, वहाँ से उसका घर तीन मील है। हफ्ते में छह दिन वह दूरी उसके पैरों के नीचे होती है। जाने की सड़क सुबह की रोशनी, किनारों की धूल और लोगों से भरी हुई होती है। मोटरगाड़ी गुजरती है तो सिर्फ वह ही दिखाई देती है—लोग गायब हो जाते हैं, गाड़ियों के गुजरने के बाद भी लोगों पर उनकी धूल ठहरी रहती है, वे कुछ देर बाद ही एक-दूसरे के चेहरे पहचान पाते हैं।

वापसी की सड़क में सन्नाटा और अँधेरा होता है। जिस पर सिर्फ उसके पैरों की आवाज का धब्बा उन आवाजों के साथ चमकता है जो घरेलू नहीं होतीं। कभी कभार ही कोई आदमी धोखे से दीखता है और डरा देता है। पेड़ घना अँधेरा ओढ़े चुपचाप खड़े रहते हैं। वे कभी भी चौंका सकते हैं—अचानक सामने आकर। पीछे छूटे पेड़ से ऐसी आवाज आ सकती है—जो रात में पेड़ की आवाज नहीं होती।

चलते हुए आदमी की बगल में चीजें इतनी तेजी से नहीं गुजरतीं कि दीवार लगें। ट्रेन में बैठे आदमी के लिए पेड़ हरी दीवार हो सकते हैं। पैदल आदमी के लिए

किनारे का हर पेड़, एक पूरा पेड़ होता है। वे इतने घने होते हैं कि पत्तियों के बीच छुपा हुआ आदमी, राह चलते आदमी के सिर पर कूद सकता है। वह जब भी ऐसा सोचता है, उसकी चाल तेज हो जाती है। कोई आदमी यदि हमारे सिर पर बैठ जाए तो वह हमें जहाँ चाहे ले जा सकता है। जैसा चाहे वैसा काम करा सकता है। यदि उसे लगा कि हम उसका विरोध कर रहे हैं तो वह अपने दोनों घुटने आपस में मिला देगा और हमारी साँसें रुक जाएँगी।

उसने चलते हुए किसी पत्थर को, ठोकर मारकर नहीं उछाला–वह ऐसा नहीं करता था।

वे खेलों के दिन थे। मन का खेल सबसे खूबसूरत होता था। घर इसी खेल में हाथी हो गया। मिट्टी का घर कुछ इस बेढंगेपन से पसरा था कि उसे बैठा हुआ हाथी लगता था। पुताई के पहले वह मामूली होता था–जो पुताई के बाद ऐरावत हो जाता। घर सालों में कभी-कभार ही ऐरावत होता था। माँ और बाबा रात भर दीवारों से जुटे रहते तो सुबह उनमें बगुले फड़फड़ाते। सिर्फ वहाँ आठ-दस कौवे बैठे रहते, जहाँ चूल्हा था। वह स्कूल से लौटता तो हाथी की सूँड में चाबी डाल देता–दरवाजा खुल जाता। हाथी के कानों को पकड़ता तो खिड़कियाँ खुल जातीं। अब हाथी धीरे-धीरे मरने लगा है। उसके शरीर में जहाँ-तहाँ दरारें पड़ गई हैं। उसके पास इतना पैसा कभी नहीं रहता कि वह उसका इलाज करा सके। सालों से हाथी ऐरावत नहीं हो पाया है।

जब वह स्कूल में पढ़ता था तो दरवाजा उसकी ऊँचाई का था। उसका कद बढ़ता गया, पर दरवाजा उतना ही है। उसके घर के दरवाजे में दूसरों का सिर फूट सकता है। गुजरने के लिए कद को आधा करना जरूरी है। थोड़ा-सा भी चूकने पर सिर चौखट से टकराता है। उसके घर बहुत कम लोग आते हैं–जो आते हैं, उन्हें झुककर चलने की आदत है।

माँ का कद कभी इतना बड़ा नहीं रहा कि चौखट से टकरा सके। बाबा का सिर हमेशा टकरा सकता था। क्योंकि उन्हें झुककर चलने की आदत नहीं थी। पर उनका सिर भी बस एक बार टकराया था, जब वे गुस्से में थे। वे शराब के लिए माँ से पैसे चाहते थे, माँ ने नहीं दिए। उनका गुस्सा तेजाब का छींटा था जो माँ को जब-तब जला देता था। वे गुस्से में घर से बाहर की ओर, इस तेजी से भागे कि चौखट से उनका सिर टकरा गया। वे अपना सिर पकड़कर बैठ गए थे। उनकी हथेली लाल थी। माँ बहुत डर गई थीं। उस समय माँ के डर पर वह बहुत रोया था। माँ ने हल्दी और चूने से उनकी पट्टी की। लाल-पीली पट्टी कई दिनों तक उनके सिर पर बँधी रही। माँ ने पट्टी करने के बाद उन्हें शराब के लिए पैसे भी देना चाहे थे, पर उन्होंने

नहीं लिए, उन पैसों से अगले दिन उसने अपने स्कूल की फीस जमा की थी–वह फीस जमा करने की आखिरी तारीख थी। बाबा फीस की तारीख को भूल जाते थे, पर माँ को वह हमेशा याद रहती। माँ चाहती थी वह पढ़े। बाबा सोचते थे, वह कहीं छोटा-मोटा काम कर अभी से कुछ कमाए तो ज्यादा अच्छा था। माँ सोचती थी–वह उसका इकलौता लड़का है।

वह सोचता था–बाबा किसी दिन इसी तरह चौखट से टकराकर अपना भेजा खोल लेंगे। पर बाबा मरे तो उनके पेट में शराब थी। उसमें बरसों पुरानी शराब के वे घूँट भी थे जो उन्होंने अपनी जिन्दगी में पहली बार पिए होंगे।

लड़कों के खेल में, वह शामिल नहीं हो पाता था। उनके साथ वह इतना पीछे छूट जाता कि वे उसके लिए लौट नहीं सकते थे। उसने अपने भीतर एक मैदान बना लिया था, जहाँ वह खेला करता था। वैसे वह दौड़ नहीं सकता था, पर अपने भीतर के मैदान में बहुत तेज दौड़ लेता था। एक दिन वह सपने में भी दौड़ा था–और चौंककर उठ बैठा था। वह पसीने से भीगा हुआ था–जैसा कि दौड़ के बाद अक्सर आदमी भीग जाता है। उसकी साँसें बहुत तेज चल रही थीं, फिर वह सो नहीं पाया था।

स्कूल में जब खेल शुरू होते तो वह उन्हें देखने जरूर जाता था। उसे लोगों को दौड़ते हुए देखना अच्छा लगता था। दौड़ते हुए लोग सनसनाते तीर होते थे जो हाथ की हरी झंडी के गिरते ही धनुष से छूटते थे। उसके मोहल्ले के चार-पाँच लड़के भी उस दौड़ में जरूर होते थे। वे अपनी मटमैली सफेद कमीज से अलग पहचान में आते थे। वे धूप में तपे हुए लड़के थे, पर झक्क सफेद कमीजों के बीच अक्सर घबड़ा जाते थे। उसके मोहल्ले के लड़के दौड़ में कभी नहीं जीत पाते थे, क्योंकि वे दौड़ के पहले अपने को बहुत अकेला महसूस करते थे।

वह अपने मोहल्ले के लड़कों के साथ आखिरीवाली बेंच पर बैठता था। सामने वाली बेंच पर सफेद झक्क कमीजोंवाले बच्चे बैठते थे–जिससे 'क्लास टीचर' अपनी कक्षा को 'साफ-सुथरी' कह सकता था। उसकी बेंच मार खानेवाली बेंच थी, जिसकी हथेलियाँ अक्सर लाल रहतीं और कान सूजे हुए। उनके पास कभी किताबें नहीं होतीं, कभी फीस, तो कभी स्कूल ड्रेस। स्कूल का अपना अनुशासन होता है, और उन्हें माफ नहीं किया जा सकता था। ऐसे समय वे घर पर नहीं लौटते थे। वे नदी के किनारे मछलियाँ पकड़ते या तालाब को कंकड़ मार-मारकर जगाते रहते या किसी खंडहर-सी वीरान जगह में बैठकर अधजली बीड़ियों को पूरी तल्लीनता से फेफड़ों में खींचते थे। वे अपनी कक्षा के दूसरे लड़कों से ज्यादा अनुभवी और जल्दी बड़े होते गए थे।

कक्षा में भी, वे किसी-न-किसी खेल में शामिल रहते। लड़कों की कापी में पीपल की पत्तियाँ जमा रहतीं–जो सूखने के बाद खूबसूरत जाली हो जातीं। लड़के

उसके पार एक दूसरे के चेहरे देखते थे। चेहरे धुँधले हो जाते और पत्तियों के साथ धीरे-धीरे काँपते रहते। धुँधले चेहरे खूबसूरत थे।

अब वह अपना चेहरा देखता है तो आईने में बंजर जमीन का एक छोटा-सा टुकड़ा होता है।

चौकीदार का घर स्कूल के गेट के दाएँ किनारे पर था, घर धीरे-धीरे खंडहर हो रहा था। हर साल पूरे स्कूल की सफेदी कराई जाती थी। पर चौकीदार का घर बच जाता था। वह काला होता जा रहा था। बरसात में उस पर हरी काई चढ़ जाती जो सूखने पर काली पड़ जाती थी। चौकीदार बूढ़ा हो गया था। उसे घर की फिक्र नहीं थी। उसने शायद ही प्रिंसिपल से कहा कि पुताई और मरम्मत यहाँ भी जरूरी है। उसने एक तोता पाल रखा था जो दरवाजे पर पिंजड़े में लटकता रहता था। चौकीदार दिन में हमेशा गायब रहता था। लड़के तोते को गाली सिखाते। तोता जब गाली बकता तो वे बहुत खुश होते। चौकीदार जानता था कि वे ऐसा करते हैं, पर वह कुछ नहीं कहता था। पर जब उन लोगों ने तोते को सिखाया कि 'प्रिंसिपल चोर है' तो चौकीदार बहुत डर गया था। उसने तोते को उड़ा दिया, फिर उसने कभी कोई तोता नहीं पाला।

उसे पिंजड़े में बन्द तोता आज भी अच्छा नहीं लगता। उसे लगता है, इस तरह हम तोते को आधा कर देते हैं—उसका उड़ना उससे छीनकर। उस समय उसकी कापी में तोते के बहुत से चित्र बने होते थे। कापी में बने तोते, कापी के रंग के होते थे—काली लकीरों से कटे हुए उसे उनके लिए हरा रंग चाहिए था—चोंच के लिए थोड़ा सा लाल रंग। वह हाफ पेंट पहनता था, पर उसमें जेब नहीं थी। कमीज की जेब से पेन का पैर झाँकता था। कापी के तोते बिना रंगों के रह गए थे।

कक्षा जितनी छोटी होती है, बस्ते का बोझ उतना ही अधिक होता है। उसका बस्ता भी भारी था—लगभग चार-पाँच किलो। बस्ते का वजन बचपन के मन को भर देता था। बस्ते को सहलाते हुए अपने को सहलाने का सुख था। बस्ते के भीतर एक पूरी दुनिया होती है जो बस्ते की उम्र लाँघ देने के बाद नहीं समझी जा सकती। उसके भीतर बचपन सुगबुगाता रहता है—काँच की गोलियों, माचिस के खाली डिब्बों और रंगीन पत्थरों में। उसके बस्ते में रद्दी पन्नों की चार कापियाँ थीं—जिनका अपना इतिहास था। बाबा को कहीं काम करते, रद्दी के ढेर में कागजों का एक बंडल मिल गया था। माँ ने उन्हें सिलकर चार कापियों में बदल दिया था। कागज मटमैले थे। वे समय के हाथों मैले नहीं हुए थे—उनका रंग ही ऐसा था, वे सरकारी कागज थे। पहली बार उन कापियों को अपनाने में उसे बहुत तकलीफ हुई थी। जो चीज अलग-थलग होती है, बचपन उसे नहीं स्वीकारता। बचपन को चाहिए वह चीज जो उन सबके पास है—जिनके पास कि बचपन है।

वह बस्ते से उन कापियों को निकालता तो लड़के मुस्कुराते थे। लड़के बहुत दिनों तक नहीं हँस पाए—एक ही चीज पर बहुत दिनों तक नहीं हँसा जा सकता था। शुरू में वह भी हँसने की चीज था, फिर पुराना पड़ गया। स्कूल के पहले दिन उसका नया नामकरण हुआ। वह गेंद की तरह अनाड़ी खिलाड़ियों के बीच उछलता रहा था। उसकी सारी झुँझलाहट आँखों के रास्ते बह निकली थी। खिलाड़ी एक कोने में सहमे देखते रहे—गेंद का रोना। वह लौट आया था। इस फैसले के साथ कि अब स्कूल कभी नहीं जाएगा। पर ऐसा नहीं हो पाया था। बस माँ और बाबा का दिया नाम बेकार गया था। उसने सोचा था—पानी में मछली का कोई नाम नहीं होता।

उसकी इतिहास की किताब में हिटलर मर गया था। पर उसकी कक्षा के सामने कभी-कभी जिन्दा हिटलर टहलता था। प्रिंसिपल की मूँछ विदेशी (हिटलर की) थी और बाकी सब हिंदुस्तानी। प्रिंसिपल जब राउंड पर निकलता तो उसका सिर गिद्ध की तरह हिलता रहता। मास्टरों की आवाज चूहों की चिंचिआहट में बदल जाती थी। चूहे ब्लेकबोर्ड के नीचे दुबक जाते—वे गिद्ध की चोंच से बहुत डरते थे।

'स्कालरशिप' देते समय प्रिंसिपल का चेहरा 'जेब' हो जाता था। आदमी का चेहरा यदि जेब हो जाए तो वह उससे आगे चलता है—आदमी को पीछे-पीछे चलना होता है। प्रिंसिपल जब चलता था तो उसके पंजे कोई आवाज नहीं करते थे। वह किसी भी चीज को पीछे से आकर कभी भी दबोच सकता था—कोई चीज भाग नहीं सकती थी। उसके एक दोस्त ने जो बहुत कम बोलता था और अपनी उम्र से बड़ा लगता था—यह बात कही थी कि प्रिंसिपल का बस चले तो स्कूल के पंखे की हवा भी, अपने झोले में भरकर घर ले जाए। वह दोस्त का मुँह ताकता रह गया था। आज उसे लगता है कि उस समय वह अपने दोस्त से समझ में छोटा था।

स्कूल के पंखे मास्टरों के सिर के ऊपर चलते थे, पंखे की हवा उसकी बेंच तक बिलकुल नहीं आती थी, अलबत्ता सामनेवाली बेंच के लड़के, मास्टर के साथ हवा खाते थे। लड़कों के बाल हवा में धीरे-धीरे काँपते रहते। उनके उड़ते बालों को देखकर उसे बेहद जलन होती थी। वह चाहता था उसके बाल भी उड़ें और वह उन्हें, हलके से सँवार सके—लापरवाह हाथों से।

गर्मी के दिनों में कमीज पसीने से भीग जाती थी। कक्षा में कमीज उतारकर बैठना मना था। ऐसे दिनों वह घर में कमीज कभी नहीं पहनता था। घर में जो सही माना जाता, वह स्कूल में आकर कभी-कभी गलत हो जाता था। घर में कमीज न पहनना, नंगा होना नहीं था—पर कक्षा में था। सफेद कमीज बहुत जल्दी मैली हो जाती थी। उसके पास एक ही कमीज होती थी जो साल भर चलती। कमीज माँ रात में धोती थी, जिसे वह सुबह स्कूल पहनकर जाता था। गर्मी के दिनों में कोई परेशानी नहीं होती थी, पर बरसात में कमीज सूख नहीं पाती। बरसात सिर्फ इसलिए उसे

अच्छी नहीं लगती थी क्योंकि वह कमीज और पेंट गीला कर देती थी। अपना ही बदन एक सीलन भरा कमरा लगता–पानी की अजीब-सी गन्ध छोड़ता हुआ।

उन दिनों रविवार मुश्किल दिन था–जिससे वह बहुत घबड़ाता। वह ऐसा दिन था जो पैरों के सामने आकर ठहर जाता और खत्म नहीं होता था। रविवार को स्कूल बन्द रहता। खेल को सिर्फ देखना, खेल न पाने के दुख पर मुश्किल होता है।

उसके मोहल्ले में खेल का मैदान नहीं था। लड़के जहाँ खेलते, वहाँ घास की जगह धूल उगी होती–जो पैरों के पड़ते ही सिर तक उछलती थी। कभी कोई एक लड़का खाँसते-खाँसते बेदम हो जाता, तो खेल थोड़ी देर के लिए ठहर जाता था। पर खाँसी के भागते ही फिर शुरू हो जाता। लड़के दिन भर खाली रहते थे और उनके पास खेलने के अलावा कोई काम नहीं था। वे मौसम की फिक्र नहीं करते थे–हमेशा घर से बाहर रहते। गर्मी गुजर जाती और उन्हें लू नहीं लगती थी। बरसात में मैदान एक छोटे से तालाब में बदल जाता तो भी वे खेलना बन्द नहीं करते थे। वे पानी के भीतर का खेल ढूँढ़ लेते। पर मैदान में खेलने के लिए लड़कों की संख्या घटती अधिक थी–बढ़ नहीं पाती। लड़के थोड़े बड़े होते ही, कहीं भी छोटी-मोटी नौकरी करने लगते थे। शहर के किसी भी होटल में उन्हें आसानी से काम मिल जाता था। इस तरह की नौकरी में पैसा बहुत कम होता, पर घर से एक के खाने का खर्च कम हो जाता था।

वह माँ की जिद पर पढ़ता रहा और कामवाले लड़कों के बीच छोटा होता गया। कोई भी कम उम्र का लड़का कहीं काम शुरू करते ही उससे उम्र में बड़ा हो जाता। मोहल्ले में वह अपनी उम्र के सब लड़कों से छोटा हो गया था।

स्कूल की पढ़ाई के खत्म होते ही हर दिन रविवार हो गया था। माँ और बाबा सुबह से काम पर चल देते और दिन लम्बा हो जाता था। वह बीड़ी पीने लगा था। जेब अक्सर खाली रहती–माँ से अब पैसे माँगने में हिचक होती थी। पैसे नहीं रहने पर दिमाग में बीड़ी की तलब ज्यादा सुलगती थी।

घर में बहुत देर बैठा नहीं जा सकता था–वहाँ दिन में भी अँधेरा रहता है। कोई चीज यदि नजर से फिसल जाती है तो उसे ढूँढ़ने के लिए कई और चीजों से टकराना पड़ता है–कभी-कभी तो तीली भी जलानी पड़ती है। घर में घुसते ही बाहर की दुनिया एकदम बन्द हो जाती है। अन्दर समय अँधेरे में रुक जाता है–पर बाहर चलता रहता है। इसलिए घर के अन्दर समय का पता नहीं चलता और बाहर आने पर चौंकना पड़ता है। वह दिन को लालटेन नहीं जला सकता था। लालटेन सिर्फ रात को जलाई जाती थी। उसकी रोशनी में माँ खाना बनाती। वे खाना चूल्हे की रोशनी में खाते थे। चूल्हे के पास बैठी माँ दुनिया की सबसे सुन्दर औरत लगती–लाल रोशनी में उसका चेहरा चमकता रहता। धुएँ से उसकी आँखें गीली रहतीं–इसके बावजूद वह सुन्दर लगती थी।

माँ और बाबा का सुबह का चेहरा कैसा होता होगा, वह सिर्फ अन्दाज लगा सकता था। वे उसके उठने से पहले ही काम पर निकल पड़ते थे। वह उठता तो घर खाली मिलता। चूल्हे के पास उसके हिस्से का खाना ढका रहता। अब लगता है–माँ, बाबा से भी ज्यादा मेहनत करती थी। वह रात देर से सोती और सुबह बहुत जल्दी उठती थी।

माँ हमेशा कम बोलती थी। बाबा से तो उसने बाद में बात ही करना छोड़ दिया था। माँ अन्दर ही अन्दर कम होती जा रही थी। वह चुप्पी और घुन्नेपन की उस सुरंग के भीतर धीरे–धीरे सरकती जा रही थी–जहाँ अँधेरा लगातार घना होता जाता है और वापस आने का कोई रास्ता नहीं होता।

ताले की दो चाबियाँ थीं। एक माँ के पास होती और एक उसके पास। पर अक्सर होता यह था कि ताला वह लगाता और वह ही खोलता। क्योंकि वह देर से जाता और जल्दी लौटता था। माँ और बाबा अलस्सुबह जाते और अँधेरा घिरने पर वापस लौटते। घर दिन के लिए उनका नहीं होता था। उसमें दिन भर ताला बन्द रहता–जो 'यहाँ कोई नहीं रहता' का आभास देता।

अँधेरा सड़क पर पसरने लगा था। वह सोचते हुए वहाँ लौट रहा था, जहाँ से वह आ रहा था। बेकरी अँधेरे में गुम नहीं हुई होगी, वह वहीं होगी–उसने सोचा। कोई यदि बेकरी के बन्द दरवाजे के बाहर अभी खड़ा हो जाए–तो वह नहीं कह सकता कि वह वहाँ काम करता है। बोर्ड में मालिक का नाम है।

हम जिस जगह काम करते हैं–उससे बच नहीं सकते। हम जानते होते हैं कि वह जगह हमारे भीतर घर करती जा रही है–पर हम उसे निकालकर बाहर फेंक नहीं सकते हैं–उसने सोचा।

वह एक बेकरी में काम करता है, जिसकी दीवारें पक्की और छत खपरैल की है। बेकरी की छत नई है, इसलिए दूर से ही लाल चमकती है। वह एक मजबूत मकान है और उसके गिरने की कोई सम्भावना नहीं है। पर उसके साथ बड़ा अजीब होता है–वह जैसे ही अन्दर घुसता है, मकान धँसने लगता है। उसे लगता है, वह उसके सिर पर आ गिरेगा। वह मर जाएगा और किसी को उसकी खबर नहीं होगी। बस, वहाँ काउंटर के आसपास का हिस्सा बचा रहेगा, जहाँ मालिक बैठता है। मालिक से पूछा जाएगा तो वह चुप रहेगा। वह किसी को नहीं बताएगा कि मलबे में उसकी लाश है। बहुत मुमकिन है कि वह कह दे–"वह तो आज काम पर आया ही नहीं।"

मकान के धँसने का डर, बाहर महसूस नहीं होता–वह सिर्फ अन्दर रहता है। अन्दर, बाहर की रोशनी नहीं होती–सीलन से भरा हुआ अँधेरा होता है। पर

जहाँ भट्ठी जलती है–लाल पीली थकी-सी रोशनी फैली रहती है। उस रोशनी में भट्ठी में काम करते लोगों के चेहरे खुल जाते हैं–वे ज्यादा थके और बीमार लगते हैं।

बेकरी का मालिक लकड़ी के एक पुराने काउंटर के पीछे दिन भर बैठा रहता है। वह इतना मोटा हो गया है कि चलना-फिरना उसके लिए मुश्किल है। दूर से देखने पर वह मांस का साँवला ढेर लगता है–कपड़ों में लिपटा हुआ। वह काउंटर पर बैठे-बैठे ही चीखता रहता है। उसके पास बहुत तेज आवाज है–जो पूरे मकान में टहलती रहती है और सारा कामकाज देखती है।

मालिक जिस कुर्सी पर बैठता है–वह बहुत ऊँची है, उसके पाँव हवा में लटके रहते हैं। कुर्सी के नीचे चूहे टहलते हैं–वे उस मोटे आदमी की एड़ियाँ कुतरना चाहते हैं। मालिक इस बात को जानता है, इसलिए उसने कुर्सी ऊँची बनवाई है। हवा में लटकती एड़ियाँ चूहों को देख मुस्कराती रहती हैं। वे धीरे-धीरे हिलती हैं, जैसे जीत की मस्ती में झूम रही हों। पर चूहे टहलना बन्द नहीं करते–एड़ियों के नीचे मँडराते रहते हैं। वे मालिक के उतरने का इन्तजार करते हैं और उसके उतरते ही एक साथ झपट पड़ते हैं। मालिक के पैरों में दबकर रोज एक-दो चूहे मर जाते हैं, पर मालिक को भी कभी-कभी लँगड़ाकर चलना पड़ता है।

वह सिकी हुई पाव रोटियों को रेपर में पैक करने का काम करता है। इस काम में स्कूल की पढ़ाई की कोई जरूरत नहीं है–यह काम एक बच्चा भी कर सकता है। यह बहुत एकरस और उबा देनेवाला काम है।

उसे, बेकरी में अपने काम के बीच बाबा अक्सर याद आते हैं।

वह बहुत कम बोलता है, क्योंकि उसे फुसफुसाना पसन्द नहीं है। मालिक का यह मानना है कि बोलता हुआ आदमी काम नहीं करता। इसलिए वह लोगों से कहता है कि अपनी आवाजें टिफिन कैरियर में बन्द कर काउंटर में जमा कर दो। पर लोग ऐसा नहीं करते हैं–वे कुछ आवाज अपने पास, मालिक की नजर से बचाकर रख लेते हैं, जिससे फुसफुसाने से शब्द बनते हैं। इस आवाज में कोई बात नहीं की जा सकती। वह बिलकुल नहीं कर सकता। वह बेकरी में सिर्फ एक बार चीखना चाहता है। पर आवाज गले के आखिर में आकर अटक जाती–बहुत जोर लगाने पर भी नहीं निकलती। वह गूँगा नहीं है–इसके बावजूद नहीं।

उसके और बेकरीवाले के बीच कभी कोई ऐसी बात नहीं होती है–जो बातचीत लगे। मालिक ने उसे कहने को सिर्फ कुछ शब्द दिए हैं–जी हाँ, कर दूँगा साब! गलती हो गई साब! इनमें से किसी शब्द को चीखकर कहा भी जा सकता हो तो भी वह आज तक कह नहीं पाया है। मालिक महीने में तनख्वाह देता है, वह चुपचाप रख लेता है। वह पैसा काट लेता है तो भी वह चुप रहता है। उसे हमेशा डर बना

रहता है कि मालिक उसे नौकरी से निकाल देगा। उसे यह भी लगता है कि वह ज्यादा दिनों तक इसी तरह काम करता रहा तो वह गूँगा हो जाएगा।

उसने अपनी हथेली में कभी लाल दहकता हुआ अंगारा रखकर नहीं देखा है– हो सकता है तब वह बहुत जोर से चीखता।

उसके घर जाने के रास्ते पर 'मटन मार्केट' पड़ता है। वहाँ हर दुकान में मांस के लोथड़े झूलते रहते हैं। मांस खरीद सकनेवालों की भीड़ वहाँ बहुत होती है। वहाँ इतना हल्ला होता है कि बेकरी की आवाज में बात की जाए तो बगल का आदमी सुन नहीं सकता–वह सिर उठाएगा सवाल की तरह और कही हुई बात को और जोर से दोहराना पड़ेगा।

बाजार के ठीक सामने की सड़क उसके मोहल्ले की ओर मुड़ती है–शहर से बाहर। पर वह इस बाजार में अचानक रुक ही जाता है–किसी भी दुकान के सामने। जहाँ दो-दो, तीन-तीन या कभी-कभी चार-चार बकरे भी उलटे लटके रहते हैं। उनके सिर गायब होते हैं और चमड़ी उतरी हुई। उनकी मांसपेशियाँ सफेद-लाल रंग में इस तरह उभरकर चमकती होती हैं कि कभी भी टप से गिर जाएँगी–ग्राहक को देखकर। कसाई को काटने-पीटने की मेहनत नहीं करनी पड़ेगी। वह देर तक उन्हें रोज देखता रह जाता। अब तक उससे किसी ने नहीं पूछा कि वह ऐसी हरकत क्यूँ करता है। पर यदि कोई पूछेगा तो वह उसे समझा सकेगा–ऐसा उसे नहीं लगता।

रचना-वर्ष–1984 : साक्षात्कार '65

घर गेराज से छोटा

वह जब वहाँ पहुँचा तो बँगला सुबह की ठंड में धीरे-धीरे काँप रहा था। धूप वहाँ तिरछी गिर रही थी और कार की नम्बर प्लेट उसमें बहुत साफ चमक रही थी। बँगला सुबह की रोशनी में धुँधला था–यह ठंडी धूप थी जो धीरे-धीरे फैलती है।

वह गेट खोलने लगा तो कुत्ता दौड़ता हुआ आ गया–हमेशा की तरह आज भी उसने उसे पहचानने से इनकार कर दिया और लगातार भौंकने लगा। उसके लिए कुत्ता जिन्दा कालबेल था जो उसके आने की सूचना साहब तक पहुँचाता था। वह गेट खोलकर अन्दर घुसा तो कुत्ता उसकी कमर तक था और कुत्तों से उसका डर, उसके सिर पर रेंगने लगा।

दरवाजा खुला–"तुमने आज फिर देर कर दी।" वे नाइटी पहनी हुई थीं। यह उनका सुबह का चेहरा था–जो दिन भर कभी इस तरह नहीं दीखता जैसा सुबह दीखता है।

उसने कहा, "नहीं..."

"बहस मत करो! साहब कब से तुम्हारा इन्तजार कर रहे हैं।" साहब अभी सोकर नहीं उठे थे। उसने कुछ नहीं कहा। वह गेराज की तरफ बढ़ गया। उनकी आँखें, उसकी पीठ में गड़ रही थीं। वे नुकीली और बूढ़ी आँखें थीं–जो हमेशा ज्यादा तेजी से चीजों पर गिरती हैं–जैसे उन्हें चीरकर भीतर झाँकना चाहती हों।

कार में धूल की एक हलकी-सी परत जम गई थी–उस पर अँगुलियों से कुछ भी लिखा जा सकता था। गणित के सवाल हल करने के लिए कार को एक कापी की तरह इस्तेमाल किया जा सकता है–उसने सोचा और मुस्कुराया।

उसने कार की डिकी खोली और उसमें से एक रद्दी कपड़ा निकाला। वह कपड़ा कभी मेमसाब की साड़ी था–अब जिसके बेलबूटे, धूल और तेल की चीकट के धब्बे हो गए थे। जब वह कपड़ा उसे कार साफ करने के लिए मिला था तो इतना नया और अच्छा था कि उसे लगता, कपड़े से नीले-सफेद फूल जमीन पर आ पड़ेंगे। उस कपड़े से एक सुन्दर फ्रॉक बन सकती थी–जिसे पहनकर कोई नन्ही लड़की गुड़िया लगती।

उसने पूरी तल्लीनता से कार के हर सम्भव हिस्से को चमकाया—जहाँ तक उसका हाथ पहुँच सकता था। चमकती कार को देखकर साहब खुश होते थे और वह उन्हें खुश रखना चाहता था।

''सुनो! जैलाल!'' यह मेमसाब की आवाज थी—जो लान को पार करते उस तक पहुँची और बिना आवाज किए गेराज में गिर गई। वह गिरते ही मर चुकी थी—उसने उसे अनसुना कर दिया।

''जैलाल! बहरे हो क्या...''

''आया मेमसाब...'' वह दौड़ा। लान की मखमली घास उसके पैरों के नीचे थी। उसके पैर दो-दो इंच अन्दर धँस रहे थे—पैरों के नीचे उसने मुलायम गुदगुदी महसूस की। मेमसाब की पुकार अब भी उसके पैरों के साथ चिपकी हुई थी। पर वह लान को लेकर सोच रहा था कि वह एक आरामदायक बिस्तर हो सकता है—यदि उसके तीन टुकड़े करके घर में रख लिए जाएँ।

अपनी दुनिया में रहने और सोचने का समय तो आपको निकालना ही पड़ेगा-यदि आप जिन्दा रहना चाहते हैं।

मेमसाब के पैरों के नीचे धूप का एक टुकड़ा पड़ा हुआ था और दूसरा बालों से फिसलकर माथे तक आ गया था—जिससे उनकी आँखों में तैरता गुस्सा जो उससे बात करते हुए हमेशा मौजूद रहता है—बहुत साफ -साफ चमक रहा था।

''गाड़ी निकालो, बेबी स्कूल जाएगी।''

''जी...''

बेबी जिस स्कूल में पढ़ती है, वह बहुत दूर नहीं है, कार के लिए वह लगभग पाँच मिनट की दूरी पर है, वह भी इसलिए कि सड़क पर उन बच्चों की बहुत भीड़ रहती है—जो पैदल स्कूल जाते होते हैं। बेबी अक्सर रिक्शे में स्कूल जाती है और यह उसका कभी-कभार का ही काम था। पहली बार जब उसने बेबी को स्कूल पहुँचाया था तो उसे लगा था कि बेबी पैदल भी स्कूल जा सकती है, पर अब उसे लगता है, बेबी पैदल स्कूल नहीं जा सकती।

उसकी लड़की बेबी के स्कूल में नहीं पढ़ती है—उसका स्कूल बेबी के स्कूल के पास ही है, पर उसके अपने घर से बहुत दूर है। बेबी को स्कूल छोड़ना उसे इसलिए भी अच्छा नहीं लगता कि मुन्नी अक्सर रास्ते में दिख जाती है। दुबली-पतली मुन्नी जो घर में होती है तो लगता है फुदक रही है, पर सड़क पर चलते हुए वह सुस्त होती है—अपने बस्ते के वजन से दोहरी। वह उसे जब भी दिखती है, स्टीयरिंग पर उसके हाथों का कसाव बढ़ जाता है और पैर एक्सीलेटर पर जोर डालने लगते हैं—जिससे मुन्नी उसे देख न सके। पर वह देखे जाने से कभी नहीं बच पाता था। वह मुन्नी द्वारा पकड़ लिया जाता तो मुस्कुराता और मुन्नी हाथ हिलाती थी। वह इस

बात को नहीं जानता था कि उसकी मुस्कान मुन्नी अपने बस्ते में रख लेती थी और अपने सहेलियों को दिखाती थी। एक रंगीन तितली की तरह उसकी मुस्कान थोड़ी देर कक्षा में उड़ती रहती और मुन्नी और उसकी सहेलियाँ उसे दौड़कर पकड़ने का खेल खेलती थीं। मुन्नी एक समझदार लड़की थी—वह अपनी माँ के कामों में, हाथ बँटाते हुए बड़ी हो रही थी।

जब वह लौटा तो साहब लॉन में टहल रहे थे। उसने उन्हें नमस्ते किया—दोनों हाथों को जोड़कर। उनका सिर बहुत हलके से 'हूँ' की आवाज करता हुआ हिला। उनका सिर उसके नमस्ते का सच में जवाब देता है या नहीं, वह ठीक कह नहीं सकता। पर वह हलके से झुकता है, ऐसा उसे लगता है—हो सकता है 'हूँ' की आवाज पर वह ऐसा हो जाता हो कि उसे लगता है वह उसके नमस्ते का जवाब है।

"बेबी का स्कूल पच्चीस मील है..." साहब का चेहरा गुर्राया।

"..."

"बोलता क्यों नहीं?"

"बेबी अपनी सहेली को कार दिखाना चाहती थी और..."

"हाँ! हाँ! ठीक है...ठीक है।" साहब के चेहरे में हलका-सा गर्व काँपा था—जो उनके इन लापरवाह शब्दों के बीच छुपकर, ठीक वहाँ गिरा था—जहाँ उस लड़की का घर था—जिसके बाप के पास कार नहीं थी। साहब के गर्व से टकराकर उस लड़की के घर की खिड़कियों के शीशे तड़क गए और काँच के बर्तन फूट गए। क्राकरियाँ एक भी साबुत नहीं बची थीं—जो मेहमानों के काम आती थीं। वह लड़की कल बेबी को यह किस्सा सुनाएगी और बेबी आश्चर्यचकित हो जाएगी कि उसके घर ऐसा कभी नहीं होता।

"बेबी भी कैसे-कैसों से दोस्ती करती है।" साहब ने अपने आप से कहा। उनकी यह भुनभुनाहट, उसके कान से टकराकर उसके पैरों पर गिरी और वह उसने साहब की तरफ वापस उछाल दी, जैसे फुटबाल उछाला जाता है।

"ऐ!! कैसा करता है..." साहब चिल्लाए।

"कुछ नहीं...कुछ नहीं साब।" वह डरकर भीतर तक काँप गया। साहब ने कहीं यह तो नहीं सोच लिया कि वह उन्हें लात दिखा रहा था—वह बहुत चिन्तित हो गया।

साहब पिछली सीट में बैठे हुए थे और बाहर शहर दौड़ रहा था—जो कभी धीमा हो जाता, कभी एकदम तेज। चौराहे में शहर रुक गया। ट्रैफिक पुलिस का सिपाही कार को अपने पंजे में रोके खड़ा था। बच्चे शायद स्कूल से वापस आ रहे थे और उन्हें गुजरने की जल्दी नहीं थी। बच्चे पहले कार की ओर आकर्षित होते, बाद में

भीतर–जहाँ साहब को वे बैठा पाते–अपनी ओर घूरते, गुस्से और खीझ से भरी आँखों से। एक बच्चे ने बन्दर की तरह मुँह बनाया और जीभ निकालकर साहब की ओर देखा। साहब के सुर्ख हो गए चेहरे से निकला–'बदतमीज'। लड़का भाग गया–मुस्कुराता हुआ। ट्रैफिक पुलिस के सिपाही ने, कार से अपना पंजा हटा लिया था। पर उसने ब्रेक से अपना पैर नहीं हटाया। वह लड़का दरअसल साहब और उसके बीच आकर बैठ गया था। लड़का अब भी मुस्कुरा रहा था–"क्यूँ मजा आया?" उसने कहा–"बहुत...तुम बड़े बहादुर हो...मैं जब तुम्हारी उम्र का था तो कार को देखकर डर जाता था।"

"मैं किसी से नहीं डरता।" लड़के का चेहरा चमका।

"मैं तुम्हारे घर तक तुम्हें छोड़ना चाहता हूँ।"

"पर मैं पैदल चल दूँगा।" लड़के ने कहा।

"तुम बहुत समझदार हो। तुम उसी स्कूल में पढ़ते हो, जिसमें मेरी मुन्नी पढ़ती है। वह भी इस कार में बैठना पसन्द नहीं करती।" उसकी आवाज बहुत थक गई थी। लड़के ने उसकी आवाज को पकड़ लिया था–"हाँ! मैं अक्सर माँ से पढ़ता हूँ, वैसे कभी-कभी बापू भी पढ़ाते हैं।"

लड़का गायब था और उसकी जगह साहब की गुस्से से तमतमाई हुई चीख थी–"सो गया क्या?" और उसने ब्रेक से अपना पैर हटा लिया।

शहर फिर दौड़ने लगा। साहब की कनखियों से अब भी गुस्सा टपक रहा था। यदि उसका यही हाल रहा तो नौकरी से हाथ धो बैठेगा। वह कार को इस तरह चलाने की कोशिश करने लगा कि वह सड़क पर नहीं मुलायम कालीन पर चलती हुई लगे। वह नहीं चाहता था कि साहब को हलका सा भी झटका लगे। साहब का खुश रहना जरूरी था।

वह बरामदे का सँकरा हिस्सा था जहाँ वह बैठा था–बेंच पर। वह इस बेंच पर घंटों बैठता था–साहब के एक बुलावे के लिए जो उनका ऑफिस से निकलता होता है। वह ऑफिस के भीतर बहुत कम जाता था। क्योंकि लोग उससे खुलकर बातें नहीं करते थे।

ऑफिस के भीतर सिर्फ साहब की घंटी चीख रही थी बाकी सब आवाजें सन्नाटे में पड़ी हुई थीं–छिपकली की कटी पूँछ की तरह तड़फती हुई।

साहब जब ऑफिस में होते हैं तो उनसे उसे और ज्यादा डर लगता है। पूरा ऑफिस सूखे पत्ते की तरह खड़खड़ाता है–टेबल, कुर्सियाँ और लोग। वे जैसे ही ऑफिस में घुसते हैं, कुर्सियाँ लुढ़कने लगती हैं, और लोग खड़े हो जाते हैं। लोगों का चेहरा उनकी टेबलों पर पड़ा धीरे-धीरे काँपता है–साहब के गुजर जाने के बाद

ही वे उसे समेट पाते हैं। वह पीछे-पीछे होता है–साहब का ब्रीफकेस पकड़े हुए और कभी नहीं देखा जा पाता। लोग साहब से आगे नहीं देख पाते कि वैसे भी यह बहुत मुश्किल है कि आतंक के आगे, उसे चीरकर कुछ देखा जा सके।

प्रभु, स्टूल में बैठा ऊँघ रहा था। मक्खियाँ उसके चेहरे पर खेल रही थीं। उसके हाथ उसकी जाँघों पर सोए पड़े थे–मक्खियों से दूर। उसके चेहरे पर बीती हुई रात अब भी मौजूद थी और वह उसे उतार नहीं पाया था। प्रभु, साहब के बँगले पर चौकीदारी भी करता था। वह जागा भी रहता तो लगता नींद में है–उसकी आँखें अपना रंग खो चुकी थीं। उसने उसे कई बार, खड़े-खड़े सोते हुए पकड़ा था।

प्रभु बूढ़ा नहीं हुआ था, पर लगता था। उसके चेहरे पर झुर्रियाँ उतर आई थीं और बाल अधकचरे ढंग से सफेद हो गए थे। वह प्रभु को जब भी देखता, डर जाता कि एक सुबह अचानक वह आईने में अपना चेहरा देखेगा और पाएगा कि वह भी प्रभु हो गया है और वह सुबह कभी भी आ सकती थी।

साहब की घंटी चीखी और प्रभु इस तरह जागा कि जैसे वह कभी सोया ही नहीं था। उसे लगा कि यदि प्रभु को बहरा कर दिया जाए तो भी वह साहब की घंटी सुन लेगा। अब उसके कान घंटी नहीं सुनते–पूरा शरीर सुनता है। वह सालों से एक ही आवाज के पीछे भाग रहा है।

"साला चैन लेने ही नहीं देता।" प्रभु उसके पास लौट आया था। जब वह परेशान हो जाता तो उसकी बेंच में आ बैठता था।

"साहबों के हाथों में छड़ी होती है..." उसने कहा और प्रभु के चेहरे के भीतर झाँकने लगा।

"हाँ! छड़ी होती है...साहब छड़ी पटक रहा है।" प्रभु ने उसे देखा।

ऑफिस का फर्श इसलिए नहीं काँपता कि उस पर बन्दर नाच रहे हैं, वह इसलिए कँपकँपाता है कि एक साहब अपनी मेज पर छड़ी पटक रहा होता है।

प्रभु ने सिर झुका लिया था। शायद वह कुछ सोच रहा था। उन दोनों के बीच उनकी साँसें आवाज कर रही थीं–जिसे उनके अलावा और कोई नहीं सुन सकता था।

साहब की घंटी की आवाज उसके और प्रभु के सामने आकर गिरी। उसने उसे उठा लिया। प्रभु अब भी सोच रहा था। यह पहली बार हुआ था कि वह घंटी नहीं सुन पाया था। उसने प्रभु का हाथ पकड़कर खींचा और उसमें उस आवाज को रख दिया। प्रभु ने उसे घूरकर देखा और चला गया।

नीचे बेंच की लम्बी छाया में एक चिड़िया फुदक रही थी। चिड़िया साहब की टेबल पर भी फुदक सकती है–उसने सोचा। चिड़िया तो साहब के सिर पर बीट भी कर सकती है। चिड़िया को 'डिसमिस' नहीं किया जा सकता।

प्रभु वापस लौट आया था और फिर ऊँघने लगा था। उसके सिर के ऊपर बिजली का मीटर अपनी आवाज के साथ घूम रहा था। एक चक्कर के बाद उसमें लाल निशान दीखता—जैसे एक सफेद लम्बी चादर में खून का धब्बा। वह मीटर का घूमना गिनने लगा और थोड़ी देर में ही थक गया। सफेद चादर पूरी लाल हो गई थी। उसे अपनी आँखों का इलाज कराना पड़ेगा—वे चीजों को बहुत देर तक देखते थक जाती हैं। वह अपने पर मुस्कुराया—जोर से हँसता तो पूरा ऑफिस बरामदे में आ जाता।

वह घर पहुँचा। वहाँ रात के दस बजे का समय था। बिजली के खम्भे की रोशनी में उसके घर का दरवाजा अँधेरे से अलग खड़ा था। दरवाजे के खुलने पर खम्भा घर के बाहर ही खड़ा रहता है—भीतर बस उसकी रोशनी जा सकती है—जिसमें घर की चीजें दूधिया होकर चमकने लगती हैं।

यदि हमारे घर के ठीक सामने बिजली का खम्भा हो तो लालटेन में तेल का खर्च कुछ कम हो जाता है। इस तरह दरवाजे से भीतर आती बिजली के खम्भे की रोशनी, कुछ-कुछ चन्द्रमा से पृथ्वी पर आती हुई रोशनी की तरह होती है—जिसे खुश होकर हम लोग चाँदनी कहते हैं।

उसके हाथ साँकल बजाने को उठे ही थे कि दरवाजा खुल गया—पत्नी तक उसकी आहट पहुँच चुकी थी। हर आदमी अपनी आहट के साथ घूमता है—जिसे उसके करीब के लोग तुरन्त पकड़ लेते हैं—यह वही है।

दरवाजा खुलते ही खम्भे की रोशनी उससे पहले घर के भीतर घुसी—पत्नी की छाया फर्श पर बनाती हुई। पत्नी हटी और पत्नी की जगह उसकी छाया थी।

पत्नी ने कहा, ''और सायकल।''

''मैं हमेशा भूल जाता हूँ...'' उसने पत्नी को देखकर मुस्कुराने की कोशिश की—वहाँ थका और उनींदा चेहरा था। वह तुरन्त बाहर चला गया।

अगर घर सिर्फ एक कमरे का हो तो उसमें चार कोने होते हैं। एक कोने में वे सायकल रखते थे, दूसरे में चूल्हा था, तीसरे में घरेलू सामान और चौथा खाली था। मुन्नी वहाँ अपनी दुनिया रखती थी—पढ़ने से लेकर खेलने तक की दुनिया। मुन्नी खाट को खड़ा कर उस हिस्से को, कमरे से दिन भर के लिए बाहर कर लेती है। पर उसकी दुनिया खाट की रस्सियों से रिस-रिसकर बाहर पूरे कमरे में फैलती रहती है। छुट्टी के दिन वह मुन्नी की दुनिया में खाट की जालीदार बुनावट के सहारे ही घुसता है। मुन्नी को यह पसन्द नहीं है कि लोग उसके हिस्से पर आएँ—न बापू, न माँ। वह बाहर आती है तो खाट को इस तरह खिसकाकर दीवार से टिकाती है कि जैसे दरवाजा बन्द कर रही हो और छोटे-से कमरे के भीतर उसका और छोटा तिकोना घर बहुत प्यारा लगता है।

मुन्नी का घर रात को उड़ जाता है। खाट कमरे के बीच लगा दी जाती है–जिसमें वह और मुन्नी सोते हैं। मुन्नी सोई थी, उसके लिए जगह छोड़कर। वह गहरी नींद में भी उसकी जगह को नहीं घेरती है। पत्नी का बिस्तर नीचे लगा हुआ था। उसका हमेशा यह कहना रहा कि उसे जमीन पर सोना अच्छा लगता है और खाट पर नींद नहीं आती। वह भी जिद नहीं करता, घर के भीतर किसी और खाट के लिए कोई जगह नहीं है। कभी-कभी उसकी बहुत इच्छा होती कि वह अपने घर के दरवाजे पर लिख दे–'घर गेराज से छोटा' पर वह जानता है कि पत्नी को यह बिलकुल अच्छा नहीं लगेगा, वह कहेगी–'दुनिया जानती है हमारा घर गेराज से छोटा है।' पर मुन्नी को यह जरूर अच्छा लग सकता है कि बस उसके घर के दरवाजे पर ऐसा कुछ लिखा हुआ हो जो और किसी के घर के दरवाजे पर नहीं है।

"आज फिर देर हो गई।" पत्नी ने खाना परोसते हुए कहा।

उसने पत्नी को घूरकर देखा। आज वह शराब पीकर नहीं आया था।

पत्नी बाहर चली गई थी। वह शायद यह देखने गई होगी कि बाहर कोई चीज छूट तो नहीं गई। उसे अक्सर चीजों के छूट जाने का भ्रम हो जाता है, पर शायद ही उसे इस तरह की खोज में कोई भूली हुई चीज मिली हो–जिसे भीतर आना था, पर न आ पाई हो।

वह हाथ धोने बाहर आया तो पत्नी पड़ोसी की औरत से बतियाती हुई मिली–उन दोनों ने एक-दूसरे को खोज लिया था। वह भीतर लौट गया–जहाँ मुन्नी नींद में मुस्कुरा रही थी। वह मुन्नी की छोड़ी हुई जगह पर लेट गया।

रचना-वर्ष–1985 : पहल-33

उस बूढ़े आदमी के कमरे में

छब्बीस सीढ़ियाँ थीं–उन तक पहुँचने के लिए। पहली सीढ़ी पर ही यह पता चल जाता था कि वे अपने कमरे में हैं या नहीं। उनके खाँसने की आवाज सीढ़ी तक लुढ़कते हुए आती थी और सड़क पर बिखर जाती थी। सीढ़ियों पर ही उस आवाज को पकड़ा जा सकता था–वे घर पर ही थे। वे अक्सर होते थे। बाहर उन्हें अब खींचता नहीं था। वे बाहर से भीतर आए थे और सारे खिड़की और दरवाजे बन्द कर चुके थे। इसके बावजूद कि भीतर लगातार हवा की कमी से घुटन बढ़ती जा रही थी और दीवारों के रंग उड़ने लगे थे। उनका ताँबिया चेहरा अब अपनी चमक खो चुका था और उठते-बैठते घुटने बजते थे–कट् की आवाज में, जहाँ से यह भ्रम पैदा होता था कि टाँगें काठ की हो गई हैं।

मैं उन सीढ़ियों पर था, जिनकी ईंटें, पैरों के नीचे वर्षों से आती रही थीं और आधे से अधिक घिस चुकी थीं। मैं एक-एक सीढ़ी पर पूरी तरह सावधान था। मुझे लगा कि एक दिन ये सीढ़ियाँ इतनी घिस जाएँगी कि इन पर फिसलते हुए नीचे उतरा जा सकेगा और इन पर चढ़ना एक मुश्किल खेल होगा। मैं जब दरवाजे पर पहुँचा तो भीतर उनकी हरकत थी। वह एक तरह की धीमी सरसराहट थी–जैसे कोई चीज किसी दूसरी चीज से रगड़ खा रही हो, मैंने सोचा मुझे वापस हो जाना चाहिए। शायद वे बहुत ही निजी क्षणों में हों, पर उन्होंने मेरी साँसों की आवाज पकड़ ली थी। उनके कान बहुत तेज थे जो सूई का गिरना भी पकड़ लेते थे। जिनके करीब बहुत कम आवाजें होती हैं, वे उन सारी आवाजों को पकड़ लेते हैं–जो उनके आस-पास गिरती हैं। वे उन्हें सहेजकर रखते हैं, जैसे बच्चे रंगीन पत्थरों को।

''कौन?'' उन्होंने कहा। आवाज में बूढ़ी कँपकँपाहट थी। वे अँधेरे कुएँ के तल पर खड़े थे।

''मैं।'' वे मेरी आवाज पहचानते थे।

दरवाजा खुला। भीतर के अँधेरे से लिपटे वे खड़े थे। उनका आधा चेहरा अँधेरे में गुम था और आधा बाहर बिखरी शाम में नीला था। उन्होंने सोचा होगा मैं उन्हें नहीं अँधेरे को देख रहा हूँ। उन्होंने कहा, ''पता नहीं, आज बत्ती कैसे गुम है, मैं

चिमनी ही ढूँढ़ रहा था, वह भी नहीं दीख रही है।'' उनका चेहरा उस पिता के चेहरे की तरह परेशान था, जिसका लाड़ला लापता हो। मुझे लगा कि वे जब कमरे के भीतर थे तो अँधेरे को भूले हुए थे—वे उसे नहीं देख पा रहे थे, वे चिमनी ढूँढ़ रहे होंगे ऐसा मुझे नहीं लगा। वे अँधेरे से लिपटे उजाला खोज रहे होंगे—मुझे लगा।

''तुम्हारे पास माचिस है?'' उन्होंने पूछा। वे जानते थे, मैं सिगरेट पीता था, जबकि मैंने उनके सामने कभी नहीं पी थी।

मैं कमरे के भीतर था—चौकोर अंधकार में। वे मेरे पीछे थे। तीली के जलते ही अँधेरे का वह चौकोर टुकड़ा, कमरे में बदल गया। तीली की रोशनी तक उन्होंने चिमनी ढूँढ़ ली थी, जिसे उन्होंने अपने हाथों से तैयार किया था। दवा की शीशी और कपड़े की बाती से। आरामकुर्सी और हिरण की खाल मुझे सबसे पहले दीख पड़े। मैं जब भी आता हूँ चीजों को ठीक उन्हीं जगहों पर पाता हूँ, जहाँ वे पहले से होती हैं। आरामकुर्सी की पॉलिश और ज्यादा उखड़ चुकी थी और हिरण की खाल के सारे बाल झड़ चुके थे। ऐसा भी समय था जब मैंने इस हिरण की खाल को देखकर सोचा था कि वह अपने खूबसूरत सुनहरे चकत्तों सहित आरामकुर्सी से उठेगा और हिरण होकर कुलाँचें भरता हुआ जंगल की ओर भाग जाएगा। अब आरामकुर्सी पर एक मरी हुई खाल पड़ी थी, जिसके छोरों से कहीं-कहीं हिरण झलक रहा था। उन्होंने चिमनी लिखने की टेबल पर रख दी थी। जिसके ठीक ऊपर कालिख का गोल काला घेरा था। चिमनी हमेशा वे वहीं रखते थे। वह एक बेहतर जगह थी—वहाँ से पूरे कमरे में रोशनी होती थी।

''इसमें दो घंटे की रोशनी है'', उन्होंने कहा। चिमनी की लौ में उनका चेहरा लौट आया था। झुर्रियाँ चमक रही थीं—पसीने में डूबकर। उनके चेहरे पर थकी हुई आँखें थीं—जो टटोल रही थीं। एक राहगीर थोड़ी देर सुस्ताने के लिए पेड़ ढूँढ़ रहा था। उन्हें मेरे चेहरे पर कोई पेड़ मिला या नहीं, मैं नहीं कह सकता।

वे लिखने की टेबल पर जब चिमनी रखते हुए झुके थे और उनकी पीठ अँधेरे में चमक रही थी—जिसमें रीढ़ धनुष की तरह थी। मैं तभी खटिए में बैठ गया था। मुझे बैठने के बाद लगा कि उनसे पहले नहीं बैठना था। वे आकर करीब बैठ गए और मुस्कुराने लगे। वह कुछ बोलने के लिए शब्द खोजती मुस्कुराहट थी। जिसका इससे अधिक कुछ अर्थ नहीं होता—न आगे न पीछे। वह सिर्फ मुस्कुराहट होती है।

''आपको कहीं बाहर तो नहीं जाना है?'' मैंने कहा। वे फिर मुस्कुराए। उनकी मुस्कान में उनके पुराने दिन थे—जो बीत चुके थे।

अब शहर वह नहीं था जो बीस साल पहले था और वे उसी शहर में जीना चाहते थे। आदमी हमेशा अपने प्रसन्न दिनों की ओर वापस लौटना चाहता है और वे कुछ गलत नहीं चाहते थे। वे इसलिए कमरे से बाहर नहीं जाते थे कि बाहर नया

शहर उन्हें पकड़ लेगा और वे अजनबी हो जाएँगे। पत्नी के मरने के बाद जैसे वह अपने घर में हो गए थे। लड़के का चेहरा बदल गया था और लड़के की पत्नी के चेहरे को वे पहचान नहीं पाते थे।

कभी यह पूरा घर उनका था और उनके जूतों की आवाज पर काँपता था। पूरी तरह उन तक पहुँचने की हिम्मत कोई नहीं जुटा पाता था—न उनकी पत्नी और न उनका लड़का। वे घर को सिर पर उठा लेते, यदि उन्हें अपनी पत्नी की किसी हरकत पर लगता कि यह उनकी अवहेलना है। उनकी पत्नी घर के किसी अँधेरे कोने में जाकर रोती और लड़का सहमा हुआ माँ की गोद में दुबका रहता। अब वे इस अकेले कमरे में सिमट आए हैं, जो उन दिनों रद्दी सामान रखने के काम आता था। वे उस रद्दी सामान की तरह थे जो ऊपर फेंक दिया गया था। पर वे इसे स्वीकार नहीं करते थे। वे कहते कि मैं एक पुराना टूटा हुआ सोफा हूँ जो बैठक से खुद उड़कर इस कमरे में इसलिए आकर फिंक गया हूँ कि कोई मुझ पर बैठने की कोशिश में गिर न जाए।

उनके पास एक सूट भी था—बहुत सहेजकर रखा हुआ, जिसे वे उस दिन पहनते, जिस दिन उन्हें पेंशन लेने 'ट्रेजरी' जाना होता था। पेंशन के दिन, वे आसमान में सूरज के उठने से पहले उठ जाते थे। वे उस दिन खूब घस-घसकर नहाते और आठ बजे तक सारे कामों से फारिग होकर, सूट डाल लेते। उनके पास आदमकद आईना नहीं था और छोटे-से आईने में पूरा सूट नहीं आ पाता था। वे बहुत देर तक आईने को ऊपर नीचे करते रहते और उनकी देह के साथ उनका सूट भी कई हिस्सों में बँटकर उस आईने में आता था। उनका सूट बमुश्किल सूट लगता। उसमें इतनी तहें पड़ गई थीं कि वे उस मुड़े-तुड़े रंगीन कागज-सा लगता था, जिसका रंग उड़ गया हो। जूता उनके पास नहीं था और वे सूट के साथ चप्पल पहन लेते थे। वे जब बाहर निकलते थे तो उनके हाथों में उनके पुरखों की छड़ी होती जिसकी मूठ पर शेर बैठा होता, वे उसे जब अपने हाथों में झुलाते तो शेर मूठ से उड़कर उनके चेहरे पर आ बैठता था।

वे इस तरह जीवित थे कि लोगों को उनका होना, न होना महसूस ही नहीं होता था। वे जब कभी अपनी छत पर दीखते तो लोगों को उस आदमी का होना दीखता—जिसे वे अक्सर भूल जाते हैं। वे अपनी छत से बहुत कम नीचे आते थे। उनकी खिड़की से आसमान साफ-साफ दीखता था और दूसरे घरों की छतें भी, जिनके काले हो गए खपरैलों पर चिड़ियाएँ बैठी रहतीं, वे चिड़ियों को गिनते थे और आसमान में सूरज के बीतने का इन्तजार करते थे।

बूढ़ा पागल है—लोग ऐसा मानने लगे थे और उनसे मिलते और बात करते हुए डरते भी थे। उनका लड़का और बहू सोचते थे कि यदि वे पूरी तरह पागल नहीं

हुए हैं तो हो जाएँगे। उनका लड़का मकान के निचले हिस्से में रहता था और वे ऊपर छत पर बने एक कमरे में। छत पर जाने के लिए बाहर से सीढ़ियाँ बनवा दी गई थीं। जिस दिन सीढ़ियाँ बनीं नीचे के हिस्से पर बसने वाले लोग छत को भूल गए और वे उसी दिन से छत से नीचे थूकने लगे। कई बार वे ऐसे समय थूकते, जब उनका लड़का बाहर जाने को निकलता होता। थूक पिच्च से उनके लड़के के सिर पर गिरता और वह उन्हें घूरता खड़ा हो जाता। उन्हें गाली बकने की या कुछ कहने की हिम्मत वह भी नहीं कर पाता था। वे भी अपने लड़के को घूरने लगते। उनका लड़का बहुत देर तक, उनसे आँखें नहीं मिला पाता था। वह सिर झुकाकर वापस घर के भीतर चला जाता। वे हलके से मुस्कुराते और एक बार फिर थूककर अपने कमरे में चल देते।

नीचे से एक औरत की चिड़चिड़ाहट ऊपर उठ रही थी। उसे साफ-साफ सुना जा सकता था। वह शायद अपने बच्चों पर झल्ला रही थी। उनके चेहरे को देखकर मुझे लगा कि वे उस आवाज में शामिल हो रहे हैं, वे बच्चों की तरफ थे। उनकी झुर्रियाँ तनने लगीं और चेहरा लाल हो गया था। मुझे लगा कि वे इसी तरह छत के नीचे बसनेवाले अपनों से जुड़ते होंगे। उनकी बहू हमेशा चीखती-चिल्लाती रहती और उनके लड़के के पास जवाब में छोटे-छोटे वाक्य होते–झल्लाहट से भरे हुए। बच्चे जब खिलखिलाते, उन्हें अच्छा लगता। बच्चों को ऊपर आने की मनाही थी, जबकि वे बच्चों से मिलना चाहते थे। वे अक्सर बच्चों को देखने की कोशिश करते और चूक जाते। बच्चों का कमरा उनके कमरे के ठीक नीचे था। उन्होंने एक बार अपने फर्श पर छेद करने की कोशिश की तो नीचे हड़कम्प मच गया था। बच्चों के दिमाग में यह बैठा दिया गया था कि बूढ़ा पागल है और चेहरे नोच लेता है।

''तुम उससे मिले थे।'' वे अपने लड़के का नाम नहीं लेते थे।

''हाँ, वह नहीं है। मैं इधर से गुजर रहा था, मैंने सोचा कि उससे मिलता जाऊँ।'' मैं बहुत चाहकर भी यह नहीं कह पाया कि उनसे मिलने आया हूँ।

''वह जंगल में रहता है, उसकी भेड़ियों से दोस्ती है।'' उन्होंने कहा।

''मैं भी उसका दोस्त हूँ।'' मैं मुस्कुराया।

''तुम भेड़िए नहीं हो! तुम क्लर्क हो और क्लर्क भेड़िया नहीं हो सकता। ज्यादा से ज्यादा बिल्ला हो सकता है।''

बिल्ला, भेड़िये से डरता है, यह मुझे मालूम था। उनका लड़का और मैं स्कूल में साथ पढ़े थे। फिर वह अफसर हो गया और मैं म्युनिस्पेलिटी में बाबू। उन्होंने हम दोनों को पढ़ाया था। उनका लड़का पढ़ने में मुझसे बेहतर था और मैं अक्सर उनके द्वारा पीटा जाता था।

"और एक मास्टर..." मैं सीधे उनके ऊपर आ रहा था।

"मिडिल स्कूल का एक मास्टर...बिल्ला भी नहीं हो सकता।" उन्होंने इस तरह कहा जैसे वे बिल्ला हो सकते तो उन्हें अच्छा लगता। उन्होंने किसी का चेहरा कभी नहीं नोचा था। वे उन लोगों में से थे, जिनके पास नाखून नहीं होते, सिर्फ अँगुलियाँ होती हैं।

उन्हें खाँसी का दौरा पड़ गया था। वे दोहरे हो गए। गले की नसें तन गईं और चेहरा लाल हो गया। वे मुझ पर गिरते-गिरते बचे।

"आपकी तबीयत आज ज्यादा खराब है।" मेरा हाथ उनकी पीठ पर था उन्होंने उसे हलके से हटा दिया। इस तरह कि मुझे बुरा न लगे।

"यह मेरी आवाज है।" उन्होंने फूलती साँसों को समेटते हुए कहा।

"यह खाँसी।" मैं बन रहा था, जबकि मैं खुद भी ऐसा ही मानता था।

"हाँ, तुमने सुनी होगी जब तुम सीढ़ियों पर थे।"

"हाँ, वहाँ वह थी। मैंने उसी से जाना कि आप हैं।"

"जिन्दा हैं?" उन्होंने कहा।

"नहीं...जिन्दा नहीं...आपका घर पर होना।" मैं घबड़ा रहा था।

"आप दवा तो समय पर लेते हैं न?" मैंने अपने को सँभालने की कोशिश की।

"हाँ, पर एक उम्र के बाद दवाएँ असर करना बन्द कर देती हैं।" उन्होंने कहा और अपनी हथेलियों को देखने लगे।

मेरे पास कहने को कुछ नहीं था। मैं ऊब रहा था और बाहर जाना चाहता था। बाहर अँधेरा गहरा हो गया था। चिमनी की मरती हुई रोशनी में उनका कमरा छोटा पड़ता जा रहा था। अब उसमें मुश्किल से आधे घंटे का तेल बचा था। मैं सोच रहा था, तेल आधे घंटे में खत्म हो जाएगा तो बाद में अँधेरे में वे रहेंगे। मेरी जेब में रेजगारी थी और थोड़ी दया। वे कोयले भरी अँगीठी की ओर देख रहे थे जब मैंने यह कहा कि "लाइए बाटल दीजिए, मैं तेल ले आता हूँ। यह रोशनी तो कभी भी खत्म हो जाएगी।" उन्होंने चौंककर मुझे देखा, फिर चिमनी की ओर, और चुप रहे। मैं घबड़ा गया—चुप्पी से मुझे हमेशा डर लगता है। उस समय तो और भी अधिक जब सामनेवाले की चुप्पी को जवाब होना चाहिए।

वे खड़े हो गए थे, और अपने हाथों को कमर पर रखकर, पीठ सीधी करने लगे थे। उनके सिर के ऊपर छत पर छिपकली रेंग रही थी। वे उसे देख नहीं पा रहे थे। मैं जहाँ बैठा था, वहाँ से वह साफ-साफ दिख रही थी। मैं डरा कि वह उनके सिर पर न टपक जाए, पर ऐसा हुआ नहीं। वह बाँस की कड़ियों से होती हुई, खपरैलों में गुम हो गई। वे मुझे नहीं देख रहे थे, वे बाहर देख रहे थे, जहाँ अँधेरा सीढ़ियों के नीचे सड़क पर उतर रहा था।

कमरे में अँधेरा होते ही, उनका कमरा धीरे-धीरे काँपते हुए, सीढ़ियों से नीचे उतरने लगेगा और सड़क पर जाकर गिर जाएगा। उसके भीतर मैं और वे, उलट-पुलट गई चीजों के बीच से यह प्रार्थना करेंगे कि कोई मोटरगाड़ी हमारे ऊपर से न गुजरे।

''तुम रोशनी तक ठहर सकते हो, मेरे लिए इसकी कोई अहमियत नहीं है, मुझे वैसे भी साफ दीखता नहीं है।'' वे अब भी बाहर देख रहे थे। मझे लगा कि मैं चौराहे पर खड़ा हूँ। एक बूढ़े आदमी के 'स्टैचू' के सामने। जिसके चेहरे पर पथरीली लहरदार लकीरों के सहारे उदासी ठहरी हुई है। अचानक बीच चौराहे पर 'स्टैचू' मेरे सामने बोलने लगता है और मैं चौंक जाता हूँ। मेरे आसपास भीड़ लग जाती है। मेरे कन्धे भीड़ से टकराते हैं और पैर कुचल जाते हैं।

''महँगाई बढ़ रही है।'' उन्होंने कहा। वे नहीं चाहते थे कि मैं चला जाऊँ। वे बात जारी रखना चाहते थे। उन्होंने एक नया सिरा खोज लिया था।

''हाँ, मैं अपने कुरते की जेब सात तारीख को उलट देता हूँ, जिससे किसी को यह भ्रम न हो कि मेरे पास अब भी तनख्वाह के पैसे बचे हैं।''

''मैं तो कुरता ही नहीं पहनता, पर अब मुझे वे पैसे पूरे नहीं पड़ते जो पहले पूरे पड़ जाते थे।'' वे अपनी पेंशन को कह रहे थे। ''मैं लिफाफे बनाने लगूँ, तो कैसा रहेगा?'' उनके चेहरे पर बच्चों-सी उत्सुकता थी।

''लिफाफे!'' मैं आश्चर्यचकित था।

''हाँ, जो किराना पैक करने के काम आते हैं।'' उन्होंने अपनी दाहिनी ओर अँगुली से इशारा किया, जहाँ पर कुछ किताबों के साथ रद्दी अखबारों का ढेर पड़ा था।

कुछ क्षणों के लिए मैं सोच में पड़ गया। मुझे लगा कि कहीं ये मुझसे मजाक तो नहीं कर रहे हैं। पर ऐसा नहीं था, वे गम्भीर थे। वे सच में ऐसा कुछ करने की सोच रहे थे...''पर उसमें तो आपकी पुस्तकें भी हैं...'' उन पुस्तकों को मैंने अपने स्कूल के दिनों में पढ़ा था। वे हमारे कोर्स में थीं।

''अब उन्हें कौन पढ़ेगा, वे पुरानी हो चुकी हैं, जैसे मैं।''

''आप लिफाफे बना लेते हैं।'' मैं पुस्तकों को लेकर बहस नहीं करना चाहता था।

''मैंने बचपन में यह काम खूब किया है। मैं अपनी पढ़ाई का खर्च इसी से निकालता था।'' वे बहुत खुश थे। उनके चेहरे पर चहचहाती हुई चिड़ियाएँ थीं।

''तुम चाय पीना चाहोगे। मैं पीना चाहता हूँ।'' मैं 'नहीं' न कर दूँ, इसलिए उन्होंने अपना पीना जोड़ दिया था।

''पर अँगीठी जलेगी कैसे, तेल तो है नहीं।'' मैंने कहा।

"कुछ लिफाफे कम बनेंगे।" वे मुस्कुराए और अँगीठी की ओर बढ़ गए। कमरा धुएँ से भरने लगा तो मैं कमरे से बाहर आ गया। वे भीतर अँगीठी से जूझते रहे। धुआँ उनके लिए खतरनाक हो सकता है। जब मैं यह सोच रहा था, उन्हें खाँसी का दौरा पड़ा। मैं भीतर गया तो वे दीवार पर लुढ़के हाँफ रहे थे। कमरा धुएँ से भरा, मुझे हाँफता हुआ-सा लगा।

"मैं चाय नहीं पीना चाहता।" मैंने कहा।

"तुम डर गए हो।" वे हाँफते हुए मुस्कुराए।

यह सच था—मैं बहुत डर गया था।

रचना-वर्ष—1986 : नई संस्कृति-3 तथा संकल्प कथा दशक

पुल पर बगुले

सूखी और कड़ी घास का वह एक खुरदुरा मैदान था—जो ठीक उनके घर के पीछे था। वह खेल का मैदान नहीं था, पर खेलने के लिए और कोई जगह भी नहीं थी। लड़का गिरता तो घुटने अक्सर छिल जाते और वह जब लड़के को लेकर घर वापस लौटती तो लड़के की माँ छिले हुए घुटनों का गुस्सा उस पर उतारती थी।

मैदान में दूर-दूर तक कोई पेड़ नहीं था। बस बेशरम की घनी झाड़ियाँ थीं, जिनके पीछे छिपने पर मच्छर काटने लगते और झाड़ियाँ हिल जातीं। वह तुरन्त भाँप लेती कि लड़का हिलती हुई झाड़ी के भीतर है। लड़का पकड़ा जाता। इस खेल में लड़का हर बार चोर बनता। वह आँख बन्द कर दस तक गिनती—उसको सिपाही होना पड़ता। हर शाम वह लड़के को मैदान में लेकर आती और उसके खेल में शामिल हो जाती। लड़का स्कूल से घर आता और थोड़ी देर बाद ही यह जरूर कहता कि "मैं और मौसी खेलने जा रहे हैं।" वह हर शाम उसके ऐसा कहने का इन्तजार करती थी। उसे यह अच्छा लगता है।

लड़के के हाथ आकाश की ओर उठे हुए थे। वह एक छोटे टीले पर खड़ा था, जिसके पास ही बेशरम की घनी झाड़ी थी। आसमान लड़के के थोड़ा करीब आ गया था, जिसमें उड़ते हुए बगुले थे—रूई की तरह सफेद। लड़का उन्हें पुकार रहा था कि वे ठहर जाएँ और अपने सफेद पंख उसकी नन्ही हथेली के लाल-गुलाबी नाखूनों पर छोड़ जाएँ। उसके पास आसमान में उड़ते बगुलों को पुकारने की उम्र थी।

वह टीले के नीचे खड़ी थी और मुस्कुराती हुई लड़के की ओर देख रही थी कि लड़के के चेहरे में ढेर सारे बगुले हैं। वह उस उम्र से बाहर थी, जो बगुलों को पुकारती है। उस उम्र में उसके पास बगुलों की जगह कौवे थे—जिन्हें उसने कभी नहीं बुलाया, फिर भी वे आए और उसकी हथेलियों पर बैठ गए। कौवों के पंखों से उसकी हथेलियाँ काली हो गईं। उसे लगा कि लड़के की पीठ में पंख उग आएँगे। वह घर वापस लौटेगी तो लड़का उसके साथ नहीं होगा और लड़के के साथ नहीं होने का, वह घरवालों को कोई जवाब नहीं दे पाएगी। उसने लड़के को

पुकारा, "मिले?" और मुस्कुराई। उड़ता हुआ लड़का ठहर गया और हथेलियाँ फैलाए टीले के नीचे दौड़ पड़ा, "मिल जाएँगे।"

लड़के का चेहरा बुझा हुआ था और वह हाँफ रहा था। बगुले अब भी आसमान में थे, लड़के और उससे दूर–बादलों के पास।

उसने लड़के के नाखूनों को सहलाते हुए कहा, "अभी तो इनमें कुछ भी नहीं है।"

"होंगे, कुछ दिनों बाद बगुले छोड़ जाते हैं–नाखूनों के भीतर...पंख धीरे-धीरे ऊपर आते हैं, देखना वे आएँगे..." लड़के के भीतर उसका विश्वास उमग रहा था। वह मुस्कुराई, उसके हाथ में अब भी लड़के की हथेलियाँ थीं।

"तुम्हारे यहाँ बगुले होते हैं?" लड़के ने उससे पूछा।

"हाँ वहाँ भी आसमान है और बगुले भी..." उसने कहा, उसके चेहरे पर उसका घर और गाँव आ गया और मुस्कान गायब हो गई। बारिश में घिसे काले खपरैलों की छाया उसके चेहरे पर थी–जिनमें कौवे बैठे हुए थे।

"तुम बगुलों को बुलाती थीं?" लड़का अपनी उम्र तक उसे खींच रहा था।

"मैंने बुलाया पर वे कभी नहीं आए..." उसकी आवाज में दुःख था। वह लड़के से बहुत बड़ी थी, पर उसकी उम्र की हो गई थी।

"तुम्हारे हाथ गन्दे हैं, इसलिए..." लड़का खुश होकर चीखा। उसे पता नहीं था कि वह मौसी को दुखी कर रहा है।

वह अपने हाथों की ओर देख रही थी, उसे मालूम था वहाँ कौवे हैं। कभी उसके हाथ भी लड़के के हाथों की तरह खूबसूरत थे–जब उनमें कौवे आकर नहीं बैठे थे। बच्चों के हाथ हमेशा सुन्दर और मासूम होते हैं।

"मैंने बगुलों को बुलाया तो कौवे आ गए..." उसने लड़के से कहा।

"तो क्या मेरे में भी आ जाएँगे..." लड़का चिन्तित हुआ।

"नहीं, तुम्हारे यहाँ कौवे कहाँ हैं?" उसने कहा और कौवे उसके बचपन के भीतर फड़फड़ाने लगे। वह जब छोटी थी तो नहाने से बहुत कतराती थी। ठीक नहाने के वक्त, जब माँ उसे पुकार रही होती–वह भागकर अनाज की कोठी में छिप जाती थी। अनाज की कोठी साल में एक बार ही पूरी तरह भर पाती, धीरे-धीरे वह खाली होती जाती और उसके भीतर छिपने में आसानी होती। माँ चिल्लाती रहती और वह कोठी के भीतर दुबकी, माँ का खोज न सकना मनाती थी। थोड़ी देर बाद ईश्वर भी कोठी के अन्दर, उसके करीब आ बैठता–वह उसे जपती रहती। वहाँ भीतर अनाज की महक उसे अच्छी लगती। ईश्वर महकता नहीं था, पर वह उसके पकड़े जाने के डर के भीतर, किसी बन्दर की तरह बैठा, किकियाता रहता था। माँ को पता होता कि लड़की कहाँ छिपी होगी। कभी-कभी माँ उसे जान-बूझकर छोड़

जाती और अकेले ही नहाने चल देती, पर अक्सर वह उसे वहाँ से पकड़ लाती। कोठी के नीम अँधेरे में हाथ डालते ही माँ को उसके घुँघराले बाल पकड़ में आ जाते और वह चीखने लगती। माँ उसे पकड़कर बाहर निकाल लेती और ईश्वर उसके भीतर से लुढ़ककर कोठी में ही अनाज की गन्ध के बीच पड़ा रह जाता।

"हम बगुले हो सकते हैं?" लड़के ने डरते-डरते पूछा। उसे अब तक यह लगने लगा था कि मौसी नाराज हो गई है। उसका डर यह था कि मौसी अगर नाराज हो गई तो घर जल्दी वापस लौटना होगा।

"पता नहीं..." उसके चेहरे पर अब भी 'तुम्हारे हाथ गन्दे हैं' का दुःख था।

"पर हम हो सकते तो कितना अच्छा होता...नहीं?" लड़के के चेहरे पर बगुले ही बगुले थे–वह फिर उड़ने-उड़ने को हुआ।

"पर हम हो नहीं सकते...बगुलों के पंख होते हैं...तुम्हारे हैं...?" उसने लड़के से कहा।

लड़के के चेहरे पर बैठे बगुलों ने अपने पंखों को फड़फड़ाया और उड़ गए। लड़का टीले पर चढ़कर बैठ गया। वह आसमान की ओर नहीं देख रहा था। वह आसमान और मौसी दोनों से नाराज था। वह टीले पर बैठी एक छोटी मूर्ति की तरह लग रहा था जिसमें अभी धूल जमा नहीं हुई थी। उम्र के साथ आदमी के भीतर इतनी धूल जमा हो जाती है कि जब वह चलता है तो वह उसके चेहरे से झड़ती है और उसके करीब जाने में डर लगता है। मौसी ने सोचा बगुलों को नीचे उतर आना चाहिए, टीले पर बैठे लड़के के उदास सिर और कन्धों पर। मौसी ने अपनी पीठ टटोली, शायद पंख उग आए हों–पर पंख वहाँ नहीं थे।

पुल पर चढ़कर यदि उस मकान को देखो–जिसमें वे रहते थे तो छत पर पड़ी लड़के की पतंग साफ-साफ दीखती थी। घर पुल के नीचे पड़ता था और आसपास बहुत कम घर थे। उनका घर शहर के बाहरी हिस्से में था जो धीरे-धीरे बस रहा था। अभी घर को ढूँढ़ना आसान था, पर किसी दिन यह मुश्किल हो जाएगा। खेल के लिए कोई मैदान नहीं होगा। मोहल्ले के घरों की छतें, आपस में इस तरह जुड़ी होती हैं कि यदि बच्चे चाहें तो छत को मैदान मान सकते हैं, पर वह कॉलोनी थी–जहाँ घरों की छतें एक-दूसरे से इतनी दूर होती हैं कि उन पर छलाँग लगाकर भी नहीं पहुँचा जा सकता। यदि यहाँ खेल का मैदान नहीं रहा तो एक छत से दूसरी छत पर छलाँग का खेल भी मुश्किल होगा।

यदि पुल के नीचे नदी बहती होती तो उनका घर जहाँ है, वहाँ नहीं होता। पुल के नीचे नदी की जगह एक कच्ची सड़क गुजरती थी। वह अब तक पुल पर नहीं गई थी। पुल पर पहुँचने के लिए कच्ची सड़क के खत्म होने तक, एक

लम्बी घुमावदार दूरी पार करनी पड़ती, उसके बाद कहीं पक्की सड़क मिलती और फिर पुल।

वह अगर घर थी तो पुल घर से बहुत पास था और बहुत दूर भी।

वह जब इस शहर में आई थी तो उसकी बस इसी पुल से होकर गुजरी थी। बस जब ठीक पुल के बीच पहुँची तब लड़के की माँ ने कहा, "देखो! वह हमारा घर है।" उसे चार-पाँच पक्की छतें पुल के नीचे एक साथ दिखाई दी थीं, पर जब तक लड़के की माँ की अँगुली का इशारा वह पकड़ पाती—बस आगे बढ़ चुकी थी।

लड़का पुल पर गया था और उसी ने बताया था कि अपने घर की छत बहुत गन्दी है। वहाँ पतंगें सड़ रही हैं। पतंगें नई होतीं तो लड़का उन्हें निकालने की जिद करता। फटी पतंग हवा में नहीं उड़ सकती—लड़का यह जानता था।

जैसे ही लड़का थोड़ा बड़ा हुआ पुल पर चढ़ना सीख गया। पुल के खम्बों पर लगे लोहे के खाँचों से होकर, बच्चे पुल के ऊपर पहुँचते थे। लड़का अक्सर वहाँ भाग जाता है, सबकी नजरों से बचकर और पूरा घर उसके पुल पर होने से डरता है। जब पहली बार अपनी खिड़की से उसने लड़के को पुल की रेलिंग में झूमते देखा था तो वह डर गई थी। उसे लगा कि लड़का किसी भी क्षण हवा में गुलाटियाँ खाता, पुल के नीचे आ पड़ेगा। वह लगभग चीखती हुई लड़के की माँ के पास गई थी कि लड़का पुल पर है। लड़के की माँ, लड़के को गाली बकती दुखी होने लगी थी और लड़के को उसका पिता पकड़कर वापस लाया था। लड़का जब घर में घुसा तो उसका चेहरा उसके कानों तक लाल था। लड़का जब तक मार खाता रहा, मौसी को घूरता रहा। लड़के की आँखों से आँसू छलक आए थे। वह चिल्ला-चिल्लाकर रोता तो कम मार खाता। लड़के ने दो दिनों तक मौसी से कोई बात नहीं की। मार खाने के बाद वह चुपके से दबे पाँव उसके कमरे के भीतर आया। वह उस समय कपड़ों पर बटन टाँक रही थी—उसकी पीठ लड़के की तरफ थी। उसे लड़के का भीतर आना उस जगह मालूम पड़ा, जहाँ उसका छोटा पर मजबूत मुक्का उसकी पीठ पर पड़ा—धम्म। वह जब तक उठती, लड़का कमरे से बाहर था। उसकी आँखें छलछला आई थीं, पर थोड़ी देर बाद वह मुस्कुराने लगी थी। लड़के का मुक्का उसके भीतर ठहर गया—वह आज भी उसकी पीठ में ठीक उसी जगह पड़ा हुआ है और जब वह उसे याद करती है, वह आवाज करता है—धम्म।

लड़का अब भी पुल पर होता है। लड़के को लगता है कि पुल पर होने के लिए, अब वह काफी बड़ा हो गया है। पर घरवाले सोचते हैं कि वह अभी छोटा है और अक्सर उसे इस बात पर मार पड़ जाती है। पर उसे लड़के का पुल पर होना अब अच्छा लगता है और वह कभी घरवालों को यह खबर नहीं देती कि लड़का पुल पर है, जबकि वह अक्सर वहाँ होता है। वह जानती है कि लड़का पुल से कभी नहीं गिरेगा—वह पुल से घर की छत पर छलाँग लगा सकता है।

एक दिन जब लड़का पुल से छलाँग लगाकर, घर की छत पर लौटा तो उसने मौसी से कहा, "अपना घर पुल पर होता तो कितना अच्छा होता–नहीं?"

"पुल तुम्हें बहुत अच्छा लगता है?" उसने लड़के से पूछा।

लड़के के चेहरे पर पुल काँप रहा था, "हाँ! और तुम्हें..."

"पुल में छत और दीवारें होतीं तो हम उसी में रह लेते..." उसने कहा और मुस्कुराई।

"हाँ! और माँ चिल्लाती रह जातीं–तुम्हें मालूम है, वे पुल पर नहीं चढ़ सकतीं। तुम्हें वहाँ इतना काम भी नहीं करना पड़ता..." लड़का चहकने लगा।

"पर तुम पागल हो, पुल कभी घर नहीं हो सकता।" मौसी के कहने में पुल के घर हो सकने की इच्छा थी। उसे पुल इसलिए अच्छा लगता था कि वह बहुत ऊँचा है। यदि किसी पहाड़ पर चढ़कर उसे अपना गाँव दिखता और वह ऐसे पहाड़ को जानती होती तो लड़के की माँ की नाराजगी की परवाह न करती और रोज वहाँ चढ़कर देखती कि गाँव कैसा दिखता है...दुःखी माँ और काम से थककर लौटे भाई और हवा में पीले पत्ते फेंकता आँगन का मुनगे का पेड़–जो इतना कचरा आँगन में कर देता कि माँ आँगन बुहारते उसे काट देने की बात करती थी–पर वह घर के लिए सब्जी जुटाता था, इसलिए माँ उसे कभी नहीं कटा सकती–वह बस थोड़ा-सा नाराज होती थी। मुनगे का पेड़ तीसरे भाई की तरह था।

उस घर की रसोई से लगे हुए एक कमरे में वह रहती थी। वह एक अच्छा और चमकदार कमरा था जिसमें उसका सामान करीने से सजा होने के बावजूद भद्दा लगता। कमरे में घुसते ही काली टीन की पेटी आँखों में गड़ती और खटिये पर पड़ा बिना गिलाफ का तकिया उड़कर सीधे मुँह पर लगता था। तकिया जब पहली बार लड़के के चेहरे पर लगा तो उसने कहा, "कितना गन्दा है–तुम माँ से दूसरा क्यों नहीं माँग लेती मौसी..."

"तुम ला दोगे?" उसने बहुत धीमे से कहा।

"मैं..." लड़का थोड़ी देर कुछ सोचता रहा और बाहर चला गया।

वह तकिये को देखती रही, फिर उसने अलगनी से तौलिया उतारा और तकिये पर डाल दिया। वह इन्तजार करती रही पर लड़का देर तक नहीं लौटा। वह जब कमरे में गई तो लड़का उसे सीढ़ियों पर बैठा मिला। वह उदास था और शायद रो भी चुका था।

"वे नहीं देतीं–तुम मेरा तकिया लोगी?" लड़के ने दुःखी होकर कहा।

"नहीं! वह बहुत छोटा है..." वह मुस्कुराई।

लड़का भीतर ही भीतर खुश हो रहा था। उसे लगता था कि वह मौसी का तकिया लगाकर नहीं सो सकता है।

वह अपने कमरे की खिड़की खोलती तो वह पुल पर खुलती। खिड़की पुल से इतनी दूर थी कि वहाँ से पूरा पुल दीखता। वह सोकर उठती तो पुल सुबह के हलके धुँधलके में हवा में तैर रहा होता। भीतर सोये हुए घर की चुप्पी होती। खिड़की खोलते ही उसे हमेशा यह डर होता कि बाहर के अँधेरे से भीतर कोई छलाँग लगा न दे। पर वह खिड़की को खोलने से अपने को रोक नहीं पाती थी। उसे पुल को देखना अच्छा लगता। सुबह का पुल अकेला और उदास होता था।

वह अपने कमरे का दरवाजा इस तरह खोलती कि खुलने की आवाज न हो। उसके करीब दरवाजा खोलते हुए, हमेशा यह डर बना रहता कि वह घरवालों की नींद तोड़ देगी। पर जब वह रसोई में जाती तो बरतन उसकी तमाम सावधानियों के बावजूद चीखने लगते। रसोई की आवाजों को लड़के की माँ बहुत देर तक अनसुना नहीं कर पाती और जग जाती। लड़के और लड़के के पिता तक ये आवाजें नहीं पहुँचती थीं–वे दोनों लड़के की माँ के जगाने पर जागते।

लड़के को तो वह भी कभी-कभी जाकर जगा देती। पर उसके पिता से वह डरती थी। उनकी आँखों में हमेशा उसे कुछ रंग दिखाई देते जो उसे अकेला देखते ही छलकने लगते। वह डरा करती कि लड़के के पिता की आँखों के रंग, कहीं उसके कपड़ों में न छलक जाएँ। उनकी आँखें अक्सर उसका पीछा करतीं और वह भागती रहती। वे विचित्र आँखें थीं, जो दरवाजा, कसकर बन्द करने के बावजूद हर रात उसके कमरे में आ जातीं और छत पर टँगी उसे घूरती रहती थीं।

वह जब रसोई में गई तो वहाँ बिल्ली की आँखें थीं जो रसोई के हलके अँधेरे में चमक रही थीं। बिल्ली हमेशा वहाँ होती है, रोशनदान के ठीक नीचे–बरतन के ढेर के पास बैठी हुई। वह उसके रसोई में आने का इन्तजार करती है। वह जब रसोई का दरवाजा खोलती तो बिल्ली की आँखों में चौकन्नापन उतर आता–वे और ज्यादा चमकीली लगतीं। बिल्ली सतर्क होकर खड़ी हो जाती। वह जैसे ही रसोई के भीतर अपना पहला कदम डालती, बिल्ली आले को फलाँगती रोशनदान में जा बैठती। बिल्ली उससे डरती नहीं थी, सिर्फ उसका सम्मान करती थी। वह रोशनदान में बैठी, उसे काम करते देखती रहती थी।

बरतन आवाज करने लगे, उसके बाद चाय के पानी के उबलने की आवाज हुई। बिल्ली की आँखें उसके साथ-साथ रसोई में टहल रही थीं।

"चाय बन गई..." यह लड़के की माँ की आवाज थी–जैसे एक पत्थर दूसरे पत्थर से टकरा रहा हो। उसकी पीठ इस आवाज की ओर थी और बिल्ली का चेहरा ठीक उसके सामने पत्थरों को भाँपता हुआ। वह जब तक उस ओर पलटती, बिल्ली भाग चुकी थी। बिल्ली पत्थरों से डरती है–एक भी बड़ा पत्थर यदि उसके सिर पर गिरा तो सिर कई टुकड़ों में बँट जाएगा। लड़के की माँ की आवाज बिल्ली का

कितनी दूर तक पीछा करती होगी—वह नहीं कह सकती। पर बिल्ली उस आवाज से डरती थी।

चाय के पानी के उबलने की आवाज फिर हुई। इस बार लड़के के पिता सोकर उठे थे। इस आवाज को सुनने के लिए, रोशनदान पर बिल्ली मौजूद नहीं थी—बस वह सुन रही थी।

लड़का उठकर सीधे रसोई में आ गया। उसके पीछे-पीछे उसकी माँ आई—उससे बँधी हुई। लड़के ने आते ही कहा, 'चाय'। उसकी आवाज रुआँसी थी।

"चाय बिलकुल मत देना उसे, पहले इसका मुँह धुला ला..." लड़के की माँ उबलती चाय के पास खड़ी हो गई, जैसे पहरा दे रही हो, वह लड़के को लेकर बाहर आई तो लड़का चीखा, "मैं चाय पीऊँगा!"

"नहीं दूध..." उसने इतनी जोर से कहा कि लड़के की माँ आसानी से सुन सके।

वह और लड़का अगर रसोई में अकेले होते तो वह लड़के के दूध में चाय डाल देती और लड़का उसकी ओर देखकर मुस्कुराता और फिर दोनों एक साथ हँस पड़ते थे। वे इतना धीमे हँसते कि हँसी रसोई के बाहर नहीं जा पाती थी। और अक्सर वे इस खेल में पकड़े जाने से बच जाते थे। एक बार जब लड़के की माँ ने उसे लड़के के दूध में चाय मिलाते पकड़ लिया तो वे चीख पड़ी थीं, जैसे दूध में जहर मिलाते पकड़ लिया हो, "लड़के को चाय पिला-पिलाकर क्या मार डालना चाहती है..."

चाय जहर कैसे हो जाती है—वह नहीं समझ पाती। लड़के की उम्र में वह चाय पीकर ही बड़ी हुई है। चाय भूख को रोकती थी और किसी एकाध समय खाना न मिलने का दु:ख हलका कर देती। एक कप चाय बहुत बार दो रोटियों की तरह उसे मिली है और चाय पीकर दो रोटियों का सन्तोष उसके चेहरे पर आया है। जितना दूध लड़के को पीना पड़ता है उसमें तो मौसी के पूरे घर की चाय बन सकती है और वह चाय इतनी बदरंग भी नहीं दिखती, जितनी कि उसके घर की चाय हुआ करती है। वह चाय कम से कम तीन रोटियों के बराबर होती।

रसोई सुबह की रोशनी में पूरी तरह जाग चुकी थी, लड़का रोशनदान से गिरते धूप के टुकड़े पर बैठा हुआ था जिसमें उसके भूरे घुँघराले बाल चमक रहे थे। रोशनदान से लड़के के सिर तक, धूप की चमकीली पट्टी फैली हुई थी। लड़का उसमें नाचते धूल के कणों को थोड़ी देर घूरता रहा, फिर उसमें अपनी हथेली रख दी।

"देखो! मेरा खून एकदम लाल, तुम्हारा है...?" उसने मौसी से पूछा। वह लड़के को देख रही थी कि उसके सिर पर खेल है, वह मुस्कुराने लगी। लड़का जब जिद करने लगा तो वह अपनी हथेली रोशनी के भीतर ले गई। लड़का धूप में

चमकती उसकी हथेली को गौर से देखता रहा। उसका नन्हा हाथ मौसी की कलाई में था। मौसी की हथेली भी लाल होकर चमकने लगी, पर उसकी चमक काली रेखाओं से कटी-फटी थी।

''ऊँह! मेरे में ज्यादा खून है...'' लड़के ने जीभ निकाली और भाग गया। मौसी ने अपनी हथेलियाँ देखीं–वे जगह-जगह से दरक गई थीं। वह अपनी दोनों हथेलियाँ फिर धूप के टुकड़े के भीतर ले गई और उन्हें वैसे ही रहने दिया, जब तक वे गर्म होकर चिलकने नहीं लगीं। लड़के की माँ आसपास नहीं थी। नहीं तो वे धूप में चिलकती हथेलियों को उसका खेल समझतीं, जबकि वे उसका दुख थीं। और उसे उसकी इस हरकत पर डाँट जरूर पड़ती। मार वह तभी खाती, जब किसी बात पर उनसे उलझकर बहस में उतारू हो जाती। उन दिनों जब यहाँ आई थी–लड़के की माँ की सारी बातें सिर झुकाकर सुनती रहती, धीरे-धीरे उनकी आवाज तेज हो जाती और जब वे देखतीं कि वह कोई जवाब नहीं दे रही है तो उनका गुस्सा और बढ़ जाता। वे गुस्से में उड़ने लगतीं और अन्त में उसके दोनों कन्धों को पकड़कर झकझोरतीं कि 'बोल! बोलती क्यों नहीं?' पर अब ऐसा नहीं होता है। अब वह उन्हें उड़ने का मौका नहीं देती है और उनसे बहस में उतर आती है। वह उसी तरह होता है कि भागते-भागते थक गया आदमी, साँस लेने के लिए रुक रहा हो, पर लड़के की माँ को यह अच्छा नहीं लगता कि कोई उनसे बहस करे और वे हाथ उठा देती हैं।

उसने जब पहली बार लड़के की माँ को जवाब दिया था तो वे चौंक गई थीं। दरअसल उन्होंने वैसा सोचा नहीं था। वे उसे आँखें फाड़े देखती रह गई थीं। यह उन दिनों की बात है जब वह स्कूल जाया करती थी। उसके लिए स्कूल ड्रेस बनवाई गई–हरे रंग का स्कर्ट और सफेद ब्लाउज। स्कर्ट ने तीसरे दिन ही अपना आधे से अधिक रंग छोड़ दिया। वह अजीब-सा लगने लगा, उसमें हरा रंग ढूँढ़ना पड़ रहा था। वह जब उसे पहनकर स्कूल गई तो टीचर ने पूछा, ''तुम्हारा ड्रेस कहाँ है?''

उसने अपने स्कर्ट को छुआ, ''ये हरा है...'' और पूरी क्लास हँस पड़ी। वह रुआँसी हो गई।

''भाग जाओ और कल ड्रेस पहनकर आना...'' टीचर ने कहा। वह लौट गई और उसने लड़के की माँ को बताया कि वे इसे हरा नहीं मानते हैं।

''तो कहाँ से लाएँ हरा और कितनी बार लाएँ?'' वे झुँझलाने लगीं। वह अपने कमरे में गई और देर तक रोती रही। कमरे के बाहर लड़के की माँ की झुँझलाहट टहल रही थी।

उस शाम मौसी के स्कर्ट अलगनी में लटक रहे थे। उन्होंने हरा रंग मँगवाकर-मौसी के हाथों ही उसे रँगवा दिया था।

वह जब दूसरी सुबह, उस स्कर्ट को पहनकर स्कूल जाने के लिए तैयार हुई तो वह हरा था—पर कहीं हरा गहरा था और कहीं बहुत हलका। वह बहुत अजीब लग रहा था। मौसी को उसे पहनते शर्म आई। उसके हाथ बार-बार स्कर्ट पर जा रहे थे—पर वह लड़के की माँ से डर रही थी।

वह जैसे ही क्लास के भीतर गई, लड़कियों की हँसी के साथ—उसकी स्कर्ट के रंग पूरी क्लास में उड़ने लगे। वे वहाँ भी हलके हरे दिख रहे थे और कहीं गाढ़े थे। पूरी क्लास में हरा रंग बिखर गया। टीचर का चेहरा तक हरा था। बस उसका चेहरा आँसुओं से भीगा लाल था। वह लौट आई थी।

"मैं यह स्कर्ट पहनकर स्कूल नहीं जा सकती।" उसने कहा और रोने लगी।

"नहीं जा सकती तो मत जा...वहाँ तो जैसे रोज नया स्कर्ट आता था इनके लिए..." लड़के की माँ का गुस्सा उसके सिर पर था। वे बड़बड़ाने लगीं कि वह कहाँ से आई है और उसके घरवालों की अभी भी क्या हैसियत है। मौसी उनके दूर के रिश्ते की बहन थी और उन्हें यह हमेशा लगता था कि वे मौसी को अपने घर में रखकर, उसके घर का भार थोड़ा कम कर रही हैं।

"जब पढ़ा नहीं सकतीं तो क्यों लाई है मुझे..." मौसी की आवाज काँप रही थी और चेहरा गुस्से में तमतमाया हुआ था। लड़के की माँ चुप हो गई थीं। उनकी आँखों में आश्चर्य था। वे उसे इस तरह देख रही थीं कि वह लड़की मौसी नहीं कोई और हो। उसने पहली बार लड़के की माँ का सामना किया था। उसके पैर काँप रहे थे। वह थोड़ी देर तक लड़के की माँ को घूरती खड़ी रही। फिर अपने कमरे में भाग गई। वे उसके कमरे के दरवाजों को घूरती रही थीं, जो मौसी को भीतर लेकर जोर से बज उठे थे। दरवाजे की गुस्से से भरी आवाज दिन भर लड़के की माँ का पीछा करती रही।

घर में दोपहर की चुप्पी पसरी हुई थी। जब वह अपने कमरे में लौटी, वहाँ हलका अँधेरा था। उसने खिड़की खोल दी—बाहर से दोपहर भीतर आ गई। खिड़की के बाहर दोपहर का पुल था...पूरी तरह जागा हुआ। दोपहर के साथ पुल का शोर भी कमरे के भीतर आया, पर पुल खिड़की से इतनी दूर था कि वह कमरे तक आते-आते शोर नहीं रह गया था।

दोपहर एक से चार का समय उसका अपना समय होता है—जिसे वह अपने कमरे में छुपाकर रखती है और उसे अकेले ही उलटती-पलटती रहती है। उस समय लड़के की माँ अपने कमरे में आराम करती होती है—और लड़का और उसके पिता घर से बाहर होते हैं। अलबत्ता रविवार को कभी-कभी यह समय कमरे से बाहर छलाँग लगा देता, जब घर में मेहमान आ जाते और लड़के के पिता के

ठहाके और लड़के की माँ की शालीन आवाज के बीच घर धीरे-धीरे काँपने लगता। घर इतना बदल जाता कि वह उसे पहचान नहीं पाती, उसे लगता काश! घर हमेशा के लिए वैसा ही हो जाता—जैसा मेहमानों के बीच होता है—तो घर कितना आसान हो जाता।

अगर आवाज कोड़े की तरह पीठ पर अपने निशान छोड़ने लगे तो उसकी पीठ घावों से भर जाती और इस तरह पहचानना मुश्किल होता कि यह एक लड़की की पीठ है। आवाज देह पर कोई निशान नहीं करती—वह भीतर करती है, जिसे सब देख नहीं सकते।

दोपहर का पुल अलस्सुबह के पुल से बिलकुल अलग था—पूरी तरह जागा हुआ। दोपहर का पुल छोटा था—लोगों की आवाजाही से दबा-दबा-सा। वह पुल पर गुजरनेवाले कुछ लोगों को पहचानने लगी थी। वे उसे नहीं पहचानते थे। वे उस तक देख नहीं सकते थे, नहीं तो उन्हें आश्चर्य होता कि कोई उन्हें इस तरह पहचानता है कि वे उसके जीवन में शामिल हैं। हो सकता कि वे मिलने चले आते और यहीं सारी गड़बड़ हो जाती। जैसे वह बुढ़िया जो पुल पर जाती हुई गुजरती तो तीन बजता—उसने आज तक उसका लौटना नहीं देखा था। उसे लगता कि बुढ़िया पुल से इसलिए गुजरती है कि वह पृथ्वी का एक चक्कर पूरा कर सके। ठीक तीन बजे पुल पर उसका एक चक्कर पूरा होता होगा। बुढ़िया जिस दिन पुल से नहीं गुजरेगी, पृथ्वी पर तीन नहीं बजेगा। बुढ़िया हमेशा पैदल होती—सिर पर स्कार्फ बाँधे हुए। उसके हाथों में रंगीन छतरी होती थी, जो कड़कड़ाती धूप या बारिश में खुल जाती, पर बाकी समय वह बुढ़िया के बगल में दबी रहती। बस या ट्रक गुजरता तो बुढ़िया थोड़ी देर के लिए गायब हो जाती—उनके गुजरते ही वह फिर दिखाई देने लगती।

उसने एक दिन लड़के को दिखाया कि देखो! वह बुढ़िया—तो लड़के ने बुढ़िया के भीतर मौसी को खोज लिया और पूछा, "तुम भी बूढ़ी हो जाओगी?"

"हाँ", वह थोड़ा चौंकी, उसने अब तक सोचा नहीं था कि वह भी बूढ़ी हो जाएगी।

"और माँ..."

"वे भी..." मौसी ने कहा।

"तब तुम दोनों एक साथ छतरी लेकर पुल से गुजरोगी?" लड़के ने पूछा।

"पता नहीं..." वह दु:खी थी। पुल पर गुजरनेवाली बुढ़िया साफ-सुथरी थी, सिर पर रोज नया स्कार्फ बाँधती थी और उसकी छतरी में फूल बने हुए थे।

पुल पर बैठा पागल भिखारी गन्दे कपड़ों का ढेर था। वह हमेशा रेलिंग पर बैठा झूलता रहता जिसे देखकर उसे डर होता कि वह नीचे टपक जाएगा। वह उसकी

पीठ की सीध में पुल के नीचे की उस जगह को देखने लगी जहाँ वह गिर सकता है—वहाँ गहरा गड्ढा था। यदि वह गड्ढे में गिर गया तो बहुत दिनों तक उसकी लाश भी उठाई नहीं जा सकेगी। लोग ऊपर से देखेंगे और कहेंगे कि ओफ! रद्दी कपड़ों का कितना बड़ा ढेर पड़ा हुआ है—कोई भिखारी ही कपड़ों के लालच में उतरेगा और देखेगा कि लाश है।

लड़के की माँ जब कभी उसे गुस्से में, गन्दी भिखारिन कहती है कि वह हमेशा अपनी तुलना, रेलिंग पर झूलते भिखारी से करती है और वह अपने को पुल की रेलिंग पर झूलता पाती है। उसे नामालूम क्यों यह लगता कि पुल पर होना अपने घर के करीब होना है।

वह पुल पर होना चाहती है और सिर्फ उड़कर वहाँ पहुँच सकती है, पर उसके पास पंख नहीं हैं।

रचना-वर्ष—1987 : साक्षात्कार-101-103

कॉलर

वह अपनी कमीज के कॉलर को रूमाल से ढककर रखता था—यह उसकी पहचान थी। वह मोटी गर्दन का आदमी नहीं था। उसकी गर्दन पर उसका चेहरा भारी था। उसके पास सूजा हुआ, बीमार चेहरा था, जो मुस्कुराता तो लगता रो रहा है।

वह जब आईने में चेहरा देखता तो चेहरे से ज्यादा गर्दन से लिपटा कमीज का कॉलर चमकता। कॉलर को आईने में देखते ही उसका चेहरा दमकने लगता—वह कॉलर की रोशनी में दमकता था। आईने में कॉलर का बस सामने का हिस्सा दिखता—खरगोश के दो सफेद कान वहाँ होते—वह गर्दन मोड़कर कॉलर को पूरा-का-पूरा देखने की कोशिश करता। गर्दन दुखने लगती। आईना मुस्कुराता। आईने के पास एक कुटिल मुस्कान होती है। आईने में अपने को देखते हुए हम आईने की उस कुटिलता को कभी नहीं पकड़ पाते। वह हमें एक बेवकूफ दोस्त की तरह लगता है, जबकि वह होता नहीं है।

वह सोचता—आदमी की गर्दन इस तरह होनी चाहिए कि गोल घूम सके। उसे कबूतर की गर्दन जैसी लचकदार होना चाहिए कि वह अपनी पीठ देख सके। आदमी को अपनी पीठ देखने के लिए अपने पीछे खड़ा होना होता है—और वह बहुत मुश्किल काम है। अपने पीछे जाकर, जब भी उसने खड़े होने की कोशिश की तो वह गिर पड़ा। पत्नी तो पत्नी, बच्चे तक मुस्कुराए कि पिता पागल हो गया है।

वे उसके कॉलर में रूमाल रखने को लेकर मुस्कुराते हैं और सवाल करते हैं। पत्नी के सवाल पर उसने एक बार यह जवाब दिया कि तुम कम्बल पर खोल चढ़ाकर क्यों रखती हो? बिना खोल का कम्बल ज्यादा सुन्दर दिखता है। उसने अपने उदाहरण के लिए कम्बल इसलिए चुना था कि वह पत्नी को दहेज में मिला था और बहुत प्रिय था। वह घर का एकमात्र ठीक-ठाक ओढ़ना था जो अब तक बचा हुआ था।

''पूरी कमीज पर खोल चढ़ा लो। सिर्फ कॉलर बचाने से क्या फायदा!'' पत्नी खिलखिलाकर हँस पड़ी थी।

''तुम बेवकूफ हो!'' उसे कोई जवाब नहीं सूझा था। पत्नी और जोर से हँस पड़ी थी। वह उसकी हँसी से डर गया था। वह उसे यह नहीं बता सकता था कि

कॉलर पर रूमाल रखना 'बाबू' होने की तैयारी है और उसका 'प्रमोशन' कभी भी हो सकता है। ऑफिस की खंडहर दीवार भी इसलिए चमकती है कि वहाँ हर टेबल पर एक सफेद कॉलर मुस्कुराता है। उसका प्रमोशन होते ही एक टेबल और आएगा और दीवारों की चमक थोड़ी और बढ़ जाएगी। स्टूल पर बैठा आदमी कोई रोशनी नहीं छोड़ पाता है, वह टेबल से आती रोशनी का मोहताज होता है।

यही वह जगह थी–जहाँ से वह कमीज के कॉलर को हर सुबह देखता रह जाता था। फिर अचानक उसके हाथ में रूमाल प्रकट होता और कॉलर को ढक लेता। वह रूमाल को सहलाता तो उसे लगता कि खरगोश की पीठ सहला रहा है। वह, यह कभी भी नहीं चाहता है कि उसकी गर्दन पर बैठा खरगोश कूदकर भाग जाए। खरगोश बहुत चपल होता है, उसे फिर पकड़ पाना मुश्किल होगा। रूमाल अक्सर गन्दा होता और कमीज (कॉलर को छोड़कर) के रंग से मेल खाता। पर वह अपनी कमीज कभी नहीं देखता था। उसे देखने की उसने आदत नहीं डाली थी और इसलिए बिना 'प्रेस' की मुड़ी-तुड़ी कमीज पहने वह अक्सर देखा जाता था।

रविवार की एक सुस्त सुबह थी। वह देर से सोकर उठा था और नहाकर आईने के सामने खड़ा था। उसकी नजर अपनी गर्दन पर थी जो बिना कॉलर के सूनी और नंगी थी।

उसने पत्नी को आवाज दी, 'कमीज!' पत्नी की जगह उसका लड़का कमीज लेकर आया। लड़के के जबड़े चल रहे थे। वह खाते-खाते उठकर आया था। लड़का उसे कमीज पकड़ाकर वापस भाग गया–रसोई में, जहाँ वह खा रहा था। लड़का सुबह के नाश्ते में, रात के चावल को चाय में डालकर खाता था।

कमीज पहनते ही उसने आईने में देखा कि कॉलर में लड़के की अँगुलियाँ हैं। उसके चेहरे पर देर से ठहरी आत्मतुष्टि गायब हो गई। वह गुस्से से काँपने लगा। उसने लड़के को आवाज दी–आवाज चीख की तरह थी। लड़का सहमता हुआ आया। उसके मुँह में अब भी खाने का कौर था, गाल फूले हुए थे। उसने लपककर लड़के को पकड़ा और उसका हाथ लड़के के गाल पर पड़ा–तड़ाक! लड़के के मुँह में फँसा कौर उसके पैरों पर आकर गिरा।

लड़के के गाल पर उसकी अँगुलियाँ थीं। लड़का अवाक् था। वह यह नहीं समझ पा रहा था कि पिता ने आखिर उसे मारा क्यों है? उसकी नन्ही हथेली अपने गाल पर पड़े पिता की अँगुलियों के निशान को सहला रही थी।

उसने लड़के को अपनी कमीज का कॉलर दिखाया। वहाँ लड़के ने अपनी अँगुलियाँ देखीं। वह उसे कई बार समझा चुका था कि वह कमीज को कन्धों से पकड़ा करे, पर लड़का अक्सर भूल जाता था–और कॉलर में अपनी अँगुलियाँ फँसा देता था। आज लड़के की तीसरी गलती का दिन था और वह यह मानता था

कि तीसरी गलती वह कभी माफ नहीं करता है। अपने घर में वह उस जगह पर था, जहाँ से वह अपनी पत्नी और बच्चों की गलतियाँ चुन सकता था, उन गलतियों को क्षमा कर सकता था, और उन पर सजा दे सकता था। पर घर से बाहर की दुनिया में बहुत से लोग उससे ऊपर–उस जगह पर थे, जहाँ से वे उसकी गलतियाँ चुनते थे, कभी-कभी उसे क्षमा भी कर देते, पर अक्सर वे उसे माफ नहीं करते थे। वह घर में कठोर था, क्योंकि बाहर उसे मोम का पुतला होना पड़ता था।

कॉलर पर अपनी अँगुलियाँ देखते ही लड़का रोने लगा। पत्नी रसोई का काम छोड़कर भागी-भागी बाहर आई। लड़के की कमीज, कॉलर तक गन्दी और चीकट थी। पत्नी की साड़ी जहाँ-तहाँ से फटी और मैली थी। पत्नी अपनी साड़ी और लड़के की कमीज को देखकर चीखने लगी। पत्नी को लग रहा था कि लड़का व्यर्थ ही पीटा गया है। घर हल्ले में बदल गया।

वह पत्नी और लड़के को घूरता रहा। पत्नी थक गई। वह लड़के को घसीटती हुई रसोई में वापस चली गई। घर रसोई में जाकर सिकुड़ गया और बाकी कमरे मैदान हो गए।

वह अब आँगन में कॉलर को रगड़-रगड़कर धो रहा था–छत पर बैठे तीन कौवे उसे देख रहे थे। वह उन्हें नहीं देख रहा था। वह जब कॉलर को धोकर उठा तो कौवे खुश होकर चीखे और उड़ गए।

कमीज, कॉलर से कन्धों तक गीली हो गई थी। कॉलर में वह चमक नहीं थी जो रोज होती थी। उसने उसे रूमाल से ढक दिया। उसके गले में कॉलर की ठंडक थी।

वह कई सड़कों को पार कर यहाँ तक पहुँचा था और हाँफ रहा था। पैदल चलने की आदत उसे थी–वह कुचले जाने के डर से हाँफ रहा था। सड़क को पार करते हुए हमेशा उसके पास किसी मोटरगाड़ी के नीचे आ गए कुत्ते की लाश होती है। जब तक वह सड़क पार नहीं कर लेता–लाश पीठ पर लदी रहती है और वह उसके वजन से हाँफता हुआ दीखता है।

उसकी साइकिल के टायर जवाब दे चुके थे और उनके लिए वह पैसे इकट्ठे नहीं कर पा रहा था। उसने टायर खरीदने की कोशिश की, पर वे उसे नहीं मिल सके और इस तरह, वह पैदल देखा जा रहा था। वैसे साइकिल होती तो भी वह पैदल ही सड़क पार करता। साइकिल पर कुचले जाने का डर और ज्यादा होता है। पिछली कई रातों से उसके पास सिर्फ टायर हैं। ढेर सारे नए और चमकदार टायर उसे घर की छत पर पड़े दिखाई दिए। वह उन्हें पकड़ने छत पर चढ़ा तो वे उड़ने लगे। ठीक उसकी पहुँच से बाहर जाकर वे ठहर जाते थे। वह छत पर खपरैलों के टूटने की

आवाज पर दौड़ता रहा और टायर उससे खेलते रहे। सुबह तक छत चकनाचूर हो चुकी थी। बारिश के दिन अभी पूरी तरह खत्म नहीं हुए थे। पत्नी नाराज हुई कि अगर अब एक भी बारिश हुई तो घर के सारे कमरे (वे सिर्फ दो थे, रसोई को छोड़कर) छोटे-छोटे तालाब हो जाएँगे। और उसी रात टायर उसकी पत्नी को जकड़े हुए थे। पत्नी रबड़ के काले खम्भे की तरह दिख रही थी। टायर पैरों से लेकर गले तक उसे जकड़े हुए थे। पत्नी चीख रही थी, पर उसके गले से कोई आवाज नहीं निकल रही थी। वह पत्नी को छुड़ाने लपका...टायर की जितनी तहें वह अपनी पत्नी की देह से खींचकर बाहर करता गया वे उसकी देह पर चिपकती गईं। पत्नी मुक्त हुई तो वह रबड़ का खम्भा हो चुका था। अब वह चीख रहा था और पत्नी मुस्कुरा रही थी। वह पत्नी की देह तक जाता है तो उसे रबड़ की गन्ध आती है।

पंडित के होटल की छत पर बारिश अब भी बची हुई है। दीवार पर चिपकी लड़की नंगी और भीगी हुई थी। उसकी आधी देह पर हड़ताल का पोस्टर चिपका हुआ था। हड़ताल खत्म हो चुकी थी, पर पोस्टर अब भी था। वह रहेगा, जब तक कोई शरारती लड़का उसे खींच नहीं लेता–लड़की की आधी देह के रहस्य को खोलने के लिए। वह जब भी यहाँ आता है, दीवार पर उसकी नजर सबसे पहले जाती है। वहाँ कोई-न-कोई नंगी लड़की चिपकी रहती है। वह अंग्रेजी फिल्म नहीं देखता है, पर उन्हें देखने की बहुत इच्छा उसके पास है।

होटल की सीढ़ियों पर वह ठिठका। पंडित काउंटर के पीछे बैठे ऊँघ रहे थे और उनका दाहिना हाथ मक्खियाँ उड़ा रहा था। पंडित का वह हाथ हमेशा मक्खियाँ उड़ाता रहता है–वे जब चीजों पर नहीं होतीं तब भी–वह हवा में लहराता रहता है। वह हाथ सिर्फ पैसा लेते समय रुकता था और उस समय मक्खियों की बिलकुल परवाह नहीं करता था।

एक कदम और उठाते ही वह होटल की छत के नीचे आ गया–पंडित के इत्र की खुशबू के घेरे में। पंडित तेज इत्र का इस्तेमाल करते थे और उनकी यह गन्ध होटल के भीतर आनेवाले हर आदमी को सीढ़ियों पर ही घेर लेती थी। पंडित लकदक कुरते में थे, जिसमें छोटे-छोटे सुनहरे बटन चमक रहे थे। काउंटर के पीछे होने के कारण उनकी धोती नहीं दिख रही थी, पर उसने उसे पहले कई बार देखा है और वह इतनी सफेद होती है कि धूल और गन्दगी से भरे इस शहर में, उसकी सफेदी के मर जाने का डर लगातार महसूस होता है।

शहर की सड़कों से जब भी वह वापस अपने घर के आईने तक पहुँचता है, अपने बालों और यहाँ तक कि भवों तक को धूल से भरा हुआ पाता है। कमीज का कॉलर यदि रूमाल से ढका न रहे तो उसका भी बचना मुश्किल है। कारों में घूमनेवालों के हाथों में शहर है और कार के काँच को धूल पार नहीं कर पाती है। पंडित के बालों

में भी धूल नहीं दिखती, क्योंकि वे शहर की सड़कों का बहुत कम इस्तेमाल करते हैं। धूल से सने पंडित कैसे दिखेंगे, यह इच्छा उसके भीतर अक्सर जागती है।

छुट्टी के दिन की दोपहर थी और होटल बिलकुल खाली था। होटल का लड़का मेजों को गिनने का खेल खेल रहा था। वह एक मेज से शुरू होता था–'चाय...कॉफी...समोसा...जलेबी...' कहता हुआ और अन्तिम मेज पर 'मेरा सिर' कहता हुआ चुक रहा था–जहाँ वह अपना सिर मेज पर रख देता था। लड़का अक्सर यह खेल खेलता है, जब होटल खाली मिलता है और पंडित ऊँघते हुए। पंडित के सामने अगर लड़का यह खेल, खेल सकता तो शायद काउंटर पर 'मेरा सिर' कहता और पंडित चौंककर कई फीट ऊँचे उछलते। जब जमीन पर आते तो काउंटर टूट चुका होता, धोती मैली हो जाती और कुरता फट जाता। सुनहरे बटन टूटकर उन कोनों में जा गिरते जहाँ से उन्हें ढूँढ़ना मुश्किल होता। 'सोना' पास नहीं होता तो पंडित ऊँघ नहीं पाते।

उसके अन्दर घुसते ही लड़का सबसे पहले पलटा। उसका खेल तीसरी मेज पर ठहर गया था। लड़के की आँखें चमक रही थीं जो उसके खड़े-खड़े बालोंवाले मटमैले सिर पर अजीब लग रही थीं। लड़का सिर्फ एक घिसी हुई पेंट पहने हुए था। धँसे हुए सीने पर उसका उभरा हुआ पेट अजीब लग रहा था। पेट नीचे गिर सकता है–लड़के की देह को छोड़कर और पंडित फुटबाल खेल सकते हैं। लड़के की बनियान उसके कन्धे पर थी, वह उसे पहनने के लिए अपने हाथों में लेकर झेंपता हुआ हँसा। वह भी मुस्कुराने लगा। दोनों की आँखें ऊँघते हुए पंडित पर जाकर ठहर गईं।

"नमस्ते, पंडितजी!" वह लगभग चिल्लाया। पंडित की ऊँघ में उसकी आवाज जाकर धँस गई। लड़का खुलकर मुस्कुराया।

"हाँ! हाँ!" पंडित के चेहरे पर सोते हुए पकड़े जाने का संकोच था। "आज तो आपका ऑफिस बन्द है...छुट्टी के दिन...आज आप यहाँ..." पंडित अब सहज हो रहे थे। मक्खियाँ उड़ाता हुआ उनका हाथ समोसे की परात के ऊपर ठहरा हुआ था।

"बस ऐसे ही...घर में करने को कुछ नहीं था न..." उसने अपने कॉलर को सहलाते हुए कहा। वह अपने घर को पंडित के सामने कभी नहीं खोलता था। यदि वह खोल पाता तो घर की उस पीठ को पंडित देख लेते जो उन फोड़ों से भरी हुई थी, जिनसे लगातार मवाद रिसता रहता है। पंडित का 'आप' बोलना उसे अच्छा लगता था। पंडित अकेले आदमी थे जो उसे 'आप' कहते थे। इसी 'आप' को सुनने के लिए वह अपने ऑफिस की चाय यहाँ बोलने आता था। जबकि ऑफिस के पास ही चाय का ठेला था। पर वह पंडित के होटल के पक्ष में यह तर्क देता था कि एक तो वह ब्राह्मण है दूसरा साफ-सफाई पसन्द–मक्खियाँ तक नहीं बैठने देता। साथ ही चाय भी बढ़िया बनाता है।

पंडित की जुबान शहद है। वे दिल खोलकर उसे दूसरों पर उड़ेलते हैं। अलबत्ता होटल के छोकरों से बात करते हुए, उनके पास यह चाशनीदार आवाज नहीं होती है और उसे भी लगता है कि पंडित बहुत हरामी हैं और आदमियों को भी मक्खियाँ समझते हैं—अपने दाहिने हाथ से उन्हें उड़ाते रहते हैं। पर इस सबके बावजूद पंडित का 'आप' बोलना उसे अच्छा लगता है। वह बिलकुल नहीं चाहता कि पंडित से वह इतना खुल जाए कि उनका 'आप' तुम में बदल जाए। वह अपने कॉलर के साथ, पंडित के 'आप' को भी सहेजकर रखना चाहता है।

"घर में सब ठीक-ठाक है?" पंडित का बातचीत शुरू करता सवाल उठा।

"हाँ सब मजे में!" उसका हमेशा का जवाब जो भीतर से उठती खीझ को दबाकर, बहुत कोशिशों के बाद सहज रूप में बाहर आ पाता था।

"बैठिए...बैठिए न...आज का दिन तो ठंडा रहता है..." पंडित ने कहा, उनका दाहिना हाथ परात के ऊपर हिलने लगा था।

"घर में तो समय और मुश्किल होता है।" उसे लग रहा था कि छुट्टी के दिन आकर, उसने ठीक नहीं किया।

"अच्छा है, आप आ गए...समय ही कटेगा। चाय!...बढ़िया बनाकर!" पंडित ने लड़के को आवाज दी।

उसकी नजर तीसरी मेज पर गई, जहाँ उसने लड़के को देखा था। लड़का गायब था। होटल की भट्ठीवाले हिस्से की खिड़की पर एक नंगी और काली, पसीने से तर पीठ उठती दिखाई दी। वह लड़के की पीठ नहीं थी। पीठ दिखते ही तुरन्त गायब हो गई, उसकी जगह सिर्फ अँधेरा था। थोड़ी देर बाद खिड़की पर लड़के का मुस्कुराता चेहरा बाहर आया और 'अभी लाया' कहकर गायब हो गया। लड़के ने बनियान पहन ली थी, जिसमें उसकी देह कई जगहों से झाँक रही थी।

"मस्ती करते हैं, सिर्फ मस्ती। काम न रहे तो और ज्यादा..." उसकी तरफ देखकर लड़के का मुस्कुराना पंडित को अच्छा नहीं लगा था। लड़का उसकी तरफ देखकर अक्सर मुस्कुराता था और पंडित के सामने वह लड़के की मुस्कुराहट पर झेंप जाता था।

"बच्चा है," उसने कहा, उसकी अँगुलियाँ अपने कॉलर पर थीं।

"बच्चा! आप इन्हें जानते नहीं..." पंडित कुछ और कहना चाहते थे, पर कहते-कहते रुक गए।

सीढ़ियों से एक बूढ़ा ऊपर आ रहा था। चार सीढ़ियाँ चढ़ते हुए चार कठिनाइयों से वह गुजरा और सीढ़ियों के खत्म होते ही उसके हाँफने की धीमी, पर असरदार आवाज होटल में फैल गई। वह एक फटा हुआ, मैला-सा कोट पहने हुए था और उसके नीचे पजामा—जिसके पायँचे उखड़े हुए थे। उसकी डरी हुई आँखें, सबसे

पहले पंडित की ओर गईं, फिर मेजों पर और अन्त में छत पर घूमते पंखों पर एक क्षण ठहरकर, बिलकुल सामनेवाली मेज पर रुक गईं। वह शायद बैठना चाहता था, पर बैठना चाहिए या नहीं–यह सोच रहा था।

"क्या चाहिए बाबा?" पंडित उसका ग्राहक होना पकड़ चुके थे। वे बूढ़े की जेब देख रहे थे–चेहरा और कपड़े नहीं।

पंडित की आवाज ने बूढ़े को आश्वस्त किया, उसने बैठने के लिए बेंच को मेज से थोड़ा पीछे खींचा–उसके हाथ काँप रहे थे। वह इस तरह बैठा, जैसे बेंच पर किसी ने ढकेल दिया हो। वह अभी भी लम्बी-लम्बी साँसें ले रहा था। उसकी नजर पंडित के हिलते हुए हाथ के नीचे थी।

"समोसा चाहिए?" पंडित बूढ़े की इच्छा पकड़ चुके थे।

बूढ़े ने धीरे से 'हाँ' में सिर हिलाया।

"लड़के! समोसा एक प्लेट, बाबा के लिए" पंडित की आवाज से होटल गूँज गया। पंडित मेजों के नम्बर का इस्तेमाल नहीं कर रहे थे। 'एक नम्बर के लिए' बोलने की जगह उन्होंने 'बाबा के लिए' कहा। बूढ़ा मेज के नम्बर में बदल गया है, यह सिर्फ पंडित जान रहे थे। यह बात वह भी नहीं जानता है कि पंडित हमेशा उसे भी मेज के नम्बर में बदल देते हैं।

उसने देखा बूढ़ा अब भी डरा हुआ है। वह शायद होटल के साफ-सुथरेपन से आतंकित था–हो सकता है, उसके पास चाय-ठेलों और ढाबों का अनुभव हो और इस तरह के होटल का कोई अनुभव न हो। ऐसी बहुत-सी जगहें हैं, जहाँ वह भी कभी नहीं जा पाएगा। 'बाबू' हो जाने के बाद भी नहीं। शहर के किसी बड़े होटल में घुसते ही उसका चेहरा भी बूढ़े के चेहरे की तरह, डर और संकोच में काँपता हुआ होगा। पाँच सितारा होटल की सीढ़ियों पर तो वह डर से मर भी सकता है।

लड़के ने एक प्लेट समोसा लाकर मेज पर रख दिया। वह रखना कुछ-कुछ पटकने की तरह था–प्लेट जोर से बजी। बूढ़ा डरा।

"कितने लगेंगे?" बूढ़े के पास काँपती हुई आवाज थी।

"क्या?" लड़के की बूढ़े में बिलकुल दिलचस्पी नहीं थी, वह बूढे को उड़ा रहा था।

"पैसे?" बूढ़े की आवाज और दयनीय हो गई।

"डेढ़ रुपया..." लड़के ने कहा और उसकी तरफ देखकर मुस्कुराया।

"पर समोसा तो एक रुपये प्लेट है।"

"तो वापस ले जाऊँ?"

बूढ़े ने जवाब में कुछ नहीं कहा। वह बस समोसे की ओर देखता रहा और लड़का बूढ़े को।

"एक कितने का?" बूढ़े ने पूछा।

"एक रुपये का।"

"बारह आने का नहीं?"

लड़के ने बूढ़े को जवाब देने की जगह पंडित की ओर देखा।

"एक, एक का, खाना है तो खाओ! नहीं तो भागो!" पंडित ने गुस्से से कहा।

बूढ़ा अब भी समोसे की ओर देख रहा था। वह उस समय तक देखता रहा, जब तक लड़के ने मेज से प्लेट नहीं हटा दी। प्लेट के हटते ही वह उठा और किसी भी तरफ न देखते हुए सीढ़ियाँ उतर गया। बूढ़े की झुकी हुई पीठ के पास चार कठिनाइयाँ थीं।

"बहुत कठिन है..." पंडित ने कहा, "इन्हें सँभालना बहुत कठिन है।"

"हाँ! सो तो है ही..." उसने कहा और हँसने लगा। यदि अभी उससे पूछा जाए कि वह क्यों हँस रहा है, तो उसके पास कोई जवाब नहीं होगा।

"साले चाय लेकर चल, कल आएगा क्या?" बूढ़े का गुस्सा पंडित झटक नहीं पा रहे थे। वे इतने जोर से चीखे कि छत काँप गई।

लड़का दोनों हाथों में चाय के दो गिलास लेकर प्रकट हुआ और बड़बड़ाता हुआ आगे बढ़ा–वह पंडित की चीख से धकेला जा रहा था। लड़का नीचे नहीं देख रहा था–पंडित का चेहरा फर्श पर नहीं था।

दरवाजे से कुछ ही दूर पड़ी, आलू से भरी टोकरी से लड़का कब टकराया, यह लड़के के लड़खड़ाने के बाद पता चला। गिलास उसके हाथ से छूटकर, दूर छिटक गए, एक ठीक पंडित के काउंटर से टकराया और उनके लकदक कुर्ते को चाय के छींटों से भर गया। दूसरा गिलास सीढ़ियों से लुढ़कता हुआ, सड़क के किनारे जा पहुँचा। लड़का नहीं गिरा–वह बच गया था। पंडित की आँखें जल रही थीं। लड़का काँच का गिलास नहीं हो पाया था, इसलिए डर से काँप रहा था।

पंडित का हाथ काउंटर पर रखे पानी के गिलास पर गया और पूरी ताकत से लड़के के सिर पर पड़ा। लड़का लड़खड़ाया और फर्श पर बिखर गया–ठीक आलू की टोकरी के ऊपर। लड़का तीसरा गिलास था–जो टूटा था।

पूरे होटल में आलू बिखर गए थे। लड़का आलुओं के बीच पड़ा हुआ था। पर वह खुद कब चौंककर खड़ा हो गया, उसे पता नहीं चला। अब वह डरा हुआ था। होटल की सीढ़ियों पर अचानक भीड़ उग आई थी। उसने देखा, पंडित लोगों की बिलकुल परवाह नहीं कर रहे हैं और लड़के पर लगातार गालियों की बौछार किए जा रहे हैं। पंडित की गालियाँ लड़के के बहते खून को पानी में तब्दील करने की कोशिश कर रही थीं।

वह लड़के के पास गया। वह अब भी औंधा पड़ा हुआ था। वह उसे उठाने के लिए झुका।

''उसे छूना नहीं...छोड़ दो उसे...बिलकुल नहीं छूना...'' पंडित चीखे और फिर लड़के को गालियाँ बकने लगे। उसके भीतर गुस्से की एक तीखी लहर अचानक उठी। उसने घूरकर पंडित की ओर देखा। पंडित का चेहरा भीड़ की तरफ था और गालियों में उलझा हुआ था।

उसने देखा–लड़के के माथे पर एक बड़ा जख्म है, जिससे लगातार खून रिस रहा था। उसने आसपास नजर दौड़ाई–शायद कोई कपड़ा मिल जाए, लड़के के जख्म पर पट्टी के लिए। वहाँ आलुओं के अलावा और कुछ नहीं दिखा। अलबत्ता काली पीठवाले आदमी का निर्विकार चेहरा लड़के से थोड़ी ही दूर पर था। उसने सहायता की नजर से उसकी तरफ देखा तो वह पलटकर वापस भट्ठीवाले हिस्से की ओर गायब हो गया। उसका चेहरा भी उसकी पीठ की तरह था।

भीड़ अब भी होटल के बाहर थी और कोई अन्दर नहीं आ रहा था। भीड़ में किसी के पास चेहरा नहीं था, उन सबकी पीठ उनके चेहरे की जगह चिपकी हुई थी। पंडित का चेहरा चमक रहा था।

उसके हाथ अपने कॉलर पर गए–जहाँ रूमाल रखा हुआ था। उसकी अँगुलियाँ एक क्षण हिचकीं और फिर कॉलर से रूमाल को खींचकर बाहर ले आईं, उसने लड़के को सहारा देकर उठाया और रूमाल उसके जख्म पर बाँध दिया। अब वहाँ रुकना बेकार था। वह लड़के के लिए कुछ नहीं कर सकता था।

वह जैसे ही बाहर जाने के लिए घूमा, पंडित की खिलखिलाती आवाज गूँजी, ''वाह! इतना बढ़िया कॉलर! क्या बात है भई? आपने तो कूड़े में खजाना छुपाकर रखा था...'' पंडित की हँसी नहीं रुक रही थी। वे अब लड़के को भूल चुके थे और लगातार हँसे जा रहे थे। सीढ़ियों से हँसी की लहरें उठीं और पंडित की हँसी से मिल गईं।

उसने गुस्से से पंडित को देखा और फिर भीड़ को। वे उसका गुस्सा नहीं पकड़ पाए। उनके पास उसका चेहरा नहीं था। बस कॉलर था। वे कॉलर को देख रहे थे और हँसे जा रहे थे। वह बौखला गया।

उसने अपनी कमीज के बटन खोले और ठीक भीड़ के सामने उसे फेंककर, वह कॉलर पर कूदने लगा। भीड़, सीढ़ियों से नीचे खिसक गई। पंडित चौंककर खड़े हो गए। कॉलर कमीज की तरह मटमैला हो गया। उसने कमीज उठाकर पहन ली और लड़के की ओर देखा। उसे लगा–लड़का मुस्कुरा रहा है।

रचना-वर्ष–1989 : धर्मयुग, 20 मई '90

कुत्तों की मौत का दिन

वह इस मोहल्ले का ऐसा अकेला मकान है, जिसके बरामदे तक सूरज आता है और आराम से पसरा पड़ा रहता है—उसे वापस लौटने की कोई जल्दी नहीं होती। वैसे, मोहल्ले के मकानों में सूरज को झाँकने में संकोच होता है। वह अक्सर वहाँ मकानों की छतों और दीवारों तक जाकर, वापस लौट आता है। कभी-कभी मकान की छोटी-सी खिड़की से झाँकता सूरज, उस शरारती बच्चे की तरह होता है जो अपनी पहुँच से ऊँची खिड़की पर उछलकर लटक जाए और भीतर से बस, उसकी चमकीली आँखें और बेतरतीब बाल दीख पड़ें—जिसे देखते ही डाँटकर भगा देने की इच्छा हो। मोहल्ले की थोड़ी कम सँकरी गलियों में, सूरज बच्चों के साथ खेलते हुए पकड़ा जा सकता है। इसलिए उन औरतों को—जो बिना आँगन के घरों की होती हैं, अपने बालों और घर के धुले कपड़ों को सूरज की रोशनी दिखाने के लिए, वहाँ तक आना पड़ता है—जहाँ सूरज बच्चों के साथ खेल रहा होता है। और इस तरह अक्सर इन घरों की गरीबी, गलियों में सूखती दीख पड़ती है।

बस, उस मकान के अंग्रेजी खपरैलोंवाले बरामदे में, सूरज की रोशनी इस तरह होती है कि बरामदे के पुराने हो चुके लकड़ी के खम्भों पर लटकते—नन्हे-नन्हे गमलों से झूलती हरी लतरें, इतनी चमकीली लगती हैं कि उनका यह चमकीला हरापन मोहल्ले के हर मकान की इच्छा हो सकती है। पर सच तो यह है कि उस मोहल्ले के ज्यादातर घरों की इच्छा दो समय की भरपूर रोटी है। इसलिए वहाँ का कोई भी अनाड़ी बच्चा, पूरे चन्द्रमा को देख, वाह! कितनी बड़ी और खूबसूरत रोटी है—कह सकता है।

चन्द्रमा रोटी बनकर पृथ्वी पर आज तक नहीं गिरा है—पर अगर गिर जाए तो इतनी जल्दी खत्म हो जाएगा कि पूरा ब्रह्मांड आश्चर्यचकित रह जाएगा।

उस मकान के बरामदे में रखी आरामकुर्सी धीरे-धीरे झूम रही थी। पंडितजी सो नहीं रहे थे, पर वे पूरी तरह जागे हुए भी नहीं थे। खाली पड़े तख्त में गद्दे के ऊपर, एक चिड़िया बेहिचक बैठी धूप सेंक रही थी। आरामकुर्सी के साथ झूम रही

पंडितजी की समूची देह में—सूरज, सुख की तरह फैला हुआ था। इसके बावजूद कि उनके चेहरे की झुर्रियाँ अब गिनी नहीं जा सकती हैं और गरदन में झूलती मांस की थैली बहुत भद्दी लगती है—उनके पास एक भरा-पूरा चेहरा है, जिसमें रूआब छलकता है। सबसे ज्यादा वह उनकी ऊँची और चमकीली नाक पर ठहरा हुआ होता है, जहाँ अभी-अभी एक मक्खी आकर बैठ गई है। मक्खी को पता नहीं था कि वह रूआब पर आकर बैठी है—नहीं तो बैठते ही मर जाती।

बूढ़ी और कमजोर हो गई हड्डियों को सूरज की सबसे ज्यादा जरूरत होती है। आसमान में जिस दिन सूरज नहीं निकलता, (ऐसे दिन बहुत कम थे, ज्यादातर बारिश में होते थे) पंडितजी चिन्तित हो जाते। आरामकुर्सी झूमना बन्द कर देती—जैसे अचानक पृथ्वी ने घूमना बन्द कर दिया हो। बिना सूरज का बरामदा उन्हें बेचैन करता और वे अपने लड़के को पुकारते, "मुन्ना!" उनके पास तीखी और भारी आवाज है, जिससे घर के लोगों को इसलिए डर लगता है कि बूढ़े के चीखते गुस्से की लहर, पूरे मोहल्ले में फैल सकती है। मोहल्ले को बूढ़े के गुस्से से कोई संकोच नहीं है—वह उसके गुस्से का आदी हो चुका है। पर घर के लोगों को संकोच होता था। बूढ़ा गुस्से में अनाप-शनाप बकता था और धीरे-धीरे अपने पूरे घर को नंगा कर देता था। बीचोबीच वह खुद खड़ा रहता—सर से पाँव तक नंगा। मोहल्ले को मजा आता था। वह बूढ़े से डरता था। पर मजा लेने में चूकता भी नहीं था।

पंडितजी पुकारते तो उनके लड़के का नाम, पाँच कमरोंवाले उस मकान के कोने-कोने में गूँज जाता। मकान की दीवारें ढहती नहीं हैं, क्योंकि उन्हें, इस आवाज की बरसों से आदत है। पंडितजी के पिता के पास भी वैसी ही आवाज थी और वैसा ही गुस्सा—दीवारों ने सुना है। अलबत्ता उनके लड़के के पास ये दोनों ही चीजें नहीं हैं।

बूढ़े की आवाज के सिरे को पकड़कर, लड़का भागता हुआ बरामदे में आता। वह भी अब बूढ़ा हो चला था और उसका इस तरह भागना हास्यास्पद लगता था।

"क्या कर रहा था?" पंडितजी कहते।

लड़का चुप रहता—कोई जवाब नहीं। यह ऐसा प्रश्न था, जिसे वह जरूरी नहीं समझता था।

"बाहर जाकर देखो, कितने बादल हैं?" पंडितजी आज्ञा देते और आरामकुर्सी में पसर जाते कि लड़का जाएगा और सूरज आएगा।

बादलों को गिनने का काम लड़के के लिए कठिन काम था। पर वह अपने पिता से इस उम्र में भी डरता था। वे सीधे गालियों पर उतर आते थे कि हरामखोर, क्या इसीलिए मैंने तुझे पाल-पोसकर बड़ा किया है कि बुढ़ापे में तू

मेरी छीछालेदर करे...औरत का गुलाम साला...! लड़का अपने जवान होते बच्चों के सामने, अपने कपड़े नहीं उतरवाना चाहता था, इसलिए चुपचाप बाहर चल देता–बादलों को गिनने। घर की चहारदीवारी से टिककर, वह थोड़ी देर आसमान देखता रहता। कम से कम इतनी देर कि बादलों को गिनने की कोशिश की गई है–यह पिता को लग जाए।

वह भीतर आता तो उसके चेहरे पर सिर्फ बादल होते। चेहरा काला हो चुका होता। वह पिता से कहता, ''बहुत बादल हैं और सूरज मुश्किल है।''

''...तो आज आसमान में सूरज नहीं है।'' बूढ़े की चिन्तित आँखें, अपने लड़के के उस चेहरे पर चिपक जातीं–जहाँ बादल ही बादल होते।

''...है, पर बादलों के पीछे है!'' लड़के ने एक बार झुँझलाकर कह दिया था तो बूढ़ा गुस्से में लाल होकर काँपने लगा था, ''बेवकूफ! अगर मेरी बूढ़ी हड्डियों तक उसकी गरमी नहीं है तो वह नहीं है...समझा!''

लड़का चुप कर गया था। पिता के गुस्से के सामने उसकी जुबान काम करना बन्द कर देती थी। बूढ़े के यह कहने के बावजूद कि वह नहीं है–आसमान में सूरज तो था। लड़का क्या कहता? वह बस यह प्रार्थना करता था कि उसका यह सनकी पिता, कहीं उसे सूरज की खोज में न भेज दे...कहीं यह न कह दे कि बादलों को साफ करो, जिससे सूरज के आने के लिए रास्ता बन सके।

पंडितजी सोचते थे कि उनके पास आज्ञाकारी पुत्र है। हर पिता यह अभिमान चाहता है। उन्हें यह पता नहीं था कि लड़का उनके मरने का इन्तजार कर रहा है। लड़का जब भी देर से घर वापस लौटता और हलका-हलका सा नशा उसके सिर पर घूमता होता–वह पिता के कमरे के बन्द दरवाजे में अपने कान लगा देता। यदि कहीं पिता का कोई खर्राटा या साँसों की आवाज, उसके कानों को नहीं छूती तो वह मुस्कुरा उठता और पक्षी की तरह उड़ता हुआ अपने कमरे में चल देता था कि कुछ झंझटें होंगी पर सुबह उसकी अपनी है। पर सुबह होती और बूढ़े की पुकार से उसकी नींद खुल जाती। वह अचम्भित रह जाता कि बिना साँसों के बूढ़ा कैसे जिन्दा है। पंडितजी को पता नहीं था कि लड़का उनके बन्द दरवाजे पर अपने कान रखता है–नहीं तो वे दुःखी होते। आज्ञाकारी पुत्र इस मामले में खतरनाक होते हैं कि वे पिता का विरोध न कर पाने के कारण, उसकी मृत्यु की कामना करने लगते हैं।

पंडितजी का बायाँ हाथ उठा और रूआब पर बैठी मक्खी उड़ गई। उन्हें लगा नाक के सिरे पर दाने-सा कोई उभार है। उन्होंने अपनी अँगुली फेरी तो वहाँ दर्द की मामूली-सी लहर थी। यह कैसे हो गई–बूढ़े ने सोचा। अगर ठीक न हुई तो बड़ा-सा फोड़ा हो सकता है। नाक गायब हो जाएगी, उसकी जगह मवाद

छोड़ता बड़ा-सा फोड़ा होगा। उनके भीतर सिहरन दौड़ गई। पंडितजी अपने चेहरे से बहुत प्यार करते थे। चेहरा उम्र की पकड़ में आ गया था, पर अब भी वे उसे अपने जवान दिनों की ओर लौटा ले जाने की सोचने लगते थे। आईने के सामने खड़े होकर, अपने गले के पीछे के मांस को मुट्ठी से पकड़कर वे खींचते तो गले की मांसल थैली के साथ-साथ चेहरे की झुर्रियाँ भी गायब हो जातीं। वे सोचते मांस को खींचकर, गले के पीछे एक टाँका लगाने की जरूरत है और उनका चेहरा जवान हो जाएगा—ठीक उनके लड़के के चेहरे की तरह। वे अपने लड़के के चेहरे को देखते तो अपना बीता चेहरा याद आता—बस, चेहरे पर मूँछ जोड़कर सोचना पड़ता था।

अगर वे मर जाते हैं तो अपने लड़के के चेहरे में जीवित बचे रह सकते हैं, किसी भी जगह जीवित बचे रहना—अब वे सोचने लगे थे। इस मोहल्ले के उनके हमउम्र ज्यादातर खत्म हो गए थे। उनमें से कुछेक अपने बच्चों में जीवित थे।

धूप इतनी तेज हो गई थी कि चुभने लगी थी। घर के भीतर सिर्फ सन्नाटा था। बच्चे घर में न होते तो घर चुप हो जाता था। वे स्कूल से लौट आते तो वह फिर हल्ला करने लगता था। बहू और उनकी पत्नी अन्दर के कमरों में अपनी दुनिया रचती रहतीं और यह सब वे इतना चुपचाप करतीं कि घर में उनके अलावा भी कोई है—इसका सन्देह होता। उन्होंने उठना चाहा कि पत्नी से नाक के लिए कोई दवा माँगे, पर घुटनों की सोचते ही उठने की इच्छा मर गई। उम्र वहाँ पहुँच गई थी, जहाँ से किसी एक जगह बैठ जाने के बाद, उठने के लिए ताकत बटोरनी होती है। बैठे-बैठे जोड़ों में कोई चीज चिपक जाती है। जिसे छुड़ाने के लिए हाँफना होता है। वही चीज कभी-कभी उनकी कमर को कसकर पकड़ लेती थी और तब पंडितजी दर्द से चीखने लगते थे। वे इतनी जोरों से चीखते कि उनकी पीड़ा पूरे घर में फैल जाती। वे, अपने बुढ़ापे की गालियाँ बकते और जल्दी उठा लेने की प्रार्थना करते। उनकी पत्नी और लड़का, उनकी चीख सुनकर घर के जिस कमरे में जैसे भी होते, भागे आते और कमर की मालिश करते—तब वे खड़े हो पाते थे।

उनकी अँगुली फिर नाक पर गई। उन्होंने थोड़ी देर सोचा और पत्नी को आवाज दी। इन्तजार करते रहे कि शायद वह सुनकर आ जाए। उन्हें लगा कि उसने आवाज नहीं सुनी है—वे दुबारा पुकारते-पुकारते रुक गए। पत्नी और उनकी उम्र में बस तीन बरस का अन्तर था, पर वह उनसे ज्यादा कमजोर थी और उनसे ज्यादा बूढ़ी भी। इसलिए आमतौर पर, अब वे उसे नहीं पुकारते थे। पर लड़के के घर में न होने पर पत्नी को पुकारना मजबूरी हो जाती थी। बहू को पुकारा नहीं जा सकता था। पत्नी से अपने लिए कोई काम कराना, अब उसे कष्ट देने की तरह ही

था, पर यह बात पंडितजी हमेशा याद नहीं रख पाते थे और पत्नी को आवाज देने लगते थे।

वह बूढ़ी स्त्री, हमेशा घर के छोटे-छोटे कामों में लगी रहती। वह जिस कमरे में होती वहाँ से खटर-पटर की आवाज जरूर आती रहती। वह अब भी किसी कमरे में कुछ कर रही होगी। उनकी इच्छा हुई कि भीतर जाकर देखें कि वह क्या कर रही है—अचानक पीछे पहुँचकर उसे चौंका दें। पर आरामकुर्सी से उठने की उनकी इच्छा नहीं हुई। आरामकुर्सी तेजी से झूम रही थी और अब उसके झूमने में बेचैनी थी।

एक कुत्ता गेट के भीतर घुसने की कोशिश कर रहा था। वह थोड़ा छोटा या दुबला होता तो आसानी से दुबककर भीतर आ सकता था। गेट थोड़ा ऊपर था, कुत्ते जमीन से चिपककर भीतर सरक आते थे। पंडितजी को कुत्तों से चिढ़ थी। वे छिपकलियों से भी चिढ़ते थे। छिपकलियाँ कभी-कभार ही दिखतीं थीं, पर कुत्ते रोज ही भीतर सरक आते थे। पंडितजी उन्हें दुत्कारते तो वे तुरन्त भाग जाते और अगर वे आरामकुर्सी में सो रहे होते तो चहारदीवारी में आराम से टहलते और खाने की कोई न कोई चीज ढूँढ़ लेते जो उनके पोते-पोतियों के आधा खाने और आधा फेंकने के कारण उन्हें मिल जाती थीं। उनका लड़का उन्हें नहीं बेच पाया है—पर उसके बच्चे, वे उसे बीच चौराहे पर खड़ा करके नीलाम कर देंगे।

'हट्', उन्होंने कुत्ते को दुत्कारा जो इतना मोटा था कि गेट और जमीन के बीच फँसा हुआ था।

कुत्ता पीछे हट गया, पर थोड़ी देर इधर-उधर टहलने के बाद फिर गेट पर वापस लौट आया। पर इस बार उन्हें चीखना नहीं पड़ा। दोनों की नजरें मिलीं और कुत्ते ने वापस लौटना ही ठीक समझा।

कुत्ता बरगद के उस पेड़ की छाँव में जाकर बैठ गया जो इतना घना और विशाल नहीं था कि उसे बरगद बोलना अच्छा लगे। वह बरगद का बच्चा लगता था। वह उनसे उम्र में कम था। उस बरगद के पास उतनी भी जटाएँ नहीं थीं, जितनी उनके पास थीं। पंडितजी की जटाएँ बाहर नहीं दिखती थीं, पर उनके करीब जाते ही वे बाहर आकर अपनी गिरफ्त में लेने लगती थीं और उनसे अपने को छुड़ा पाना बहुत चालाक आदमी के लिए भी मुश्किल काम था।

कुत्ता पसरकर सो रहा था। बरगद के उस पेड़ से टिका एक लाल रंग का ईश्वर भी सो रहा था। हे ईश्वर, मेरे पुत्र को मेरा आज्ञाकारी रख! बुढ़ापे के कष्ट कम कर! सुखपूर्ण मृत्यु दे! पंडितजी जब भी प्रार्थना करते तो सिर्फ अपने लिए करते थे। उनकी पत्नी प्रार्थना करती थी तो उनके लिए करती थी। ईश्वर से प्रार्थना करते हुए,

वे अपनी पत्नी को भूल जाते थे और उनकी पत्नी खुद को भूल जाती थी। बूढ़ी अब भी उपवास रखती थी और उनके लिए बरगद जितनी उम्र की कामना करती थी। बूढ़ी किसी क्षण अगर तड़पते हुए मर जाए तो किसी को कोई आश्चर्य नहीं होना चाहिए, क्योंकि वह ईश्वर से अपने लिए न उम्र माँग पाई है, न प्रेम करनेवाला पति, न आज्ञाकारी पुत्र और न ही सुखपूर्ण मृत्यु।

पंडित जी ने जब आँखें खोलीं तो देखा कि कुत्ता टाँगें उठाकर ईश्वर पर मूत रहा है। वे एक झटके से उठे और चीखते हुए दौड़ पड़े। कुत्ता डर गया और टाँगें नीचे कर भौंचक खड़ा रह गया। वह पूरी तरह पेशाब नहीं कर पाया था। वह यह भी नहीं समझ पाया कि बूढ़ा आखिर चीख क्यों रहा है? उन्होंने चहारदीवारी के भीतर से पत्थर उठाकर कुत्ते की ओर फेंका। पत्थर कुत्ते तक पहुँच नहीं पाया, पहले ही खत्म हो गया। कुत्ते ने सोचा, बूढ़ा पागल है और दाहिनी तरफ की सँकरी सी एक गली में घुस गया जो इतनी गन्दी थी कि वे उसके भीतर तक कुत्ते का पीछा नहीं कर सकते थे। कुत्ता डरकर भागा नहीं था। वह पूरी बेशरमी से पंडितजी की ओर देखता हुआ, आराम से चला गया था। पंडितजी को यह बुरा लगा। कुत्तों को बड़ों का सम्मान करना नहीं आता है।

पंडितजी हाँफ रहे थे। ईश्वर बरगद के तने से टिका अब भी सो रहा था। ईश्वर को बचाने की कोशिश में उनके पैरों के जोड़ अचानक खुल गए थे। पंडितजी बरगद की ओर चल दिए—यह देखने के लिए कि कहीं कुत्ते ने ईश्वर को अपवित्र तो नहीं कर दिया है। ईश्वर, आदमी और कुत्ते—दोनों के पेशाब से अपवित्र हो जाता था।

अब पंडितजी का कद वह नहीं रह गया था जो पहले कभी था। बुढ़ापा आदमी के कद को जमीन की ओर ले जाता है। अब उनका कद, उनकी पीठ, कमर और घुटनों में थोड़ा-थोड़ा घटकर कम हो गया था। पंडितजी चलते तो लगता कि थोड़ा कुबड़ा आदमी चल रहा है। जिनके कद बहुत लम्बे होते हैं, बुढ़ापे में उनकी कमर झुक जाती है और वे कुबड़े हो जाते हैं—उनकी माँ यह बात कहा करती थी। पंडितजी के पिता भी कुबड़े हो गए थे और अब वे भी। उनका लड़का कुबड़ा नहीं होगा—उसका कद लम्बा नहीं है।

दोपहर को मोहल्ला सूना था। बस, बरगद पर बैठी चिड़ियाओं की चहचहाहट भर थी। बरगद के नीचे खड़े पंडितजी, बरगद में बदल रहे थे। थोड़ी देर और इसी तरह खड़े रहे तो चिड़ियाएँ शोर करते हुए उन पर उतर सकती हैं। बरगद और उस पर बैठी चिड़ियाओं के अलावा कुछ कुत्ते थे जो मैदान में यहाँ-वहाँ पड़े सो रहे थे। वे दिन को बहुत कम भूँकते थे और रात में कभी चुप नहीं रहते थे। और मैदान की धूल थी, जिसमें कुत्ते लथपथ थे—जिसमें लोटना इस मोहल्ले के बच्चों को भी अच्छा लगता है। ठंड के दिनों में अपने बच्चों को नहलाते वक्त, जब माएँ उनके

पैर रगड़ती हैं तो उनमें इस मैदान की इतनी धूल होती है कि किसी-किसी जिद्दी माँ के बच्चे के पैरों की चमड़ी, धूल की उस परत को साफ करने के दौरान छिलते-छिलते बचती है। पैरों के पंजे बहुत देर तक चुनमुनाते रहते हैं, पर लड़का फिर मैदान में दिखता है—उन्हीं पंजों से धूल उछालता हुआ। यह इस बूढ़े आदमी के साथ भी हुआ है और उसके बेटे के साथ भी हो रहा है। कुछ अनुभव पीढ़ियों से चले आते हैं और समाप्त नहीं होते। बस, इतना होता है कि उन्हें याद करना अच्छा लगता है। जैसे, बरगद के उस पेड़ के नीचे खड़ा, वह बूढ़ा आदमी याद कर रहा है और अपने पंजों में साठ साल पुरानी चुनमुनाहट को महसूस करते हुए मुस्कुरा रहा है।

ईश्वर का कद बहुत छोटा था, वह पंडितजी के घुटनों तक भी नहीं आ रहा था। पंडितजी ईश्वर के पास बैठ गए। पेशाब की एक पूरी धार थी—ईश्वर को बीच से तिरछा काटती हुई। पंडितजी तिलमिला उठे। अब उनका गुस्सा कुत्ते के सिर पर पत्थर पटक देने के बाद ही बाहर आ सकता था, पर कुत्ते को दौड़ाकर थका देने के लायक अब उनका शरीर नहीं रह गया था। पंडितजी कुत्ते को बुलाएँ और वह चुपचाप आकर अपना सिर उनके सामने झुका दे और कहे कि पत्थर से कुचल डालो, मैंने ईश्वर के प्रति अपराध किया है—ऐसा तो हो नहीं सकता था। पंडितजी अपने गुस्से को सँभाल नहीं पा रहे थे, उन्हें समझ में नहीं आ रहा था कि वे क्या करें? वे ईश्वर के सामने उसी तरह बैठे रहे। ईश्वर निश्चिंत था और उसके चेहरे में कोई बेचैनी नहीं थी। ईश्वर ने बस थोड़ी देर के लिए आँख खोली थी और अब वह फिर सोने लगा था।

बरगद के उस पेड़ की डगाल को छूती खिड़की से, एक दूसरा बूढ़ा उन्हें देख रहा था। वह इस बात को लेकर सतर्क था कि पंडितजी उसे न देख पाएँ। बरगद के नीचे के ईश्वर को उसी बूढ़े ने रखा था। उसे लगा था कि जहाँ बरगद है, वहाँ ईश्वर होना चाहिए और एक साफ-सुथरा पत्थर तालाब से उठाकर उसने उसमें सिन्दूर चढ़ा दिया था। पाँच रुपए का सिन्दूर लगा था। बरगद के उस ईश्वर की पूजा भी वही बूढ़ा करता था। मंत्रोच्चार उसे नहीं आता था। वह हर सुबह फूल तोड़कर लाता और एक अगरबत्ती जलाकर फूल चढ़ा देता। चूँकि ईश्वर सिन्दूरी रँगा था इसलिए 'हनुमान' था। वह खिड़कीवाला बूढ़ा मंगलवार को दो अगरबत्तियाँ जलाता और कभी कहीं से थोड़े ज्यादा पैसे आ जाते तो प्रसाद भी चढ़ा देता था। प्रसादवाला मंगलवार कई महीनों में कोई एक हो पाता था। क्योंकि खिड़कीवाले बूढ़े के घर की दीवारें मिट्टी की थीं और फर्श इतना खराब था कि उसके घिसट-घिसटकर चलने के कारण जहाँ-तहाँ से उखड़ा हुआ था। बूढ़े के आगे-पीछे कोई नहीं था। बूढ़ा बढ़ई का काम जानता था, पर अब शरीर ज्यादा साथ नहीं देता था। वह एक

झोले में बसूला और आरी रखकर, 'खिड़की पाटा बनवा लो!' चिल्लाता छोटे-छोटे मोहल्ले में घूमता था, जहाँ उसे थोड़ा बहुत काम मिल जाता था। काम न मिलने पर वह भीख माँगने में भी नहीं हिचकता था। ज्यादा पैसे आ जाने पर शराब भी पी लेता था और जब तक पैसे खत्म नहीं हो जाते, काम के लिए चक्कर लगाना उसे पसन्द नहीं था।

खिड़की का बूढ़ा इसलिए भी डर रहा था कि बरगद के ईश्वर की उत्पत्ति में पंडितजी की आज्ञा नहीं ली गई थी। पंडितजी अगर कुत्ते को पेशाब करते नहीं देखते तो वह लाल रंग का ईश्वर उनके लिए इतना महत्त्वपूर्ण नहीं था कि वे उसकी दुर्दशा पर दुःखी हो सकें। वे अपने बरामदे से उस ईश्वर को उसी तरह देखते थे, जैसे एक खाता-पीता आदमी भिखारी को देखता है कि अब वह माँगेगा और उसे कुछ दिया जा सकेगा। पर बरगद के नीचे बैठे उस ईश्वर ने पंडितजी से कभी पूजा नहीं माँगी और न ही पंडितजी गए। उनके घर में अपना मन्दिर है और अपने ईश्वर हैं–जिससे अलस्सुबह आती घंटे की झनझनाहट और पंडितजी की भारी आवाज के मंत्रोच्चार, मोहल्ले के बच्चों और शराबियों की नींद को–जो देर से सोकर उठते हैं, झकझोरती है। शराबी चुप रहते हैं और बच्चे खुश रहते हैं।

बच्चे ईश्वर को इस तरह समझते हैं कि उससे डरा जाता है। वे घुटनों के बल चलना शुरू नहीं करते कि उनके माँ-बाप उनका सिर ईश्वर के सामने रखते आ रहे हैं। मोहल्ले के कुछ बच्चे तो परीक्षा के दिनों में–रामसीता, जय हनुमानजी–एक सौ आठ बार लिखकर पंडितजी के मन्दिर में, स्कूल जाने से पहले डाल जाते हैं। परीक्षा में सफल होने के लिए वे इसे जरूरी समझते हैं। यह अलग बात है कि इसके बावजूद उनमें से कुछ बच्चे फेल हो जाते हैं और ईश्वर उनकी मदद नहीं कर पाता है। तब वे यह सोचकर अपने को तसल्ली देते हैं कि ईश्वरों के नाम एक सौ आठ बार लिखने की जगह या तो उन्होंने कम लिख दिया था या फिर ज्यादा। वे अपनी गिनती को दोषी मानते हैं। ईश्वर को भी गिनती नहीं आती है, यह बच्चों को पता नहीं होता है। पर जैसे-जैसे उनकी उम्र बढ़ती है उनमें से कुछ के भीतर से ईश्वर का डर धुंध की तरह छँटने लगता है। जैसा पंडित जी के लड़के के साथ हुआ था। उस उम्र में जब उसके होंठों के ऊपर काली रेखा दिखनी शुरू ही हुई थी, उसने सुबह उठकर नहाने से इनकार कर दिया था।

पंडितजी सूरज निकलने से पहले उठ जाया करते थे और उठते ही अपने लड़के को आवाज देते थे, 'मुन्ना!' जिसका अर्थ यह होता था कि वह उठ जाए और नहा-धोकर पूजा की तैयारी करे। पर लड़के ने उस रात यह तय कर लिया था कि सुबह वह पिता की आवाज को कान नहीं देगा। लड़के ने पिता की आवाज सुनी, पर नहीं

सुना। पंडितजी नहाने घुस गए। थोड़ी देर बाद उन्हें लगा कि मन्दिर के फर्श को पोंछती पत्नी की आहट है, पर लड़के के उठने की कोई आहट नहीं है। उन्हें अजीब लगा। लड़के ने इतनी देर कभी नहीं की थी। उसके लिए पिता की आवाज पहली बार ही चाबुक थी और दूसरी बार अगर वह उठती थी तो उसमें कीलें जुड़ी होती थीं–वह बदन को छीलकर रख देनेवाली, गुस्से से लबालब आवाज होती थी। लड़का उस आवाज से डरता था।

"उसे उठाओ!" पंडितजी ने चीखते हुए पत्नी से कहा और पानी से भरी बाल्टी उठाकर अपने ऊपर उँडेल ली।

माँ लड़के के पास गई वह सो नहीं रहा था–जागा हुआ था। माँ की आहट मिलते ही उसने आँख खोल दी, "आज मैं नहीं उठूँगा...मैं नहीं कर सकता रोज-रोज यह..."

"यह तू कहाँ से सीखकर आया है?" माँ डर गई। लड़का बहुत सीधा और आज्ञाकारी था। उससे उन्हें भी ऐसे जवाब की उम्मीद नहीं थी।

"कहीं से नहीं...ईश्वर नहीं है, बस..." लड़के ने कहा।

"किसने कहा ईश्वर नहीं है?" माँ ने पूछा।

"मैं जानता हूँ, वह नहीं है, बस। मैं पूजा नहीं करूँगा चाहे कुछ भी हो जाए।" लड़का उठकर बैठ चुका था।

"क्यों?...क्या है?...क्या बात है?" पंडितजी की आवाज कमरे में आई और माँ, बेटे दोनों गिरते-गिरते बचे। पंडितजी के उस कमरे में घुसते ही चुप्पी सन्नाटे में बदल गई।

"इसकी तबीयत ठीक नहीं है..." माँ बहुत डरी हुई थी।

"क्या हो गया है?" उन्होंने अपने लड़के से पूछा जो अब भी बीमार की तरह खाट पर बैठा हुआ था। उसके चेहरे में डर और जिद्द दोनों साथ-साथ थे। पंडितजी को पता था कि पत्नी झूठ बोल रही है। पत्नी के पास इस तरह का चालाक चेहरा नहीं था–जो झूठ को सच बना सके।

लड़के ने अपने साहस को पूरी तरह समेटा और बोला, "मैं पूजा नहीं करूँगा।" वह खाट पर खड़ा हो गया। छत नीची थी, उसका सिर छत को छू रहा था। लड़के का कद थोड़ा और ऊँचा होता तो उसका सिर छत को छेदकर बाहर हो जाता और पूरा मोहल्ला सुनता–मैं पूजा नहीं करूँगा।

पंडितजी ने लड़के की दोनों टाँगों को पकड़कर खींचा। लड़के के खाट पर गिरने की जोर की आवाज हुई–धम्म! खाट के पाटे में अगर सिर टकरा जाता तो फट सकता था। लड़का कुछ नहीं समझ पाया था–उसकी आँखें फटी हुई थीं। पंडितजी ने लड़के के हाथ-पाँव पकड़े और उसे खिलौने की तरह उठाकर कन्धे पर

लाद लिया। लड़का रबड़ के गुड्डे में बदल चुका था। लड़के की माँ डर से काँप रही थी। पंडितजी का गुस्सा कभी अच्छा नहीं होता था–इस बात के निशान वे अपने माथे पर, बाईं कोहनी में और पीठ के दाहिनी तरफ लेकर घूमती थीं।

पंडितजी ने लड़के को नहानघर में ले जाकर पटक दिया और उसकी बनियान अलग कर दी। लड़का लुंगी या पाजामा नहीं पहने था। बस बनियान और चड्ढी में था।

''पानी लेकर आ औरत!'' पंडितजी पत्नी पर चीखे।

माँ का हाथ काँप रहा था और बाल्टी का पानी उसकी कँपकँपाहट के साथ छलक रहा था। पंडितजी ने एक बाल्टी पानी लड़के के ऊपर उड़ेल दिया–ठंडा पानी। माँ हड़बड़ी में गरम पानी मिलाना भूल गई थी। लड़के को काँपता देखकर यह उन्हें याद आया। पिता द्वारा बच्चे को दी जा रही यातना में, वे अपने डर के कारण शामिल हो गई थीं।

''उठ!'' पंडितजी ने लड़के से कहा।

लड़का नहीं उठा। वह न रो रहा था और न ही चीख रहा था, वह बस अपने पिता को घूर रहा था। लड़के की देह पर कोई हरकत नहीं थी। वह मुर्दे की तरह पड़ा हुआ था–अपनी कँपकँपाहट को रोकता हुआ। बस, उसकी आँखें जिन्दा थीं।

पंडितजी ने देखा कि लड़का नहीं सुन रहा है तो उनका गुस्सा और भड़का। उन्होंने उसकी बाँह पकड़कर उसे उठाने की कोशिश की और जब वह कोशिश भी बेकार गई तो वे लड़के को नहानघर से घसीटते हुए बाहर ले आए। लड़का एक हलके बोरे की तरह पंडितजी की ताकत पर घिसटता चला आया। वे उसे घसीटते हुए आँगन तक ले आए और मन्दिर की सीढ़ियों पर डाल दिया।

''पूजा की तैयारी कर!'' उन्होंने पत्नी को घुड़का जो रो रही थी। लड़का सीढ़ियों पर पसरा पड़ा था। ईश्वर मुस्कुरा रहा था। लड़का ईश्वर को नहीं देख रहा था। वह अन्तिम सीढ़ी पर अपना चेहरा गड़ाए पड़ा हुआ था।

पंडितजी ने उस सुबह अपने लड़के से जबरदस्ती पूजा कराई थी। वह विचित्र पूजा थी–उसमें सिर्फ लड़के की देह का इस्तेमाल हुआ था। वे उसके हाथ में फूल पकड़ाते तो फूल फिसलकर गिर जाते थे। उन्होंने उसके हाथ को अपनी मुट्ठी में बाँधकर ईश्वर के चरणों पर रखा था। आरती में लड़के के हाथ गोल नहीं घूम रहे थे। लड़का अपनी ओर हाथ खींचता रहा था और पंडितजी की ताकत उसे ईश्वर की ओर धकेल रही थी। पूजा खत्म होने पर पंडितजी पसीना-पसीना हो गए थे और लड़का भी थककर चूर था। ईश्वर को भी बिलकुल मजा नहीं आया था। ईश्वर मुस्कुराना भूल चुका था और उसे अब लड़के से डर लग रहा था।

पंडितजी उस दिन जीते थे या हार गए थे—यह ठीक-ठीक नहीं कहा जा सकता है। पर दूसरे दिन सुबह उन्होंने लड़के को आवाज नहीं दी थी कि वह उठे और पूजा में शामिल हो गए। पंडितजी ने लगभग एक माह तक लड़के से एक शब्द नहीं कहा था। उनकी चुप्पी उस दिन टूटी, जब लड़का मन्दिर के दरवाजे पर प्रसाद लेने खड़ा था। पंडितजी ने उसे प्रसाद दिया और कहा, "आज जल्दी उठ गए!" लड़के ने आँखें नीची कर लीं—वह पिता से यह नहीं कह सकता था कि उसे उन पर दया आती है और उसे दु:ख है कि उसने उन्हें नाराज किया है। लड़के को यह अच्छा लगा कि प्रसाद खा लेने से पिता खुश थे। ईश्वर के जूठन से लड़के को कोई परहेज नहीं था।

बरगद के नीचे उन्हें इस तरह बैठा देख, जिसमें पंडितजी अजीब और भद्दे लग रहे हैं—बच्चे नए किसी खेल की उम्मीद में और बड़े 'क्या बात हो सकती है' वाली मुद्रा में उन्हें घेरकर खड़े हो गए थे। खिड़की से झाँकता वह बूढ़ा भी जो अब तक डर रहा था, धीरे से आकर उस गोल घेरे में शामिल हो चुका था।

पंडितजी अब खड़े हो गए। उनका कद उस छोटी भीड़ में सबसे ऊँचा था।

"बूढ़ा, यह तूने रखा है?" पंडितजी ने खिड़कीवाले बूढ़े से पूछा।

"हाँ, महाराज..." बूढ़े की आवाज में हलकी सी कँपकँपाहट शामिल थी। वह बुढ़ापे के कारण थी या कुछ गलत तो नहीं हो गया के डर के कारण—यह ठीक से नहीं कहा जा सकता है। गरीब आदमी अपने से थोड़े अमीर आदमी के सामने भी 'फँस न जाए' के सन्देह और डर में खड़ा रहता है।

"...कि कुत्ते इन पर मूतें इसलिए..." पंडितजी की आवाज पत्थर होकर बूढ़े के सिर पर गिरी।

"नहीं महाराज..." बूढ़े की आवाज में इस बार हड़बड़ी भी थी।

कुत्ते को मूतने के लिए उस बूढ़े आदमी ने नहीं कहा था।

पंडितजी ने अपना चेहरा आसमान की ओर उठाया—वहाँ सूरज था। पूरी भीड़ ने आसमान की ओर देखा—वहाँ कुछ भी नहीं था। बूढ़ा नजरें नीची किए खड़ा था—वहाँ पंडितजी के बड़े-बड़े पैर थे—खड़ाऊँ उनके वजन से घिसी हुई थी।

"कान पकड़!" पंडितजी ने अचानक बूढ़े से कहा।

बूढ़े ने अपने आसपास देखा, बच्चे हँस रहे थे और बड़े मुस्कुरा रहे थे।

"कान पकड़! तुझे सजा मिलनी चाहिए!" पंडितजी की आवाज इस बार पहले से तेज हो गई थी। बूढ़े ने अपने कान पकड़े और वह पके हुए बालों और चेहरे पर असंख्य झुर्रियोंवाले छह साल के बच्चे में बदल गया था। भीड़ में खड़े कुछ बच्चे भी उससे बड़े लग रहे थे।

"चल, उठक-बैठक लगा!" पंडितजी ने घोषणा की।

बूढ़ा, सिर घुमाकर यह देखने की कोशिश करने लगा कि शायद किसी चेहरे पर कोई कोना मिल जाए–जहाँ उसका छुप सकना आसान हो, पर बच्चों की चमकती आँखों में उठक-बैठक शुरू होने का इन्तजार था और बड़े, हलके-हलके मुस्कुरा रहे थे और खिलखिलाकर हँसने के लिए बेताब दिख रहे थे।

बूढ़े ने सोचा कि अब बचना मुश्किल है। उसने आसमान की ओर देखा, सूरज बहुत दूर था। वह हमेशा दूर ही रहता था–बूढ़े के मकान में बरामदा नहीं था। यह अच्छी बात थी कि तारे दिन को नहीं होते थे, नहीं तो आसमान में भी उसे देखनेवालों की भीड़ होती और बूढ़े को और ज्यादा शर्म आती। बूढ़े ने पंडितजी के चेहरे की ओर देखा। वहाँ चेहरा नहीं था, बस घूरती हुई आँखें थीं। बूढ़े ने उठक-बैठक लगानी शुरू कर दी। घुटने बजने लगे। बच्चों ने हँसते हुए, उसके चारों ओर चक्कर लगाना शुरू कर दिया था। बच्चों की तालियों से मोहल्ला गूँज उठा। अगर पंडितजी और वे कुछ जवान लोग जो आसपास खड़े थे–वहाँ न होते तो बूढ़े को बच्चों का यह साथ बहुत अच्छा लगता, बुढ़ापा–हमेशा बचपना चाहता है। यह एक नया और खूबसूरत खेल होता। बच्चों के लिए घोड़ा, मुर्गा, शेर, कुत्ता–कुछ भी बनते हुए, बूढ़े को खुशी होती।

बूढ़ा रो रहा था और बरगद के नीचे बैठा ईश्वर, बच्चों के हो-हल्ले से जाग गया था। ईश्वर को कुछ समझ में नहीं आ रहा था। ईश्वर बहुत सहमा-सहमा सा लग रहा था।

कुत्ते उन्हें देख रहे थे और आश्चर्यचकित थे। किसी बूढ़े को बच्चे की सजा में–शायद वे पहली बार देख रहे थे। ईश्वर पर पेशाब कर भागा हुआ कुत्ता भी, अब तक वापस लौट आया था–बहुत देर तक कुत्ते कहीं और नहीं ठहर सकते थे। वह एक ऐसी जगह थी जहाँ बच्चे खेलते और कुत्ते इधर-उधर दुबके पड़े रहते थे। इसलिए बच्चों को जब किसी उत्तेजक खेल की जरूरत होती थी तो वे कुत्तों पर हमला बोल देते थे। इन कुत्तों में शायद ही ऐसा कोई हो जो बच्चों के लिए खेल में घायल न हुआ हो। उनके बीच का सबसे बुजुर्ग कुत्ता दूसरों को अपनी उम्र इस तरह बताता था कि यह आदमी जो अपने बच्चे को पीट रहा है, बीत चुके इक्कीसवें रोशनी के त्योहार में मेरी पूँछ में पटाखे बाँध चुका है।

एक अकेला लड़का रोटी का एक टुकड़ा लेकर, कुत्ते को पुचकारते हुए, उसकी पूँछ में पटाखे बाँध सकता है। बहुत से बच्चे मिलकर तो बिना रोटी के टुकड़े के, कुत्तों का इस्तेमाल कर सकते हैं। कुत्ते आदमी पर भौंकते जरूर हैं, पर जैसे ही आदमी आक्रमण की मुद्रा में पलटता है तो उनकी पूँछ, उनकी पिछली टाँगों के बीच में दुबक जाती है। डरे हुए आदमी पर वे झपट पड़ते हैं।

मोहल्ले के कुत्तों का ज्यादा समय खाना ढूँढ़ने में बीतता था। कभी-कभी ऐसा भी होता है कि उन्हें पेट भर खाना मिल जाता था। ऐसा अक्सर मोहल्ले के किसी घर में विवाह या मृत्युभोज होने पर होता था। विवाहवाला घर कुत्तों से परेशान रहता–वे उसे दुत्कार और मार के बावजूद छोड़ नहीं पाते थे। जब रात में जूठन फेंकी जाती तो वे एक साथ झपट पड़ते थे। पेट भरने के बाद भी अगर कुछ बच पाता और कुत्ते को लगता कि वह अब नहीं खाया जा सकेगा तो वह उसे उठाकर अपने पहचान के कूड़े के ढेर में छुपा देता, जिसे किसी और कुत्ते के लिए ढूँढ़ना मुश्किल होता। मोहल्ले की शादियों या मृत्युभोज में ही ऐसा हो पाता था–कॉलोनियों में तो इस मोहल्ले के कुछ बच्चे (जिन्हें कुत्ते अच्छी तरह जानते थे) उनके हिस्से पर झपट पड़ते थे। मोहल्ला सिर्फ जूठन फेंकता है, कॉलोनियाँ तो बचा-खुचा खाना फेंक देती हैं। मोहल्ले के बच्चे बचे-खुचे पर झपटते थे। कुत्तों के हिस्से में सिर्फ जूठन आती थी। मोहल्ले के बच्चे ऐसा अपने माँ-बाप की जानकारी के बाहर करते थे।

माँ-बाप अगर भीख माँगकर गुजारा न करते हों तो वे भूखे रहना पसन्द करने लगते हैं और यह कभी नहीं चाहते कि उनके बच्चे कुत्तों में बदल जाएँ। पर बच्चे भूखे रहना पसन्द नहीं कर पाते हैं।

बूढ़े की सजा समाप्त हो चुकी थी। वह अब चुपचाप खड़ा था। उसकी कमर थोड़ी और ज्यादा झुक गई थी और वह इस बुरी तरह काँप रहा था कि उसके फेफड़े उछलकर बाहर न आ जाएँ–यह डर वहाँ था।

''ओह, बेचारा बूढ़ा...उसे इन लोगों ने किस बात की सजा दी है?'' कुत्तों के बीच से सबसे बुजुर्ग कुत्ते ने पूछा जो बोलता तो सारा शरीर काँपता था। वह बूढ़ा था और इसलिए बुढ़ापे को समझता था कि एक गरीब बूढ़े आदमी और बूढ़े कुत्ते के बुढ़ापे में कोई खास अन्तर नहीं होता है।

''पता नहीं, उनकी बातें आसानी से हम कुत्तों की समझ में नहीं आती हैं।'' उस कुत्ते ने कहा जो कहीं से हड्डी का ताजा टुकड़ा उठा लाया था–जिसके कारण उसके बोलने में कठिनाई और लापरवाही दोनों आ गई थीं।

''उन्हें समझना आसान नहीं है, पर हमें उन्हें समझने की कोशिश करनी चाहिए। हम उनके बीच रहते हैं...अगर तुम उनके बीच जीवित बचे रहना चाहते हो तो उन्हें समझने की कोशिश करो। तुम एक मरे हुए आदमी की हड्डी को छू नहीं सकते, अगर आसपास एक भी जीवित आदमी मौजूद है–बशर्ते वह उस मरे हुए आदमी का दुश्मन न रहा हो।'' बुजुर्ग कुत्ते ने कहा।

''यह आदमी की हड्डी नहीं है...'' उस कुत्ते ने बुजुर्ग कुत्ते की बात को काटते हुए चिढ़कर कहा।

"तुम्हें आदमी की हड्डी का स्वाद मालूम नहीं है। उसे लेने की कभी कोशिश भी मत करना। वे जहरीली होती हैं, उन्हें चबाते ही तुम मर सकते हो।"

वह कुत्ता मुस्कुराया। वह अभी जवान था और उसे उस बुजुर्ग कुत्ते की बातों पर हँसने का हक था।

"उस पेड़ के नीचे जो पत्थर है, क्या वह और पत्थरों से अलग है?" उस कुत्ते ने पूछा जो उस पत्थर पर पेशाब करने के कारण भागा था। उसकी उम्र ज्यादा नहीं थी। वह बुजुर्ग कुत्ते की बातें सुनकर डर गया था।

"क्यों, उस पत्थर के साथ तूने क्या किया है?" बुजुर्ग कुत्ते ने डाँटते हुए पूछा।

"ऐसा कुछ भी नहीं...बस पेशाब किया था।"

"ओह, अब समझ में आया...उस पत्थर को पेड़ के नीचे उस बेचारे बूढ़े ने ही रखा था...वे उस पत्थर पर फूल चढ़ाते हैं...वे जिस पत्थर पर फूल चढ़ा देते हैं वह पत्थर, पत्थर नहीं रह जाता कुछ और हो जाता है...क्या हो जाता है, यह मुझे नहीं मालूम पर वह पत्थर नहीं रह जाता..."

पेशाब करनेवाला कुत्ता और डर गया। उसकी पूँछ उसके पास से गायब थी।

"...तो वह पत्थर नहीं था।"

"नहीं, है तो वह पत्थर ही, पर तू नहीं समझेगा...तू यह जगह छोड़कर कुछ समय के लिए कहीं और चला जा...तेरे कारण हम भी मारे जाएँगे..." बुजुर्ग कुत्ते ने कहा।

"पर मुझे नहीं पता था कि वह पत्थर नहीं है, कुछ और है।" पेशाब करनेवाला कुत्ता सच में बहुत डर गया था।

बुजुर्ग कुत्ते को उस पर दया आई, पर वह उसके लिए कुछ नहीं कर सकता था। उसने कहा, "मुझे मालूम है...पर इस तरह के पत्थरों के लिए वे अपने ही लोगों को मार डालते हैं...फिर तू तो कुत्ता है।"

बुजुर्ग कुत्ता, अभी अपनी बात पूरी भी नहीं कर पाया था कि बच्चे चीखते हुए उनकी ओर दौड़े और बच्चों से पहले, उनके द्वारा फेंके गए पत्थर उन तक पहुँच गए। कुत्तों की बातचीत उन लोगों के लिए भौंकना थी। उन्हें कुत्तों का इस तरह भौंकना दुस्साहस लगा था और वे चिढ़ गए थे। कुत्तों को कुछ समझ में नहीं आया था। वे चीखते-चिल्लाते, जिधर जगह मिली उधर भागे। वह समझदार बुजुर्ग कुत्ता तेज नहीं दौड़ पाता था, इसलिए सबसे ज्यादा घायल हो गया।

खिड़कीवाला बूढ़ा, सिर को अपनी टाँगों में फँसाए बैठा हुआ था। पंडितजी अब हँस रहे थे। जवान लोग भी हँस रहे थे–पंडितजी ने उन्हें हँसने की जगह दी थी। उनकी हँसी से डरकर बरगद पर बैठी चिड़ियाएँ भाग गई थीं। बच्चे बहुत खुश

थे। वे कुत्तों को खदेड़कर चीखते-चिल्लाते वापस लौट रहे थे। युद्ध जीतकर लौट रही फौज थी।

"बूढ़ा, तेरे घर में आटा है?" पंडितजी ने अचानक पूछा। हँसते हुए सारे चेहरे चुप हो गए। बूढ़े ने सिर उठाया। उसकी आँखें चमक रही थीं। आटे के एवज में सजा बुरी नहीं है—उसने सोचा।

"नहीं है महाराज!" बूढ़े की आवाज में रोटी की गन्ध थी।

"आज शाम को हमारे घर से आटा ले लेना।"

"बहुत कृपा महाराज।" बूढ़ा उठ बैठा था। वह बहुत खुश था। उसकी पूरी देह आटे से नहाई सफेद लग रही थी। "आटा तेरे लिए नहीं है बेवकूफ, कुत्तों के लिए है।" पंडितजी ने कहा। बूढ़े को कुछ समझ में नहीं आया। पंडितजी मुस्कुरा रहे थे। बड़े फिर हँसने लगे थे। बच्चे तालियाँ बजाते फिर उसके चारों ओर चक्कर लगा रहे थे।

शाम का आटा बूढ़े के लिए नहीं था। बूढ़े ने पंडितजी के घर से आटा लाकर उसकी मोटी-मोटी रोटियाँ सेक डालीं। वे पूरी नौ थीं।

नौ में से एक रख लूँ तो क्या पंडितजी को पता चल जाएगा कि रोटियाँ कम हैं—बूढ़े ने सोचा। चिमनी के गहरे पीले उजाले में नौ रोटियाँ तारों की तरह चमक रही थीं। रोटियों को देखते ही भूख बढ़ जाती है। बूढ़े को उनमें सबसे मोटी रोटी अपनी ओर खींच रही थी। उसने आठ रोटियाँ अपने गमछे में बाँधीं और पंडितजी को देने निकल पड़ा।

कुत्ते दोपहर के हमले को भूल चुके थे और मैदान में दुबके पड़े थे। आदमी के लिए रोटियाँ नहीं हैं और इन सालों को दावत दी जा रही है...बताओ। भगवान पर मूतो और रोटी पाओ। वाह री दुनिया! पंडित भी पागल हो गया है—बूढ़े ने सोचा। आरामकुर्सी खाली थी। पंडितजी उसमें नहीं थे।

"महाराज!" बूढ़े ने पुकारा।

"कौन?" पंडितजी की चमकीली आवाज, बरामदे की जगमग रोशनी में उभरी—बूढ़े की आँखें चौंधिया गईं।

"मैं हूँ महाराज...बूढ़ा..."

"हाँ, हाँ...बैठ अभी आता हूँ।"

बूढ़ा बरामदे में बैठ गया। उसने सोचा एक रोटी और रख लेता तो भरपेट हो जाता। पंडित सात में भी नहीं जान पाते कि रोटियाँ कम हैं।

"लाया रे!" उसकी पीठ पर पंडितजी की आवाज थी।

"हाँ, महाराज! पूरी आठ हैं।"

"बस, आठ!"

"मोटी-मोटी हैं।"

"कुत्तों के लिए क्या मोटी...क्या पतली...देखना रोटियाँ देखते ही कैसे झपटते हैं?" पंडितजी की आँखों में अजीब-सी चमक थी। कुछ-कुछ उस तरह की—जो चाबुक चलाते उस आदमी की आँखों में होती है, जिसके पास यह विश्वास होता है कि पिटता हुआ आदमी, पलटकर उस पर हमला नहीं कर सकता है।

"आटा बचाकर रखा तो नहीं है?" पंडितजी की शंका ने पूछा।

"नहीं महाराज...आपकी कसम नहीं।"

"रोटी?"

"रोटी भी नहीं...पूरी ले आया हूँ महाराज!"

"सच बोल रहा है? मेरी कसम खा।"

"आपकी कसम महाराज एक भी नहीं रखा..." बूढ़ा अपनी बंडी उलटकर दिखाने लगा। पंडितजी की आँखों में भरोसा नहीं उपजता तो वह धोती खोलकर पंडितजी के सामने झाड़ देता।

बूढ़ा अँधेरे में था, पंडितजी रोशनी में थे।

"रखा होगा तो बता दे, बूढ़ा! इस रोटी को अगर खाएगा तो मर जाएगा। ब्राह्मण से चोरी रोटी, जहर होती है।"

"नहीं, रखा हूँ, महाराज...आप भी मजाक करते हैं..." बूढ़ा भीतर ही भीतर, अपने को पूरी तरह सहेज चुका था।

"अच्छा जा! अब सुबह आना।" पंडितजी ने कहा और घर के भीतर चले गए।

बूढ़ा खुश था कि पकड़े जाने से बाल-बाल बच गया। पंडित, उस तक पहुँचते-पहुँचते रह गए थे। वह मुस्कुराने लगा। घर में एक रोटी थी—पंडितजी को सौंपी गई रोटियों में से सबसे ज्यादा मोटी रोटी। बूढ़े के लौटते कदम इतने तेज थे कि उस हलके अँधेरे में, उसकी उस तेज चाल पर यह पहचानना मुश्किल था कि वह, वही घिसटता बूढ़ा है। बूढ़े को उसके घर में रखी रोटी खींच रही थी।

मोहल्ले में ठंड के दिनों का सन्नाटा था जो अँधेरा घिरते ही लोगों के घर के भीतर दुबक जाने के कारण घिर आता है। कुत्ते रो रहे थे। उनके बीच—वह समझदार बुजुर्ग कुत्ता बच्चों के हमले में मारा गया था। वे सच में दुःखी थे—वह किसी का पिता तो किसी का बाबा था।

पंडितजी ने घर से निकलकर देखा कि उन्हें बस, चन्द्रमा देख रहा है और कोई नहीं। रोटी की गन्ध मिलते ही सारे कुत्ते, बुजुर्ग कुत्ते की लाश को भूल गए और

पंडितजी को उन्होंने चारों तरफ से घेर लिया। पंडितजी इस तरह, पुचकार-पुचकार कर कुत्तों को रोटी के टुकड़े खिलाने लगे कि कुत्तों को उनके चेहरे में, बुजुर्ग कुत्ते का स्नेह भरा चेहरा दिखा।

वह खुली जगह कुत्तों की चप-चप से गूँज रही थी और वहाँ, उस अँधेरे में सबसे चमकीली चीज पंडितजी की मुस्कान थी।

रोटियों के चुकते ही, पंडितजी अपने घर की चहारदीवारी के भीतर आ गए। तीन कम उम्र के कुत्ते, उनके पीछे-पीछे गेट तक आए, जिन्हें उन्होंने दुत्कारा, पर वे भागे नहीं। वे बन्द गेट पर पंजे मार रहे थे। उन्हें लग रहा था कि पंडितजी के पास अब भी रोटियाँ बची हुई हैं। पंडितजी ने एक बड़ा-सा पत्थर उठाकर गेट पर मारा—तीनों कुत्ते चीखते हुए गेट छोड़कर भाग गए। पंडितजी नहीं चाहते थे कि ठीक उनके घर के सामने कुत्तों की लाशें हों।

रचना-वर्ष—1990 : वसुधा-19

छत

उसकी नजर सीढ़ियों पर थी। वहाँ हवा थी और धूल–जो गुजर चुके पैर छोड़ गए थे। पैरों की धूल इतनी दूर से नहीं दीखती थी और न ही किसी गाँव से आए बिना जूते-चप्पलवाले पैरों के निशान जो उन सीढ़ियों पर हो सकते हैं–वह यहाँ से देख सकती है। वह जब सीढ़ियों से गुजरती तो उसे वे निशान मिलते–बेडौल पैरों के गन्दे छापे। वह उनसे बचती हुई सीढ़ियाँ चढ़ती। वहाँ जूतों के कुछ ऐसे निशान भी होते, जिन पर पैरों के पड़ते ही वह जलने लगती। वह कन्धों पर सफेद एप्रेन डाले लोगों के निशान होते। वह सीढ़ियाँ इस तरह चढ़ती जैसे भीड़ में कन्धे बचाते गुजर रही हो। कभी-कभी निशान उसके पीछे सीढ़ियाँ चढ़ने लगते और वह डर जाती–सीढ़ियों पर इस तरह भागती जैसे मैदान में दौड़ रही हो। सीढ़ियाँ खत्म हो जातीं। छत के बन्द दरवाजे से चिपकी वह हाँफती रहती–जिसमें ताला टँका रहता। वह छत पर कभी नहीं पहुँच पाती।

ताला आसमान में लगा हुआ है। ताला चिड़ियों के पंखों में टँका हुआ है।

वह जिस काउंटर के पीठे बैठी थी–वह इतना ऊँचा था कि बस, उसका सिर और कन्धे बाहर दीख रहे थे। उसकी देह आधे से अधिक काउंटर के पीछे छिपी हुई थी। उसके पास लम्बा और उदास चेहरा था। बुरके और छत से बाहर, धूप में साँवला हुआ चेहरा। आँखों के नीचे उठी हुई हड्डियाँ थीं–जो चेहरे के हलके से घुमाव पर बोलने लगती थीं। आँखों और हड्डियों के बीच बादल थे जो हमेशा उड़ते रहते। वह बादलों से परेशान थी। वह सुन्दर दिखना चाहती थी।

उसके चेहरे को देखकर लगता कि बरसों से बिना मुस्कान के वह लड़की का चेहरा है–किसी बन्द मकान के गुपचुप झरोखे से झाँकता सहमा चेहरा। उसके कन्धों तक कटे बाल, सिर झुकाते ही चेहरे पर आ जाते और वह जब तक सिर को सीधा नहीं करती–उसके चेहरे पर रहस्य की तरह बने रहते। वह जब अपनी पीठ सीधी करती तो उसके छोटे-छोटे स्तन काउंटर पर होते। काउंटर पर दो नन्हे कबूतर दुबके दीख पड़ते और भीतर आनेवाले को चौंका देते। उसका चेहरा गायब हो जाता,

सिर्फ कबूतर रहते। वह चौंकती नजर से तुरन्त झेंप जाती और कबतूर उसकी झेंप को लेकर गायब हो जाते।

उसने लम्बी बाँहों और बन्द गले का कुरता पहन रखा था, उसकी ओढ़नी गले में फंदे की तरह लिपटी हुई थी और बाँहें काउंटर पर पसरी पड़ी थीं, जहाँ दो सफेद पंजों के बीच फँसे रजिस्टर के पन्ने हलकी हवा में काँप रहे थे। उसमें बीमारों के नाम थे। उनमें से कुछ नाम अपने घरों को चले गए थे। कुछ अब भी वहाँ मौजूद थे और कुछ मर चुके थे–पर रजिस्टर के भीतर जिन्दा थे। वह बस भीतर आना दर्ज करती है। आ चुके आदमी के साथ भीतर क्या होता है–यह उसके रजिस्टर में दर्ज नहीं होता है।

बरसों पहले इसी तरह के रजिस्टर में, उसी की तरह की किसी लड़की ने, उसके पिता का नाम दर्ज किया था। वह नाम फिर बाहर नहीं आ पाया था। वह अब भी वहाँ था–धूल से अटे हुए रजिस्टर के भुरभुरे होते पन्ने में–वह अब भी जीवित था। बिना हवा, पानी और रोशनी के नाम जीवित रहते हैं।

एक अधेड़ आदमी काउंटर थपथपा रहा था। उसने काउंटर को इतने धीरे थपथपाया था कि उसका ध्यान उस आदमी की ओर उस आवाज से नहीं, इस अहसास से आया कि उसके और सीढ़ियों के बीच कोई आ गया है। वह पहले चौंकी, फिर उसकी नजर सवाल होकर उस आदमी के चेहरे पर चिपक गई। आदमी का चेहरा भयभीत जोकर का चेहरा हो गया–लड़की की सवालिया आँखें, उसके गालों पर चिपकी हुई थीं। चेहरा पूरी तरह बिगड़ गया था।

"एम्बुलेंस चाहिए थी..." आवाज भारी और गीली थी। उसके लिए, यह एक परिचित आवाज थी। यह हमेशा बीमार के निकट के रिश्ते से आती आवाज होती है। यह दुख में पकी और हलकी सी कँपकँपाहट लिये हुए होती है। माँ की आवाज सबसे ज्यादा गीली होती है, फिर पत्नी की और उसके बाद पिता की। यह अलग बात है कि इस आवाज का, इस जगह पर कोई महत्त्व नहीं होता–यह किसी भी मामूली आवाज की तरह, यहाँ के साफ-सुथरे फर्श पर गिरती है और टूटकर तुरन्त बिखर जाती है। जिसकी आवाज होती है, वह उसका टूटना देखता है और कुछ कर नहीं पाता है।

"एम्बुलेंस के पास ही ड्राइवर होगा...आप उससे बात कर सकते हैं।"

"पर ड्राइवर वहाँ नहीं है..." अधेड़ आदमी की नाक के नीचे काला मस्सा था जिसमें पसीने की एक बूँद ठहरी हुई थी।

यह आदमी थोड़ा-सा और सिर हिलाता तो यह बूँद गिर जाती–लड़की ने सोचा। उसकी नजर उसके मस्से पर ठहरी पसीने की बूँद पर टिकी हुई थी। वह उसका गिरना और बहना देखना चाहती थी।

"उन्हें वहाँ रहना चाहिए!" अधेड़ आदमी ने कहा। वह गुस्से में बिलकुल नहीं था। बस, परेशान था।

"आ जाएगा...आसपास ही कहीं गया होगा..." लापरवाह आवाज। वह रजिस्टर के अन्दर घुस गई और शुतुरमुर्ग हो गई। वह आदमी अब उससे कोई सवाल नहीं कर सकता था।

वह अधेड़ आदमी कुछ बोलने और न बोलने के बीच खड़ा रहा। वह कहना चाहता था कि उसे जल्दी है, एम्बुलेंस अगर नहीं मिली तो...पर लड़की रजिस्टर में झुकी पत्थर की मूरत में बदल गई थी। उसे लगा कि उससे टकराकर वह अपना सिर फोड़ लेगा। वह लौट गया। उसके पास झुकी और थकी पीठ थी। एम्बुलेंस तक पहुँचते-पहुँचते वह अधेड़ आदमी पूरी तरह बूढ़ा हो चुका था। वह बहुत बेचैन और अकेला था। उसकी आँखें, अपने पास से गुजरते हुए आदमी को ड्राइवर समझकर चौंकती आँखें थीं।

अचानक बूढ़े हो गए आदमी! उस शुतुरमुर्ग हो गई लड़की को क्षमा करो! क्योंकि, वह कुछ नहीं कर सकती है। जाओ! मृत्यु से कहो कि वह तुम्हारे पुत्र से थोड़ी दूर पर ठहरी रहे! एम्बुलेंस का ड्राइवर बाबा की मजार के पीछे, अपनी प्रेमिका से बतिया रहा है—मृत्यु से कहो कि वह उसके प्रेम के लिए ही ठहरी रहे!

बाबा की मजार अस्पताल कैम्पस के भीतर थी। 'अस्पतालवाले बाबा' को सिरनी चढ़ाने के कारण लोग यहाँ अच्छे होते थे—मरते हमेशा डॉक्टरों के कारण थे। मरीज अगर जीवित बच जाता तो डाक्टरों के हिस्से में, उसके जीवित बच जाने का श्रेय नहीं आता था। मरीज अच्छा होकर, सीधे अस्पतालवाले बाबा के पास जाता और घुटने टेक देता कि तुमने मुझे बचा लिया बाबा। आज से मैं तुम्हारा गुलाम! बाबा सुनते थे या शायद नहीं सुनते थे, पर आदमी यहाँ फर्श पर लोटता दीखता था। वह मजार से लौटता तो हाथों में हथकड़ी और पैरों में बेड़ी पाता। उन्हें खोलने की चाबी उसके पास नहीं होती थी। वह सोचता कि चाबी बाबा के पास होगी, पर वह बाबा के पास भी नहीं होती थी।

बाबा की मजार के घेरे के भीतर मनुष्य के जीवन की कीमत दो रुपए थी—सिरनी की कीमत के बराबर। पिता बीमार थे, तब लड़की ने सिरनी नहीं चढ़ाई थी। वह नहीं चाहती थी कि उसके पिता के जीवन की कीमत दो रुपए हो जाए।

छत जरूरी चीज है—बारिश से बचने के लिए।

जब आसमान के चमकते तारों को, अपने बालों में सजा लेने की नन्ही इच्छा के दिन थे—वह पहली बार यहाँ आई थी। अभी जहाँ लिफ्ट है—वह वहाँ नहीं थी।

बच्ची ने उस जगह, एक बूढ़े आदमी को सफेद पर्चियों का खेल खेलते देखा था। वह लोगों को सफेद पर्चियाँ बाँटता होता। लोग पंक्तिबद्ध अपने आने का इन्तजार करते–सफेद पर्चियाँ लेते और अलग-अलग दिशाओं में गायब हो जाते। बूढ़ा मुस्कुराता होता और लोग उदास होते। बच्ची को लोगों की यह उदासी खेल में दाम देते बच्चे की उदासी लगी थी। बूढ़े की आँखों में खेल जीतते बच्चे की खुशी चमक रही थी। बच्ची ने बड़ों को कोई खेल खेलते पहली बार देखा था। कितना आसान खेल कि मुस्कराते हुए सफेद पर्चियाँ बाँटते जाओ और लोग एक के बाद एक आएँ और गायब हो जाएँ।

बच्ची ने और देखी हुई इमारतों की तरह, इसे भी एक इमारत समझा था। वह पिता की अँगुली पर, उछलते-उछलते सीढ़ियाँ चढ़ गई थी। सीढ़ियों के खत्म होते ही उसने पिता से कहा, "हम यहाँ रोज आ सकते हैं।"

पिता मुस्कुराए, "बेटा, यह खेलने की जगह नहीं है।"

"पर वे तो खेल रहे हैं।"

"कौन?" पिता चौंके।

बच्ची ने नीचे इशारा किया। पर्ची बाँटते बूढ़े के अधपके बालोंवाले सिर के साथ-बहुत से काले सफेद सिर, बच्ची की अँगुली के नीचे मौजूद थे।

"नहीं, वे खेल नहीं रहे हैं...काम कर रहे हैं।" पिता ने हँसते हुए कहा। उन्हें बच्ची पर प्यार आया।

बच्ची दूसरी मंजिल के लिए कुछ सीढ़ियाँ और चढ़ पाई थी कि उसे सीढ़ियों की चमकती रेलिंग अपनी ओर खींचने लगी।

"अच्छा, इस पर फिसलूँ?" बच्ची ने अब तक पिता की इस बात को नहीं माना था कि यह खेलने की जगह नहीं है।

बच्चों के लिए हर जगह, खेल की जगह नहीं होती है–पर हर जगह को बच्चों के लिए, खेल की जगह में बदल जाना चाहिए।

"नहीं, इस पर फिसलोगी तो गिर पड़ोगी।" पिता की आवाज सूखे पत्ते की तरह थी।

बच्ची के सिर के ऊपर, बहुत बड़ी और बहुत सफेद छत थी। कितनी अच्छी जगह है, बच्ची ने सोचा और पिता के घुटनों के पास से उनके चेहरे को देखते हुए पूछा, "यहाँ कौन रहते हैं?"

"बेटे, यहाँ बीमार रहते हैं।"

"हम यहाँ नहीं रह सकते?"

"नहीं, यहाँ सिर्फ बीमार रहते हैं।" पिता को लगा कि उन्होंने उसे यहाँ लाकर अच्छा नहीं किया।

"अगर हम बीमार हो जाएँ तो यहाँ रह सकते हैं?" बच्ची ने बीमारी की कामना की। उसके पास भय नहीं था, वह किसी भी ऐसी चीज की कामना कर सकती थी जो बड़ों को भयभीत करती है।

"तुम बीमार हो जाओगी तो हमें दुःख होगा। तुम चाहती हो कि पापा दुःखी हों...पापा रोएँ।"

"नहीं," बच्ची ने तुरन्त कहा। उसे लगा कि वह देर करेगी तो पिता नाराज हो जाएँगे।

"बीमार होना अच्छी बात नहीं है बेटे!" पिता दुःखी थे।

लोहे के लुढ़कने की दूर से आती आवाज थी। बच्ची के कान खरगोश हो गए। आवाज पहले धीमी रही, फिर धीरे-धीरे बढ़ती गई। बच्ची सहमी हुई थी। उसने पिता की ओर देखा—उसके चेहरे पर उस आवाज का कोई निशान नहीं था। बच्ची के नन्हे पैर थम गए। पिता झटके से रुके, उन्होंने सोचा बच्ची सीढ़ियों की ओर वापस जाना चाहती है—रेलिंग को फिसलनी बनाने के लिए। लोहे के लुढ़कने की आवाज, अचानक इतनी तेज होते हुए बच्ची के बगल से गुजरी कि वह डरकर पिता के घुटनों से लिपट गई। पिता मुस्कुराए—उनके घुटनों में एक भयभीत खरगोश था। बच्ची की आँखों में आँसू थे। वे ऐसी जगह पर खड़े थे, जहाँ सामने दीवार थी। उन्हें दाएँ या बाएँ किसी एक ओर मुड़ना था। किस ओर मुड़ना था—यह पिता जानते थे। पर वे बच्ची को लिये खड़े रहे, उसके घुँघराले बालोंवाले नन्हे सिर को सहलाते हुए।

बच्ची सँभल पाती और पिता उसे लेकर वार्ड की ओर मुड़ पाते, इससे पहले ही लोहे के लुढ़कने की आवाज फिर उठी और 'स्ट्रेचर' उनके सामने था। बच्ची जोर से चीखी। स्ट्रेचर बस एक क्षण के लिए उनके सामने आया था। और लोहे की आवाज दूर होते हुए बन्द हो गई थी। बच्ची रो रही थी।

"घर..." बच्ची ने पिता से कहा।

अस्पताल के अन्धे मोड़ों और कोणों में घर कहते-कहते, अब भी वह रुक जाती है। पर पिता अब नहीं हैं।

पिता एक अच्छे पिता थे। वह उससे प्रेम करते थे। पिता बेटियों के लिए अक्सर अच्छे होते हैं। भाई को वे उस तरह नहीं चाह पाते थे—जैसे उसे चाहते थे। भाई, अक्सर उनकी डाँट के नीचे खड़ा पाया जाता—सहमा और चिड़चिड़ा-सा।

घर के भीतर जाने के लिए दो दरवाजे थे। भाई उस दरवाजे को हमेशा छोड़ देता, जिससे पिता की आवाज बाहर आ रही होती। भाई के पैर बिल्ली के चालाक पैर हो जाते। वह दूसरे दरवाजे से भीतर जाता। पिता चुप रहते तो वह फँस जाता। पैरों पर ठहरी हुई बिल्ली हड़बड़ाई और डरी हुई सी लगती थी।

वह उस पर हँसती–भाई के डर पर। उसे पिता में ऐसा कुछ नहीं दीखता था, जिससे इस तरह डरा जाए। भाई चिढ़ता और कभी-कभी वह उसे मार भी देता–जब वह उसके बार-बार मना करने पर भी हँसती रहती। अगर उसे लगता कि भाई की मार में गुस्सा है तो वह पिता के पास चल देती। उसकी आँखों में आँसू छलक रहे होते। पिता की आँखों में गुस्सा झलकने लगता। भाई पिटता-पिटता बचता। भाई की आँखों में शत्रु चमकता। माँ दुःखी होती कि बाप और बेटी दोनों मिलकर लड़के के खिलाफ हैं।

पिता बीमार पड़े तो भाई ने भीतर आने के लिए दरवाजा चुनना बन्द कर दिया। पिता के कमरे से कराहने की आवाज लगातार आती रहती। पिता के लिए घर एक कमरे में सिमट गया। भाई बेधड़क घर के भीतर घूम सकता था। उसके पैरों पर ठहरी बिल्ली मर गई। भाई को पिता का कराहना खटकने लगा कि वे तकलीफ से ज्यादा कराहते हैं।

कमरे में हलकी रोशनी होती, तेज रोशनी उनकी आँखों में गड़ती थी और वे चीखना शुरू कर देते थे। कम रोशनी में पिता के चेहरे का दर्द और ज्यादा खुल जाता। माँ सिरहाने बैठी रहती–जैसे उनके अच्छे होने का इन्तजार कर रही हों। वे थोड़ी देर के लिए भी कमरे से बाहर जातीं–किसी जरूरी काम से तो घबड़ाई हुई वापस लौट आतीं। उन्हें ऐसा लगता था कि जब तक वे उनके पास बैठी रहेंगी, उनकी साँसें चलती रहेंगी। पिता यह जानने लगे थे कि अब वे अच्छे नहीं होंगे। वे माँ की आँखों से बँधी अपनी साँसों की डोर को खोलने की कोशिश करते।

''तुम अब बड़ी हो गई हो...'' वे उससे पूछते, ''तुम अपनी माँ को सँभाल लोगी...मुझे उस पर भरोसा नहीं है...तुम्हारे भाई पर...'' वह कुछ नहीं कह पाती, अपना सिर हिलाती, जिसमें छलकती आँखें होतीं। माँ रोने लगती। उसे भाई पर दया आती।

पिता अस्पताल नहीं जाना चाहते थे। उन्हें लगता कि वे जाएँगे और मार दिए जाएँगे। पिता की पीठ पर लाल चकत्तोंवाले बड़े-बड़े घाव हो गए थे। वे धोखे से भी अपनी पीठ के बल होते तो चीखने लगते। मेरी पीठ पर मेरे पाप हैं–वे कहते।

बेहोश भी नहीं होते, किसी दिन बेहोश हो जाएँ तो आसानी से अस्पताल पहुँचाया जा सकता है–भाई कहता।

एक दिन जब उनके पास पीड़ा कम थी और वे आधे कष्ट और आधे आराम पर लेटे हुए थे–उसने उनकी हथेली को सहलाते हुए कहा, ''बाबूजी, आप मुझे बहुत चाहते हैं न...'' उसकी आवाज भीतर कहीं फँस गई थी और रुक-रुककर निकल रही थी।

वे मुस्कुराए। वह तकलीफ से भरी हुई मुस्कुराहट थी, जैसे उनके चेहरे पर किसी ने जबरदस्ती लाकर थोप दी हो।

"...मेरी एक बात मानेंगे?"

वे चुप थे, पर उनकी हथेली बोल रही थी। बीमार पड़ने के बाद जब उन्हें बोलने में कष्ट होने लगा था, हथेलियाँ बोलने लगी थीं। बीमार हथेलियाँ बहुत स्पष्ट होती हैं, उनमें कोई धोखा नहीं होता।

"अस्पताल चलिए, मेरे लिए...हम आपको जल्दी अच्छा करा लेंगे..." इससे पहले भी कई बार, उसने यह बात उनसे कही थी और उन्होंने साफ नहीं कर दिया था। पर आज वे चुप रहे–बहुत देर तक चुप। वे बल्ब की ओर देख रहे थे, जहाँ भद्दी पीली रोशनी थी और रोशनी के ठीक नीचे एक छिपकली ठहरी हुई थी, जिसकी पूँछ कट चुकी थी। बरसों पहले, अपने बचपन में उन्होंने इस छिपकली पर पत्थर फेंका था और उसकी पूँछ कट गई थी, कटी हुई नाचती पूँछ देखकर उन्होंने ताली बजाई थी। यह बात इस शहर की और इस घर की नहीं थी, पर उन्हें लग रहा था कि छिपकली वही है और उन्हें घूर रही है। वे नन्हे हाथों से आती तालियों की आवाज सुन रहे थे जो जलती हुई फुलझड़ी की तरह छिपकली की कटी हुई पूँछ पर गिर रही थी।

"आप मुझे सुन रहे हैं न..."

"हूँ..." वे अब भी उधर ही देख रहे थे।

"तो फिर..."

"चलो ठीक है..." उन्होंने उसकी तरफ देखे बिना कहा, "तुम लोगों की इच्छा पर मरना भी जरूरी है।"

वह सिर्फ हाँ को पकड़ पाई थी और खुश थी कि वे जाने को तैयार हो गए हैं। वह उनका चेहरा नहीं देख पा रही थी–जहाँ घृणा और पीड़ा दोनों साथ-साथ थीं। छिपकली गायब हो गई थी।

पिता नहीं रहे। एक मजबूत छत के परखचे उड़ गए। बारिश के दिन थे। वे तीनों–माँ, भाई और वह भीगते खड़े रहे। छत को फिर बनाने में भाई को समय लगा। उसके कन्धे इतने मजबूत नहीं थे। जब तक पिता रहे, वह लापरवाह कन्धे लेकर घूमता रहा था। वह छोटी थी। उसकी उम्र ऐसी नहीं थी कि वह छत ढाल सके। भाई कई महीनों तक भटकता रहा, पर छत उसकी पकड़ से बाहर रही। वह हमेशा थका-थका दीखता और बात-बात पर बौखला जाता।

एक दिन, जब वह जाने कहाँ-कहाँ भटकता हुआ, बुरी तरह थककर घर लौटा तो बारिश में लथपथ था। पर एक अजीब बात यह थी कि उसके पैर सूखे थे–वहाँ रेत और धूल थी। घर की छत से आसमान झाँक रहा था। उसने उस आसमान के

टुकड़े को देखते हुए कहा, अगर उन्हें मरना ही था तो रिटायर्ड होने के पहले मरते। मुझे नौकरी मिल जाती...उनकी जगह...और अब...

माँ रोने लगी थीं। इन दिनों, वे बस रोती रहतीं। कहती कुछ नहीं थीं–किसी से कुछ भी नहीं।

उसके पैरों के नीचे बिल्ली का बच्चा रो रहा था। काउंटर पर रखा रजिस्टर धूप के एक मरते हुए टुकड़े में डूबा हुआ था। वह बहुत थक गई थी। वह बैठे-बैठे की थकान थी जो उन लोगों को घेर लेती है, जिनका काम एक जगह बैठे रहने का होता है। वह कई घंटों से कुर्सी से बँधी हुई थी। उसने लिफ्ट की ओर नहीं देखा था जो अभी-अभी एक धीमी आवाज पर रुकी थी और तीन आदमियों को उगल गई थी। वह बिल्ली के बच्चे को नहीं सोच रही थी। वह धूप के उस मरते हुए टुकड़े को भी नहीं सोच रही थी, जिसमें उसकी हथेलियाँ खूबसूरत लग रही थीं, वहाँ एक ढाई बरस का बच्चा, अपने से दस बरस बड़ी लड़की की गोद में रो रहा था।

"हैलो!"

उसके सामने ताजे सेब की तरह चमकीला, गुलाबी चेहरा था। वह मुस्कुराई।

"मैंने आज भी तुम्हें दो बार पुकारा है," उस लड़की ने कहा, "तुम हमेशा क्या सोचती रहती हो?"

"मैं तुम्हें सोच रही थी।"

"...कि मैं अब तक नहीं आई हूँ...पर आज मैं बिलकुल समय पर हूँ...मैं तुमसे डरती हूँ।" उस लड़की के बोलने में चहचहाती चिड़ियाएँ थीं। वह बोलती और चिड़ियाएँ शोर करतीं।

"नहीं, यह बात नहीं है...तुम आज बहुत सुन्दर लग रही हो।"

"तुम नहीं सुधर पाओगी...कभी नहीं।" लड़की ने मुस्कुराते हुए कहा। वह मुस्कुराती थी तो उसके बाएँ गाल पर गड्ढा पड़ता था। वह यह जानती थी और हमेशा मुस्कुराना चाहती थी।

वह अपनी जगह से उठ खड़ी हुई। वह अब खुश थी। उसके चेहरे में–अँधेरे से रोशनी में आने की खुशी थी।

"कोई बड़ा केस?" लड़की ने पूछा।

"तुम्हारे मतलब का एक भी नहीं..." उसने जवाब दिया। लड़की उसकी जगह बैठे-बैठे अपने काम के साथ, किस्से भी बटोरती थी। हत्या और दुर्घटनाओं के किस्से। पेट के बाहर झूलती हुई अंतड़ियाँ। कोहनी के ऊपर से कटा हुआ हाथ। चेहरे पर गहरा सुराख। वह इन किस्सों की पोटली बनाकर अपनी माँ के पास ले

जाती। वह पोटली खोलती और एक-एक किस्सा बाहर आता। उसकी माँ चा...चा...करते हुए दुःखी होती और समय कट जाता।

वह काउंटर से बाहर आ गई।

"चाय पीते हैं, फिर चल देना," चहचहाती लड़की ने उसकी जगह लेते हुए कहा।

"नहीं, मुझे जल्दी है।"

"वह तो तुम्हें रोज ही रहती है।"

"नहीं, आज है...मुझे लगा वह रो रहा है।"

"कौन?"

"मेरा बेटा।"

"तुम्हें यहाँ बैठे-बैठे यह सब कैसे पता लग जाता है?"

"तुम्हारा होगा तो तुम्हें भी लगने लगेगा।" उसने मुस्कुराते हुए कहा। उसकी जगह बैठी लड़की झेंप गई। उसके चेहरे के सेब गुलाबी हो गए। काउंटर पर रखा सफेद रजिस्टर भी गुलाबी लग रहा था।

वह घर के बन्द दरवाजे पर खड़ी थी। भीतर कोई आवाज नहीं। शान्त घर। कितनी अजीब बात है कि मैं अपने ही घर की कॉलबेल दबाती हूँ और दरवाजा खुलने तक अजनबी बनी रहती हूँ। साँकल खटखटाओ तो आदमी के पास पहचान होती है–भीतर का आदमी यह समझ जाता है कि यह होगा। कॉलबेल आदमी के लिए पहचान नहीं छोड़ती–वह एक ही धुन में बजती है–कोई भी बजाए।

दरवाजा हिचकते हुए खुला। उसके खुलने में बारह बरस की बच्ची का भय था। बच्ची के पास फटी हुई गन्दी फ्रॉक के ऊपर डरा हुआ चेहरा था–जो उसको देखते ही अँधेरे से रोशनी में आने की खुशी में बदल गया।

"वह रो रहा था?" उसने बच्ची से पूछा।

"सो रहा है..." बच्ची ने कहा।

"दूध लिया?"

"हाँ..." बच्ची ने फिर कहा। बच्ची की फ्रॉक के पीले फूल मुरझा चुके थे और उनका रंग उड़ चुका था। वह जब उत्साह से बात नहीं करती तो वे झरने लगते थे। फूल झर रहे थे।

दोनों के बीच जो हवा बह रही थी, उसमें घर की गन्ध बनी हुई थी। बच्ची उसके सवालों के जवाब रटे हुए पाठ की तरह दे रही थी। उसे मालूम था कि वह आएगी और यह सवाल होंगे। उसके सवाल और बच्ची के जवाब तय थे। घर में कोई तोता नहीं था।

"यह कचरा उठाओ!" उसने बच्ची से कहा।

"यह कचरा नहीं है...फूल हैं...देखती नहीं है कि मेरी फ्रॉक खाली होती जा रही है।" बच्ची की फ्रॉक से जितने फूल झड़े थे, वहाँ उतने ही मैले और खाली धब्बे थे।

"तुम आजकल बदतमीज होती जा रही हो...ठीक से बोलोगी तभी वे बचेंगे, इतना जान लो...नहीं तो एक दिन पूरी फ्रॉक खाली हो जाएगी..." वह खुश थी और बच्ची चिन्तित थी।

कमरे में अँधेरा था और बच्चे की साँसें। बच्चा गहरी नींद में था। वह दिन में सोता और रात देर तक जागता रहता। उसे, उसके साथ जागना होता। अगर वह सो जाती तो बेटा उसे झकझोरकर उठा देता था। रोने लगता। वह अकेला होना नहीं चाहता था। जब दुनिया सो रही होती, तब वे दोनों खेलते होते—माँ और बेटे। वह खुद शेर में बदल जाता और उसे चूहा बनने के लिए मजबूर करता। वह दहाड़ता। वह डरती और काँपते हुए कहती, "शेर राजा! शेर राजा! मुझे मत खाओ! मैं किसी दिन तुम्हारे काम आऊँगा।" शेर कहता, "नन्हे चूहे! तू इतना सा है, तू मेरे क्या काम आएगा!" चूहा कहता, "आऊँगा शेर राजा, किसी दिन नन्हे भी आ जाते हैं काम!" शेर इतनी जोर से दहाड़ता कि चूहे को फिर डरना पड़ता। उसके बाद, शेर जाल में फँस जाता और चूहा उसके जाल को कुतरकर उसे जाल से बाहर करता। शेर और चूहा दोनों हँसते और एक दूसरे से लिपट जाते।

बेटे का दूसरा खेल, सिगरेट पीता बन्दर था, जिसे वह हमेशा अपने साथ रखता और उससे बातचीत किया करता था। माँ और बेटे के बीच बन्दर सिर झुकाए बैठा रहता और सिगरेट पीने की अपनी गन्दी आदत पर उनकी डाँट को चुपचाप सुनता रहता। बेटा कभी-कभी उसे झापड़ भी मार देता कि वह इतना कहने पर भी सिगरेट नहीं छोड़ रहा है। बन्दर रोने लगता। खेल के बिलकुल बगल में बच्चे के पिता की पीठ और खर्राटे होते थे।

उसने बच्चे के माथे को चूमा और बच्चे के चेहरे से अँधेरा साफ हो गया। बच्चे का चेहरा माँ के चेहरे की तरह था। बस, मस्तक पिता की तरह था—चौड़ा और ऊपर की तरफ सरकता हुआ। उसने बच्चे के माथे को हथेली से ढका और अपना चेहरा चूम लिया। बच्चे ने करवट बदली। वह चौंककर उससे दूर हट गई। उसे लगा कि उसने उसे जगा दिया है। बच्चा अब भी नींद में टहल रहा था।

बच्ची कमरे के बाहर खड़ी मुस्कुरा रही थी।

"चाय बनाऊँ?" मुस्कुराहट को पीकर बच्ची ने पूछा। उसने 'हाँ' के लिए सिर हिलाया और बच्चे के पैरों के पास लेट गई, इस तरह कि उसके पैर नीचे दब जाने से बचे रहें।

"मैं जाऊँ?" बच्ची ने उसे चाय देते हुए कहा।

"हाँ कल जल्दी आना..." उसने बच्ची की ओर देखे बिना कहा।

बच्ची की फ्रॉक की पीठ पर जो फूल थे वह अब भी मुरझाए नहीं थे। ओह! इसने इन्हें बचाकर रखा है। वह चौंकी।

खिड़की के बाहर गहरी शाम थी जो ऊबड़-खाबड़ जमीन में उठे झाड़-झंखाड़ में ठहरी हुई थी। यह नई बसती हुई कॉलोनी थी। ऐसी कॉलोनी में घर सस्ता होता है। मकान इतनी दूर-दूर थे कि कोई मकान, किसी दूसरे मकान का पड़ोसी नहीं था। अपने मकान के पास बनते किसी मकान को देखकर यह तसल्ली होती थी कि कल यह मकान पड़ोसी होगा। उसके पड़ोस का मकान नींव तक आकर ठहरा हुआ था। दिमाग में अपने मकान का एक नक्शा था जो नींव पर भी नहीं पहुँच पाया था।

ऐसी जगह जल्दी लौट आना चाहिए, पर वह लौटता नहीं था। वह उस समय लौटता जब उसे दरवाजा खोलते भय लगता। वह पूछती कौन है? और आवाज सुनाई नहीं देती। वह फिर पूछती और वह चिढ़ जाता और दरवाजे को पीटने लगता। कामवाली बच्ची उसका साहस थी, पर वह हमेशा नहीं रह सकती थी। वह उसका सारा साहस लेकर चली जाती और घर के भीतर भय मँडराने लगता।

वह सत्रहवें में थी, जब उसने उस लड़के को पहली बार देखा था जो अब आदमी हो गया था। वह हर शाम आता, जब वह बगीचे को सींच रही होती। उसकी ओर उन गहरी नजरों से देखता, जिसे प्रेम कह सकते हैं और गुजर जाता। वह साइकिल से गुजरता लड़का, अचानक एक दिन उसके सपने में आ गया। वह सुबह उठी तो खुद पर चौंक गई। उस शाम, वह उसकी ओर देखकर मुस्कुराई। लड़का घबरा गया। उस दिन के बाद वह कई दिनों तक नहीं दिखा। वह सपने में मुस्कुराती और वह सपने में घबड़ा जाता।

अचानक, एक शाम उसने देखा कि वह सामने के मकान की छत पर है। वह अपने चेहरे में उसकी मुस्कुराहट को रखे हुए था जो एक शाम, कई दिनों पहले, लड़की ने उसे दिया था। वह अब भी उसे गहरी नजर से देख रहा था, जिसे प्रेम कहते हैं। वह भीतर आ गई। अब वह घबड़ा रही थी। वह लड़का, आँखों के सामने बहुत देर तक ठहर गया–प्रेम हो गया था। दूसरे दिन उसने देखा वह फिर छत पर है। लड़के ने नई कमीज पहन रखी थी और वह बहुत खूबसूरत लग रहा था। लड़कियों को अपने प्रेमी और लड़कों को अपनी प्रेमिकाएँ हमेशा खूबसूरत लगती हैं। वह पौधों को ठीक से पानी नहीं दे पाई, ऊपर से घूरती एक नजर उसे परेशान कर रही थी।

वह भीतर आई। माँ बैठी थीं–हमेशा की तरह निश्चिंत। उसे, उनसे डर लगा। वह उनकी ओर देखकर बेवजह मुस्कुराई और अपने कमरे में चली गई। आईने के सामने खड़ी हुई तो आईने ने उसे खूबसूरत लड़की कहा। छत पर लड़के का मुस्कुराता चेहरा उसे खींच रहा था। चोर के दबे पाँव लेकर, वह छत की सीढ़ियों तक गई और एक क्षण ठिठकी रही। वह काँप रही थी, फिर उसने अपने सिर को लापरवाही से झटका और एक साथ दो-दो सीढ़ियाँ चढ़ गई। छत के दरवाजे की कुंडी खोलते हुए, उसे लगा कि पीछे कोई आहट है। उसने पलटकर देखा तो माँ का निश्चिंत चेहरा था जो अब थोड़ी देर पहले नीचे छोड़ आई थी। वह झुँझलाई। उसने उस चेहरे को लपककर पकड़ा और सीढ़ियों की ओर उछाल दिया। चेहरा फुटबाल की तरह उछलता हुआ सीढ़ियों से गिरा। वह छत पर चली गई। चेहरा मर चुका था। वह उड़ने के लिए पूरी तरह तैयार थी।

वह लड़का अब कहीं नहीं है। उसकी जगह एक चिड़चिड़े और शराबी आदमी ने ले ली है जो बात-बात पर गुस्सा करता है और प्रेम पर पछताता है। पछताती वह भी है कि वह उड़ने को तैयार हो गई थी। पंख एक उड़ान के बाद ही बेकार हो चुके हैं। लड़का अब गायब हो चुका है–जो इतना शर्मीला और डरपोक था कि जिसे देखकर दया आती थी। वह उन चिट्ठियों में था जो उसने शादी के पहले उसे लिखी थीं और तस्वीरों में था जो उनके विवाह की थीं और जिसमें उनके सहमे-सहमे चेहरों में हलकी-सी खुशी काँपती हुई दीखती थी।

एक दिन उसने एलबम से अपने विवाह की सारी तस्वीरें निकालीं और उन्हें उस कमरे की दीवार पर लगा दिया–जिसमें वे दोनों सोते थे। कमरे की दीवारें, उनकी तस्वीरों से रंग-बिरंगी हो गईं। उसने सोचा वह आएगा और चौंक जाएगा। वे एक रात के लिए ही सही, उन दिनों की ओर लौट सकेंगे जो छत के ऊपर आसमान में टँगे हुए थे और उन तक आते नहीं थे। जिन्हें वह ललचाई नजरों से देखा करती है। उसने ईश्वर से कामना की कि वह बिना पिए आए।

वह पूरे होश में था, पर कमरे में घुसते ही उसने अपने होश खो दिए, ''यह क्या बचपना है? तुम मुझसे क्या चाहती हो? तुम अब अट्ठारह बरस की वह लड़की नहीं रही...'' वह गुस्से से डोलने लगा।

''लड़की तो मैं वही हूँ,'' वह बोली। उसके होंठ थरथरा रहे थे और चेहरा लाल था।

''अब बदल गई हो,'' उसने कहा।

''और तुम...''

''मैं भी...मैं इन तस्वीरों का लड़का नहीं रहा।''

उसने सारी तस्वीरें उछल-उछलकर नोंच डालीं और उन्हें कमरे के एक कोने में फेंक दिया। वह मुस्कुरा रहा था, पर फेंकी गई तस्वीरों में एक भी मुस्कुराता चेहरा नहीं था। सारे चेहरों के भाव बदल गए थे, जैसे वे एक जलती हुई चिता के सामने खड़े चेहरे हों।

वह सो गया। वह जागती रही। उसके खर्राटे उसे इस बात के लिए उकसा रहे थे कि वह उसका गला दबा दे कि वह अगर तस्वीरों का लड़का हो नहीं सकता तो उसे जिन्दा भी नहीं रहना चाहिए। मैं तुमसे घृणा करती हूँ—उसने इतनी जोर से कहा कि छत काँप गई, पर वह उसका गला नहीं दबा पाई।

वह चुपचाप उठी और तस्वीरों को फिर एलबम में जगह देने लगी। तस्वीरों में वह लड़का अब झेंप रहा था और उसे चिढ़ा रहा था।

तेज बारिश में छतरी लेकर निकलो और छतरी पलटकर धोखा दे जाए तो दुःख होता है। छत चाहे खपरैल की हो, उसे चूना नहीं चाहिए। अगर छत चू रही है तो आसमान को ही छत मान लेने में क्या हर्ज है।

माँ-बेटे दोनों वहाँ बैठे थे—छत पर बारिश के दिनों की गीली शाम थी। बेटे की आँखों में नींद के निशान थे। बेटे और आसमान को तारों का इन्तजार था। छत से तारों को देखना उसे अच्छा लगता है। वह कभी माँ से यह नहीं कहता कि वह नीचे जाना चाहता है। छत पर होना उसके लिए तारों के करीब होना था। पर माँ के लिए छत पर होना पति के आने के करीब होना था। माँ आसमान की ओर कम, सड़क की ओर ज्यादा देखती होती थी। सड़क पर दौड़ता हुआ हलका नीला रंग वह देखती और चौंक जाती कि यह वह होगा, पर हर नीले रंग का स्कूटर उसके पति का नहीं था। स्कूटर पास आता तो आदमी का चेहरा खुलता और उसे निराश करता हुआ गुजर जाता। वह गहरी साँस लेती और हाँफने लगती—जैसे स्कूटर के पीछे-पीछे दौड़कर लौटी हो। वह आसमान की ओर देखती और सोचती कि वह जल्दी क्यों नहीं आ पाता?

''वे कब आएँगे?'' बेटे ने पूछा।

''कौन...पापा?''

''नहीं, तारे अम्मा,'' बेटा झुँझलाया, बच्चों का झुँझलाना जो बड़ों को हमेशा अच्छा लगता है।

''वे अँधेरे के साथ-साथ आते हैं बेटे,'' माँ मुस्कुराई।

''तारे दिन को क्यों नहीं आते?''

''दिन को वे हमें दीखते नहीं हैं।''

''पर क्यों नहीं दीखते अम्मा?''

"रोशनी के कारण वे रहते वहीं हैं, पर दीखते नहीं हैं।"

"दिन को वे चल देते हैं अम्मा, अपने काम पर...पापा की तरह। रात को लौटते हैं वापस...थके हुए," बेटे ने माँ को समझाया। माँ को लगा कि वह सही कह रहा है।

बेटा छत पर दौड़ रहा था। उसके बाल हवा में उड़ रहे थे। लाल रंग की कमीज पहने वह एक बड़े गुब्बारे की तरह लग रहा था। वह टिड्डे के पीछे था। टिड्डे को मालूम नहीं था, लाल कमीजवाला बच्चा उसके पीछे है और वह पकड़ा जा सकता है। माँ को लगा कि टिड्डे के पीछे-पीछे बेटा कहीं छत से छलाँग न लगा दे। बेटे को यह पता नहीं था कि वह उड़ नहीं सकता है।

"उसे तंग मत करो," माँ ने चिल्लाकर कहा। बेटा दौड़ते-दौड़ते ही पलटा। वह माँ को सुन नहीं पाया था।

"ऐसा मत करो...गिर पड़ोगे," माँ ने फिर कहा।

"करूँगा," बेटे ने चिल्लाकर कहा।

"मारूँगी," माँ ने अपनी बन्द हथेलियाँ उठाकर दिखाईं।

बेटा मुस्कुराया और टिड्डे को खोजने लगा जो इस बीच कहीं छुप गया था।

उसकी अँगुलियाँ काँपने लगीं। वह अपने बचपन में कभी टिड्डे नहीं पकड़ पाई थी। उसकी अँगुलियों के बीच जब टिड्डे की पूँछ आती तो पता नहीं कैसे टिड्डे को यह मालूम पड़ जाता कि यह उसकी अँगुलियाँ हैं और वह उसकी अँगुलियों को धोखा देता हुआ उड़ जाता था।

बेटे ने टिड्डे को पकड़ लिया था और वह उसकी दो अँगुलियों के बीच दबा फड़फड़ा रहा था।

"अम्मा, इसकी पूँछ में धागा बाँधेंगे तो यह पतंग हो जाएगा," बेटे ने कहा। वह बहुत खुश था।

"उसे छोड़ दो, वह मर जाएगा," माँ को टिड्डे पर दया आ रही थी।

"नहीं धागा दो अम्मा," बेटे की जिद्दी आवाज ने कहा।

वह धागा लेने नीचे आई, तब तक टिड्डा मर चुका था। वह बेटे की हथेली में पड़ा था और उसके पंख गायब थे।

"तुमने उसे मार डाला न..." वह चिल्लाई। माँ की आवाज गुस्से में काँप रही थी।

"पंखों से ये बहुत ताकत दिखाते हैं, अम्मा..." बेटा मुस्कुरा रहा था। टिड्डे की मृत्यु उसके लिए बड़ी बात नहीं थी।

बेटे हमेशा ऐसे क्यों होते हैं कि चेहरा माँ का रहे तो भी सारी हरकतें अपने पिता की रखते हैं—माँ ने सोचा।

बेटे ने माँ के चेहरे को समझा और पास आकर बैठ गया। टिड्डा उसकी हथेली में नहीं था। आसमान गहरा काला हो चुका था। पानी कभी भी बरस सकता था। माँ और बेटे बादलों के अँधेरे में डूबे हुए थे। वे दोनों चुप थे–जैसे थक गए लोग होते हैं।

बेटे ने आसमान की ओर सिर उठाया। तारों की जगह बादल थे। तारों के पास आज काम ज्यादा होगा–बेटे ने सोचा।

माँ ने सड़क की तरफ देखा। सड़क अँधेरे में गायब हो गई थी। अब सड़क नहीं है तो वह कैसे आ सकता है–माँ ने सोचा।

रचना-वर्ष–1992 : वर्तमान साहित्य-अप्रैल '93

स्कूल की टाई

वह माँ के पीछे खड़ा था। कहीं-कहीं लाल और कहीं नीला-सा दीखता समय था—सुबह का समय। वह अपनी गर्दन को हथेलियों से ढककर खड़ा था। उसके पीछे ठंड से सिहरता पीपल का पेड़ था। पेड़ पर चिड़ियों की चहचहाहट थी। चिड़ियाएँ सबसे पहले जागती हैं। चिड़ियाएँ, माँ की अलार्म घड़ी हैं। माँ उनको सुनती और जागती है। पीपल के इस पेड़ पर चिड़ियाएँ हमेशा रहती हैं, पर शहर के शोर में उनकी आवाज दबी रहती है। दिन में चिड़ियों की आवाज बस वह सुन सकता है जो उन्हें सुनना चाहता है। पर अलस्सुबह का समय तो चिड़ियों का समय होता है।

दरवाजा बहुत ऊँचा नहीं था। माँ का कद छोटा था। माँ पंजों के बल खड़ी थी। वह किवाड़ की साँकल चढ़ा रही थी। दरवाजे से लगी छोटी-सी खिड़की पर मुन्नी बैठी हुई थी। वह अपना चेहरा खिड़की की छड़ से टिकाए बाहर देख रही थी। मुन्नी की देह खिड़की पर इस तरह रखी हुई थी, जैसे किसी रबड़ की गुड़िया को उठाकर वहाँ रख दिया गया हो। गुड़िया, धूल में मैली और गन्दी थी। माँ, साँकल चढ़ाकर जैसे ही पैरों पर आई, उससे टकरा गई। वह माँ के इतने नजदीक था कि गिरते-गिरते बचा।

"थोड़ा हटकर खड़ा नहीं हो सकता?" माँ ने चिढ़कर कहा। वह हँसने लगा। माँ किसी भी बात पर डाँट सकती थी और वह किसी भी बात पर हँस सकता था।

माँ फिर पंजों के बल खड़ी हो गई। उसे ताला लगाना था। खिड़की पर बैठी मुन्नी ताला लगाती माँ को देखने की कोशिश कर रही थी। मुन्नी की आँखें तेजी से नाच रही थीं, पर माँ उसकी आँखों की पकड़ से बाहर थी। मुन्नी के पास बेचैन आँखें थीं। पीपल के पेड़ की पत्तियाँ और चिड़ियाएँ बेचैन थीं। वह माँ से इतनी दूर खड़ा था कि अब माँ अपने पैरों पर आते हुए गिर भी जाए तो उससे टकरा नहीं सकती थी।

माँ जैसे ही पीछे हटी, मुन्नी को दिखने लगी। मुन्नी खुश होकर चीखी, "माँ जल्दी आना।" मुन्नी पिंजरे में बन्द चिड़िया थी।

घर का दरवाजा इतना मजबूत नहीं था कि उसे तोड़कर अन्दर न घुसा जा सके, न ही वह इतना कमजोर था कि उसे बिना तोड़े कोई अन्दर घुस सके। मुन्नी सुरक्षित थी। माँ, मुन्नी के पास गई और खिड़की की सलाखों पर टिके उसके सिर को सहलाने लगी। माँ ने उससे फुसफुसाकर कुछ कहा और वह खुश हो गई। माँ ने मुन्नी को जरूर खाने की किसी चीज के बारे में बताया होगा। मुन्नी को रेवड़ी अच्छी लगती है। उसे चॉकलेट खाना भी पसन्द है, पर माँ रेवड़ी लाया करती है। कुछ उन दोनों को देती है और कुछ छुपाकर रख देती है। माँ ने मुन्नी को जरूर वह जगह बताई होगी, जहाँ रेवड़ियाँ होंगी–उसने सोचा।

वह रेवड़ी सोचता तो उसके मुँह में रेवड़ी का स्वाद आ जाता था। चॉकलेट सोचता तो मुँह में चॉकलेट का स्वाद होता। इस तरह के स्वाद के लिए यह जरूरी था कि वह जिस चीज को सोच रहा हो, उसे उससे पहले कभी एक बार भी खाया हो। ऐसी बहुत सी चीजें हैं, जिनका स्वाद वह अपने मुँह में नहीं ला पाता है।

''अभी भी सोच ले...खेलना है तो खेल...क्या करेगा वहाँ जाकर...बेकार की जिद करता है...'' माँ ने कहा। वह बड़बड़ा रही थी। वह मुन्नी को अकेला छोड़ना नहीं चाहती थी।

''मैं जाऊँगा...बस एक बार...'' उसकी आवाज जैसे गीली मिट्टी के नीचे दबी हुई थी और वह उसे बाहर निकालने की कोशिश कर रहा था। माँ का कोई भरोसा नहीं है, वह अभी ताला खोलेगी और उसे घर के भीतर धकेल देगी। मुन्नी अच्छी है–उसने 'मैं भी जाऊँगी' की जिद नहीं की–नहीं तो और मुश्किल होती।

मुन्नी खिड़की पर बैठी मुस्कुरा रही थी–पिंजरे में चहकती चिड़िया। उसे मुन्नी पर दया आई, पर वह जाने का मोह नहीं छोड़ पा रहा था। मुन्नी मोटरगाड़ियों को देखकर समय काट लेगी, उसने सोचा। घर के सामने से गुजरती मोटरगाड़ियों को, उन दोनों ने आपस में बाँट लिया था। अगर उनके पसन्द की कोई गाड़ी बहुत दिनों तक नहीं दीखती तो वे उस गाड़ी के बारे में यह फैसला करते कि वह चोरी हो गई है। आमतौर पर चोर का चेहरा गाड़ी चलाते उस आदमी का चेहरा होता जो शायद सच में उस गाड़ी का मालिक होता था।

वह दौड़कर मुन्नी के पास गया और उससे कहा, ''मेरी गाड़ियों को गिनकर रखना।''

मुन्नी ने जीभ निकालकर उसे अँगूठा दिखाया।

''अगर मुझे वहाँ कुछ मिला, तो नहीं दूँगा...''

''आधा लूँगी।''

''ठीक है...दे दूँगा...''

''अगर वहाँ कुछ नहीं मिला तो...''

"गोलू जब भी जाता है, कुछ न कुछ लेकर आता है..."

"क्या?"

"खाने की चीज!"

"अब चल भी।" माँ की आवाज उसके पीछे थी। वह पलटकर माँ के पीछे भागा। माँ सड़क चढ़ चुकी थी। घर सड़क के नीचे था। सड़क पर चढ़ना यानी किसी लम्बी यात्रा के लिए घोड़े पर सवार होना था।

सुबह की ठंड देह से चिपकी हुई थी। उसने घिसा हुआ स्वेटर पहन रखा था। ठंड को सोचो तो ठंड ज्यादा लगती है। माँ शायद ठंड को सोचती नहीं थी, वह एक पुरानी चादर ओढ़े थी और काँप नहीं रही थी। रात में हलकी बारिश हुई थी, जिसने सुबह को ज्यादा ठंडा कर दिया था। वह नंगे पैर था। कोलतार की सड़क बर्फ थी। शहर, सूरज के चमकने का इन्तजार करता, सोया पड़ा था।

"आज ठंड ज्यादा है...देख तू काँप रहा है," माँ ने कहा।

उसने अपनी हथेलियों को आपस में रगड़ा और सिर के ऊपर हवा में लहराया–आसमान की ओर। आसमान अभी पूरी तरह जागा नहीं था। वह चौंका, इस डर से कि उस नन्हे लड़के की हथेलियाँ उसके चेहरे से न टकरा जाएँ। आसमान का चौंकना किसी को नहीं दिखा।

"ठंड ऐसे गायब होती है।" उसने कहा। उसकी हथेलियाँ अभी भी आसमान की ओर, हवा में लहरा रही थीं।

वह बहुत खुश था। उसका चलना दौड़ने की तरह था। वह उस घर को देखने जा रहा था, जहाँ माँ काम करती है। गोलू अपनी माँ के साथ, उस घर में जाता है, जहाँ उसकी माँ काम करती है और जब वह वापस लौटता है तो उसकी आँखों की चमक बढ़ जाती है। पैर हवा में तैरते हैं। वह जैसे सपने में चलता है और पहचान नहीं आता कि यही गोलू है। वह उन चीजों के बारे में बातें करता है जो उसने कभी देखी नहीं हैं। गोलू की बातें सुनकर उसे हमेशा इस बात का दुःख होता रहा है कि ऐसी बहुत-सी चीजें हैं, जिन्हें उसने अब तक देखा नहीं है। आज वह लौटकर आएगा तो गोलू चौंकेगा। वह उसे पहचान नहीं पाएगा, जब उसकी आँखें, उसके चेहरे के आधे से अधिक हिस्से को घेरे हुए होंगी।

वह मुन्नी के कारण माँ के साथ अब तक नहीं जा पाया था। मुन्नी के पैर उसकी कमर से लटके हुए हैं। वह हाथों पर चलती है और पैर उसके पीछे-पीछे जमीन पर निशान बनाते हुए आते हैं। घर का फर्श मिट्टी का है। उस पर मुन्नी के चलने के निशान आसानी से बन जाते हैं। उन निशानों को माँ गोबर से लीपकर मिटाती है। मुन्नी फर्श पर चक्कर लगाती है। गोबर से लिपा हरा फर्श, मुन्नी के घूमने के निशानों से अपने को बचा नहीं पाता है। वह लट्टू हो जाती है। जब वे दोनों

चोर-सिपाही खेलते हैं तो वह पैरों पर दौड़ता है और मुन्नी अपनी देह पर दौड़ती है—उसे पकड़ने के लिए। वह बस उसके भागते पैरों को देखती है। घर मैदान में बदल जाता है। मुन्नी की नन्ही हथेलियाँ उसके पैरों में ठीक एड़ी के ऊपर आकर जकड़ जाती है और वह हार जाता है। चोर, उस सिपाही के हाथों पकड़ा जाता है जिसके पैर नहीं है। मुन्नी थककर हाँफने लगती तो वह उसे उठाकर झूले में बिठा देता। झूला छत की कड़ी से मोटी रस्सी बाँधकर माँ ने बनाया है। झूले में मुन्नी की कमर से नीचे की देह, कपड़े के अन्दर रहती और उसे झूले में बैठी देख किसी को भी यह लग सकता है कि यह लड़की अभी झूले से कूदेगी और दौड़ते हुए बाहर भाग जाएगी। मुन्नी हमेशा बाहर देखती है। उसे खिड़की पर बैठना अच्छा लगता है। वह खिड़की पर पूरी आ जाती है, ऐसा लगता है जैसे खिड़की उसके बैठने के लिए बनी है। माँ खटिया को खिड़की से चिपकाकर बिछाती है कि मुन्नी अगर गिरे तो खटिया पर गिरे और उसे किसी तरह की चोट न आए। पीपल का पेड़ खिड़की की ओर धीरे-धीरे झुकता जा रहा है। और चिड़ियाएँ अब खिड़की पर उतरने लगी हैं।

माँ पीछे रह गई थी। वह उस औरत से बतिया रही थी जो अपने कन्धों तक तालाब में डूबी हुई थी। वह औरत तालाब में उगी हुई थी—कमल का फूल! तालाब में बहुत कम औरतें थीं। माँ उन औरतों को देखकर मुस्कुरा रही थी और वे माँ को देखकर। वे माँ को जानती थीं और माँ उन्हें जानती थी। माँ उनसे शायद रोज ही, इसी तरह मुस्कुराकर बतियाती होगी। सुबह-सुबह वे कम होती थीं। सूरज के चढ़ते ही वे बढ़ती जाती थीं। माँ काम से लौटकर इसी तालाब में नहाती है। मुन्नी किनारे पर बैठी रहती है—पत्थर पर। माँ पहले उसे नहलाती है। वह नहाते हुए कभी नहीं रोती। वह रोज यहाँ आना चाहती है। मुन्नी को नहलाकर, माँ तालाब में उतरती है।

तालाब में नहाती औरतें कभी ठीक से नहीं नहा पातीं। नहाना भी होता है, देह को छुपाना भी होता है। कपड़े पानी के साथ पारदर्शी हो जाते हैं। इस शहर के बहुत से लोग, इस सड़क से सिर्फ इसलिए गुजरते हैं कि नहाती औरतों को देख सकें। कभी-कभी हवा इन औरतों को धोखा देती है और कपड़े देह छोड़कर लहराने लगते हैं। ऐसे समय में तालाब में नहाती औरतें बेबस हो जाती हैं। वे कुछ नहीं कर पातीं। हवा को गालियाँ बकती हैं और सड़क से गुजरते आदमी को कोसती हैं। बरसों में कभी-कभार ही ऐसा कोई आदमी मिलता है जो उन्हें नहीं देखता और अपनी धुन में आगे निकल जाता है। आदमी की कोई उम्र नहीं होती। वह कभी बूढ़ा नहीं होता। एक जवान लड़के की नजर में और एक अस्सी साल के बूढ़े की नजर में तालाब के किनारे कोई फर्क नहीं होता। तालाब पर नहाती औरतें, अपने शरीर का बहुत कुछ छुपा नहीं पाती हैं, पर बहुत कुछ ऐसा होता है जो कपड़ों के उड़ जाने के बाद भी बचा रहता है और उसे कोई नहीं देख पाता—उनका मन।

वह पुलिस लाइन के गेट पर खड़ा था। माँ का सिर यहाँ से दिख रहा था। माँ इतनी दूर थी कि धुँधला गई थी। गेट में संतरी नहीं था। वह सुबह नहीं रहता था। सुबह पुलिस लाइन में कोई डर नहीं था। वह संतरी की जगह खड़ा हो गया। अगर उसके पास पुलिस के कपड़े होते तो मजा आ जाता। वह माँ को डरा सकता था। वह उसे रोक देता ''ए औरत, पुलिस लाइन के बीच से नहीं, यह आम रास्ता नहीं है...''

पुलिस लाइन में बहुत से पेड़ थे–हरे-भरे। वे पुलिस के डर से सूखे नहीं थे। उन पेड़ों पर चिड़ियाएँ उतरती थीं। चिड़ियाएँ पुलिस से डरती नहीं थीं। उनका चहचहाना पुलिस के बूट की आवाज के नीचे दबा नहीं था। वह न पेड़ था, न ही चिड़िया। पुलिस लाइन में घुसते ही उसे डर लगा। वहाँ इतना सन्नाटा था कि उसके नंगे पैर इस तरह आवाज करने लगे कि जैसे उसने लोहे की नाल लगा बूट पहन रखा हो।

वह एक बड़ा मकान था–सफेद जो सुबह के नीले रंग में डूबा हुआ, किसी लंगर डाले जहाज की तरह लग रहा था। मकान ऊँची चहारदीवारी और अशोक के ऊँचे-ऊँचे पेड़ों से घिरा हुआ था। वे जैसे-जैसे मकान के करीब पहुँच रहे थे, चहारदीवारी और अशोक के पेड़ और ऊँचे होते जा रहे थे, जैसे करीब पहुँचते ही वे आसमान छू देंगे। उसे डर लगा। उसने सोचा कि वह मुन्नी के पास ही रह जाता तो अच्छा होता।

वे लोहे के विशाल दरवाजे के पास खड़े थे। उसके घर के तीन दरवाजों की ऊँचाइयाँ जोड़ो तो इस दरवाजे की ऊँचाई बनती है। माँ इसे कैसे खोलेगी, लड़के ने सोचा। माँ कोशिश कर रही थी और दरवाजा हिल भी नहीं रहा था। माँ के हाथों लोहा बज रहा था। दरवाजे के ऊपर, हरी पत्तियों के बीच गुच्छों में सुर्ख फूल थे। उसने अपने पैरों की ओर देखा, फूल वहाँ भी थे। उसने एक फूल उठाया और उसे अपनी नाक तक ले गया–फूल में कोई गन्ध नहीं थी।

''यह अन्दर से बन्द है...'' माँ ने उसकी ओर देखते हुए कहा, ''बूढ़ा, खोलना भूल गया लगता है।''

माँ ने लड़के के हाथों में फूल देखा तो डर गई। उसने उसके हाथ से फूल खींचकर जमीन पर फेंक दिया।

''यहाँ की किसी चीज को छूना नहीं।'' माँ ने डाँटा।

''पर यह तो जमीन पर पड़ा था...यहाँ...'' लड़के ने अँगुलियों से वह जगह बताई, जहाँ से उसने फूल उठाया था। अँगुलियों के नीचे सड़क थी।

''तो भी...'' माँ ने झुँझलाकर कहा।

अगर हमारे हाथ में कोई फूल है तो हम यह कैसे साबित कर सकते हैं कि हमने उसे तोड़ा नहीं है, जब टहनियों से झड़ा हुआ फूल, टहनियों से तोड़े गए फूल की तरह लग रहा हो।

माँ ने घंटी का बटन दबाया, बटन नाम के नीचे था। नाम इतना चमकीला था कि बटन दीख नहीं रहा था, आँखें नाम में ही अटककर रह जाती थीं।

''यह क्या है?'' लड़के ने पूछा, इसके बावजूद कि वह जानता था, यह क्या है।

''घंटी है।''

''पर इसकी आवाज कहाँ है?''

''वह भीतर बज रही है...'' माँ ने कहा, ''बूढ़ा पता नहीं आज कैसे भूल गया। वह भूलता तो नहीं है...मुझे गेट हमेशा खुला मिलता है।''

''यह नाम किसका है?'' लड़के ने सुनहरे अक्षरों में टँके नाम की ओर इशारा करते हुए कहा।

''इस घर के मालिक का...पर अब वह है नहीं...मर चुका है।''

लोहे की ऊँचाई के पीछे किसी के आने की आहट हुई। बोलती हुई माँ चुप हो गई। गेट जोर से आवाज करते खुला और एक बूढ़े का मुस्कुराता चेहरा झाँकने लगा।

''ओह, आज तो मैं भूल गया...पता नहीं कैसे...''

''यह मेरा लड़का है...'' माँ ने उसका हाथ पकड़कर, उसे अपने पीछे से आगे करते हुए कहा।

बूढ़ा लड़के की ओर देखकर मुस्कुराया, ''पढ़ता है?''

बूढ़े की मुस्कान में, सन्दूक से निकली किसी पुरानी चीज की गन्ध थी, जैसे हम उसे पहले से जानते हों और पाकर खुश हों।

''नहीं,'' लड़के ने अपने भीतर जवाब दिया, जिसे बूढ़ा नहीं सुन सकता था।

''उमर नहीं है!'' माँ ने कहा, वह मुस्कुरा रही थी।

''पढ़ना! जरूर पढ़ना!!'' बूढ़े ने लड़के से कहा।

बूढ़े की कमर झुकी हुई-सी थी। कन्धे पर पड़े कम्बल के नीचे उसकी धुली हुई पीली-सी धोती चमक रही थी। लड़के ने लट्ठे की कमीज पहन रखी थी। बूढ़ा, लड़के का डर नहीं था। बूढ़ा गेट के ऊपर लहराते सुर्ख फूलों का डर नहीं था। लड़का मुस्कुराया। फूल मुस्कराए। लड़के के हाथ में अब कोई फूल नहीं था। उसकी अँगुलियों में यहाँ की किसी भी चीज को छूने के लिए डर था। बेचैन अँगुलियाँ थीं।

अन्दर जाते हुए, बूढ़ा सबसे आगे था। उसके पीछे माँ और सबसे पीछे लड़का था। बूढ़ा ऐसे चल रहा था जैसे राह दिखा रहा हो। पोर्च के नीचे एक पुरानी कार खड़ी थी—धूल से अँटी। उसे देखकर लगा कि वह बरसों से ऐसे ही खड़ी है। पिचके टायर, पर ऐसी कार लड़के ने पहले कभी नहीं देखी थी। वह उसे छूना चाहता था, पर कार फूल से बहुत बड़ी थी। माँ घर के भीतर पहुँच चुकी थी। लड़का कार के

पास ठिठका खड़ा था। माँ उसे इशारे से बुला रही थी। वह आगे बढ़ा–पैरों के नीचे तीन खूबसूरत सफेद सीढ़ियाँ थीं। माँ उसे घूर रही थी। बूढ़ा गायब हो गया था।

बूढ़े को न पाकर लड़के ने पूछा, "वह कहाँ गया?"

"कौन बूढ़ा?...छत पर होगा...पेड़-पौधे वहाँ भी हैं..." माँ ने कहा।

"पेड़-पौधे?" लड़के की समझ में कुछ नहीं आया।

"वह माली है।"

"वो सारे फूल उसके हैं?"

"नहीं...उनके हैं..." माँ ने आँखों से उस ओर इशारा किया, सारे फूल जिनके थे।

लड़के को वे दिखाई दीं। वे आरामकुर्सी पर लेटी हुई थीं। उन तक पहुँचने के लिए उन्हें लम्बा गलियारा पार करना था। गलियारे के पार, वह जगह रोशनी में नहाई हुई थी, जहाँ वह लेटी थीं। माँ और लड़का नीले अँधेरे में थे। यहाँ से उनका चेहरा नहीं दीख रहा था, उनके पैरों के सफेद मोजे चमक रहे थे। वे गलियारे को पार कर उन तक पहुँचे। लड़का माँ के पीछे था। वह लड़के को उत्सुकता से देख रही थीं। उनका चेहरा बूढ़ा था, पर बाल काले थे। उनका सिर अब भी आरामकुर्सी पर टिका हुआ था। और सिर के बाल खिड़की से आ रही ठंडी हवा में काँप रहे थे। वे अपनी गर्दन से लेकर पंजों तक गरम कपड़ों में ढकी हुई थीं।

माँ उनके करीब गई और आरामकुर्सी के पास घुटनों के बल बैठ गई। माँ का चेहरा उनके कान के पास था और आवाज तेज थी, "यह मेरा लड़का है..." माँ की आवाज तेज और कोमल एक साथ थी। माँ की आवाज का जादू था जो उसने पहले कभी नहीं देखा था।

"इसे क्यों ले आई?" वे बुदबुदाईं।

माँ चुप रही। चेहरा उदास रहा। चुप्पी थोड़ी देर पसरी रही।

"ठीक है, कोई बात नहीं...परेशान तो नहीं करेगा?" उनका सिर अब भी आरामकुर्सी में टिका हुआ था और उनका बिना सिर उठाए बोलना अजीब लग रहा था।

"नहीं!" माँ का चेहरा खुश था कि उन्होंने लड़के का आना स्वीकार कर लिया है।

"देखना, कुछ तोड़े न..." उन्होंने सिर उठाकर कहा और उनका सिर काँपने लगा, जैसे हलके से खींचकर छोड़ देने पर बाँस की खपच्ची काँपती है। कँपकँपाहट तभी रुकी, जब उन्होंने अपना सिर आरामकुर्सी के सिरहाने टिका लिया। उन्होंने अपनी आँखें बन्द कर लीं। उन्हें अब लड़के और उसकी माँ से कोई मतलब नहीं था।

''चल!'' माँ ने फुसफुसाते हुए कहा। माँ जोर से कहती तो भी वे नहीं जागतीं। आरामकुर्सी से हलकी आवाज के खर्राटे गिरने लगे थे।

''तू यहाँ बैठ!'' माँ ने रसोई के दरवाजे पर पहुँचकर उससे कहा।

''क्या वह सो गई है?'' लड़के ने बहुत धीमी आवाज में लगभग फुसफुसाते हुए माँ से पूछा। वे उनके थोड़ी ही दूर थीं। उनकी आरामकुर्सी ऐसी जगह पर थी, जहाँ घर के सभी दरवाजे खुलते थे और घर की सारी हलचल देखी-सुनी जा सकती थी।

''हाँ वह रात-भर नहीं सो पाती हैं...'' माँ ने कहा।

''क्यों?''

''जब से उनका लड़का मरा है, रात को उन्हें नींद नहीं आती है। नींद में मोटरगाड़ी दौड़ती है। उनका लड़का उसी मोटर को चलाते हुए मरा है जो सामने खड़ी है। वह उसे किसी को चलाने नहीं देतीं। अपनी बहू को भी नहीं। बहू इस बात से चिढ़ती भी है। वह उसे बेचने भी तो नहीं देतीं। बुढ़िया सनकी हैं। दिन भर टुकड़ों-टुकड़ों में सोती हैं...सारी दुनिया से चिढ़ी रहती हैं।'' माँ जैसे बहुत दिनों से यह सब किसी से कहना चाहती थी और आज कह पाई थी।

लड़के ने आरामकुर्सी की ओर देखा, उसे लगा, वह गहरी नींद में है। माँ रसोई के अन्दर चली गई। लड़का रसोई के दरवाजे पर उकड़ूँ बैठ गया। घड़ी के घंटे बजे तो उसने उन्हें गिना–वे सात थे। घड़ी लड़के के ठीक सामने थी–आरामकुर्सी के दाहिनी ओर की दीवार पर। वह बहुत बड़ी और पुरानी घड़ी थी। लड़का घड़ी को देखता रहा–डोलते हुए गोल पेंडुलम को। उसने यह नहीं देखा कि घंटे की आवाज से जागकर, उन्होंने अपनी आँखें खोली थीं और उसकी तरफ देखा था। वे थोड़ी देर इन्तजार करती रहीं कि शायद लड़का उनका देखना देख लेगा, पर लड़के को घड़ी के भीतर पाकर वे आरामकुर्सी की अपनी दुनिया में लौट गई थीं। उनकी दुनिया में नींद थी और थके हुए वे स्वप्न थे जो इतना लम्बा जीवन गुजार देने के बाद हर बूढ़े के पास होते हैं और जिन्हें ताश की तरह फेंटते रहना उन्हें अच्छा लगता है।

घड़ी के नीचे खूबसूरत वॉशबेसिन था–आसमानी नीला। लड़के की इच्छा हुई कि वह बेसिन में अपना सिर डाले और नल चालू कर दे। पर ठंड बहुत थी। लड़के को यह मालूम नहीं था कि बेसिन में एक गरम पानी का नल भी है।

रसोई में बर्तनों की आवाज बढ़ गई थी। लड़के ने झाँककर देखा, माँ बर्तनों पर झुकी हुई थी और वे एक-एक करके चमकते जा रहे थे। रसोई बर्तनों और मर्तबानों से सजी हुई थी। ओफ! खाने की इतनी सारी चीजें? उनमें बहुत कुछ ऐसा था जो उसने कभी भी नहीं देखा था। माँ ने लड़के की ओर देखा तो लड़के ने एक मर्तबान की ओर अँगुली से इशारा किया और अपनी हथेली फैला दी। उसकी हथेली रसोई का दरवाजा लाँघ गई। माँ ने आँखों में लड़के को घुड़का–लालची। लड़का मुस्कुराया।

लड़का ऊबने लगा था। वह एक जगह पर बहुत देर तक नहीं बैठ सकता था। वैसे भी घड़ी, आरामकुर्सी, वॉशबेसिन और बन्द दरवाजों के बीच कोई बहुत देर नहीं बैठ सकता है। यहाँ मजबूरी थी। वह माँ को धोखा नहीं देना चाहता था। यहाँ आने से तो यही अच्छा था कि रोज की तरह वह घर के पीछे तितलियाँ पकड़ता। उसने कमीज की जेब को छुआ, वहाँ अब भी कल पकड़ी गई एक तितली थी जिसके पीले पंखों में बैंगनी निशान थे। जब उसने उसे पकड़कर जेब में डाला था तो देर तक उसकी जेब हिलती रही थी। लड़के के पास बहुत-सी तितलियाँ थीं जो एक पुरानी कापी के पन्नों के बीच रहती थीं। पन्ने तितलियों के घर थे। शुरू-शुरू में लड़के को यह डर था कि वे पन्नों को छोड़कर उड़ जाएँगी। कापी के पन्ने तो पन्ने थे, किसी फूल की पंखुड़ियाँ नहीं थे कि उनके ठहरे रहने का कारण समझ में आए। पर वे ठहरी रहीं, जैसे वे रंगीन पंखुड़ियों के बीच ठहरी हुई हों। लड़का यह सोचना नहीं चाहता था कि पन्नों के बीच मरी हुई तितलियाँ हैं। तितलियाँ भी मरती हैं, यह बात वह अपनी सोच से बाहर रखना चाहता था। कभी-कभी तो वह सोचता कि तितलियाँ कापी के भीतर यात्राएँ करती हैं और एक-दूसरे के घर आती-जाती हैं। और अक्सर लड़के के बारे में बात करती हैं कि कितना अच्छा लड़का है और हम इसके पास कितनी सुखी हैं। तितलियों को घर और अच्छा लगे–इसके लिए पन्नों में फूल बनाने होंगे। रंग ढूँढ़ना होगा। चित्र बनाना सीखना पड़ेगा।

पृथ्वी पर जितने रंग हैं, तितलियाँ अपने पंखों में रखकर उड़ती हैं। हमें पृथ्वी के सारे रंग तितलियों के पास मिल सकते हैं।

'खट्' की आवाज हुई और बीच का दरवाजा खुला। आरामकुर्सी जाग गई। लड़का तितलियों की दुनिया से बाहर आ गया। दरवाजे पर 'वह' खड़ा था–उससे कद और उम्र में बड़ा एक लड़का। खूब गोरा और सुन्दर। वह दरवाजे पर ठिठका उसे देखता रहा। वह नाइटसूट पहने हुए था। लड़के को उसके कपड़े उन आदमियों की तरह लगे, जिन्हें वह सुबह अपने घर की खिड़की से देखता था जो दौड़ते हुए गुजरते और इस तरह हाँफ रहे होते कि कभी भी सड़क पर गिर सकते थे।

वह धीरे-धीरे चलते हुए आरामकुर्सी तक आया और उस पर झुक गया।

"बेटा जाग गया" आरामकुर्सी ने कहा।

"यह कौन है?" उसका इशारा लड़के की तरफ था। लड़का अब भी उकड़ूँ बैठा था और अपनी जगह से लगातार उन्हें देख रहा था–उसे और उसकी दादी को।

"बाई का लड़का है..." आरामकुर्सी ने कहा।

"हूँ!" उसने बड़े आदमी की तरह आवाज निकाली। आरामकुर्सी हँसने लगी।

लड़का सोच रहा था कि इस लड़के को पीट सकता है या नहीं। लड़का अपनी जगह पर खड़ा हो गया।

माँ रसोई से बाहर आ गई। उसके हाथ गीले और गन्दे थे। चेहरा पसीने से लथपथ था।

''अरे, बाबा उठ गया!'' माँ ने बड़े प्यार से उस लड़के से कहा। वह इतने लाड़ से बहुत कम बोलती थी, ''चलो तैयार हो जाओ...आज स्कूल नहीं जाना है?''

बाबा ने माँ की बात का कोई जवाब नहीं दिया।

''बड़ी अम्मा, आज मैं न जाऊँ?'' बाबा ने आरामकुर्सी से कहा।

''क्यों?'' आरामकुर्सी की आवाज हलकी-सी कठोर थी और थोड़ी सी कोशिश से उसमें कील ठोंकी जा सकती थी।

''इसके साथ खेलूँगा!'' बाबा ने लड़के की ओर देखते हुए कहा।

''नहीं...'' आरामकुर्सी की आवाज इतनी कठोर थी कि कील नहीं ठुकती, अलबत्ता मुड़ जाती।

''यह नए-नए खेल जानता होगा।''

''कैसे मालूम?''

''मुझे मालूम है...ये जानते हैं...अजीब-अजीब खेल।''

''स्कूल जाओ...यह शाम को फिर आएगा तब खेल लेना।''

''ठेंगा...'' लड़के ने मन ही मन आरामकुर्सी से कहा।

बाबा उदास हो गया, वह आरामकुर्सी से नाराज था। ''पर मैं स्कूल कैसे जाऊँ?'' बाबा ठुनका, नए सिरे से।

''अब क्या हो गया?'' आरामकुर्सी बोली।

''टाई मैली है।''

''तुम्हारे पास क्या एक ही टाई है?''

''नहीं मिल रही।'' बाबा ने कहा।

''इसकी टाई ढूँढ़ दो और आज यह स्कूल जाएगा...बिगड़ता जा रहा है...'' आरामकुर्सी ने माँ से कहा।

''चलो ढूँढ़ो!'' बाबा ने माँ से उस आवाज में कहा, जिस आवाज में आरामकुर्सी बात कर रही थी।

बाबा की चाल लड़कियों की तरह हलकी-सी लहराती चाल थी। लड़के की इच्छा हुई कि वह आगे बढ़े और उसे अड़ंगी मार दे। बाबा गिरे तो वह तालियाँ बजाए। उसे अपनी माँ से चिढ़ हो रही थी कि देखो कैसी लुढ़क रही है इतने से बच्चे के पीछे।

बाबा अपने कमरे के दरवाजे पर पहुँचकर अचानक पलटा। माँ ठिठककर रुक गई। बाबा थोड़ी देर लड़के को देखते रहा, फिर उसने आरामकुर्सी की ओर देखा—वह सो रही थी। बाबा का दाहिना हाथ ऊपर उठा और उसे बुलाने लगा।

लड़के ने माँ की तरफ देखा। माँ का चेहरा बर्फ था–बिलकुल ठंडा। लड़का तय नहीं कर पा रहा था कि उसे बाबा के इशारे पर जाना चाहिए या नहीं। माँ की आँखें चुप थीं। वहाँ कोई मदद नहीं थी। बाबा ने अपना सिर ऊपर-नीचे किया कि "आजा!" लड़का थोड़ी दूर चला, फिर रुक गया कि कहीं कोई धोखा तो नहीं है। दरवाजे तक पहुँचने पर कहीं भगा न दे। पर जब वह वहाँ तक पहुँचा तो ऐसा कुछ नहीं हुआ, उसके पहुँचते ही वे कमरे के अन्दर हो गए।

कमरा बहुत सुन्दर था। वह भीतर जाकर दरवाजे के किनारे खड़ा हो गया। माँ अलमारी के पास थी। बाबा माँ के पीछे खड़ा था–टाई के इन्तजार में, यह चाहते हुए कि टाई न मिले और वह स्कूल जाने से बच जाए। उसने कमरे में नजर दौड़ाई। छोटे, पर खूबसूरत पलंग के पास पढ़ने की मेज थी, जिसमें रखा लैंप अब भी जल रहा था और कमरे के उजलेपन में उसकी रोशनी पीला धब्बा होकर ठहरी हुई थी। खुली हुई कापी के पन्ने कोरे थे। टेबल के ऊपर, दीवार में आदमी की तरह कपड़े पहने एक बदक मुस्कुरा रहा था। लड़के की इच्छा हुई कि वह पलंग पर चढ़ जाए और उसके स्पंजी गद्दे पर कूदे–मजा आ जाएगा। खिड़की बन्द थी, पर खिड़की के शीशों से सूरज भीतर आ रहा था। सूरज की रोशनी एक ऐसी चीज थी जो उसके घर में भी थी।

अलमारी से एक-एक कर कपड़े बाहर आते जा रहे थे। माँ अलमारी के पास बैठी हुई थी। वह अलमारी के सबसे निचले खाने में खोजबीन कर रही थी। थोड़े और कपड़े बाहर निकाल ले तो वह कपड़ों के ढेर के पीछे छिप जाएगी। लड़के के पास सिर्फ दो कमीजें थीं और बाबू के पुराने पेंट से बनी दो हाफ पेंट, बस। लड़का वैसे ही खड़ा रहा–दरवाजे के किनारे। वह पूरी तरह कमरे के भीतर नहीं था और न ही पूरी तरह कमरे के बाहर। दरवाजे का पल्ला उसे छिपाकर रखे हुए था। अभी कोई कमरे में घुसे तो उसे बाबा और माँ दिखाई देंगे, वह नहीं दिखेगा–छुपा-छुपी का खेल।

बाबा, अब अपनी पढ़ने की टेबल के पास खड़ा था। उसने खुली हुई कापी के पन्ने पलटे और फिर बन्द कर दिए। उसने कनखी से लड़के की ओर देखा कि वह देख रहा है या नहीं, फिर टेबल की दराज खोली और उसके हाथ में कोई चीज आ गई। वह पलटा। उसके हाथ कमर के पीछे थे। वह उसकी ओर आने लगा। बाबा ठीक उसके सामने आकर खड़ा हो गया और उसे घूरने लगा। लड़का समझ नहीं पा रहा था कि बाबा क्या चाहता है? वह नजर नीची करता और एक क्षण बाद जब पलकें उठाकर बाबा की तरफ देखता तो वह उसे घूरता हुआ पाता। समय खिंचकर लम्बा हो गया। अचानक बाबा के–पीछे कमर पर बँधे–हाथ खुले और उसके देखा कि उसके सीने में पिस्तौल टिकी हुई है, "मार दूँ बोल?" उसने माँ की ओर देखा, वह अब भी टाई खोज रही थी। वह अब उसे नहीं बचा सकती थी। माँ जब तक

लपकेगी, बाबा गोली चला चुका होगा। लड़के का चेहरा धीरे-धीरे लाल होता जा रहा था। बाबा के चेहरे में हत्या करने की इच्छा थी। वह अब बच नहीं सकता है, उसने सोचा। उसने बाबा की आँखों में आँखें डाल दीं। उसके पास उसकी आँखें ही हथियार थीं। अगर वह पलक गिरा देगा तो मारा जाएगा—ऐसा उसे लगा। अचानक बाबा मुस्कुराया। पिस्तौल को अपने हाथ में उछालते हुए उसने कहा, ''यह नकली है...और तू डरपोक है।''

''बाबा मिल गई...'' माँ के हाथ में चार टाइयाँ थीं।

''हूँ...दिखाओ!'' बाबा ने टाइयाँ अपने हाथों में ले लीं। उसने एक टाई को अपनी आँखों के सामने लाकर देखा और 'ऊँह' यह कोई काम की नहीं, कहकर फर्श पर फेंक दिया। दूसरी को भी उसे 'ऊँह' करके फेंक दिया। तीसरी को वह कुछ देर देखता रहा और 'यह चल जाएगी' कहकर अपने बिस्तर पर फेंक दिया। चौथी टाई को वह अब तक अपने हाथों में रखे हुए था।

''टाई पहनेगा!'' अचानक बाबा ने लड़के से पूछा।

वह चुप रहा।

''इधर आ!'' बाबा ने कहा।

वह जब आगे बढ़ा तो बाबा ने मुस्कुराते हुए टाई उसके गले में डाल दी। वह एक लाल टाई थी, जिसमें एक नीली तितली बैठी हुई थी। तितली बहुत खूबसूरत थी। लड़के ने इतनी सुन्दर नीली तितली नहीं देखी थी।

''कमीज पेंट के भीतर कर!'' बाबा ने कहा।

लड़का शरमा रहा था।

''पेंट खोल!'' बाबा ने फिर कहा, ''मेरे पास असली पिस्तौल भी है, मेरी बात नहीं मानेगा तो गोली मार दूँगा।''

लड़के के हाथ, उसके न चाहने पर भी पेंट तक चले गए, उसने कमीज ऊपर उठाई। पेंट में बटन नहीं थे। पेंट मोटी सफेद रस्सी से लड़के की कमर पर ठहरी हुई थी। बाबा रस्सी देख हँसने लगा और हँसता चला गया। उसकी हँसी रुक नहीं पा रही थी। लड़के ने बदक की तरफ देखा—वह हँस रहा था। मेज हँस रही थी। पलंग हँस रहा था।

बस, माँ चुप थी। वह बाबा को देख रही थी। लड़के ने कमीज नीचे गिरा दी। रस्सी गायब हो गई। बाबा हँसते-हँसते रुक गया। लड़का टाई उतारने लगा।

''उतारना नहीं...नहीं तो वापस ले लूँगा...'' बाबा चीखा, ''कमीज भीतर कर!''

बाबा उसके एकदम करीब आ गया और कमीज उठाकर पेंट की रस्सी खोल दी। लड़के को पेंट सँभालनी पड़ी, नहीं तो वह नंगा हो जाता।

बाबा ने अँगुलियाँ अपनी नाक पर रखकर उन्हें सूँघा। उसकी अँगुलियों में नई किस्म की बेकार-सी गन्ध आ रही थी। वह हाथ धोने चला गया।

वह जब उस सफेद मकान से बाहर निकला तो एक क्षण ठिठका खड़ा रहा। उसने अपनी टाई सहलाई। सिर झुकाकर नीली तितली को देखा। कुछ भी हो यह बहुत अच्छी है—उसने टाई की ओर देखते हुए सोचा। उसने चलना शुरू किया और उसकी चाल बदली हुई थी। गले की टाई का पैरों पर असर था। उसने सूरज की ओर देखा—ठंड के दिनों का नर्म सूरज था। हवा चल रही थी और उसे छूकर गुजर रही थी। चिड़ियों ने उसे देखकर गाना बन्द नहीं किया और पेड़ों ने झूमना। उसे कुछ अजीब नहीं लगा! सब कुछ ठीक ही था। वह गले में लहराती टाई में मगन रहा। वह माँ को भूल गया जो उससे आगे थी और आगे होती जा रही थी। वह अपनी चाल नहीं बिगाड़ना चाहता था, जिसमें हलकी-सी अकड़ और धमक आकर ठहरी हुई थी।

उसे जो बात पता नहीं थी, वह यह थी कि उसकी हाफ पेंट के उधड़ चुके पायँचे और ज्यादा उधड़े लग रहे थे। पेंट के पीछे लगे दो थिगड़े, आकार में और ज्यादा बड़े हो गए थे और पेंट को सँभालने के लिए बाँधी गई सफेद रस्सी, टाई के ठीक नीचे, टाई की तरह लहराने लगी थी। कमीज पहले से ज्यादा मुड़ी-तुड़ी लग रही थी। उसकी पूरी देह में सिर्फ टाई चमक रही है—यह उसे मालूम नहीं था। उसने अपने बालों में हाथ फेरा तो अँगुलियाँ उलझ गईं—काश! जेब में कंघी होती।

बच्चे साइकिल और रिक्शों पर उसी की तरह की टाई पहने स्कूल जा रहे थे। और मुड़-मुड़कर उसे देख और हँस रहे थे।

''आजा रिक्शे में बैठ जा आकर, नहीं तो क्लास के लिए लेट हो जाएगा...'' रिक्शे से हँसी का बहुत बड़ा फव्वारा उठा और वह भीग गया।

वह कुछ दूर ही जा पाया था कि एक लड़के ने अपनी साइकिल मोड़कर उसके सामने टिका दी। वह साइकिल के पहिये से टकराते-टकराते बचा।

''कौन से स्कूल में पढ़ता है?'' साइकिलवाले लड़के ने पूछा।

वह चुप रहा।

''मेरे स्कूल में...'' लड़के ने अपनी टाई को पकड़कर हिलाते हुए कहा, ''इस स्कूल में...''

वह चुप रहा।

''चल मेरे साथ बैठ...साइकिल पर चलते हैं...'' साइकिलवाले लड़के ने उसका हाथ पकड़कर अपनी ओर खींचा। उसने अपना हाथ छुडाया और दौड़ने लगा। वह लड़का उससे उम्र में बहुत बड़ा था और वह उससे जीत नहीं सकता था। साइकिलवाले लड़के की हँसी उसके पीछे दौड़ रही थी।

उसने सोचा, उसे पीछे मुड़कर देखना चाहिए कि साइकिलवाला लड़का उसके कितने करीब आ चुका है। वह यह सोच ही रहा था कि पीछे से उसके सिर पर एक जोरदार चपत पड़ी। वह लड़खड़ा गया और गिरते-गिरते बचा। उसकी बगल से एक साइकिल पूरी रफ्तार से गुजर गई। माँ अब भी उससे दूर थी। आँखों में आँसू थे।

बचना है तो माँ के करीब रहो। हो सकता है, वे माँ से डर जाएँ! वह फिर दौड़ा और माँ के करीब पहुँचकर हाँफने लगा।

"इतना पीछे कैसे रह गया था?" माँ ने पूछा।

वह चुप रहा। उसने सिर घुमाकर चारों तरफ देखा—हमला किसी भी तरफ से हो सकता था। उसने टाई को उतारने के लिए गले के पीछे लगी क्लिप को टटोला, पर वह उससे खुली नहीं।

स्कूल पास आता जा रहा था—वह इसी रास्ते पर था। वहाँ लड़के-लड़कियों की भीड़ थी। खम्भे पर टँगा, एक लगभग नंगा आदमी, स्कूल की चहारदीवारी के ऊपर से सबको देख रहा था। उस आदमी के हाथों और पैरों में कीलें ठुकी थीं। वह बुरी तरह लहूलुहान था और मर रहा था। स्कूल के करीब आते ही सड़क सँकरी हो गई थी। रास्ता खोजते हुए माँ कभी सड़क के इस तरफ, तो कभी उस तरफ हो रही थी। माँ के इधर-उधर होने में, वह फिर पीछे छूट गया और उस जैसी टाई पहने लड़कों ने उसे पकड़ लिया। लड़कियाँ घेरा बनाकर खड़ी हो गईं। वे तमाशे के लिए तैयार थीं। वे बहुत खुश थीं और तालियाँ बजा रही थीं। लड़कों ने मिलकर उसके कपड़े उतार डाले। वह पूरी तरह नंगा हो गया, पर टाई अब भी गले में लटकी हुई थी। वह तालाब में नंगा नहाता था, पर यहाँ नंगा होना वैसा नहीं था, जैसा तालाब के किनारे नंगा होना था। उसने अपनी हथेलियाँ, जाँघों के जोड़ पर रख लीं। उसका पूरा शरीर दुहरा हो गया। वह अपने आधे शरीर से, अपने ही आधे शरीर को ढकने की की कोशिश करने लगा। लड़के उसे उठाकर स्कूल के भीतर ले गए। लड़कियाँ पीछे-पीछे थीं। वह चीखा, पर स्कूल का शोर इतना था कि वहाँ उसके चीखने की आवाज नहीं हुई। लड़के खम्भे पर चढ़ गए और उस लहूलुहान आदमी के हाथों और पैरों पर गड़ी कीलें उखाड़ने लगे। थोड़ी कोशिश में वह आदमी नीचे गिर गया। लड़कों की आपा-धापी में उस आदमी का दर्द खुल गया और वह बेतरह तड़पने लगा। लड़कों ने उसे खम्भे पर चढ़ाया और ठीक उस लहूलुहान आदमी की तरह उसके हाथ-पैर खम्भे से बाँध दिए। अचानक लड़कों के बीच यह हल्ला मचा कि कीलें गायब हैं। लड़के और लड़कियाँ मिलकर कीलें खोजने लगे। खम्भे के नीचे पड़ा लहूलुहान आदमी उसे देख रहा था। उस आदमी के चेहरे पर धूल बैठती जा रही थी। वह जहाँ पड़ा था उसके आसपास ही लड़के-लड़कियाँ कीलों की खोज कर रहे थे और उनके पैरों से उठती धूल उस लहूलुहान आदमी के चेहरे पर जमा

होती जा रही थी। उसने अपनी आँखें बन्द कर लीं, और ईश्वर से यह प्रार्थना करने लगा कि ये कितना भी ढूँढ़े, इन्हें कीलें न मिलें।

घर के दरवाजे के सामने पहुँचकर, माँ फिर पंजों पर खड़ी हो गई। मुन्नी खिड़की पर नहीं थी। उसने खिड़की पर चढ़कर भीतर झाँका। वह खाट पर सो रही थी। "मुन्नी!" उसने पुकारा। मुन्नी वैसी ही पड़ी रही। "मुन्नी!" इस बार वह और जोर से बोला। मुन्नी ने सिर घुमाकर खिड़की की तरफ देखा। उसके चेहरे पर नींद और आँसुओं के निशान थे। वह नाराज लग रही थी। वह उठी नहीं, वैसे ही पड़ी रही। "अच्छा! नखरा?" वह मुस्कुराया।

माँ दरवाजा खोल चुकी थी। वह खिड़की से नीचे कूद पड़ा। मुन्नी उठकर बैठ गई थी और उत्सुकता से उसके भीतर आने का इन्तजार कर रही थी।

"क्या मिला?" मुन्नी की चमकती आँखों ने पूछा।

"यह!" उसने जेब से टाई निकालते हुए कहा। स्कूल की हद पार करने पर उसने माँ से टाई उतरवाकर, अपनी जेब में रख ली थी। अगर वह टाई पहने रहता तो घर कभी नहीं पहुँच पाता।

"इसे मैं लूँगी..." मुन्नी ने खुश होकर कहा।

"अच्छा ठीक है,...पर इसे मैं रखूँगा!" उसने टाई पर बनी नीली तितली को दिखाते हुए मुन्नी से कहा! वह मुन्नी को धोखा दे रहा था। वह टाई पहनकर बाहर निकलेगी तो सब चिढ़ाएँगे–यह बात मुन्नी नहीं जानती थी। मुन्नी बाहर निकलेगी तो ज्यादा से ज्यादा तालाब तक जाएगी। घर से तालाब के बीच उसे चिढ़ानेवाले शायद ही कोई मिलें। मोहल्ले के बच्चे चिढ़ाएँगे भी तो वह अलग बात होगी। वे ऐसी खींचातानी नहीं करेंगे कि तुम मरते-मरते बचो, उसने सोचा।

"तितली को कैसे लेगा यह तो इसके साथ है..." मुन्नी बहुत खुश थी। इतनी आसानी से भाई टाई देने को तैयार हो जाएगा, उसने सोचा नहीं था।

"काट लूँगा!"

"नहीं, ऐसे में तो यह खराब हो जाएगी!" मुन्नी टाई को उसी तरह सहला रही थी, जैसे उस सफेद मकान से निकलने के बाद, उसने सहलाया था। वह जानता था कि टाई छूने पर गिलहरी की पीठ है।

"तो फिर मैं नहीं दूँगा...मैंने आधा देने को कहा था...तितली तो आधे से बहुत कम है।"

मुन्नी कुछ देर सोचती रही, फिर उसने कहा, "अच्छा ले लेना।"

माँ चूल्हा सुलगा रही थी। घर में धुआँ भर रहा था। चूल्हे और माँ के बीच वे दोनों कभी नहीं रहते थे–धुआँ रहता था। उसने मुन्नी से कहा कि चल बाहर बैठेंगे। वह खाट की तरफ पीठ करके बैठ गया। मुन्नी ने अपने हाथ उसके गले में डाल

दिए। वह उठा तो मुन्नी अपने आप किसी जादू की तरह, उसकी पीठ पर पूरी की पूरी आ गई। टाई मुन्नी के हाथ में थी और अब उसके चेहरे के सामने नाच रही थी, जैसे उसे चिढ़ा रही हो। बाहर पीपल के नीचे छाया थी। घर की छत से धुआँ इस तरह निकल रहा था कि जिसने चूल्हा न देखा हो उसे यह लग सकता था कि घर में आग लग गई है।

मुन्नी को पीपल के नीचे बिठाकर, वह धुएँ के भीतर गया और थोड़ी देर बाद लौटा तो उसके हाथ में एक छोटी कैंची थी। मुन्नी से टाई लेकर वह तितली को टाई से अलग करने लगा। मुन्नी साँस रोके उसे देख रही थी। वह डर रही थी कि टाई न मर जाए। वह डर रहा था कि तितली न मर जाए।

उसने टाई से तितली को इतनी सफाई से बाहर किया था कि तितली के हटने से बने छेद को टाई की निचली परत ने ढक लिया। उसने सिर्फ टाई की ऊपरी परत को काटा था जिसमें तितली थी। टाई अब भी खराब नहीं हुई थी। बस, उसमें तितली की जगह तितली का आकार था।

''तुझे पहना दूँ, मुझे आता है...''

''नहीं, नहाकर पहनूँगी...'' मुन्नी बहुत खुश थी कि बड़ी चीज उसके पास है और उससे बहुत छोटी चीज भाई के पास।

वह तितली को लेकर भीतर गया तो घर में धुआँ नहीं था। चूल्हे में आग थी। पतीले में उबलता चावल था। घर बुहारती माँ थी। उसने आले में रखी अपनी वह कापी निकाली जिसमें तितलियों के घर थे। उसने टाई की नीली तितली को दो खाली पन्नों के बीच घर दे दिया।

रचना-वर्ष—1992 : हंस—फरवरी '94

नास्तिक और उसकी पत्नी

वह स्त्री, पृथ्वी से सत्तर फुट की ऊँचाई पर रहती है—इमारत की सातवीं मंजिल पर। सातवीं मंजिल के ऊपर कोई मंजिल नहीं है। छत है और आसमान है...और आसमान ईश्वर का घर है। उस स्त्री के घर से ईश्वर का घर करीब है। ईश्वर अगर चाहे तो खिड़की से उस स्त्री के घर में उतर सकता है। जैसे कभी-कभी पतंग उतर आती है और जैसे चिड़िया उतर आती है। पतंग, खिड़की से भीतर आती है तो स्त्री उसे मोड़-तोड़कर वापस पृथ्वी की ओर फेंक देती है और चिड़िया को देखते ही वह उसकी गरदन पकड़ने लपकती है। स्त्री के घर की खिड़की पतंग या चिड़िया के लिए नहीं खुली है। वह ईश्वर के लिए खुली है और ईश्वर अब तक नहीं आया है।

वह स्त्री खिड़की के पास मँडराती रहती है। कभी कहीं नहीं जाती। बस, खिड़की से दूर हटती है—घर के कमरों तक। और फिर खिड़की के पास लौट आती है। सत्रह बरस हो गए हैं—वह सातवीं मंजिल से नीचे नहीं उतरी है। उसने अपने घर का दरवाजा बाहर जाने के लिए या पड़ोसियों से बतियाने के लिए नहीं खोला है। सातवीं मंजिल के पड़ोसी उसे भूल चुके हैं और वह पड़ोसियों को भूल चुकी है। वह स्त्री सोचती है कि सातवीं मंजिल में सिर्फ वह रहती है और वह नास्तिक बूढ़ा आदमी जो उसका पति है और जो बरसों से उसके साथ रहता आया है। सत्रह बरसों से वह हर पल ईश्वर का इन्तजार कर रही है और थकी नहीं है। ईश्वर कभी भी आ सकता है। किसी भी दिन! किसी भी समय! वह स्त्री नीचे शायद इसलिए नहीं उतरती है कि अगर वह खिड़की के पास न भी रहे तो ईश्वर घर के दूसरे कमरों में उसे खोज लेगा। पर अगर वह घर छोड़कर नीचे उतर आएगी तो ईश्वर उसे शहर में खोजने नहीं निकलेगा। ईश्वर एक बार लौट गया तो दुबारा कभी नहीं आएगा।

ईश्वर, उस स्त्री के बारे में कितना जानता है—कहा नहीं जा सकता! ईश्वर बहुत व्यस्त रहता है। दुनिया का बहुत बड़ा हिस्सा, उसका इन्तजार करता है और उसे पुकारता है। ईश्वर के पास दुनिया से इतनी आवाजें आती हैं कि सब आपस में

मिलकर गड्डमड्ड हो जाती हैं और ईश्वर को कुछ समझ में नहीं आता है। ईश्वर के दोनों कान खराब हो चुके हैं।

मैं वह आदमी हूँ, जिसने उस स्त्री के साथ अपने जीवन के इक्कीस बरस गुजार दिए हैं–यह सोचकर कभी-कभी मुझे बहुत आश्चर्य होता है। सत्रह बरस से मैं कछुए की पीठ पर बैठा यात्रा कर रहा हूँ और अब यह मानने लगा हूँ कि इस यात्रा का कोई अन्त नहीं है। यह यात्रा ठीक उस दिन शुरू हुई थी जब उस स्त्री और मेरे बीच ईश्वर आ गया था। वह पहले भी रहा होगा–हमारे बीच, पर कभी उसका होना पता नहीं चला। वह ठीक उस तरह रहा होगा, जैसे चीजों के बीच हवा रहती है। हवा से भला क्या परेशानी हो सकती है? यदि वह अंधड़ में न बदल जाए! पर उस दिन घर के भीतर की हवा अंधड़ में बदल गई। घर बहुत जोरों से काँपने लगा। चीजें उड़ने लगीं। मुझे डर हुआ कि घर के परखचे न उड़ जाएँ। उसी अंधड़ में वह बड़ी खिड़की खुली और कभी बन्द नहीं हुई और यह कछुआ पैदा हुआ, जिस पर मैं बैठा हूँ। कछुए की उम्र, मनुष्य की उम्र से अधिक होती है–यह जानते हुए भी मैं कछुए की मृत्यु का इन्तजार कर रहा हूँ।

वह दिन, मेरे और स्त्री के लिए बुरा दिन था। हम पूरी रात जागते रहे थे–अपने तीन साल के बच्चे के सिरहाने बैठे हुए। बच्चे की देह पीड़ा में बदल चुकी थी। वह रो रही थी लगातार। बच्चे का तड़पना, उससे बर्दाश्त नहीं हो रहा था। हम अपनी पीड़ा सह सकते हैं, पर अपने बच्चे की पीड़ा को सहन करना मुश्किल होता है। मुझे कोफ्त हो रही थी कि यह मेरे मनुष्य होने की लाचारगी है। मैं ईश्वर को नहीं मानता हूँ और उस समय भी मैंने ईश्वर से अपने बच्चे के लिए प्रार्थना नहीं की। वह बीच-बीच में ईश्वर को पुकारती रही, पर उसे नहीं आना था और वह नहीं आया। वह गहरी पीड़ा का दिन था। एक क्षण तो मुझे लगा कि अगर मैं अपने बच्चे के लिए कुछ नहीं कर पा रहा हूँ तो मुझे खिड़की से हवा में छलाँग लगा देना चाहिए। पर मैं यह नहीं कर सका, क्योंकि मुझे इस बात का भरोसा नहीं था कि मेरे हवा में छलाँग लगा देने से मेरे बच्चे को मेरी उम्र मिल जाएगी। सुबह तक बच्चा शान्त हो गया। उसे देखकर ऐसा लग रहा था कि वह रोते-रोते थककर सो रहा है! वह उसे छोड़ने को तैयार नहीं थी। वह जिद कर रही थी कि वह आराम कर रहा है। मैंने उसे समझाया कि हम अपने बच्चे को अब घर में नहीं रख सकते हैं। वह मानी नहीं। कुछ सत्य ऐसे होते हैं जिन्हें आसानी से नहीं माना जा सकता क्योंकि उनके झूठ में बदल जाने की इच्छा भीतर गहरे तक होती है। उसने अपनी देह से उसे ढक लिया था। मैं बहुत मुश्किल से उसे बच्चे से अलग कर पाया था। वह हार गई थी और इसलिए मुझे उसकी चिन्ता थी। उन कुछ बरसों में मैं यह जान गया था

कि वह हार बर्दाश्त नहीं करती है, हार उसे बौखला देती है और वह ऊल-जलूल हरकतें करने लगती है।

अपने बच्चे की देह को खोकर जब मैं लौटा तो घर के भीतर जाते हुए मुझे भय हुआ। वह एक अपरिचित भय था जो उस जगह पर जाते हुए अक्सर हो जाता है, जहाँ हम पहले कभी न गए हों और जिस जगह के बारे में कुछ न जानते हों। यह अजीब बात थी कि मुझे अपने घर के भीतर घुसते हुए–ऐसा भय हो रहा था। मैं अपने ही दरवाजे पर ठिठका खड़ा था। मेरे साथ कुछ और लोग भी थे–मेरे पड़ोसी और परिचित। मैं नहीं चाह रहा था कि वे घर के भीतर जाएँ। वे मेरी हिचकिचाहट समझ गए थे। अच्छा अब हमें आज्ञा दें, अपने को सम्हालिए! उनमें से एक ने मेरे कन्धे पर अपना ठंडा हाथ रखते हुए कहा और सब लौट गए। उनके जाने के बाद मेरा भय और बढ़ गया। मैं अब भी वैसा ही खड़ा था–भीतर की किसी ऐसी आहट के इन्तजार में जो, मुझे उसका सामना करने की हिम्मत दे सके। मैं बहुत डरपोक आदमी हूँ। मैं बहुत छोटी-छोटी चीजों से डर जाता हूँ। मैंने इतना लम्बा जीवन कैसे बिता लिया, यह सोचकर मुझे खुद बहुत अचम्भा होता है।

मैंने दरवाजे पर हाथ रखा तो वह खुल गया। पूरा घर खतरे में था। इस महानगर में इस तरह दरवाजा खुला रहना–चाहे घर सातवीं मंजिल में ही क्यों न हो–खतरा तो था ही। बैठक में वह नहीं थी। मुझे पता नहीं क्यों यह अच्छा लगा कि सीधे उससे सामना नहीं हुआ। बैठक की सारी चीजें वैसी ही थीं, अपनी-अपनी जगह पर–जहाँ उन्हें होना था। मैंने आज पहली बार गौर से देखा कि सोफे का चमड़ा बहुत घिस चुका है और सोफे की मरम्मत जरूरी हो गई है। आसपास की चीजें पूरी तरह दिखने से हमेशा चूक जाती हैं। टीवी के ऊपर रखे गुलदस्ते के फूल मुरझाए नहीं थे। वे प्लास्टिक के थे और इसलिए मृत्यु की ओर नहीं जा सकते थे। हमने प्लास्टिक के फूल इसलिए सजा रखे थे कि सातवीं मंजिल पर ताजे फूलों का आना इतना आसान नहीं था–वे सातवीं मंजिल तक की यात्रा पूरी करते, अक्सर मुरझा जाते थे। गुलदस्ते के ठीक नीचे हम बैठे हुए थे। हम जवान थे और हम खुश थे। बैठक में ईश्वर की कोई तस्वीर नहीं थी। सामने की दीवार पर सुन्दर मुस्कुराता बच्चा था। बच्चे को अब यहाँ से हटाना होगा–यह ठीक रहेगा। वह देखेगी और रोएगी! वह सोचेगी और रोएगी!

वह अपने कमरे में थी। दरवाजा बन्द था। मैंने उसे आवाज दी। आवाज शायद धीमी थी–दरवाजे को पार नहीं कर पाई। मैंने फिर उसे पुकारा, पर मैं शायद जोर से आवाज नहीं दे पा रहा था। भीतर कोई आहट नहीं हुई। मैं इतना डरा हुआ था कि लौट आया। साँसें थीं और मैं था और मुसीबत थी। मैं जान गया था कि वह जीवित है और मेरी तसल्ली के लिए इतना काफी था।

मैं बहुत थका हुआ था। सोफे पर बैठा तो ज्यादा देर बैठा नहीं रह सका। मैंने सोफे के हत्थे को सिरहाना बना लिया। मैं जाग रहा था और छत के एक सिरे से दूसरे सिरे तक दौड़ रहा था। छत में जंगल उग आया–घना और बीहड़। जंगल से बाहर आने की मैंने बहुत कोशिश की, पर मुझे रास्ता नहीं मिला। मैं एक पेड़ के नीचे बैठकर रोने लगा। पेड़ पर चिड़ियाएँ थीं और चोंच खोलकर पूरी ताकत से चिल्ला रही थीं, पर उनके चिल्लाने की आवाज नहीं हो रही थी। वे सारी गूँगी चिड़ियाएँ थीं। मैं रोता रहा। मेरा चेहरा आँसुओं से लथपथ था। अचानक चिड़ियाएँ पेड़ छोड़कर नीचे उतरने लगीं। पेड़ के आसपास की पूरी जमीन, चिड़ियों से ढक गई। मैं खुद चिड़ियों के भीतर था। चिड़ियाएँ इतनी भयभीत थीं कि अगर वे गूँगी नहीं होतीं तो उनकी चीखों से जंगल काँप जाता। मैंने अचानक पेड़ की ओर देखा– वह बहुत तेजी से सूख रहा था और उसकी पत्तियाँ झर रही थीं। कुछ देर बाद सूखी पत्तियों ने मुझे और सारी चिड़ियों को ढक लिया।

''कमीने आदमी...तू यहाँ आराम से पड़ा है...अपने बेटे को खाकर...चैन से...तुझे नींद कैसे आ गई, पैदा करेगा...कर सकता है पैदा...'' मैं हड़बड़ाकर उठ बैठा। वह मेरे सामने थी। वह वैसी थी–जैसे अभी-अभी नहाकर आई हो। उसके लम्बे बाल खुले और बिखरे हुए थे। चेहरा लाल और तना हुआ था। उसकी आँखों के नीचे गुस्सा फड़क रहा था। मेरा डर सच में बदल रहा था। उसने मेरे कुरते को सामने से पकड़ा और 'हुम' की आवाज के साथ उसे खींचा। कुरता फट गया और मैं नंगा हो गया। वह हाँफने लगी। मैं आधा नींद के भीतर था। मुझे लगा मैं सपना देख रहा हूँ। वह मुझ पर फिर झपटी। उसने इस बार मेरी गर्दन पकड़ ली और मुझे इतनी जोर से पीछे धकेला कि अगर मैं सोफे पर नहीं गिरा होता तो मेरा सिर फट चुका होता। वह मेरे ऊपर सवार थी और मैं उसे अपने ऊपर से हटा नहीं पा रहा था। शायद उसमें अचानक बहुत ताकत आ गई थी या मैं खुद इतना भयभीत था कि अपनी शक्ति खो चुका था। मुझे लगा कि मैं अपने को बचा नहीं पाऊँगा–वह मुझे मार डालेगी। मैं मरना नहीं चाहता था। मैंने अपने को ढीला छोड़ दिया। मेरे पास बस यही एक रास्ता बचा था कि मैं उसके लिए लाश में बदल जाऊँ। वह गिद्ध नहीं थी और वह लोमड़ी भी नहीं थी और इस तरह मैं उस दिन बच गया। मेरी गर्दन पर उसके हाथों की पकड़ ढीली पड़ती गई। वह मेरे ऊपर से हटी और फर्श पर बैठकर जोर-जोर से रोने लगी। मैं धीरे से उठा। मैं डर रहा था कि कहीं वह फिर मुझ पर न झपट पड़े। मैं खड़ा रहा। मुझे कुछ समझ में नहीं आ रहा था कि क्या करना चाहिए? मुझे उस पर दया भी आ रही थी और उससे डर भी लग रहा था। वह किसी बच्चे की तरह हिचकियाँ लेते हुए रो रही थी और मैं उसके हमले का इन्तजार करता बेवकूफ की तरह खड़ा था।

गुलदस्ते के नीचे बैठे हम दोनों अब भी मुस्कुराते हुए दीखते हैं। कितनी अजीब बात है कि तस्वीर की वह नकली मुस्कुराहट मुझे अच्छी लगती है। बीते दिनों की याद के लिए आदमी अपनी तस्वीरों में हँसी और मुस्कुराहटों को सहेजता है, जबकि अपने समूचे जीवन में, हँसी और मुस्कुराहटों के साथ बहुत कम रह पाता है।

इन सत्रह बरसों में गुलदस्ते के नीचे सजी तस्वीर की मुस्कुराहट भी धुँधली पड़ गई है। पर उस दिन के बाद हम कभी नहीं मुस्कुरा पाए, कोई धुँधली मुस्कुराहट भी नहीं। हम हँसना भूल चुके हैं। पर अगर मैं कभी धोखे से हँस दूँ तो उसे लगेगा कि यह अपराध है और मेरी हँसी, हत्या की खुशी है। उस दिन के बाद से घर देवालय में बदल गया है। मैं अपने कमरे में ही ज्यादा रहने की कोशिश करता हूँ, क्योंकि मैं सत्रह बरसों में यह नहीं जान पाया हूँ कि मेरा कौन-सा कदम घर की पवित्रता को भंग करनेवाला है। वह मेरे कमरे के भीतर नहीं आती है। कभी भूल से वह भीतर आ भी जाए तो सीधे नहाने भागती है। इस घर में मेरा कमरा सबसे अपवित्र जगह है–जहाँ उसके घुसते ही ईश्वर उससे दूर हो जाता है।

मैं चाय अच्छी बना लेता हूँ। आधे कप से अधिक दूध...आधे कप से कुछ कम पानी...एक चम्मच चाय की पत्ती...और एक चम्मच शक्कर को आपस में मिलाकर उसे सही समय तक खौलने दें–चाय अच्छी बनेगी! सुबह-सुबह एक कप अच्छी चाय आसानी से न मिलनेवाला सुख होती है। अच्छी चाय तक पहुँचने में मुझे बहुत समय लगा है। उसकी बीमारी (मैं मानता हूँ कि वह बीमार है और वह नहीं मानती कि वह बीमार है) से पहले, मैं कभी रसोई के भीतर नहीं गया था, पर अब मुझे रसोई में होना अच्छा लगने लगा है। अपने हाथ की बनी चाय अच्छी लगने लगी है। खाना मैं बहुत अच्छा नहीं बना पाता हूँ, पर ऐसा तो बना ही लेता हूँ कि उसे आसानी से खाया जा सके। खाना मुझे रोज नहीं बनाना पड़ता है–बस, उसके उपवास के दिनों में या उन दिनों में जब वह अचानक खाना बनाना भूल जाती हैं। मैं, रसोई में जब भी खाने के लिए जाता हूँ मेरे पास यह डर बना रहता है कि बरतनों में खाने की चीजों की जगह हवा न हो। वह अपना खाना ईश्वर के साथ खाती है और उनके खाने के बाद ही मैं रसोई के भीतर जा सकता हूँ। ईश्वर हवा खा सकता है, पर मैं हवा खाकर नहीं रह सकता। मैं बहुत भूखा आदमी हूँ। बहुत खाता हूँ पर अब तक मोटा आदमी नहीं हो पाया हूँ। मैं अपने गले में सोने की चेन और अँगुलियों में सोने की अँगूठियाँ नहीं पहनता हूँ। सोना मेरी देह को स्वीकार नहीं है। मैंने एक दो बार सोना पहनने की कोशिश की, पर जब भी मैंने उसे पहना, थोड़ी देर बाद ही मुझे उतारना पड़ा। मेरी देह पर लाल चकत्ते उभर आए जो सोना पहनने की सजा होकर घंटों उभरे रहे–पीड़ा होकर। मैं सोने को छूने से भी डरता हूँ।

मैं यहाँ हूँ–रसोई में और वह स्नानघर में है। मैंने सुबह से उसे अब तक नहीं देखा है। वह मेरे जागने से पहले ही स्नानघर में होती है और मैं सिर्फ पानी के रुक-रुककर गिरने की आवाज और उसके होंठों से झर रहे मंत्रों की अस्पष्ट बुदबुदाहट सुनता हूँ। पानी नहीं फैलता, पर मंत्र पूरे घर में फैल जाते हैं। वह कहती है मंत्रों में खुशबू होती है। उसके अनुसार ईश्वर, में भी खुशबू होती है और उसे अपनी तरफ लुभाती है और उसकी खुशबू मीलों दूर से उस तक पहुँचती है। मैंने उससे कहा था कि क्या ईश्वर अच्छी प्रजाति का पका हुआ आम है, जिसकी खुशबू तुम्हें उसकी ओर खींचती है कि तुम उसे खा सको। उसका जवाब था कि बूढ़े तू मरेगा! कीड़े पड़ेंगे तेरे बदन में...तू सड़-सड़कर मरेगा! यह ऐसा समय होता है, जब मैं, यह सोच सकता हूँ कि मैं घर में अकेला हूँ। मैं उसके कमरे में भी जा सकता हूँ और वहाँ थूककर कमरे की पवित्रता भंग कर सकता हूँ। थूको और थूकने के निशान मिटा दो! कभी-कभी इस तरह सोचना मुझे अच्छा लगता है।

मैं चाय का प्याला लेकर अपने कमरे में आ गया। खिड़की खुली तो हवा तेजी से भीतर आई। मौसम अच्छा था–पहाड़ को देखकर आप समय नहीं काट सकते, पर समुद्र को देखकर समय काट सकते हैं क्योंकि समुद्र लगातार हरकत करता है...हर पल बदलता है और आप उसे देखते हैं और थकते नहीं हैं। मेरी खिड़की से आसमान करीब है। आसमान में अगर बादल हों तो आसमान कुछ-कुछ समुद्र की तरह होता है। तब आप आसमान के पास भी घंटों हो सकते हैं–बिना ऊबे। पर आज आसमान में बादल नहीं थे। वह जमी हुई बर्फ की तरह ठहरा हुआ था। मैं चाय पीता रहा और खिड़की से झाँकते आसमान में चिड़ियों को खोजता रहा। चाय खत्म हो गई, पर एक भी चिड़िया नहीं मिली। आज सारी चिड़ियाएँ कहाँ गईं? मैंने घड़ी देखी–समय चिड़ियों का था। मुझे अजीब लगा, ऐसा नहीं होना चाहिए था। चिड़ियों का इस तरह गायब होना अजीब बात थी।

मैं सिगरेट बहुत कम पीता हूँ। पर कई बार मैं इतना बेचैन हो जाता हूँ कि उसे लाठी की तरह ढूँढ़ने लगता हूँ। मुझे उसके सहारे की जरूरत होती है और लगता है कि सिगरेट नहीं मिली तो मैं गिर पड़ूँगा। मैंने अपने बिस्तर के नीचे से चाबी का गुच्छा निकाला और फर्श पर बैठ गया। पलंग के नीचे वह पेटी टटोलने लगा–जिसमें सिगरेट थी। वहाँ छोटी-बड़ी कई पेटियाँ थीं। सिगरेट की पेटी को मेरे हाथ ने उसके ताले के आकार-प्रकार से पहचाना कि यह वही है और अपनी ओर खींचा। वह अपने आसपास की पेटियों को धकेलते हुए बाहर आ गई। मैंने सिगरेट की पेटी का ताला खोला तो अन्दर एक बक्सा मिला। मैंने उस बक्से को निकालकर उसका ताला खोला तो अन्दर उससे छोटा एक और बक्सा था। मैंने उस बक्से के ताले को खोला उसके अन्दर एक और बक्सा निकला। मैं ताले खोलता गया और

बक्से निकलते गए। बक्से की तरह ताले भी छोटे होते गए। अन्तिम बक्सा, जिसमें सिगरेट थी, बहुत छोटा था और उसमें ताला नहीं लगा था। उसके अन्दर सिगरेट का पैकेट था। पैकेट में तीन सिगरेटें थीं। मैं एक पी सकता था और दो बची रह सकती थीं। मैंने कमरे का दरवाजा बन्द कर लिया और खिड़की के पास खड़े होकर सिगरेट जला ली। पहले कश की सनसनाहट मेरी देह में भीतर तक तैर गई। पर धीरे-धीरे कश लगातार फीके होते गए क्योंकि मेरा ध्यान सिगरेट के धुएँ को खिड़की से बाहर धकेलने में ज्यादा था। मैं सिगरेट इस तरह पी रहा था, जैसे कोई अपराध कर रहा हूँ। मैं पूरी सिगरेट नहीं पी पाया और जलती हुई सिगरेट खिड़की के बाहर फेंक दी। मैंने सोचा कि सिगरेट जब छह मंजिलों को पार कर पृथ्वी तक पहुँचेगी तो खत्म हो जाएगी। इतना लम्बा सफर इतनी छोटी चीज के खत्म होने के लिए काफी है।

वह नहा चुकी थी। बैठक में उसकी आहट थी। नहाने में उसे लगभग दो घंटे लगे थे क्योंकि नहाने से पहले वह स्नानघर को, फर्श से लेकर दीवारों तक धोती है...उसके बाद नल को माँजती है। फिर नल के मुँह में साफ और सफेद कपड़ा बाँधती है कि कहीं कोई कीड़ा न नल से टपक पड़े...पानी आए तो छनकर आए...वह स्नानघर का एक-एक कोना देखती है कि कहीं कोई दाग-धब्बा शेष तो नहीं है...और इस तरह वह अपने नहाने में कई बाल्टी पानी खर्च करती है। वह दिन भर में कई बार नहा सकती है। उसे जब भी यह लगता है कि वह अपवित्र हो चुकी है, वह नहाने के लिए स्नानघर में घुस जाती है। मैंने उसे एक दिन में चार-चार बार नहाते पकड़ा है और उसका कोई भी नहाना दो घंटे से कम का नहीं रहा है...और जहाँ तक उसके अपवित्र हो जाने की बात है तो वह दीवार पर रेंगती छिपकली को देखकर भी अपवित्र हो जाती है।

उसकी देह में सिर्फ एक कपड़ा था—अंडी की गीली चादर। गीली चादर में झाँकती बूढ़ी-भद्दी देह। मैं उसकी देह को देखकर मुँह नहीं बना सकता हूँ। मेरे पास भी बूढ़ी और भद्दी देह है। मैं अपने गले की झुर्रियों को अपने से छुपाने के लिए कॉलर तक बटन बन्द करता हूँ। पर मैं अपने चेहरे की झुर्रियाँ नहीं छुपा पाता हूँ। बुढ़ापा मेरी चिन्ता हो सकता है, पर वह मेरी पत्नी की चिन्ता नहीं है। उसकी चिन्ता ईश्वर है और इस तरह वह एक भयावह सोच से बची हुई है।

मैंने धीरे से अपने कमरे का दरवाजा खोला। यह एक तरह से खराब बात है कि मैं सावधान हरकतों की कोशिश करने लगा हूँ। मेरी तरफ उसकी पीठ थी। वह खिड़की के पास खड़ी थी। उसके हाथ सामने की ओर उठे हुए थे और खिड़की से बाहर चले गए थे। हाथों के नीचे खिड़की पर चीनी मिट्टी के पाँच गमले रखे हुए थे। चार गमलों में पौधे थे, पर कहीं कोई फूल नहीं था। एक गमले में हरे ताजे पौधे

पर गुलाब का सुर्ख फूल था। खिड़की पर रखे पौधे ईश्वर के लिए फूल देते हैं। इन गमलों को वह नहाकर पानी देती है। पौधों के पास सातवीं मंजिल की शुद्ध हवा और आसमान से सीधे झरती सूर्य की रोशनी है। पौधे पवित्र फूल देते हैं और ईश्वर को इन पौधों के फूलों को स्वीकारने में हिचकिचाहट नहीं होती।

अगर तुम जवान होती तो गीली साड़ी में झाँकती तुम्हारी देह पर ईश्वर खिंचा चला आता, पर यह भद्दी देह–वह वहाँ ऊपर उल्टी कर रहा होगा!

वह घंटों ऐसे ही खड़ी रहेगी–समय की सीमा से बाहर। कभी हाथ जोड़ेगी कभी हाथ आसमान की ओर ऊपर उठाएगी और कभी अपने ही पैरों पर गोल घूम जाएगी। इस बीच वह लगातार ईश्वर को गाती और बुलाती रहेगी। ऐसे समय में बैठक से गुजरने में मुझे बहुत परेशानी होती है। हमेशा लगता रहता है कि उसकी स्तुति की कोई ऋचा या मंत्र मेरे पैरों के नीचे न आ जाएँ। मैं ईश्वर से नहीं डरता, पर अपनी पत्नी से डरता हूँ। वह सुबह की अपनी प्रार्थना के बाद बैठक के एक-एक कोने को तलाशती है कि मेरे पैरों से कुचली ऋचाएँ या मंत्र मिल जाएँ और वह हमेशा पा लेती है और अपनी हथेली मेरे सामने फैला देती है कि देख बूढ़े...तूने इन्हें कुचला है, तू मेरा दुश्मन है।

बूढ़ी खूसट! वह नहीं आएगा। वह इतना बेवकूफ नहीं है कि इस सड़ी-सी जगह पर आए जो दो बूढ़ी देहों की गन्ध से भरी हुई है। ईश्वर कभी बूढ़ा नहीं होता, अगर होता है तो वह ईश्वर नहीं है और जो बूढ़ा नहीं होता वह कभी बुढ़ापे की गन्ध बर्दाश्त नहीं कर सकता।

वह आसमान की ओर देख रही थी। मैं उसके चेहरे की ओर बिना देखे यह कह सकता हूँ कि उसकी आँखें ईश्वर को लेकर लालसा से भरी हुई होंगी–प्रेमिका की कामुक आँखें। वह दिन में कई बार इस तरह खिड़की पर होती है। कभी-कभी तो हाथ हिलाकर वह ईश्वर को बुलाने लगती है। शायद ईश्वर आसमान में उसे चहलकदमी करता दीखता होगा। बारिश के दिनों में वह बहुत परेशान हो जाती है जब आसमान काला हो जाता है। वह बहुत बेचैन और चिड़चिड़ी हो जाती है। उसे लगता है कि आसमान गायब हो जाएगा। रात में अगर तारे नहीं दिखे तो वह मान लेती है कि आसमान गायब हो गया है और ईश्वर ने उससे तंग आकर यह जगह छोड़ दी है। बस इसी समय वह बहुत निरीह हो जाती है और मुझे बार-बार उसे समझाना पड़ता है कि आसमान गायब नहीं हुआ है, तारों को बादलों ने ढक लिया है, बादलों के छँटते ही आसमान पहले की तरह दिखने लगेगा। पर मेरी बातों पर उसे कभी भरोसा नहीं होता है। उसे लगता है कि आसमान के गायब होने पर मैं खुश हूँ। वैसे यह बात सही है कि मैं बहुत खुश होता, अगर सातवीं मंजिल की इस खिड़की से आसमान दीखना बन्द हो जाता।

उसके बाल अब भी काले और लम्बे हैं—बूढ़े नहीं हुए हैं। मेरी इच्छा हुई कि दबे पाँव उसके पीछे जाऊँ और उसके बालों में अपना चेहरा रख दूँ। शायद बरसों पुरानी वह खुशबू अब भी वहाँ बसी हुई हो। मैं कुछ ही कदम आगे बढ़ा था कि ठिठक गया। वह मेरी ओर पलट चुकी थी। बालों की जगह उसका चेहरा मेरे सामने आ गया—भद्दा और गुस्सैल चेहरा। खूबसूरत स्त्री का चेहरा तस्वीरों में रह जाता है फिर चाहे कितनी भी कोशिश करो—वह एलबम से बाहर नहीं आता। इस चेहरे में तस्वीर के चेहरे का कहीं कोई निशान बचा नहीं था। कहीं ऐसा तो नहीं है कि इतने वर्षों से धोखे में मैं किसी और स्त्री को अपनी पत्नी समझकर बर्दाश्त कर रहा हूँ। मैं परिकथा की किसी डायन के साथ तो नहीं रह रहा हूँ।

वह शायद ईश्वर को भूल चुकी थी क्योंकि वह मुझे लगातार घूर रही थी। वह जान चुकी थी कि मैं उसकी ओर बढ़ रहा था। मैं उससे आँखें नहीं मिला पा रहा था। बिल्ली की आँखें थीं।

मारेगा...मारेगा मुझे...दबाएगा!...दबा गला...ले दबा। वह ठीक मेरे सामने खड़ी थी—कुछ इंच की दूरी पर। उसकी गर्म और गुस्सैल साँसें मेरे चेहरे से टकरा रही थीं। मैं चुप खड़ा रहा—कुछ कहना यानी आफत बुलाना था। वह मुझे उकसा रही थी, 'ले दबा!' वह मेरा हाथ अपने गले की ओर खींच रही थी। मैं मुसीबत में पड़ चुका था। मैंने अपना हाथ उससे छुड़ाया और दरवाजे की ओर भागा। मैं जैसे ही बाहर हुआ—मेरे पीछे दरवाजा जोर से बजा। मैं हाँफ रहा था। मेरी हथेलियों में उसके नाखूनों की खरोंच थी। हथेलियाँ जल रही थीं। खरोंचों में खून उभर आया था।

मैंने लिफ्ट को बुलाने के लिए बटन दबाया। वह नीचे जा रही थी। मुझे लग रहा था कि मैं जितनी जल्दी सातवीं मंजिल छोड़ दूँ...अच्छा है। वैसे उसके बाहर आने की सम्भावना नहीं है। उसके पास यह डर है कि बाहर के दरवाजे को पार करते ही जमीन की जगह उसे हवा मिलेगी और वह सातवीं मंजिल से हवा में गुलाटियाँ खाती नीचे पृथ्वी पर होगी। मुझे साँस लेने में परेशानी हो रही थी। मैं उतरने के लिए सीढ़ियों का इस्तेमाल भी नहीं कर सकता था। मैं अपने को बहुत थका महसूस कर रहा था। मैंने लिफ्ट को बुलाने के लिए फिर बटन दबाया। लिफ्ट नीचे भूतल पर ठहरी हुई थी। जब आपको जल्दी होती है लिफ्ट आपको कभी नहीं मिलेगी—वह कहीं और अटकी हुई होगी।

सीढ़ी की रेलिंग में बच्चों के कपड़े सूख रहे थे। रेलिंग में चटक और खूबसूरत रंग बिखरे हुए थे। बच्चों के कपड़े मुझे हमेशा अच्छे लगते हैं—करीब खींचते से रंग, उनमें खिले फूल, टहलते और नाचते पशु-पक्षी। मैं रेलिंग के पास चला गया। मैंने कपड़ों को छुआ। वे हलके गीले थे। उनमें साबुन की खुशबू थी। गनीमत थी कि

साथ के दोनों फ्लैट के दरवाजे बन्द थे। अगर अचानक वे खुल जाएँ और मुझे इस हालत में देख लें–अपने बच्चों के कपड़ों के साथ तो वे क्या सोचेंगे? मैं कपड़ों से दूर हटकर खड़ा हो गया।

लिफ्ट आ गई थी। मैं उसकी ओर लपका। वही लड़का था–मुस्कुराता हुआ। उसके चेहरे पर मुस्कुराहट हमेशा ठहरी रहती है। मुझे वह इसलिए अच्छा लगता है कि दुनिया में ऐसे बहुत कम लोग हैं जो हमेशा मुस्कुरा सकते हों। लड़के ने अपने दोनों हाथ जोड़ दिए और लिफ्ट के भीतर इस तरह सिकुड़ गया–जैसे वह मेरे लिए लिफ्ट को पूरी तरह खाली कर देना चाहता हो।

''कैसे हो तुम?'' मैंने पूछा।

''मैं आपका इन्तजार करता रहा...तीन दिन।'' उसने कहा।

''कैसे।''

''ऐसा पहले कभी नहीं हुआ कि आप इतने दिनों तक नीचे न गए हों।''

''मैं बीमार था।'' मैंने कहा। पर यह सच नहीं था। मुझे अभी पता चला था कि मैं तीन दिनों से घर में बन्द था। घर के भीतर इतने दिन गुजर गए थे और मैं रात-दिन पकड़ नहीं पाया था। कहीं यह लड़का झूठ तो नहीं बोल रहा है। शायद इसलिए कि मैं डर जाऊँ या यह मुझे चौंकाना तो नहीं चाहता है।

''ओह, मैं समझा कि...मैंने आहट लेने की कोशिश की थी...आप बुरा नहीं मानिएगा...मुझे चिन्ता थी...शायद मैं सही समय पर नहीं था। फिर अगर आप कमरे में हों तो बाहर के दरवाजे पर आहट कैसे मिल सकती है।''

''मुझे अच्छा लग रहा है कि तुम हमें लेकर चिन्तित रहे।'' मैंने मुस्कराते हुए कहा, ''पर हम अगर सच में मर चुके होते तो तीन दिनों में सड़ जाते...'' मैंने थोड़ा रुककर और चेहरे पर मुस्कान लाते हुए कहा, ''तुमने आहट लेने की कोशिश की थी कि हमारी सड़ती देह की बू लेना चाहते थे?''

''नहीं...ऐसा नहीं...आप सच मानिए मैंने ऐसा नहीं सोचा था।'' उसकी आवाज ऐसी थी कि मुझे लगा कि वह रो पड़ेगा। वह अचानक थका-बीमार लगने लगा। वह सीधा-साधा और अच्छा लड़का है और मैं जानता था कि वह सच कह रहा है। उसने ऐसा नहीं सोचा होगा।

मैंने उससे कहा, ''सोचना था। सोचते हुए हमेशा यह कोशिश होनी चाहिए कि सत्य के करीब तक पहुँचा जा सके, पर आमतौर पर हमारे लिए ऐसा सम्भव नहीं होता है। हम पाने की लालसा में सोचते हैं और हमेशा सत्य से दूर होते जाते हैं। इतने दूर कि वापस उस तक पहुँचना हमारे लिए मुश्किल हो जाता है। हम सत्य को भूलने की कोशिश में सोचते हैं, क्योंकि हमें लगता है कि उसे भूल जाने में हमारा फायदा है।''

उसके चेहरे पर था कि वह मेरी बात नहीं समझ रहा है और वह मुझे पहचानने की कोशिश कर रहा है। मुझे खुशी हुई कि मैंने उसे अचम्भित कर दिया है। मुझे ऐसी बात करने में मजा आता है जिसे लोग समझ न पाएँ और आतंकित हो जाएँ। मैं इसका अभ्यास करता हूँ। आईने में आपके बिंब से अच्छा आपका कोई दोस्त नहीं हो सकता।

जिस गली से मैं गुजर रहा था वह कीचड़ और गन्दगी से भरी हुई थी। मुझे पैर रखने के लिए जगह तलाश करनी पड़ रही थी। इस महानगर की सारी सँकरी गलियों का यही हाल है, जबकि ये आपको उन जगहों पर जल्द पहुँचने में मदद करती हैं–जहाँ आप जल्द पहुँचना चाहते हैं। गली को पार करते ही मेरे सामने साफ–सुथरी सड़क थी और वह जगह जो मुझे कभी–कभी अपने पास खींच लेती है। दोपहर का समय बादलों के नीचे था और इसलिए कहीं भी दोपहर नहीं थी। मुझे खुशी हुई कि बादल हैं और इस तरह शाम है।

मैंने काँच के दरवाजे को धीरे से खोला और मैं भीतर हलकी लाल रोशनी और अँधेरे में था। काउंटर पर खड़ा आदमी मुझे देखकर मुस्कुराया। मुझे अच्छा लगा कि वह मुझे भूलता नहीं है, चाहे मैं यहाँ कितने दिनों बाद ही क्यूँ न आऊँ? उन जगहों पर जहाँ भीड़ ज्यादा होती है, पहचान बनी रहे तो अच्छा लगता है। मैं कोने की टेबल की ओर बढ़ गया जो सबसे आखिर में थी और वहाँ बैठना इस तरह अच्छा था कि वहाँ से सबको देखा जा सकता था और दूसरों के देखे जाने से बचा जा सकता था।

'बार' में भीड़ नहीं थी। यह शराबी समय नहीं था। मेरी बाईं ओर की चौथी टेबल पर बस एक अधेड़ आदमी बैठा हुआ था जो बैठे–बैठे झपकियाँ ले रहा था उसके सामने भरा हुआ गिलास रखा था। जैसे ही झपकी टूटी, उसने गिलास से एक घूँट पिया और फिर नींद में उतर गया। मैं अपनी मुस्कुराहट नहीं रोक पाया। काउंटर पर भी ठीक उसी समय मेरी मुस्कुराहट के जवाब में एक मुस्कुराहट चमकी।

मैंने अचानक ध्यान दिया कि काले कॉलरवाला लाल कोट पहना आदमी मेरे पास खड़ा है। वह आदमी मुझे नहीं पहचानता था और मैं उसे नहीं पहचानता था। मैंने उससे अपनी शराब कही जो मूँगफली और सोडे की एक बॉटल के साथ हो। वह ठहरा रहा कि क्या मैं कुछ और चाहता हूँ...बर्फ! मैंने कहा। और वह चला गया। मुझे लगा कि चश्मा धुँधला गया है। मैंने उसे उतारा और पेपर नेपकिन से उसके काँचों को साफ किया। चश्मा पहना तो उस आदमी पर फिर मेरी नजर गई। उसकी झपकी टूटी और उसने एक घूँट लिया और फिर नींद में डूब गया। इस बार मैं नहीं मुस्कुरा सका।

काउंटर पर खड़ा आदमी समय काटने के लिए–काँच के गिलासों की चमक बढ़ा रहा था। वैसे ही वे बहुत चमकीले और साफ-सुथरे दीख रहे थे, मुझे नहीं लगा कि वह उन्हें और अधिक चमक दे सकेगा। लाल कोटवाला काउंटर के पास जाकर खड़ा हो गया था और उन्हीं चमकीले गिलासों में से एक उसने उठा लिया था। वह जब लौटा तो उस गिलास में मेरा पैग था जो एक प्लेट मूँगफली और एक बॉटल सोडे के साथ ट्रे में सलीके से सजा हुआ था।

शराब, मैं घर में भी पी सकता हूँ। मेरे पलंग के नीचे एक पेटी में शराब भी है– जैसे सिगरेट है। पर वह पीना इस तरह नहीं होता है। वह किसी सार्वजनिक जगह पर, मटन के ठेले के पीछे, स्टील के गिलास में शराब ढालकर एक झटके में पीने की तरह होता है और इस तरह के पीने में मुझे उबकाई आती है। घर में शराब मैं उस समय पीता हूँ जब उसका बाहर कहीं मिलना आसान नहीं होता और शराब की इस तरह मुझे जरूरत महसूस हो रही होती है कि नहीं पीने पर अपने आसपास की चीजों को सहन करना मुझे कठिन लगता है।

बाहर बारिश शुरू हो चुकी थी। यहाँ से बारिश को बस सुना जा सकता था। मैं तीन पैग पी चुका था। सिगरेट की तलब हुई–पर लाल कोटवाला आदमी दिखाई नहीं दिया। काउंटर का आदमी अब शराब की बोतलों से धूल झाड़ रहा था। चौथी टेबल का आदमी गहरी नींद में पहुँच गया था और उसके खर्राटे बज रहे थे। उसके सामने रखे गिलास में अब भी आधी शराब बची हुई थी।

काउंटर के आदमी को मैं नाम से जानता था और अन्ततः मैंने उसे पुकारने का फैसला किया। क्योंकि बहुत देर तक मैं यह इन्तजार कर चुका था कि वह मेरी ओर देखे, पर उसने इधर नजर नहीं उठाई थी। वह शराब की बोतलों के बीच फँसा हुआ था। मैंने उसे नाम से पुकारा। उसने चौंककर अपना चेहरा उठाया। मैंने अपने होंठों को दो अँगुलियों से छूकर उसे कहा, सिगरेट!

वह सिगरेट का पैकेट लेकर मेरी टेबल पर आ गया। उसने भी एक सिगरेट जला ली और मेरे सामने बैठ गया।

''वह?'' मैंने चौथी टेबल पर बैठे आदमी के बारे में पूछा।

''मालूम नहीं...मैं तो कल से ही देख रहा हूँ...वह बार खुलते ही आ जाता है, और बार बन्द होने पर ही लौटता है...मुझे कोई परेशानी नहीं है...वह किसी को परेशान नहीं करता...हाँ, कभी-कभी उसके खर्राटे लोगों को चौंका देते हैं।''

''सुखी आदमी है।'' मैंने कहा।

''हाँ, शायद...मेरा काम सिर्फ इतना है कि उसके सुख को बनाए रखूँ। टूटने न दूँ...इसलिए जैसे ही गिलास से वह अन्तिम घूट लेता है, मैं फौरन उसका पैग भिजवा देता हूँ। सच कहूँ आपसे, आजकल मैं सबसे ज्यादा ध्यान उसका ही रख

रहा हूँ। मुझे लगता है कि उसने नींद में हाथ बढ़ाया और गिलास में उसे शराब की घूँट नहीं मिली तो वह मर जाएगा...मैं चलूँ।'' वह अचानक उठा, ''यहाँ बैठा रहा और कोई आ गया तो अजीब लगेगा...लगेगा कि मैं भी आपकी जगह हूँ।''

लाल कोटवाला फिर मेरे पास आकर खड़ा हो गया था। मैंने उससे अपनी शराब कही। वह रुका रहा कि शायद मैं कुछ और कहूँ। मैंने कुछ नहीं कहा, वह चला गया।

मैंने बारिश की आवाज सुनने की कोशिश की–वह नहीं थी। मैं शायद पाँच से ज्यादा पैग पी चुका था। इस बीच कुछ लोग भीतर आकर जा चुके थे। बस चौथी टेबल का आदमी अब भी बैठा हुआ था। उसके सामने अब भरा हुआ गिलास रखा था। यहाँ समय बिना किसी आहट के गुजरता है। जैसे कोई चालाक जानवर दबे पाँव अपने शिकार के पीछे पहुँचता है। यहाँ आप समय के हमले से बच नहीं सकते।

काउंटर का आदमी अगरबत्ती जला रहा था। मैंने चौथी टेबल पर बैठे आदमी को देखा और देखता रह गया। ओह! इसे पहचानने में इतनी देर कैसे हो गई! चौथी टेबल पर बैठा आदमी ही ईश्वर था...वह आत्मलीन था...उसके चेहरे पर सन्तोष और सुख का ढेर था...वह निश्चित ही ईश्वर था...मैं अपनी जगह से उठा। मुझे लगा मैं हलका हो गया हूँ। मैं थोड़ा लहराया और सँभल गया। मैं काउंटर की ओर तेजी से लपका। मैंने उस आदमी का वह हाथ पकड़ लिया जिसमें अगरबत्ती थी और जिसे वह ईश्वर की तस्वीर की ओर ले जा रहा था।

''तुम जो समझ रहे हो, वह यह नहीं है...ईश्वर वह है।'' मैंने चौथी टेबल की ओर इशारा करते हुए कहा। ''वह है ईश्वर! नींद में डूबा हुआ...झपकी टूटते ही शराब की घूँट लेता हुआ...वह है ईश्वर! उसकी पूजा करो। ईश्वर से बड़ा कोई शराबी नहीं है। जाओ! उसे सँभालो। उसे दया की जरूरत है। वह शराब की एक घूँट के लिए होश में आता है और फिर नींद में डूब जाता है। वह कुछ नहीं देख पाता। इतना भी नहीं कि गिलास में कितनी शराब बची है। वह कहीं आने के लिए है और न कहीं जाने के लिए। उसका इन्तजार बेवकूफी है...वह कहीं नहीं है...वह बस उस जगह पर है जहाँ गहरी नींद में शराब की घूँट है...ईश्वर गहरी नींद में शराब की घूँट है...''

मुझे याद नहीं कि मैं यहाँ कैसे पहुँचा? सातवीं मंजिल पर ठीक अपने घर के दरवाजे के सामने, मैं पड़ा हुआ था। बस, मुझे इतना याद है कि इस बीच मैंने समुद्र की लहरों को सुना। समुद्र का देखना मुझे याद नहीं है, बस सुनना याद है। बार और इस इमारत के बीच कोई समुद्र नहीं है। यह हो सकता है कि बार से निकलकर मैंने यह

पाया हो कि घर पहुँचने का रास्ता मेरे पास नहीं है और इस रास्ते की खोज में समुद्र के करीब से गुजरते हुए मैंने लहरों की आवाज सुनी हो। यह भी हो सकता है कि मैंने समुद्र के किनारे जाने का प्रयत्न किया हो और मुझे रास्ता न मिला हो। ठीक से मुझे याद नहीं...मुझे तो यह भी याद नहीं है कि मैं यहाँ लिफ्ट से पहुँचा हूँ या मैंने सीढ़ियाँ चढ़ी हैं।

मैं अब पूरे होश में था और बार में मुझसे जो कुछ भी घटा था—उसके लिए मैं शर्मिंदगी महसूस कर रहा था। घर के दरवाजे को छूने से पहले, मुझे ठीक उसी तरह का भय हुआ जैसा उस समय हुआ था, जब मैं अपने बेटे की देह खोकर लौटा था। सत्रह साल पुराना भय अचानक फिर उग आया था। मैं भयभीत क्यों था—यह मैं समझ नहीं पा रहा था।

मैंने दरवाजे को धक्का दिया तो वह खुल गया। मैं कुछ नहीं देख पाया। भीतर धुआँ ही धुआँ था। धुएँ में सुगन्ध थी। दरवाजा पूरी तरह नहीं खुला था, कोई चीज उसे खुलने से रोक रही थी। मैं आधे खुले दरवाजे से भीतर गया तो मैंने देखा कि कछुआ दरवाजे से सटा हुआ है। कछुआ मुझे पहले से बड़ा लगा। मैंने झुककर ध्यान से देखा—कछुए का आकार धीरे-धीरे बढ़ रहा था। धुआँ आसान था, उससे आँखों को कोई परेशानी नहीं हुई। बस, कमरे की सारी चीजें धुएँ में लिपटी हुई थीं।

मैंने देखा कि वह खिड़की पर चढ़ी हुई है। खिड़की पर सिर्फ चार गमले हैं और चारों में फूल खिले हुए हैं। गमलों के ठीक बीच में वह खड़ी थी। उसने अपने हाथ जोड़ रखे थे। मंत्र झर रहे थे। वह आसमान की ओर देख रही थी। आसमान अँधेरे में डूबा हुआ था—बस तारे चमक रहे थे। वह बार-बार अपने सिर को प्रणाम की मुद्रा में झुका रही थी। खतरनाक बात थी। अगर वह अपने सिर को गलती से भी थोड़ा ज्यादा झुका देगी तो वह खिड़की से नीचे गिर जाएगी—सत्तर फुट नीचे। वह बहुत खतरनाक स्थिति में थी। मैं चीख पड़ा, "यह क्या कर रही हो? पागल हो गई हो क्या?" मैं काँपने लगा। उसने मुझे सुन लिया था। वह मेरी तरफ देखकर मुस्कुराई और उसने अपना दाहिना पैर खिड़की से बाहर हवा में उठा दिया। मैं तेजी से उसकी ओर लपका। पर मेरे खिड़की तक पहुँचने से पहले ही वह अपना दूसरा पैर उठा चुकी थी। मैंने अपनी आँखें बन्द कर लीं। आँखें खुलीं तो फटी की फटी रह गईं? वह हवा की सीढ़ियाँ चढ़ रही थी। तारे, हवा की सीढ़ियों के दोनों ओर सिमट आए थे। हवा की पारदर्शी सीढ़ियाँ चमक रही थीं। वह लगातार आसमान की ओर बढ़ रही थी। उसके कपड़े तेज हवा में फड़फड़ा रहे थे। मैंने सोचा, हो सकता है कि वह एक बार पीछे मुड़कर देखे। पर उसने पलटकर नहीं देखा। वह शायद मुझे भूल चुकी थी। मैं बहुत देर तक खड़ा रहा और उसे हवा की सीढ़ियाँ चढ़ते देखता रहा। मैं देखता रहा जब तक मेरी आँखों से ओझल नहीं हो गई।

मैं खिड़की से चिपका अब भी खड़ा हुआ था। हवा की चमकीली सीढ़ी गायब हो चुकी थी। अँधेरे में डूबे आसमान में तारे दूर-दूर छिटके चमक रहे थे। मैं खोजता रहा, पर वह मुझे आसमान में कहीं नहीं दिखाई दी।

कमरे में अब धुआँ नहीं था। गमलों में फूल नहीं थे। मैंने घर के हर कोने में कछुए को खोजा, पर वह मुझे नहीं मिला। मैं थककर सोफेपर लुढ़क गया। अचानक मुझे लगा कि कोई दरवाजा थपथपा रहा है। वह भय और जल्दबाजी से भरी थपथपाहट थी, जो धीरे-धीरे तेज हो रही थी। मेरे भीतर यह इच्छा नहीं जागी कि मैं उठकर दरवाजा खोलूँ और देखूँ कि कौन है? थपथपाहट अचानक बन्द हो गई और कुछ देर बाद दरवाजा पीटा जाने लगा। आवाज असहनीय थी। मैंने अपने कानों में अँगुलियाँ डाल लीं। दरवाजा अब भी मेरे कानों में हलका-हलका बज रहा था, पर इस धीमी आवाज में, मैं नींद को बुला सकता था। मुझे आराम की सख्त जरूरत थी।

रचना-वर्ष – 1994 : पश्यंती – जनवरी-मार्च '96

रेगिस्तान में झील

रेत के टीले इसलिए सुनहरे दमकते हैं कि उनके भीतर सूर्य रहते हैं। रेत के टीलों की खुदाई करो–वहाँ सैकड़ों सूर्य होंगे।

पत्नी खुश थी। मैं खुश था। बिटिया की ताली थी–नन्ही खुशी बिखेरती हुई। हम सूरज को रेत में डूबता देखना चाहते थे। अभी शाम नहीं हुई थी। हमने सूरज को डूबने से पहले पा लिया था। वह आकाश में था–बिटिया के फैले हुए हाथों के घेरे में।

ऊँट पर सवार उस लड़के ने मुझे सबसे पहले छुआ–"साहब मेरे ऊँट पर बैठना..." वह मुश्किल से दस या बारह साल का था और ऊँट की पीठ पर उसका बैठना कुछ अजीब सा था। उसकी आवाज सुनकर मैं चौंका और मुझे हँसी आई। मैं इतने नन्हे ऊँटवाले पर भरोसा नहीं कर सकता था, इससे पहले मैं कभी ऊँट पर नहीं बैठा था।

ऊँट के पास सीधे-सादे आदमी की तरह का चेहरा था जो भय नहीं, जिज्ञासा जगा रहा था। इस दुनिया में सीधे-सादे आदमी से कोई नहीं डरता। अलबत्ता हँसता है, चाहे हँसने की कोई खास वजह न भी हो।

बिटिया की आँखें चमक रही थीं। उसने ऊँट पहली बार देखा था। ये क्या है? उसने पूछा। मैंने कहा, "ऊँट"...पत्नी ने कहा, "कैमल"...बिटिया हर वस्तु दो नामों के साथ चल रही है। पिता का नाम पूछने पर वह कमल...लोटस तिवारी कहती है और मुस्कुराती है। बिटिया की उम्र दो साल पाँच माह है और वह इतनी समझदार है कि वह फूल को उसकी खुशबू से और चन्द्रमा को उसकी रोशनी से पहचानती है। एक बच्चे से कुछ भी बचा पाना मुश्किल होता है। वह सारी चीजों को जानने की इच्छा के साथ होता है, वह हर बँधी हुई पोटली को खोलना चाहता है।

मैं घिर चुका था ऊँट और उन पर सवार शोर से। वे सब जैसे एक दौड़ में शामिल थे। सबसे तेज दौड़कर सबसे पहले मुझ तक पहुँचने की इच्छा उन सबके

भीतर थी। यह पेट की दौड़ थी। और एक-दूसरे को धकेलते वे मेरे सामने आ रहे थे। वे जोर-जोर से बोल रहे थे। हर आदमी अपनी आवाज दूसरे से ऊपर उठा रहा था और इस तरह सारी आवाजें ऊपर जाकर शोर में बदल रही थीं।

वह लड़का उस भीड़ में अचानक मुझे फिर दिखा। वह एक चोगे के भीतर था। शायद उसने अपने पिता की कमीज पहन रखी थी जो मैली चीकट थी और उसके घुटने से नीचे तक झूल रही थी। ऊँट की गर्दन के नीचे उसकी आँखें चमक रही थीं। "मैंने आपको सबसे पहले कहा था, देखिए!" उसने मुझे अपनी तरफ देखता पाकर कहा। मैंने चाहा कि मैं मुस्कुराऊँ, पर मैं मुस्कुरा नहीं पाया। मैं घिरा हुआ था। मैं शोर के घेरे को तोड़कर एक कदम भी आगे भागता तो फिर घेर लिया जाता।

"अभी नहीं...पहले चाय..." मैंने कहा—इस उम्मीद के साथ कि अब मैं शोर से मुक्त रहूँगा—कम से कम चाय पीने तक।

"वहाँ पी लीजिए।" एक साथ कई आवाजें उठीं और धीरे-धीरे उनका घेरा बड़ा होता गया और फिर बिखरने लगा।

चाय की दुकान एक झोपड़ी थी—जिसकी छत इतनी नीची थी कि बैठकर ही भीतर जाना हो सकता था। बाहर शाम की ओर तेजी से सरकती दोपहर थी। झोपड़ी के भीतर गहरी शाम थी। इतनी गहरी शाम कि थोड़ा-सा उसमें और नीला रंग मिलाओ तो वह रात हो जाए। चूल्हे पर चाय की केतली चढ़ी हुई थी और चूल्हे के सामने एक बूढ़ा बैठा हुआ था—चूल्हे से ताप लेता हुआ और चाय की भाँप लेता हुआ। बुढ़ापे की दमक थी। बूढ़े की बगल में काँच के चार गिलास रखे हुए थे। पाँचवाँ गिलास लुढ़का पड़ा था। बूढ़ा बार-बार लुढ़के पड़े गिलास को कनखियों से देख रहा था, पर उसे सीधा नहीं कर रहा था। बूढ़े ने चाय की केतली को चूल्हे से उठाया और उसे हिलाकर फिर चूल्हे में रख दिया। "साहब लोगों को चाय देना!" मुझसे पहले किसी ने बूढ़े को आवाज दी। बूढ़े ने हमारी ओर सिर उठाकर नहीं देखा। वह उसी तरह बैठा रहा—चूल्हे के ताप और चाय की भाप में मगन। मुझे लगा कि उसने नहीं सुना है। हो सकता है कि बूढ़ा बहरा हो और आदमी के चेहरे से चाय की जरूरत पहचानता हो। मैंने उसे आवाज नहीं दी। मुझे लगा कि वह मुझे नहीं सुन पाएगा।

"साहब कितने ऊँट चाहिए?" किसी ने मेरी पीठ से पूछा।

"परेशान मत करो...चाय के बाद..." मैंने पीछे मुड़े बिना कहा।

"दो...तीन...कितने?"

"कहा न चाय के बाद..." इस बार मैं पीछे पलटा। मेरी आवाज में चिढ़ और गुस्सा दोनों थे। पीछे कई चेहरे थे—आधा भय और आधी उत्सुकता से पुते हुए। मैं नहीं पता लगा पाया कि किसने मुझे ऊँट के लिए पूछा था।

हम पेड़ की शाख पर बैठे थे जो जमीन पर गड़ी दो लकड़ियों पर टिकी बेंच थी। बिटिया के लिए हम जगह छोड़कर बैठे थे–शाख के दो छोरों पर। वह हमारे बीच की जगह पर थी–हमारे कन्धों को छूने का खेल खेलती हुई। वह मेरे कन्धे पर अपनी नन्ही हथेली मारती और पापा कहती और जब मैं उसे देखकर मुस्कुराता तो वह उस छोर पर चल देती जहाँ माँ बैठी है और माँ के कन्धे पर हथेली मारकर मम्मा कहती। माँ मुस्कुराती तो वह मेरी ओर वापस आ जाती। अगर हम नहीं मुस्कुराएँगे तो वह उस समय तक अपनी हथेली से हमारे कन्धों को थपथपाती रहेगी जब तक कि हम उसके लिए मुस्कुराकर खुश न हो जाएँ। बिटिया हमें खुश रहना सिखा रही है।

"आप मुसलमान हैं?" मैंने साफ-साफ सुना। वह ऊँटवाला लड़का मेरी पत्नी के पास खड़ा पूछ रहा था।

पत्नी ने मेरी तरफ देखा। मैं मुस्कुराया। पत्नी की आँखों में शरारत चमकी। शरारत ने कहा, "हाँ!"

"तब तो आप मेरे ऊँट पर बैठना...हाँ, मैं भी मुसलमान हूँ..." लड़का पत्नी को समझा रहा था।

पत्नी के सिर पर सिन्दूर की छोटी, पर गहरी रेखा चमक रही थी। लड़का शायद इसका अर्थ नहीं समझता था या वह उस रेखा को नहीं देख पा रहा था। पत्नी मुस्कुरा रही थी और लड़का उस मुस्कुराहट के भीतर था।

"और तुम्हारा ऊँट?" अचानक मैंने लड़के से पूछा।

"ऊँट क्या?" लड़का चौंका।

"मुसलमान है या हिन्दू?"

लड़का सोच में पड़ गया। यह उसकी उम्र के हिसाब से कठिन सवाल था, पर लड़का इसे हल करना चाहता था। लड़के के आसपास से ऊँटवालों की हँसी उठी और लड़का उसमें डूब गया। लड़के को पता नहीं था कि वह हँसी में डूबा हुआ है। लड़का हँसी के भीतर सोच में डूबा हुआ था।

"ऊँट...मुझे मालूम नहीं, पर वह हमारे साथ रहता है..." लड़के ने कुछ देर सोचने के बाद कहा।

ऊँट का कोई धर्म नहीं था। वह जिस धर्म के मालिक के पास रहता, उस धर्म का हो जाता। ऊँट को धर्मग्रंथ नहीं पढ़ना पड़ता था। मालिक पढ़ता और वह सुन लेता। ऊँट के किसी भी मालिक ने ऊँट के धर्म को लेकर चिन्ता नहीं की। उनकी चिन्ता सिर्फ इतनी रही कि ऊँट मजबूत कद-काठी का है या नहीं...कितनी लम्बी यात्राएँ कर सकता है...कितना बोझ ढो सकता है? ऊँट के साथ यह अच्छी बात है कि वह चाहे हिन्दू मालिक के पास रहे या मुसलमान मालिक के पास–वह ऊँट बचा

रहता है। पर मनुष्य–मनुष्य नहीं बचा रह पाता। वह पैदा होता है और मुसलमान या हिन्दू या इसाई या सिख हो जाता है–लड़के के ऊँट ने इस तरह सोचा और उसे ऊँट होने पर सन्तोष हुआ।

''सुनो! हम इसके ऊँट पर बैठेंगे'', पत्नी ने इस आवाज में कहा कि सारे ऊँटवाले सुन लें। पत्नी का हाथ लड़के के कन्धे पर था। पत्नी के हाथ के ठीक ऊपर लड़के का चमकता चेहरा था।

मुझे लगा पत्नी ने यह ठीक किया। क्योंकि अब हम शोर के घेरे से बाहर थे। अब हमारे हाथ में चाय थी और हमारे साथ वह ऊँटवाला लड़का था जो अब भी लगातार मुस्कुरा रहा था। वह खुश था।

''तुमने इससे पैसों की बात की?'' मैं पत्नी के कान में फुसफुसाया। मैं नहीं चाहता था कि लड़का सुने। लड़का सुनता तो मैं छोटा हो जाता।

''नहीं तो...''

''तुम्हारी इसी तरह की बेवकूफियाँ मुझे नापसन्द हैं...और यह बच्चा है...यह चला लेगा ऊँट?''

''वह कहता है चला लेगा...''

''और नहीं चला पाया तो?'' मैं दुर्घटनाओं से डरता हूँ। मैं मरने से डरता हूँ। मुझे यह सोचकर अच्छा लगा कि रेत पर गिरने से शरीर इस तरह घायल नहीं होगा कि मैं मर जाऊँ।

''कितना लोगे?'' मैंने लड़के से पूछा।

''बीस!''

''दस!''

''ठीक है।'' लड़के ने कहा। मुस्कुराहट उसके होंठों पर आते–आते रह गई थी। मुझे मजा नहीं आया। मैंने सोचा वह बीस पर अड़ा रहेगा और मैं दस पर। और फिर मैं उससे पन्द्रह में मामला तय कर लूँगा।

हम जब यात्रा पर होते हैं–ऐसी यात्रा पर जो हमें अपरिचितों से अपरिचितों तक पहुँचाती है–इतनी जगह चालाकियों में फँस चुके होते हैं कि किसी एक जगह की सहजता हमें चौंकाती और डराती है।

ऊँट बैठा था–सजा धजा। ऊँट के स्वप्न में मीठे पानी की झील थी। ऊँट हमेशा यात्रा के लिए तैयार रहता था। उसे लगता, बस इस यात्रा के बाद वह मीठा पानी पा लेगा और सारी यात्राओं का अन्त हो जाएगा। ऊँट का स्वप्न रेगिस्तान में अचानक झील के प्रकट हो जाने का स्वप्न था। क्योंकि वर्षों से ऊँट जिस दूरी तक यात्रा करता आ रहा था–वह अब तक नहीं बढ़ी थी। दूरी उससे आगे नहीं बढ़ सकती थी। एक

कदम और आगे बढ़ाओ तो दूसरा देश लग जाता था—डर था और मौत थी। ऊँट को कभी-कभी यह लगता कि क्यों न वह 'दूसरे देश' भाग जाए, शायद उस देश के रेगिस्तान में मीठे पानी की झील हो। पर ऊँट यह भी सोचता कि आखिरकार वह दूसरा देश है। पता चला कि आपने मीठे पानी की झील खोजी और आप ही उसका पानी न पी पाएँ...कि आप किसी और देश के हैं...कि दूसरे देश में घुसपैठिए हैं...ऊँट को अपने ही देश में मीठे पानी की झील खोजना ठीक लगता है।

लड़का ऊँट के पास गया और उसकी बगल को सहलाया। "आइए, बैठिए", वह ऊँट के पास से चिल्लाया। लड़का अभी ऊँट से बड़ा था। ऊँट को भी यह बात अजीब लगती कि लड़का जब चाहता अपनी उम्र को बड़ा कर लेता है और जब चाहता है एक बच्चे में बदल जाता है।

हम बैठे हुए ऊँट पर बैठ गए। बिटिया पत्नी की गोद में थी और ताली बजा रही थी। बिटिया की तालियों से खुशी झर रही थी।

"ठीक से पकड़कर बैठिए, जोर से..." लड़के ने कहा। उसने ऊँट को पता नहीं कहाँ छुआ कि वह अपने सामने के पैरों पर उठ खड़ा हुआ। मैंने काठी कसकर नहीं पकड़ रखी होती तो मैं गिर पड़ा होता। बस एक क्षण लगा और ऊँट चारों पैरों पर खड़ा था और हम पृथ्वी से ऊपर थे।

रेत के टीलों पर हवा की धारियाँ थीं—लहरदार। धारियाँ टीलों का सौन्दर्य थीं। लड़के के पैर रेत पर तेज थे—हवा की धारियों पर अपने निशान छोड़ते हुए। लड़के को मालूम था कि वह हवा के लिए काम बढ़ा रहा है। थोड़ी दूर जाने के बाद लड़के ने अपना बायाँ जूता उतारा और उसे उलट दिया—जूते से रेत झरने लगी। उसके बाएँ जूते में छोटा-सा सुराख था—जिससे रेत जूते और पैर के बीच आकर ठहर रही थी। लड़का रेत का आदी था। रेत उसकी झोपड़ी की छत से झरती—लड़का रात बिना कुछ ओढ़े सोता तो सुबह रेत की चादर ओढ़ा हुआ होता। कभी-कभी ही किसी रात बहुत तेजी से रेत, दरवाजे को धकेलते भीतर आती। और घर के सारे लोग गहरी नींद से चौंककर उठ जाते और फड़फड़ाते कपड़ों के साथ जागते रहते। पर जूते के भीतर रेत...अजीब-सी गुदगुदी होती है...उड़ जाने की इच्छा होती है। अगर लड़का उड़ सकता तो उसके पास रेगिस्तान में भटक जाने का भय नहीं होता। अगर ऊँट उड़ सकता तो भी लड़का उड़ सकता था।

"तुम्हारा नाम?" मैंने पूछा।

"रशीद...रशीद खान!" उसने जूता पहनते हुए कहा।

"पढ़ते हो?" पत्नी ने पूछा।

"हाँ..." वह हँसा।

"स्कूल से आकर यह काम करते हो?"

"रोज नहीं...अब्बा आते हैं।"

"कितने भाई-बहन हो?" पत्नी को उससे बतियाना अच्छा लग रहा था।

"पाँच।"

"तुम सबसे बड़े हो?"

"हाँ...धूप सरक रही है तेज चलना होगा।" उसने कहा।

रशीद के पीछे-पीछे ऊँट, अब रेत के टीले पर चढ़ रहा था। आगे टीलों के पार ऊँटों और लोगों की भीड़ थी। यह जगह बहुत दूर नहीं थी। पर रेत पर दौड़ना बस रशीद और उसके ऊँट के लिए आसान था। जो रेगिस्तान को नहीं जानते उनके लिए रेगिस्तान आसान नहीं होता।

"पापा, बहुत से ऊँट...कैमल..." बिटिया ने कहा। वह अपनी माँ की बगल से झाँक रही थी। मैं मुस्कुराया। बिटिया ऊँट पर बैठी और इतने सारे ऊँटों को देखती हुई पहली बार थी। हो सकता है उसे यह सब याद रहे। मेरे बचपन में मेरे पिता मुझे बाहर की चीजें कभी खाने नहीं दिया करते थे और जब एक यात्रा में रेलगाड़ी एक जगह रुकी तो वे उतरे और वापस आए तो उनके हाथ में एक बिस्किट था—गुलाबी रंग का गोल और खूबसूरत। यह तीस साल पुरानी घटना है और मुझे वह वैसी ही याद है कि यह डोंगरगढ़ स्टेशन है...कि अभी उन्होंने बिस्किट मेरी ओर बढ़ाया है और मैंने उसे लिया है। मैं सोचता हूँ और उस बिस्किट का स्वाद मेरे मुँह में होता है। वह मेरे जीवन में दुनिया का सबसे स्वादिष्ट बिस्किट है। बिटिया के पास वह बिस्किट नहीं है। वह राजकुमारी है। ताली बजाती है तो इच्छाएँ हाजिर हो जाती हैं। पर ऊँट ताली बजाने से घर में हाजिर नहीं किया जा सकता और इसलिए हो सकता है कि बिटिया को ऊँट याद रहे, जैसे मुझे पिता का दिया बिस्किट याद है।

"वह देखो सूर्य...वह सरक रहा है..." मैंने चौंकते हुए पत्नी से कहा। मैंने अचानक उसे देखा था। मैं ऊँट पर था और सूर्य वहाँ था, जहाँ आसमान रेत से मिला हुआ था।

"हाँ...कितना सुन्दर..." पत्नी की आवाज में सरकते सूर्य का जादू घुला हुआ था।

थोड़ा और आगे चलते हैं। रशीद ने कहा और वह दौड़ने लगा। ऊँट भी दौड़ने लगा। वह खुश था कि हम खुश थे। सूर्य को डूबने से पहले करीब से पकड़ना था।

"यहाँ से ठीक रहेगा।" रशीद ने कहा।

"नहीं उधर चलो...थोड़ा और आगे...वहाँ।" मैंने कहा।

रशीद फिर दौड़ने लगा...ऊँट फिर दौड़ने लगा।

"हाँ यह जगह ठीक है।" रशीद ने कहा।

ऊँट बैठ गया। बिटिया के हाथों में रेत थी। बिटिया को डूबते सूर्य से कुछ नहीं चाहिए था। वह हथेलियों में बहती रेत की गुदगुदी से खेलने लगी। पत्नी और मैं

सूर्य को रेत में डूबता देखते रहे। वह रेत के टीलों के बीच था–लाल जादू बिखेरता हुआ। कुछ क्षणों बाद मुझे लगा कि मैं बिटिया को भूल रहा हूँ और यह अच्छी बात नहीं है कि वह सूर्य का जादू देखने से चूक जाए। मैंने बिटिया को गोद में उठाया। रेत अब भी उसके हाथों में थी। अँगुली से मैंने डूबते सूर्य की ओर इशारा किया। वहाँ लाल रंग बिखरा पड़ा था। बिटिया के हाथ सारा रंग समेटने को फैल गए। हाथों से रेत फिसलती गई। पत्नी मुग्ध थी। हम तीनों की हथेलियाँ सूर्य के लाल रंग में रँगी हुई थीं।

सूर्य रेत में डूब चुका था। हम गहरी शाम के भीतर थे। यहाँ सूर्य हमें छोड़ गया था–अकेला और बेहोश।

"वह कहाँ गया?" बिटिया ने पूछा–जैसे किसी ने उसका खिलौना छीन लिया हो।

"वह अपने घर गया बेटे।"

"अपनी मम्मा के पास..."

"हाँ..."

"वह फिर नहीं आएगा?"

"सुबह आएगा।"

"वह सोने गया है?"

"हाँ..." मैं बिटिया के सवालों से बचना चाहता था। उनका कोई अन्त नहीं था–वे झरने की तरह लगातार गिरते थे और भिगो जाते थे। मैंने उसे अपनी गोद से उतार दिया। मैं जानता था कि नीचे रेत का समुद्र है और एक नन्ही चिड़िया उसमें तैर सकती है और रेत उसके पंखों पर उड़ सकती है।

"बशीर को सुनेंगे?" मैं उस लड़के को भूल चुका था, जिसका नाम रशीद था और अब वह फिर मेरे सामने था–सूर्य के जादू को पूरी तरह खत्म करता हुआ..."बहुत अच्छा गाते हैं...वे रहे...मैं अभी बुलाकर लाता हूँ..."

उसने मेरी हाँ का इन्तजार नहीं किया। इससे पहले ही वह दौड़ चुका था। वह पहले फिसलते हुए नीचे उतरा और फिर रेत पर चढ़ने लगा। मैंने उस तरफ देखा–वे चार थे। बशीर पास आते ही मुस्कुराए। उनकी मुस्कुराहट में था कि वे बशीर हैं और अच्छा गाते हैं। चार बशीर।

"कितना लेंगे?" मेरे निम्नमध्यम वर्गीय भय ने पूछा।

"दे दीजिएगा अपनी इच्छा से।" बशीर फिर मुस्कराए।

वे बैठ गए हवा से काँपती और सूर्यास्त के बाद नीली होती रेत पर। और फिर रेत का थरथराना नहीं थमा...वह बढ़ता ही गया। बशीर की आवाज के नीचे रेत

सिहरती रही। नर्म धूप-सी उजली, पर खनकती हुई आवाज। बिटिया ठुमकने लगी। बशीर गाते-गाते मुस्कुराने लगे।

बशीर ने गाना बन्द किया और सन्नाटा छा गया। यह दूसरा जादू था—आवाज का जादू। मैं उससे बाहर नहीं आ पाया था कि किसी ने पीछे से मेरे कन्धे को छुआ, "थोड़ा हटिएगा।" आवाज में आग्रह उतना नहीं था, जितना आदेश था। मैं चौंककर पलटा तो एक साहब थे—कन्धे पर वीडियो कैमरा और बगल में चुस्त जींस और टी शर्ट के साथ पत्नी थी।

"थोड़ा गाओगे...मैं शूट करना चाहता हूँ..." उस साहब आदमी ने बशीर से कहा।

बशीर फिर शुरू हुए। उन्होंने दो-तीन पंक्तियाँ गाईं। कहीं कोई थरथराहट नहीं उपजी। रेत मरी-सी पड़ी रही। बशीर जैसे बस बटन दबाने के बाद बज रहे हों।

"बस रहने दो।" साहब ने कहा, "इतने से काम चल जाएगा।"

साहब की पत्नी के चेहरे पर मरी हुई रेत थी। वह बशीर के पास गई और सौ का एक नोट उसकी ओर बढ़ाया। नोट साहब की पत्नी के हाथ से फिसल गया। (मेरे ख्याल से उसने उसे फेंका नहीं था।) नोट उड़कर रावण हत्थे के तार पर चिपक गया। साहब आदमी फड़फड़ाते नोट को 'शूट' करने के लिए दौड़ा। पर नोट रावण हत्थे को छोड़कर रेत पर भागने लगा।

मैं बशीर के पास गया। मैंने झेंपते हुए उनकी ओर कुछ रुपए बढ़ाए जो सौ से बहुत कम थे। वे मुस्कुराए। मुझे लगा मैं बेवजह झेंप रहा था।

रेत के टीलों में अँधेरा गहराने लगा था और ऊँट दौड़ने लगे थे। अब ऊँट पर बैठते हुए मैं भयभीत नहीं था। काली होती रेत में रशीद ने वापसी की यात्रा शुरू की। वह सारे लौटते हुए ऊँटों से आगे हो जाना चाहता था। वह दौड़ता और चलता...वह फिर दौड़ता और फिर चलता। जीवन अपने सबसे ताजेपन में बच्चों के पास होता है। वह मेरी गोद में भी था—खिलखिलाता हुआ और खनकती आवाज में मुझसे बतियाता हुआ।

ऊँट से उतरते हुए मुझे लगा कि मैं थका हुआ हूँ। पत्नी के चेहरे में भी थकान थी। रशीद अपने पपड़ाए होंठों के बावजूद ताजा था। उसके पास खिलते फूल की मुस्कान थी। फूल जो धूल के बावजूद चमक रहा था। बिटिया मेरी गोद से उतरकर दौड़ने लगी। मैं उसे पकड़ने भागा।

पत्नी मेरे पास आई। उसने मुझसे कहा, "इसे कुछ ज्यादा दे दें। अच्छा लड़का है।"

मैं मुस्कुराया। हम रशीद के पास गए। वह ऊँट की काठी सहेज रहा था।

"यह लो।" पत्नी ने कहा।

रशीद ने नोटों को देखा फिर हमारी ओर देखा कि कहीं हम कोई भूल तो नहीं कर रहे हैं।

"रख लो।" पत्नी ने कहा।

"अच्छा सलाम।" रशीद खुश था, "फिर आइएगा जब भी इधर आएँ... जैसलमेर...मेरा नाम रशीद है...भूलिएगा नहीं..."

"सुनो।" पत्नी ने कुछ दूर तक चले आने के बाद अचानक रशीद को पुकारा। वह पास आया मुस्कुराता और खुश। पत्नी ने कहा, "एक बात कहूँ। हम मुसलमान नहीं हैं।"

"मैंने समझा...आपने ही तो कहा था", रशीद झेंप गया। चेहरे से सारी खुशी फिसलकर गिर पड़ी।

"वैसे ही...इससे क्या फर्क पड़ता है...है न...यह बड़ी बात है तुम एक अच्छे लड़के हो...मेहनती और ईमानदार..." पत्नी ने उसे समझाया। शायद उसका चेहरा देखकर पत्नी को लगा होगा कि एक सही बात, गलत समय और गलत जगह पर बोली जा चुकी है—जैसा कि मुझे लग रहा था। कुछ सत्य न बोले जाने के लिए होते हैं, उन्हें वहीं पड़े रहने दिया जाना चाहिए जहाँ वे होते हैं—बिना छुए। वे ऐसे सत्य होते हैं कि सिर्फ दु:खी करते हैं।

"हाँ कोई फर्क नहीं..." रशीद ने तुरन्त अपने को सँभाल लिया।

वह फिर मुस्कुराने लगा। वह मेरे करीब आया—बिटिया के पास और उसके गालों को थपथपाया। बिटिया हँसी और रशीद हँसा। बिटिया हँसती रही और रशीद हँसता रहा। रेत के टीलों के नीचे दबे हजारों सूर्य बाहर आने लगे। रेगिस्तान रोशनी से भर गया।

ऊँट चौंककर खड़ा हो गया—ओफ! यह रोशनी!! कहीं यही तो मीठे पानी की झील नहीं है!!!

रचना-वर्ष—1995 : हंस—फरवरी '96

बचा हुआ राजा

वे गहरी नींद में थे। इतनी गहरी नींद कि सारे सपने नींद के बाहर बेचैन थे। इतनी गहरी नींद कि उसमें कोई सिक्का डालें तो उसके गिरने की आवाज वापस न आए।

सिरहाने की दीवार पर, उनके दादा की तस्वीर थी–आदमकद। दादा, राजाओं के चमकीले लिबास में थे। कमर में लम्बी तलवार थी, जिसकी मूठ पर सोने की नक्काशी थी और जिसकी धार, लाल मखमली म्यान के भीतर छुपी हुई थी। छुपी हुई धार खतरनाक थी। वह दिखती नहीं, बस कौंधती थी और खून की लकीर छोड़ जाती थी। छुपी हुई धार, चीते का चालाक पंजा थी। छुपी हुई धार के पास लोमड़ी का दिमाग था।

तलवार, तस्वीर में भी तलवार है और दादा, तस्वीर में भी दादा हैं। तस्वीर में, वे उतने ही लम्बे और चौड़े हैं–जितने अपने जीवन में थे। दादा, अगर अपनी तस्वीर से उतर आएँ तो अजीब नहीं लगेंगे। अजीब लगते, अगर तस्वीर में अपनी लम्बाई से कम होते और चौड़ाई में ज्यादा होते, या लम्बाई अधिक होती और चौड़ाई कम होती। तब उन्हें पहचानना मुश्किल होता। दादा, हँसी हो जाते। हँसी तस्वीर से उतरती और चलती-फिरती और बातचीत करती। हँसी से बस हँसी आती, दादा नहीं आ पाते। लगता, इस हँसी को कहीं देखा है, पर कहाँ देखा है–बहुत कोशिश पर भी याद न आता। ऐसा दिन उनके लिए शर्म का दिन होगा कि दादा तस्वीर से उतर आएँ और वे उन्हें न पहचान पाएँ। वे दादा की तलवार की धार के पहरे में सोते हैं और इस पहरे के इतने आदी हो चुके हैं कि हर उस जगह और बिस्तर पर, जिसके सिरहाने दादा की तस्वीर नहीं होती, उनकी रातें–टूटती नींदों की रातें होती हैं जो उन्हें चौंकाती और डराती रहती हैं।

वे अपनी उम्र के छियालीस साल से कुछ माह अधिक में हैं। उनका शरीर मोटापे की ओर तेजी से फिसल रहा है। ठुड्डी के नीचे मांस का बड़ा-सा घेरा है जो दूसरी ठुड्डी लगता है। गर्दन गायब है। गाल फूल गए हैं और पेट इस तरह दिखने लगा है कि साफ लगता है कि यह पेट है। उनका मोटापा, उनके छह फुट

को छूते कद तक फैला हुआ है और पूरे शरीर को विशाल बना चुका है। इसके बावजूद, वह मोटापा भद्दा होने से बचा हुआ है। वह उनके चमकीले गोरे रंग और आसपास बिखरी भव्यता के नीचे दबा मोटापा है।

उनकी देह के पास जितना साफ गोरा रंग है, वह इस गरम देश में बहुत कम लोगों के पास है। गोरे रंग के नीचे यह देश बरसों गुलाम रहा है। गुलाम रही पीढ़ियाँ समाप्त हो गईं, पर गोरा रंग अब भी हमारे भीतर धड़कता है। वह हमें चौंकाता है और बार-बार गुलाम बना जाता है। गोरा रंग तुरन्त मालिक के रंग में बदल जाता है। गोरा रंग देवताओं के रंग में बदल जाता है। गोरा रंग बर्फ से ढका खूबसूरत पहाड़ है, जिस पर होने की इच्छा है, और न हो पाने का दुःख है।

गोरे रंग के पास गोरी भाषा है। गोरी भाषा मालिकों की भाषा है। गोरी भाषा खूबसूरत पहाड़ पर बोली जाती है और इतनी ऊँचाई पर होती है कि आतंक पैदा करती है।

वे मालिक, देवता और खूबसूरत पहाड़ होकर इस छोटे-से शहर में हैं। यह शहर उनके होने से खुश है। शहर उन्हें गर्व से दूसरे शहर को दिखाता है और खुश होता है। शहर को उनकी भव्यता के नीचे दबा रहना अच्छा लगता है जो उनके पास अब भी इतनी बची हुई है, जितनी इस देश में सिर्फ उन लोगों के पास होती है, जिन्हें अँगुलियों में गिना जा सकता है। इस छोटे शहर को अँगुलियों की जरूरत नहीं है। वे अकेले हैं और गिने जाने से बाहर हैं। यह छोटा शहर, बहुत संकोच से अपने को शहर कहता है (क्योंकि उसे लगता है कि यह कस्बा है) पर बहुत संकोच से उन्हें राजा नहीं कहता। कुछ सिरफिरे इस शहर में जरूर हैं जो उन्हें देखते हैं और हँसते हैं, पर वे इस बात के मानदंड नहीं हैं कि वे राजा नहीं हैं।

हम अगर उनके कमरे की खिड़की से बाहर देखें तो इस महल का लम्बा गेराज दिखेगा, जिसमें कम से कम पन्द्रह मोटर-गाड़ियों के खड़े होने की जगह है। अभी सिर्फ आठ हैं। इनमें दो चलती हैं और छह गाड़ियाँ धूल की परत के नीचे खड़ी रहती हैं। राजपरिवार, मोटरगाड़ियाँ खरीदता है, पर उन्हें बेचता नहीं है। बहुत पहले कभी, राजपरिवार खुश होकर पुरानी मोटरगाड़ियों को दान दे देता था। दान हमेशा उस आदमी को मिलता, जिसने अपना सब-कुछ पहले ही राजपरिवार को दे दिया होता। पर अब दान देने का साहस नहीं होता। गाड़ियाँ चुपके से बेची जाती हैं-दूर-दराज में। और इस बेचने को दान का रूप दे दिया जाता है। राजप्रतिष्ठा को बचाए रखना जरूरी होता है। राजप्रतिष्ठा, जल्दी अफवाहों के घेरे में आती है और अफवाहों की गति सत्य से तीव्र होती है। ये आठ गाड़ियाँ, उनके तामझाम का पहला हिस्सा हैं। महल के विशाल प्रवेश-द्वार से घुसते ही, लगभग चार सौ फुट

की दूरी पर महल के दाईं तरफ यह गेराज है, जिसमें रखी देशी-विदेशी आठ गाड़ियाँ हर भीतर आनेवाले को चौंका जाती हैं।

महल के मुख्य द्वार पर पत्थर के दो सैनिक खड़े हैं—पत्थर की ढाल और पत्थर की तलवार लिये हुए। सैनिक भीतर जाने से रोकते हैं। उन्हें देखकर पहले ठिठकना पड़ता है—उसके बाद ही महल के भीतर जाना हो सकता है। भीतर पहुँचकर, रंगीन दीवारों पर टँगी तलवारों, बन्दूकों और ढालों से आदमी घिरता जाता है। झाड़-फानूस सिर पर गिरने का भय पैदा करते हैं। मेज, कुर्सियाँ और पलंग—सब अपनी भव्यता में चौंकाते हैं। भूसे में साँस लेते शेर, हिरण और वनभैंसे—महल के किसी भी मोड़ पर मिल जाते हैं और हर आनेवाले को अपनी निर्जीव आँखों से टटोलते हैं, जैसे जाँच-परख रहे हों कि यह महल के भीतर होने लायक है या नहीं।

आदमी को भूसा भरकर खड़ा नहीं किया जा सकता और शायद इसीलिए खड़ा नहीं किया जा सका है। वरना, इस कस्बे के बहुत से लोग, अपने दादा, परदादाओं को इस महल के भीतर भूसे में जीवित देखते और तब खुश होना मुश्किल होता कि वे जीवित हैं और उन्हें देखकर दुःखी होना भी मुश्किल होता कि वे महल की भव्यता हैं।

उनके महल (जिसे हवेली कहो तो वे दुःखी हो जाते हैं) में इकतीस कमरे हैं—विशाल। इकतीस आश्चर्य हैं। कमरों की छत इतनी ऊँची है कि एक के ऊपर एक दस लम्बे आदमी खड़े हों, तो वे भी इन कमरों की बेल-बूटेदार रंगीन छत को नहीं छू सकते। ये कमरे, आदमी की जरूरत से बहुत बड़े और आदमी के कद से बहुत ऊँचे हैं। इसलिए मामूली आदमियों का भय इन कमरों के फर्श पर बिखरा पड़ा है जो छत को छूने की इच्छा के कारण ऊपर से नीचे झरता रहा है। वर्षों की साफ-सफाई और झाड़-पोंछ के बाद भी भय साफ नहीं किया जा सका है। अगर ध्यान से देखें तो वह कमरों के फर्श पर, अभ्रक के कणों की तरह चमकता दीखता है।

यह कमरा, जिसमें वे सो रहे हैं—उनके दादा यानी बड़े राजा का शयनकक्ष था और दादा की मृत्यु के बाद हमेशा बन्द रहता था। उनके पिता को इस कमरे में होना पसन्द नहीं था। पिता का मानना था कि इस कमरे की हवा के हाथ हैं। हवा जोर से धक्का देकर जमीन पर पटकती है और सीने पर सवार हो जाती है...और साँस लेना मुश्किल हो जाता है। पिता, एक बार कमरे के भीतर आए थे और मरते-मरते बचे थे...वे भागते-लड़खड़ाते कमरे से बाहर निकले थे और बहुत देर तक खुली हवा से अपनी साँसें इकट्ठी करते रहे थे। उनके पिता यानी छोटे राजा साहब—जब तक जीवित रहे, यह कमरा बन्द रहा। कमरे के भीतर छोटे राजा का

'डर' बन्द रहा। उस समय दरवाजे की किसी सरंध्र से झाँका जा सकता तो हो सकता है 'डर' हमें बन्द कमरे के भीतर टहलता दीखता।

वे उस समय ऐसी उम्र थे जो भय के भीतर देखने से नहीं हिचकती। उन्हें महल के ग्यारह बन्द दरवाजे खींचते थे, जिनमें पीतल के बड़े-बड़े ताले जड़े हुए थे।

बच्चा सुबह उठता और चाबियों की खोज में लग जाता। बच्चे को पूरा विश्वास था कि ग्यारह कमरों की चाबियाँ खुले हुए बीस कमरों में ही कहीं होंगी। वह दिन-भर खुले कमरों में भटकता पाया जाने लगा। वह उन जगहों पर पकड़ा जाने लगा, जहाँ उसका होना आश्चर्य हो जाता। पूछा जाता—यहाँ क्या कर रहे हो? वह झेंप जाता और उससे कोई जवाब न बनता। बच्चा खुले हुए कमरों के सारे बन्द रहस्यों को जान गया, पर चाबियाँ नहीं मिलीं। चाबी खोजता बच्चा इतनी तेजी से बढ़ा कि उसका बढ़ना आश्चर्य पैदा करने लगा और उसके सवाल बड़ों के लिए शर्म पैदा करने लगे। बड़े पकड़े जाने लगे—रँगे हाथों। नौकर-चाकर जब तक पकड़े गए, तब तक तो सब ठीक रहा—सजा थी...दे दी गई। पर एक दिन छोटे राजा पकड़े गए—एक सुन्दर और अपनी बाँहों में शिथिल पड़ी लड़की को चूमते हुए। वे बच्चे को देखकर हड़बड़ा गए। लड़की अलग हो गई। "तुम्हारे कान में कहाँ चोट आई है?" वे उस शिथिल लड़की से कहने लगे। "यह गिर गई थी...इसे चोट आ गई है।" यह उन्होंने बच्चे से कहा। बच्चा मुस्कुराया और चला गया। छोटे राजा को जीवन में पहली बार बच्चे की मुस्कुराहट भयावह लगी। वे दिन-भर डरे-डरे रहे। दिन-भर उन्हें लगता रहा कि वे नंगे हैं। ऐसा नहीं था कि छोटे राजा पहली बार पकड़े गए थे। कई बार उनकी पत्नी उन्हें पकड़ चुकी थीं। पर वे मुँह फेरकर चली जातीं। चेहरे पर सिर्फ घृणा रहती। वे कहती कुछ नहीं थीं। उनके लिए वह दुःखद था, पर वह सब उतना ही सहज भी था कि किसी स्त्री का बनाया खाना उसके पति को अच्छा न लगे तो वह बाहर से मँगाकर खा ले। वे सामान्य लोग नहीं थे और न ही वह सामान्य परिवार था। इसलिए महल के बाहर की दुनिया में जो असहज और अस्वाभाविक था, वह यहाँ महल के भीतर सहज और स्वाभाविक था। पर बेटे से पकड़ा जाना छोटे राजा के लिए स्वाभाविक नहीं रहा। अपने रँगे हुए हाथों को वे अपनी मृत्यु तक साफ नहीं कर पाए। रंग पक्के थे, साफ नहीं हुए। छोटे राजा, अपने बेटे से डरने लगे, जैसे अपने पिता से डरते थे।

छोटे राजा का डर स्वाभाविक था। उनके भीतर बहुत-कुछ, उनके दादा यानी बड़े राजा जैसा है—उनका चेहरा, उनकी आवाज, उनका चलना-फिरना, उनकी मुस्कुराहट...। उनका नाम राघवेन्द्र सिंह है और यह उनके दादा का भी नाम है।

उनके यहाँ पौत्र को दादा का नाम दिए जाने की परम्परा है। सिर्फ दो नाम, सैकड़ों वर्षों से परिवार में बार-बार जन्म ले रहे हैं और मर रहे हैं। यह आश्चर्य की परम्परा है कि उनके परिवार की हर पीढ़ी इकलौते पुत्र की पीढ़ी रही है। दासी-पुत्रों का उल्लेख नहीं किया जाता है। वह हमेशा फुसफुसाते ओठों पर-दासों के बीच रहता है।

दादा उनके पिता में उतने नहीं थे-जितने उनके भीतर उतर आए थे। शायद इसीलिए, उनके पिता का व्यवहार उनसे सहज नहीं रहा। वे पिता से बचते और डरते रहे कि वे पिता हैं... और पिता उनसे बचते और डरते रहे कि वे पिता हैं। इस तरह वे पुत्र नहीं हो पाए और उनके पिता, पिता नहीं हो पाए। पिता जब मृत्यु के करीब थे तो अपने अन्तिम क्षणों में इतने भावुक हो गए थे कि पिता के हाथ उनके पैरों की ओर बढ़ रहे थे और दयनीय आँखें लड़खड़ाती आवाज में उनसे क्षमा माँग रही थीं कि राजा जी, मेरी गलतियों के लिए मुझे क्षमा करें...मैं राजा नहीं हो पाया...मैं इस लायक नहीं था...पिता की दशा पर वे रो पड़े थे। पर पिता उनका रोना नहीं देख पाए, क्योंकि उन्होंने क्षमा माँगते ही दम तोड़ दिया था। अगर पिता उनका रोना देख पाते तो शायद अपने अन्तिम क्षणों में यह सत्य जान पाते कि वे उनके पिता नहीं, पुत्र हैं और वे एक धोखे से जीवन-भर भयभीत रहे हैं। यह अच्छा होता! दादा उनकी पीठ से उतर जाते जो अब तक सवार हैं और जिनका भारी बोझ उठाए, वे किसी खच्चर की तरह घूम रहे हैं। दादा बहुत भारी हैं-उतने ही भारी हैं जितने सिरहाने लगी तस्वीर में हैं।

कितनी अजीब बात है कि एक आदमी का आतंक पूरी एक पीढ़ी के नष्ट हो जाने के बाद भी बचा हुआ है। आतंक हमेशा मरता है। वह बहुत लम्बे समय तक जीवित नहीं रह सकता। वह ढोल की तरह होता है जिसे एक छोटा बच्चा पीट-पीटकर फोड़ सकता है। आतंक को हमेशा डर सहेजकर रखता है और दादा का आतंक भी डर ने ही सहेजकर रखा हुआ है। महल के पुराने और बूढ़े नौकर (अब वे सिर्फ दो बचे हैं) उनकी आवाज सुनकर आज भी काँप जाते हैं। दोनों बूढ़े, उनके चेहरे और उनकी आवाज में-दादा के आतंक को खोज लेते हैं और बरसों पहले मरा हुआ एक आदमी जीवित हो जाता है, जिसकी आवाज दोनों बूढ़े नौकरों को, उनके बीते दिनों की ओर फेंक देती है-जहाँ उन्होंने बचपन के बाद सीधे बुढ़ापा पाया है और जवानी दादा या बड़े राजा सोख चुके हैं।

उनके खर्राटे तक दादा के खर्राटों जैसे हैं, जो किसी जंगली जानवर की गुर्राहट की तरह सुनाई देते हैं। पर उनका स्वभाव उनके दादा की तरह नहीं है-वह शायद पिता के ज्यादा करीब पड़ता है जो दादा के डर से दरवाजा बन्द कर नृत्य का अभ्यास करते थे और बहते खून को देख डर जाते थे। उस चिड़िया के

पास जो पिता के शयनकक्ष के रोशनदान में अपना घोंसला बनाए हुए थी। यह भी खबर है कि वे कभी-कभी रात में स्त्री के वस्त्र पहनकर सोते थे। वे राजा नहीं लगते थे और राजाओं की तरह व्यवहार नहीं कर पाते थे। बड़े राजा हमेशा उनसे नाराज रहते थे और पिता हमेशा उनकी गालियों और गुस्से के नीचे होते। पिता तिलचट्टों और छिपकलियों से भयभीत रहते थे। इन्हें भी तिलचट्टों और छिपकलियों को देखकर घृणा होती है।

वे नींद में जितने शान्त दीख रहे हैं–जागे हुए भी उतने ही शान्त हैं। पर कभी-कभी उनके दादा, दबे पाँव उनके भीतर उतरते हैं–अपने पागल गुस्से और भद्दी गालियों के साथ। तब वे चीखते-चिल्लाते इधर-उधर भागते हैं, जैसे पागल हाथी भागता है। महल काँपने लगता है...बन्द दरवाजे और अधिक सन्नाटे में डूब जाते हैं...और खुले दरवाजे बन्द हो जाते हैं...नौकर-चाकर गालियों से सने भयभीत खड़े रहते हैं...ठीक इस समय अगर कोई चुपके से उनके शयनकक्ष में आए तो दादा की तस्वीर का फ्रेम तो यहाँ होगा और तस्वीर भी मिलेगी, पर दादा तस्वीर में नहीं होंगे। वे अपने चमकीले लिबास और सोने की मूठ वाली तलवार के साथ गायब होंगे। तस्वीर में बस शेर दिखाई देगा, पेड़ों के बीच पड़ा-मरा हुआ शेर।

उन्होंने करवट ली–नींद में एक और गहरी डुबकी लगाई। पलंग हलके से काँपा और फर्श को भी कँपा गया। तस्वीर में दादा के हाथ तलवार की मूठ पर कस गए। दीवार पर टँगी तलवारें, ढालों को लेकर चौकन्नी हुईं। भूसे में जीवित शेर की आँखों में शिकार खोजती चमक उपजी। छत ने यह सब देखा और छत के बेलबूटे ऐसे लहराए जैसे हवा चली। इस तरह करवट थोड़ी देर कमरे में दिखती रही और फिर सब-कुछ शान्त हो गया।

कुछ चेहरे ऐसे होते हैं जो सोते होते हैं तो बच्चे का चेहरा लगते हैं। उनके पास ऐसा ही चेहरा है जो नींद में बच्चे का हो जाता है। बच्चे हत्या के लिए आसान होते हैं। आसान, जितना पेट में फलता भ्रूण होता है। तस्वीर से दादा उन्हें देखते रहते हैं-सावधान नजर कि भ्रूण को कोई नष्ट न कर दे। तलवार की मूठ पर दादा का हाथ कसा रहता है कि खतरे की एक झलक को भी काटा जा सके। दादा, राजा होने के खतरे अच्छी तरह जानते हैं। जितना बड़ा राजा, उतने बड़े खतरे। बिना खतरों के कोई राजा नहीं होता।

एक बच्चा, अगर वह राजा है तो उतना ही शक्तिमान होता है, जितना एक जवान या बूढ़ा राजा होता है। राजा के मुख से निकला हर शब्द विधान होता है–चाहे वह एक तोतला शब्द क्यों न हो। तोतला शब्द तोतला विधान होता है। इसलिए राजा हमेशा खतरे में होते हैं और इसलिए वे अपनी सुरक्षा पर सबसे अधिक ध्यान देते हैं।

दादा जब जीवित थे तो इस कमरे के बाहर सैनिकों का पहरा रहता था। हर दरवाजा सैनिकों से घिरा रहता। कमरे के हर हिस्से पर सैनिक इतनी बारीक नजर रखते कि कहीं कोई छिद्र बचा तो नहीं रह गया जिससे कोई खतरा भीतर घुस जाए। खतरे हवा में पलते-बढ़ते थे। सैनिक दिन-रात खतरा सूँघते, घूमते। सैनिक सोते नहीं थे। उनकी पलकें नहीं थीं। दादा जब कहीं जाते तो आठ-आठ सैनिक उन्हें घेरे रहते। बिना पलकों के सैनिकों से घिरा—अपनी आँखों की पलक झपकता राजा, फूल की तरह खिला लगता। अब जमाना दादा का नहीं रहा। बिना पलकों वाले सैनिक मर-खप गए। पलक वाले सैनिक हैसियत से बाहर हो गए। अब गिने-चुने नौकर हैं और अगर उन्हें पहरे पर बिठा दिया जाए तो महल का सारा कामकाज ठप्प हो जाएगा। इसलिए दादा अपनी तस्वीर से पोते का पहरा देते हैं और उनके पास यह सुख भी होता है कि वे अपना पहरा दे रहे हैं। छियालिस साल की उम्र में दादा ठीक अपने पोते की तरह दिखते थे। बस, इतना फर्क है कि वे नंगा सोते थे और पोता पैजामा पहनता है। अगर कभी शयनकक्ष पर शत्रु का हमला हो जाता और बिना पलकों वाले सैनिक हार जाते तो दादा को नंगा भागना पड़ता। पर कभी हमला नहीं हुआ और किसी को पता नहीं चला कि राजा नंगा सोता है।

उन्हें लगा वे बहुत गहराई से ऊपर उठ रहे हैं और अँधेरा धीरे-धीरे फीका पड़ रहा है। नींद नीचे गिर रही थी और वे ऊपर आ रहे थे। अब वे सारी आवाजों के पास थे—कमरे और कमरे के बाहर की। उन्होंने आलस को तोड़ा और पलंग अपनी मजबूती और भारीपन के बावजूद चरमराया। पलकें भारी थीं—उन्हें उठाने में कठिनाई हुई। सिर के ऊपरी हिस्से में दर्द की हलकी परत थी—पतंग के कागज जैसी पतली। वे तय नहीं कर पा रहे थे कि कुछ देर और पड़े रहें कि उठ जाएँ। उन्होंने घड़ी देखी—आठ बजने वाले थे। अब यह शोर करेगी—उन्होंने सोचा और अपने कानों को अँगुलियों से बन्द कर लिया। वे घड़ी की ओर देखते रहे। काँटा अब आठ पर बस पहुँचने ही वाला था। उनकी अँगुलियों ने कानों को और कसा। कहीं दूर आठ बजे और वे मुस्कुराए।

यह घड़ी अपने शोर से छह बजे और सात बजे अक्सर उनकी नींद तोड़ जाती है। वे घड़ी से तभी बच पाते हैं जब रात बहुत देर से सोए हों और सुबह छह से सात तक नींद की एक मोटी परत ओढ़े हुए हों। घड़ी के घंटे, जिद्दी और बदतमीज हैं, इसलिए घड़ी उनकी तकलीफ है। पर तकलीफ को वे कमरे से हटा नहीं सकते। यह पुरानी घड़ी है—दादा के पिता की खरीदी हुई और दादा के आठवें जन्मदिन पर तोहफे में मिली हुई।

वे बिस्तर से उठे और खिड़की की ओर बढ़े। उनके हाथ ऊपर उठे हुए थे–उनकी देह को खींचते हुए। खिड़की तालाब पर खुलती थी। सुबह-सुबह तालाब देखना उन्हें अच्छा लगता था। तालाब, राजा का तालाब कहलाता था और प्रजा डर-डरकर तालाब में नहाती थी। साबुन का इस्तेमाल और शरीर को रगड़-रगड़कर नहाना मना था। इन दोनों ही कामों से तालाब गन्दा हो जाता था। तालाब का सिर्फ आधा हिस्सा सार्वजनीन था–कस्बे के लिए, और आधा हिस्सा जो महल की ओर पड़ता था, महल का था। इस तरह आधा तालाब राजा का था और आधा तालाब प्रजा का। पर पानी को आधा-आधा बाँटना मुश्किल था। और वर्षों से राजा के पानी में प्रजा का मैल धुलता आ रहा था, इसके बावजूद कि साबुन और बदन रगड़ने की मनाही थी। साबुन का उस समय ज्यादा प्रचलन नहीं था। लोग मुल्तानी मिट्टी को साबुन की जगह इस्तेमाल करते थे, पर इन चीजों से प्रजा पानी को गन्दा नहीं कर पाती थी, क्योंकि प्रजा के हिस्से के तालाब में राजा का पहरा होता था। पर अगर कोई तालाब के अन्दर खड़ा होकर पेशाब कर दे तो राजा के सिपाहियों को पता नहीं चलता था कि राजा के तालाब में प्रजा का पेशाब मिलता जा रहा है। किसी भी राजा ने तालाब की गहराई तक उतरकर नहीं सोचा और प्रजा को नहीं पकड़ पाया।

उन्होंने खिड़की खोली। हलके नीले रंग का लम्बा-चौड़ा विस्तार सामने था–पारे की तरह दमकता। वे देखते रहे। सुख दमक रहा था। हवा आती रही और उनकी देह को सहलाती, कमरे के भीतर समाती रही। हवा का चेहरे को छूना उन्हें अच्छा लगता रहा। उन्होंने अपनी आँखें बन्द कर लीं कि नीले पानी से आती, नीली हवा के ठंडे स्पर्श को, गहरे तक महसूस कर सकें। वे सुख बटोर रहे थे और वह धीरे-धीरे उनके भीतर जमा हो रहा था। सुख ऐसी चीज है, जिससे मन नहीं भरता और ऊब नहीं होती...बस, ऊब जाने का भ्रम होता है। वे उन लोगों में थे जिन्हें दुःख सोचना होता था। अगर आप सुखों से घिरे रहें तो दुःख को सोचना मुश्किल और मजेदार दोनों होता है। रात अधिक शराब पीकर सिर को भारी कर लेने के दुःख और बिना रोटी और दवा के–भूख और बीमारी से मरते आदमी के दुःख में अन्तर होता है।

हाथी के पाँव के नीचे कितने छोटे-छोटे जीव कुचलकर मर जाते हैं, पर कोई उन जीवों की गिनती नहीं कर पाता है। वे जीव स्वयं भी नहीं जान पाते कि वे हाथी के पाँव के नीचे हैं। हाथी का पाँव उन जीवों को पत्थर की विशाल चट्टान लगता है। चट्टान एक बड़े जानवर का तलवा है–वे कभी नहीं जान पाते हैं।

अचानक उन्हें लगा कि सुख में सुराख हो गया है। उनके और सुख के बीच जैसे कोई आ गया था। उन्होंने तीखी गन्ध महसूस की, जो सिर्फ जंगली जानवरों

की देह से आती है। उन्होंने चौंककर अपनी आँखें खोलीं और डरकर पीछे हट गए। बाहर खिड़की से सटा एक आदमी खड़ा था। उसका चेहरा विचित्र और भयावह था। वह लगातार उनकी ओर देख रहा था–अपना सिर उठाए। वह उनसे बहुत नीचे था। उसके कन्धे मुश्किल से खिड़की के निचले हिस्से तक आ रहे थे। यह नहीं चढ़ पाएगा...इतना आसान नहीं है–उन्होंने सोचा। वे काँप रहे थे। माथे पर पसीने की बूँदे उभर आई थीं।

उस आदमी का चेहरा बालों से ढका हुआ था। चेहरे के बहुत कम हिस्सों से उसकी कत्थई रंग की चमड़ी झलक रही थी। आँखें गोल थीं और आँखों में बरसों पुराने सुख की चमक थी। वे ऐसी चमकीली आँखें थीं जो बहुत पहले–शायद अपने बचपन में उन्होंने कभी देखी थीं, पर अब उन्हें याद करना मुश्किल था कि वे किसकी आँखें थीं। उस आदमी की आँखों को देखो तो भय से मुक्ति मिलने लगती थी। पर सिर्फ आँखों को वे बहुत देर तक नहीं देख पाए और अपने ही भय में कूद गए। उस आदमी के ओठ शहतूत के थे–हलकी-सी लालिमा में काले। ओठ मोटे थे और जानवर की थूथन की तरह आगे की ओर निकले हुए थे। वे बेचैन ओठ थे। वे बार-बार सिकुड़कर गोल हो रहे थे, जैसे सीटी बजाना चाह रहे हों।

"मुझसे डरो मत!" उस आदमी की आवाज नीचे से ऊपर आई–"मेरी देह पर बाल कुछ ज्यादा हैं और ये लोगों को डरा देते हैं–यह मैं जानता हूँ। शायद तुम भी डर रहे हो...पर मुझमें ऐसा कुछ नहीं है कि डरा जाए...हाँ, ऐसा बहुत-कुछ है कि घृणा की जाए...तुम बार-बार भय की ओर भाग रहे हो जबकि तुम्हें घृणा की ओर जाना चाहिए...मैं तुमसे मिलना चाहता था...पुरानी इच्छा...नींद के बाद, सबसे पहले जागी, सबसे पुरानी इच्छा है कि तुमसे बात कर सकूँ...तुम मुझे अपना हाथ दोगे जिससे मैं ऊपर आ सकूँ?" उस आदमी ने अपना हाथ बढ़ाया। उसका पंजा बालों से ढका हुआ था और नाखून लम्बे और नुकीले थे। वह आदमी नहीं है–यह तय था।

उनके पैर काँपने लगे। उन्हें लगा वे खड़े-खड़े गहरी नींद में डूब रहे हैं।

"तुम थक गए हो। तुम्हें आराम की जरुरत है।" वह ऊपर आ चुका था और उनके कान में फुसफुसा रहा था। उन्होंने पाया कि उस आदमी के घृणित बालदार पंजे उन्हें सँभाले पलंग की ओर ले जा रहे हैं। उसने उन्हें इस तरह उठा रखा था जैसे वे कोई बच्चे हों।

इतनी घटिया सुबह, वे अपनी छियालिस साल की उम्र में शायद पहली बार देख रहे थे। उनके पेट में मरोड़ उठी और उन्हें मतली आने लगी और ठीक इसी समय उस आदमी ने उन्हें पलंग पर रख दिया। गन्ध दूर हुई और मतली रुक

गई। वह कुछ-कुछ कच्चे मांस की गन्ध थी, जैसे कच्चे मांस की गन्ध में मनुष्य के पसीने की गन्ध मिली हुई हो। ओह! आज मैं फँस गया...कुछ भी हो सकता है...शक्ति में मैं इसके सामने कमजोर पड़ूँगा और मारा जाऊँगा...। मनुष्य के पास बुद्धि होती है और उसके बल पर मनुष्य हमेशा जानवरों को जीतता आया है—उन्होंने सोचा। वे बिस्तर पर लेटे रहे और उस आदमी की ओर देखकर मुस्कुराने की कोशिश की। उनके चेहरे पर जो मुस्कुराहट उभरी, उसमें भय इतना अधिक मिला हुआ था कि उसे इस तरह पहचानना मुश्किल था कि वह मुस्कुराहट है। वह अजीब-सी मुस्कुराहट, उनके ओठों की कोर से बहकर, बिस्तर पर गिर गई।

वह आदमी उनकी मुस्कुराहट को नहीं देख पाया। वह अपने कपड़ों से धूल झाड़ रहा था जो उसके ऊपर इतनी अधिक थी जैसे वह बहुत लम्बे और कच्चे रास्ते से आया हो। उसने बरसों पुरानी काले रंग की अचकन पहन रखी थी, जिस पर सुनहरे फूल बने हुए थे। उनके सिर पर एक काली टोपी भी थी जो सुनहरे फूलों की लतर से सजी हुई थी। फूल, धूल में मुरझा गए थे। टोपी उसके सिर से इतनी छोटी थी कि उसके बाल हलके से भी हिलते तो लगता वह गिर जाएगी। बाल घुँघराले थे और टोपी के बाहर लगभग पूरे दिख रहे थे। बाल धूल से रँगे हुए थे। उस आदमी ने कोशिश की, पर धूल पूरी तरह साफ नहीं कर पाया। वह कमरे को देख रहा था—कमरे के एक-एक हिस्से और एक-एक वस्तु को।

''बुरा नहीं है...सब-कुछ वैसा ही है।'' उस आदमी ने अपने से कहा। उसने अपने सिर पर चपत मारी और मुस्कुराया। टोपी सिर से गिर गई। उसने उसे नहीं उठाया और खुद से बोला, ''बेवकूफ, तुम व्यर्थ ही डरते रहे कि सब-कुछ बदल गया होगा...आमतौर पर कुछ नहीं बदलता...देखने का तरीका बदलता है और चाहने का...और हमें लगता है, सब-कुछ बदल रहा है।''

उन्होंने देखा कि उस आदमी की आँखें उन्हें देख रही हैं और मुस्कुरा रही हैं। आँखों की मुस्कुराहट में गहरी आत्मीयता और स्नेह था। उन्होंने तय किया कि वे सिर्फ उस आदमी की आँखों को देखेंगे और भय से धीरे-धीरे मुक्त हो जाएँगे। अब तक उसने कोई हमला नहीं किया है तो जरूरी नहीं कि वह हमला करने ही आया हो। हो सकता है, वह आदमी ही हो—थोड़ा पागल, पर भला आदमी।

''अब मैं बैठना चाहता हूँ, अगर तुम्हें कोई आपत्ति न हो तो। मैं लम्बी यात्रा से आया हूँ...इतनी लम्बी कि तुम कल्पना नहीं कर सकते। यात्रा में कठिनाइयाँ ही अधिक होती हैं, फिर भी लोग उन्हें करते हैं...यात्रा न करें तो सड़ जाएँ। सब-कुछ तुम्हारे नजदीक नहीं आ सकता...बहुत तक जाने के लिए तुम्हें यात्राएँ करनी होती हैं...अगर मैंने यह यात्रा नहीं की होती तो तुम्हें नहीं पा सकता था। यात्राओं से

मुक्ति सम्भव नहीं है...पर वे थका देती हैं–यह भी सच है।" उसने कहा और आरामकुर्सी को पलंग के करीब खींचकर बैठ गया। उसने अपनी अचकन की भीतरी जेब से पाइप निकाला और शहतूतों पर लगा लिया। उसने फिर जेब में हाथ डाला और उसके हाथ में एक सुनहरा लाइटर था। उसने पाइप जलाने की कोशिश की, पर पाइप जली नहीं–"ओह, मैं तम्बाखू भरना तो भूल ही गया!" वह बड़बड़ाया और तम्बाखू निकालकर भरने लगा।

उन्हें लगा कि इस पाइप को उन्होंने कहीं देखा है और लाइटर को भी, पर कहाँ देखा है–बहुत सोचने पर भी उन्हें याद नहीं आया।

"पाइप पीने से मुझे तसल्ली होती है कि अब मैं कुछ देर आराम कर सकता हूँ...यात्रा में मौसम इस तरह बदलते हैं कि पता ही नहीं चलता। यह मेरी अचकन न जाने कितनी, आग-सी गरमी, झरने-सी बारिश और बर्फ-सी ठंड झेल चुकी है। मौसम के टुकड़े हो सकता है कि अब भी इसकी जेब में हो...खोजूँगा तो मिल जाएँगे। आदमी को इस अचकन की तरह सहना आना चाहिए, और वह जीतता जाता है...चीजें बदलती जाती हैं जैसा वह चाहता है। सत्ता आसान नहीं है...पर एक तरह से आसान भी है, बस, उसे पाने के लिए सहना आना चाहिए...बस पाने तक...और एक बार अगर तुमने उसे पा लिया तो लोग तुम्हें सहेंगे।" वह हँसा जोर से, जैसे उसने बहुत बढ़िया मजाक किया हो।

वे अब पलंग पर उठकर बैठ गए थे और आश्चर्य से उस आदमी की ओर देख रहे थे। उस आदमी को लेकर जो भय था, अब धीरे-धीरे झर रहा था। वे उसे ध्यान से सुन रहे थे।

"जहाँ तक मैं समझता हूँ–तुम आलसी हो...पुरखों की सम्पत्ति पर मजा कर रहे हो। इस सम्पत्ति से तुम्हें कोई परहेज नहीं है...तुमने कभी जानने की कोशिश भी नहीं की कि यह कहाँ से और कैसे आई। इसके बावजूद तुम शाकाहारी हो...तुम यह मानते हो कि सत्ता से दूर रहना भला आदमी होना है...पर जब भी, जहाँ भी मौका मिलता है, तुम अपना राजा होना रचते हो और हास्यास्पद राजा हो जाते हो...तुम्हारी पीठ पर सैकड़ों लोगों की हँसी चिपकी होती है। गालियाँ चिपकी रहें तो कोई बात नहीं...हँसी तो मूर्खों की पीठ पर चिपकी होती है। राजसत्ता अब भी है, बस उसका रूप बदल गया है। अगर तुम कच्चा मांस खा सकते हो तो उसे पा सकते हो।" उत्तेजना में ढेर-सा धुआँ उसके मुँह से निकला और उनके ऊपर छा गया। सिर पर तम्बाखू के धुएँ का बादल था। बादल में, तम्बाखू की सुगन्ध के साथ-साथ, कच्चे मांस की दुर्गंध भी थी।

मेरे लिए कठिन है...कच्चा मांस खा पाना। मेरे लिए सत्ता कठिन है...सत्ता एक लम्बी यात्रा है जो धैर्य माँगती है–उन्होंने सोचा।

"हर यात्रा धैर्य माँगती है।" उसने कहा। वह उनके भीतर की आवाज भी सुन रहा था–"मैं बहुत लम्बी यात्रा से आया हूँ...भागता और हाँफता, जैसे शिकारी कुत्ते पीछे पड़े हो...यात्रा करनी पड़ती है और वह थका देती है। कोई भी यात्रा, बहुत देर तक आरामदेह नहीं होती...और सत्ता तक पहुँचने की यात्रा तो और भी कठिन होती है...पर जो यात्रा जितनी अधिक कठिन होती है उसके अन्त में उतना ही बड़ा सुख का ढेर होता है। सत्ता का सुख दुनिया का सबसे बड़ा सुख है। मैं तुम्हारे पास सिर्फ इसलिए हूँ कि तुम यात्रा शुरू करो...सत्ता तक पहुँचने की यात्रा! यात्रा लम्बी है तो क्या हुआ? वह किसी छोटी जमींदारी के लिए नहीं है...यह एक अरब से अधिक की जनसंख्या और विशाल भू-भाग वाले देश पर सत्ताधीश होने के लिए है। तुम मुझे प्रिय हो, जैसे मैं स्वयं को प्रिय हूँ...फिर भी मैं तुम्हें कठिनाई में डाल रहा हूँ–सिर्फ पुरखों के लिए। पुरखे तुम्हें प्यार करते हैं...और तुम ही हो जो उनकी सत्ता की भूख को शान्त कर सकते हो..."

"...मैं नहीं चाहता था कि तुम्हें इतनी लम्बी यात्रा करनी पड़े कि पाइप पीने का समय भी न मिले...जैसे मुझे नहीं मिलता...पर मेरे पास कोई चारा भी नहीं था। तुम्हें विश्वास नहीं होगा, पर पाँच वर्ष, दो माह और सात दिन बाद, मैं आज तसल्ली से बैठकर पाइप पी रहा हूँ...मैं कई वर्षों से नहाया नहीं हूँ...समय ही नहीं मिलता। जब तुम्हें कम समय में ज्यादा दूरी पार करनी हो तो समय कठिन और मूल्यवान हो जाता है...तुम्हारा पूरा ध्यान उसे बचाने में होता है। मैं विश्वास करता हूँ कि तुम समय की कीमत समझोगे...और अपने पुरखों का मान बढ़ाओगे। तुम्हारे पुरखे सत्ता की भूख से बेचैन हैं...अगर तुम सत्ता पा लेते हो तो उनकी भूख शान्त हो जाएगी और उनकी यात्राएँ खत्म हो जाएँगी । भूख ही यात्रा कराती है...भरा पेट आदमी सो जाता है। पुरखों का पेट भर जाएगा तो वे भी आराम करेंगे...ब्रह्मांड में न जाने कहाँ-कहाँ भटकते रहते हैं...भटकना पड़ता है...कई वर्षों से लगातार जारी यात्रा...अब मैं थक गया हूँ..."

वह आदमी आरामकुर्सी से उठा और उसने अपने बालदार पंजे उनके कन्धों पर रख दिए। वे सिर्फ उसकी आँखें देख रहे थे। उनके पास उस आदमी को लेकर न भय था और न घृणा थी। कच्चे मांस की बू भी नहीं थी। कुछ क्षणों तक वे एक-दूसरे की आँखों में झाँकते रहे। आँखें बात करती रहीं। अचानक उस आदमी ने उनके कन्धों से अपने हाथ हटाए और अपने शहतूत-ओठों से, उनके माथे को छुआ। और फिर एक झटके से उछलकर, पलंग के सिरहाने चढ़ गया–ठीक उनके पीछे। पलंग जोर से काँपा। वह आदमी दादा की तस्वीर के भीतर चला गया था।

वे कुछ देर तक वैसे ही बैठे रहे–उस आदमी के जादू में लिपटे हुए। उनके चेहरे पर पा लेने का सन्तोष था। वे मुस्कुरा रहे थे कि अचानक पलंग ने उनका खड़ा होना कहा। अब वे हाथ उठाकर दादा की तस्वीर को छू सकते थे। उन्होंने तस्वीर के पैरों की ओर धीरे-धीरे अपना हाथ बढ़ाया–कुछ इस तरह जैसे किसी धड़कती चीज को छूने जा रहे हों जो थोड़ी-सी लापरवाही से जागेगी और उड़ जाएगी। वे पैर थे, कबूतर नहीं थे, पर उन्हें लग रहा था कि अगर दादा के पैर उनका स्पर्श नहीं चाहेंगे तो उड़ जाएँगे। उन्होंने पैरों को छुआ और पैर नहीं उड़े। उन्हें खुशी हुई। उन्होंने अपनी अँगुलियों में मांसल स्पर्श महसूस किया और अँगुलियों को अपने माथे से लगा लिया। वे बहुत खुश थे...इतने खुश कि उनकी इच्छा हुई कि वे नाचने लगें। वे पलंग से कूदकर नीचे उतरे और लगभग ठुमकते हुए अलमारी की ओर बढ़े जो उनके दादा के जमाने की थी और जिनके कई खानों में अब भी दादा की चीजें थीं। वे दादा के खानों को टटोलने लगे। और उन्होंने वह पा लिया जो वे चाहते थे।

वे पलटे तो उनके हाथ में पाइप था और सुनहरा लाइटर। उनकी आँखें खुशी से चमक रही थीं। अचानक आरामकुर्सी के पास उन्हें उस आदमी की टोपी दिखी। उन्होंने लपककर टोपी उठा ली और उनके पैर खुश होकर नाचने लगे। टोपी उनके सिर पर सही बैठी थी। वे किसी बच्चे की तरह ठुमक रहे थे–खुशी में पागल। वे नाचते रहे जब तक हाँफ नहीं गए।

वे आरामकुर्सी पर बैठ गए और पाइप में तम्बाखू भरने लगे। तम्बाखू भरने के बाद उन्होंने सुनहरे लाइटर से पाइप जलाया और धुआँ उड़ाने लगे। पाइप पीते हुए वे ठीक उस आदमी की तरह लग रहे थे जो खिड़की से आया था और तस्वीर में चला गया था। उनके ओठ शहतूत के हो गए थे।

पाइप पीते हुए, वे आरामकुर्सी पर झूल रहे थे और कनखियों से बार-बार, दादा की तस्वीर की ओर देख रहे थे। आखिरकार उन्होंने तस्वीर से कहा कि पुरखों के लिए मैं कर लूँगा। वे खिड़की के पास गए और नीचे झाँका–वहाँ कोई नहीं था। तालाब का विस्तार था जो अब भी नीला था।

उन्होंने पलंग के सिरहाने लगा घंटी का बटन दबाया जो नौकर को बुलाती थी और फिर दादा की ओर देखने लगे–मंत्रमुग्ध। दरवाजे पर नौकर ने ठक-ठक कर अपना आना बताया तो वे दरवाजे की ओर बढ़े। वह बूढ़ा नौकर था–उनके दादा के जमाने का। उसने, उन्हें देखा और भय से काँपने लगा।

''एक मुर्गा ले आ...बड़ा और जीवित...मुर्दा नहीं...समझा बूढ़े सुअर?'' वे चीखे।

नौकर तुरन्त भागा और कुछ ही देर में वापस आ गया। उसके हाथ में बड़ा-सा मुर्गा था...लम्बी कलगी का, लाल काले पंखों वाला...खुश और लम्बे जीवन

की चाहना से भरा हुआ मुर्गा। मुर्गे को उन्होंने झपटकर नौकर से छीना और दरवाजा बन्द कर लिया। उनके हाथों में आते ही मुर्गा भय से चिल्लाने और फड़फड़ाने लगा।

वे पलंग के पास खड़े हो गए–ठीक दादा की तस्वीर के सामने। मुर्गा उनके हाथों से छूटने के लिए पूरी ताकत लगा रहा था–इतनी ताकत कि उसके पंख झड़ रहे थे और वह लगातार चीख रहा था। उन्होंने दादा की आँखों से आँखें मिलाईं और एक झटके में बिना मुर्गे की ओर देखे, उसकी गर्दन मरोड़ दी। मुर्गे के चुप होते ही, वे मुस्कुराए। तस्वीर में दादा की आँखें मुस्कुराईं। वे मुर्गे के पंख नोच-नोचकर फेंकने लगे...ठुमकते हुए...पूरे कमरे में चक्कर लगाते हुए। जब मुर्गा बिना पंखों के नंगा हो गया तो उन्होंने उसके पेट पर अपने दाँत गड़ा दिए...

पूरे कमरे में मुर्गे के लाल-काले पंख बिखरे पड़े थे। खिड़की से आती नीली हवा ने उन्हें अच्छी तरह फैला दिया था। पंख हर वस्तु पर बैठे हुए थे। एक काला पंख तस्वीर में दादा के चेहरे पर फड़फड़ा रहा था और एक काला जीवित पंख उनके चेहरे पर भी था जो मुर्गे से जूझने की थकान और कच्चा मांस खाने की तृप्ति के बाद पलंग पर हाँफते हुए पड़े थे।

रचना-वर्ष–1996 : हंस–मार्च '1998

कबूतर

आसमान में रुई के ढेर थे–सफेद बादल, जैसे किसी गठरी से गिर गए हों और हवा की इच्छा पर बिखर गए हों। नीला आसमान, साँझ की ओर जा रहा था। उसकी छत से कबूतर आसमान की ओर उड़ रहे थे और रुई के ढेरों से रुई चुराकर, छत पर उतर रहे थे। पता नहीं कितनी देर से यह चल रहा था, पर छत सफेद बादलों से भरी हुई थी। उसे ढूँढ़ पाना मुश्किल था। वह बादलों के भीतर कहीं था। मैंने उसे उसकी लाल चौखानेवाली कमीज से पहचाना और उसका होना पकड़ा। लाल चौखाने की कमीज, सफेद बादलों के बीच से कहीं-कहीं झलक रही थी और उसका झलकना कबूतर के पंखों की फड़फड़ाहट और उन पर उभरी चित्तियों के नीचे बार-बार दब रहा था।

सीढ़ियाँ सँकरी और बेढब थीं–जिनसे होकर मैं छत पर आया था। सीढ़ियाँ ऊँचाई में बराबर नहीं थीं–कोई कम थी और कोई ज्यादा। वे सामने की ओर फिसलती हुई थीं। वे लापरवाही और जल्दबाजी में बनी सीढ़ियाँ थीं। उन पर, पैरों को बहुत सावधान होना पड़ा था और इसलिए चढ़ने का सुख था। विचित्र बात है–पर जितना गिरने का भय होता है, उतना ही चढ़ने का सुख होता है।

मैंने उसे पुकारा, ''तुम यहाँ हो?'' मेरी आवाज बादलों के भीतर गिरी और गुम हो गई, जैसे आवाज का रंग भी सफेद हो! मैंने फिर पुकारा, ''तुम हो?'' इस बार आवाज इतनी तेज थी कि उसका रंग सफेद नहीं बचा और वह साँवली मिट्टी होकर सफेद बादलों के बीच तैरती दिखी। उसने भी उसे देख लिया और उसका सिर बादलों से ऊपर उठा। अब बादल उसकी कमर तक थे और मैं उसे देख सकता था। वह मुस्कुरा रहा था और उसके कन्धों पर कबूतर थे जो बोल रहे थे।

''कब आए?'' उसने पूछा।

''बस अभी...मुझे लग रहा था कि मैं तुम्हें नहीं खोज पाऊँगा।'' मैंने कहा।

''यह छत इतनी बड़ी नहीं है कि कोई मुझे न खोज पाए...और तुम...तुम तो मुझे, मेरी छाया से खोज लोगे।'' उसके कहने में छत की इतनी बड़ी होने की इच्छा थी कि जिस पर लोग उसे खोजते-खोजते थक जाएँ और वह न मिले।

"मैं मजाक कर रहा था।" मैंने कहा और यह एक पूरा झूठा वाक्य था।

वह और मैं, बरसों से एक-दूसरे को जानते थे और एक-दूसरे की कमियों को सहते हुए इस जानने को जीवित रखे हुए थे। जानना जीवित बचा हुआ था—इस उम्र तक जो अब हमारी कनपटियों में झलकने लगी थी। हम एक-दूसरे के झूठ को सच मानना सीख गए थे और ऐसा करते हुए, इसकी हलकी-सी खरोंच भी हमारे चेहरे पर नहीं उभरती थी। यह मित्रता थी।

उसे, बात करते हुए, अचानक अपने भीतर गुम जाने की आदत थी। वह सुनना छोड़ देता था और ऐसे समय उसके मुँह से गुनगुनाहट निकलती रहती और वह कहीं और चला जाता—अपनी सोच की दुनिया में। मैं उसका इस तरह गुमना जानता था, फिर भी अक्सर धोखा खा जाता था। मुझे कुछ देर बाद ही पता चलता कि वह मेरा बोलना नहीं सुन रहा है। उसका नाम लेकर चिल्लाओ तो वह वापस आ जाता था।

वह गुम चुका था। मैं कह नहीं सकता कि वह मेरे अन्तिम वाक्य के पहले गुमा है या गुमने से पहले उसने उसे सुन लिया था। उसके कन्धों पर बैठे कबूतरों ने अपने पंख फड़फड़ाए और कन्धों से ऊपर उठ गए। वे बहुत ऊपर तक नहीं गए यानी रुई के ढेरों के पास—वे बस थोड़ा ऊपर उठे और टीवी एंटीना की तरह दिखती बाँस की छतरी पर बैठ गए। कबूतर, करीब बीस फुट ऊँचाई पर झूला झूलने लगे।

कबूतरों से बात करो तो बादल छत पर आते थे और मनुष्यों से बात करो तो वापस आसमान की ओर जाने लगते थे। इस तरह आसमान में रुई के ढेर कम-ज्यादा होते रहते थे। उसने मनुष्य से बात की थी और बहुत-से बादल आसमान की ओर चले गए थे।

बादलों के छँटते ही दिखा कि वहाँ कबूतर ही कबूतर हैं। वे जैसे बादलों की सफेद चादर ओढ़े हुए थे और अब उसे उतारकर बाहर आ गए थे। हम कबूतरों से घिरे हुए थे। कबूतर मुझसे दूर-दूर थे और उसके बिलकुल करीब-करीब।

कबूतर मनुष्य के हाथों चुनते हैं स्नेह और मनुष्य के हाथों ही चुनते हैं भय...और अपरिचित हथेलियाँ हमेशा भय उपजाती हैं।

कबूतरों का घर लकड़ी का एक बहुत बड़ा और लम्बा-चौड़ा खानेदार खोखा था, जिसमें लोहे की जाली का दरवाजा था। एक खाने में दो कबूतरों का घर था। कबूतरों के उड़ने का भय कम होता है, पर उन पर हमले का भय बड़ा होता है। बिल्ली तार की जाली को नहीं तोड़ पाती, इसलिए जाली के बाहर बिल्ली होती है और जाली के भीतर कबूतर होते हैं—भय से थरथराते और फड़फड़ाते। बिल्ली जितनी तेजी से जाली पर अपना पंजा मारती है, भीतर उतनी ही तेजी से भय फड़फड़ाता है। भय से फड़फड़ाते पंखों की आवाज बिलकुल अलग होती है। कभी-कभी रात में यह आवाज दर्दनाक पुकार होकर छत से झरती है और वह चौंक

उठता है और चड्डी-बनियान में ही भागता सीढ़ियाँ चढ़ता है। जब तक वह छत पर पहुँचता है, बिल्ली उसके कदमों की आहट से डरकर भाग चुकी होती है। पर वह भयभीत कबूतरों को छोड़कर जल्दी नीचे नहीं आ पाता है। वह जाली का दरवाजा खोलकर उन्हें सहलाता है—सभी को एक के बाद एक और बातचीत करता है। कभी-कभी इस तरह सुबह हो जाती है और उसे पता नहीं चलता। पत्नी अलस्सुबह देखती है कि घर में सब-कुछ है—सारी वस्तुएँ, जिन्हें रात, वह देखकर सोई थी, बस पति नहीं है तो पत्नी दुःखी होती है। पत्नी का दुःख पैदा होते ही तेजी से बढ़ता है और सारे घर में फैल जाता है। वह भागती-दौड़ती छत पर आती है तो कबूतरों के बीच उसे कबूतर पाती है। दुःख छत पर फैल जाता है। दुःख झरने की तरह छत से झरता है और पूरा मकान लगातार दुःख से भीगता रहता है। इस समय अगर कोई घर में आता है तो देहरी पर ही गीला हो जाता है और आनेवाले को समझ में नहीं आता कि बारिश का मौसम नहीं है, फिर भी कैसी बारिश है? आनेवाला यह कभी नहीं सोच पाता कि दुःख झर रहा है और उसके सिर और कन्धे दुःख से भीग रहे हैं। घर, छत पर पौधों को सींच रहा होगा—आनेवाला सोचता है। हमेशा अपना दुःख सोचने के लिए आसान और भोगने के लिए कठिन होता है। दूसरे का दुःख न तो सोचने में आसान होता है और न भोगने में कठिन।

वह छत पर जितना होता है, छत के नीचे नहीं हो पाता है। कभी-कभार जब नीचे वह कहीं फँस जाता है और अपने को छुड़ा नहीं पाता तो कबूतर फुदकते हुए नीचे उतर आते हैं—उसे ढूँढ़ते हुए और वह कबूतरों को अपने इशारों से समेटता, उनके साथ फिर सीढ़ियाँ चढ़ जाता है। उसकी पत्नी को उन फिसलती सीढ़ियों को चढ़ना बिलकुल पसन्द नहीं है। पत्नी पति को ढूँढ़ती है, पर सीढ़ियाँ नहीं चढ़ती। वह सीढ़ियों के नीचे खड़ी हो जाती है और उसकी आवाज छत पर पति को ढूँढ़ने जाती है। पति तीन महीने से गुम है। अपनी नौकरी पर भी नहीं गया है। पूछो तो कुछ बोलता नहीं है। बस, एक शब्द कहता है 'गुलामी' और फिर चुप हो जाता है, जैसे बोलने के लिए शब्द कम हो गए हों। एक शब्द 'गुलामी' तीन महीने से घर में नाच रहा है और पत्नी की पकड़ से बाहर है। पति लगभग पूरे दिन छत पर रहता है और कभी किसी काम से नीचे उतरता भी है तो थोड़ी देर बाद ही उसके कान बजने लगते हैं और वह चौंक-चौंककर छत की ओर बार-बार देखने लगता है और ज्यादा देर रुक नहीं पाता, दौड़ता हुआ सीढ़ियाँ चढ़ जाता है। इस तरह वह छत के नीचे के काम को हमेशा अधूरा छोड़कर भाग जाता है। अधूरा काम भद्दे ढंग से पड़ा रहता है, जिसे देख-देख पत्नी अधूरी होती रहती है।

पत्नी चाहती है कि सीढ़ियाँ तोड़ दे, जिससे पति छत पर न जा सके। वह हर रात इसकी कोशिश करती है। पति सो जाता है तो वह धीरे से उठती है, कुदाल

उठाती है और सीढ़ियों पर चलाने लगती है। पसीना-पसीना हो जाती है। इतनी थक जाती है कि साँसें बिखरने लगती हैं, पर सीढ़ी नहीं टूटती। सुबह अपनी हथेलियाँ देखती है तो हथेलियों में फफोले होते हैं। सीढ़ियाँ देखती है तो सीढ़ियों पर कुदाल का कोई निशान नहीं होता। पत्नी पागल की तरह कुदाल की जाँच करने लपकती है और उसे ठोस और कड़े लोहे का पाती है।

पत्नी जितना हारती जा रही है, उतना ही पति को भूलती भी जा रही है। ढूँढ़ना कम होता जा रहा है। अब वह अपने आसपास पति का होना लगातार महसूस नहीं कर पाती है। पति उसे याद आता है, जब घर में खाना बन जाता है। वह छत पर भूखा होगा—पत्नी सोचती है और अकेले नहीं खा पाती। पत्नी सीढ़ियों के पास खड़े होकर पति को पुकारती है। एक वाक्य को तीन बार कहती है—खाना बन गया...खाना बन गया...खाना बन गया। हर वाक्य अपने पिछले वाक्य से तेज होता है। आस-पड़ोस सुनता और मुस्कुराता है। इस वाक्य को पत्नी दिन में दो बार जरूर कहती है—एक वाक्य दोपहर को और दूसरा रात के मुहाने पर। कई बार कबूतरों को दाना चुगते देख पति का पेट भर जाता है और वह दोपहर के वाक्य को नहीं उठा पाता। रात जब वह नीचे उतरता तो सीढ़ियों पर भूख पकड़ती और याद नहीं कर पाता कि उसने सुबह खाना खाया है या नहीं। दुःखी पत्नी कहती है कि वह आज खाने नहीं उतरा था तो उसे पता चलता कि वह दोपहर के वाक्य को उठाना भूल गया था। वह मुस्कुराता, जैसे चोरी करते पकड़ा गया हो। पत्नी और ज्यादा दुःखी हो जाती।

रात के खाने के बाद वह एक बार फिर छत पर जाता। कभी-कभी बिल्ली मिलती, पर अक्सर नहीं मिलती। बिल्ली जानती थी कि यह समय आदमी की पकड़ में है और वह अपने लालच को अपनी पूँछ के नीचे दबाए रखती थी। बिल्ली को रोकने के लिए उसने कुत्ता पाला, पर बिल्ली बँधे हुए कुत्ते से नहीं डरती थी, पर कबूतर बँधे हुए कुत्ते से भी डरते थे। इसलिए कुत्ता अब छत के नीचे बँधा रहता है, जिससे लोगों का आना-जाना बता सके। कुत्ता बिल्ली का आना-जाना नहीं बता पाता है, क्योंकि बिल्ली छत पर दूसरी छतों से होते हुए आती है।

वह सोचता कि पृथ्वी की सारी बिल्लियों को नष्ट कर देना चाहिए। बिल्ली सोचती कि सारे कुत्तों को नष्ट कर देना चाहिए। कुत्ता सोचता कि सारे भेड़ियों को नष्ट कर देना चाहिए। भेड़िया सोचता कि सारे बाघों को नष्ट कर देना चाहिए। बाघ सोचता कि सारे मनुष्यों को नष्ट कर देना चाहिए कि जिसके पास तेज दिमाग है, वह दुनिया में सबसे ज्यादा खतरनाक है।

छत पर रुनझुन थी—कबूतरों के पैरों पर बँधे छोटे-छोटे घुँघरुओं की। कबूतरों के चलने पर घुंघरू अपनी आवाज में नाच रहे थे और लग रहा था कि जैसे कबूतर नाच

रहे हों। चुपचाप बैठे कबूतर बहुत कम थे, पर जो थे वे भी पूरी तरह चुपचाप नहीं थे—उनकी गर्दन बोल रही थी। गर्दन कुछ ढूँढ़ते हुए, चारों दिशाओं को देख रही थी। कबूतर बतिया रहे थे और छत पर इस बतियाने का गुटरगूँ शोर था।

वह रुनझुन और गुटरगूँ के भीतर खो चुका था। वह अपने दोनों हाथ हिला रहा था और कबूतर की आवाज में कबूतरों को दड़बे में जाने को कह रहा था। इस तरह वह एक बड़े कबूतर में बदल चुका था और उसे मालूम नहीं था कि वह कबूतर में बदल चुका है। उसकी गूटरगूँ थोड़ी भारी थी—उसमें मनुष्य की आवाज मिली हुई थी। छत के सारे कबूतर उसके बच्चों की तरह लग रहे थे, जैसे इस बड़े कबूतर ने उन्हें पैदा किया हो।

मैं मुँडेर से सटा खड़ा था। बस, उतनी ही जगह थी जो मेरे पैरों के नीचे थी—बाकी छत पर कबूतरों के जीवित पंखों की चमक थी। समय लगा, पर कबूतर अब अपने घरों को जा रहे थे। कुछ अब भी इधर-उधर थे—उसे छकाते हुए और वह अब भी कबूतर बना उनके पीछे भाग रहा था।

यह कब तक चलेगा?—मैंने सोचा। इस आदमी के पास समय का कोई खटका नहीं होता होगा।

वह रुक गया। वह कुछ हाँफता-सा था।

"समय नहीं हुआ है...स्वतंत्रता का समय मूल्यवान होता है...उसे कोई नहीं खोना चाहता...चाहे कबूतर ही क्यों न हो।" उसने कहा।

तो इसलिए कबूतरों को भीतर जाने में इतना समय लग रहा है, क्योंकि उसके हाथ और मुँह जो कबूतरों को भीतर जाना कह रहे हैं, उन्हें लग रहा है कि वे अपराध कर रहे हैं—स्वतंत्रता-हनन का अपराध जो किसी भी अपराध से ज्यादा भयानक है।

"इन्हें छोड़ क्यों नहीं देते...जब इनकी स्वतंत्रता की इतनी चिन्ता है?" मैंने कहा।

"छोड़ दूँगा तो मारे जाएँगे...जंगल इन्हें नहीं स्वीकारेगा। अब ये पालतू हैं—मनुष्य की गन्ध से लिथड़े हुए। शहर में कहीं दूर जाकर छोड़ूँगा तो इस छत को खोजते रहेंगे और नहीं मिलेगी तो किसी और की छत के कबूतरों के साथ, किसी और की छत पर उतर जाएँगे...भूल जाएँगे कि इस छत पर कभी थे। इन्हें यहाँ कोई तकलीफ नहीं है...सच कहूँ तो मैं इन्हें छोड़ नहीं सकता—ये मेरी स्वतंत्रता हैं...मैं इनके बहाने छत पर होता हूँ और नीचे से, छत की ऊँचाई जितना ऊपर और बाहर हो जाता हूँ। ऊपर और बाहर हो जाने का सुख...तुम नहीं समझ सकते...मैं समझा नहीं सकता। मैं यहाँ से नीचे देख सकता हूँ, पर नीचे से ऊपर नहीं देखा जा सकता...और यह न देखा जा सकना, मेरी स्वतंत्रता है।" उसकी आँखें चमक रही थीं। आँखों में सुख दिपदिपा रहा था।

"तो मैंने आकर इसे तोड़ दिया–तुम्हारी स्वतंत्रता को?" मैं एक सच्चे वाक्य के साथ था, क्योंकि मैंने जो कहा, वह मुझे सच लग रहा था और मैं बेचैनी अनुभव कर रहा था।

वह घबड़ा गया, "नहीं, इस तरह नहीं...नहीं तो मैं, इतनी जल्दी इन्हें, इनके घरों में नहीं भेज रहा होता...पर हम हमेशा सबको खुश नहीं कर सकते...अक्सर दुःखी कर देते हैं। मैं कबूतरों के साथ होता हूँ और लोगों को दुःखी करने से बचा रहता हूँ और शायद खुद को भी...। कबूतर मुझे सुख ही देते हैं...कम से कम दुःखी नहीं करते। इतना लहलहाता और फड़फड़ाता जीवन और कहाँ है...? कभी-कभी मैं सोचता हूँ, कबूतरों के पास कुछ और रंग होते...मसलन कुछ चटक रंग...जैसे लाल, पीला, फिरोजी, गुलाबी, नीला, तो कितना अच्छा होता! इनके पास ज्यादा रंग नहीं होते...रंग होते तो इनके दिए सुख के भी रंग होते।"

"सुख का कोई रंग नहीं होता...सुख पारदर्शी होता है।" मैंने उसके कहे को काटा–जान-बूझकर, और ऐसा कहते हुए सुखी हुआ।

"...होता तो अच्छा होता। रंग-बिरंगे सुख दिखते और लोग उन्हें चुन पाते। रंग नहीं है, इसलिए चुनना कठिन है। सुख चुनते-बुनते अक्सर हम दुःख चुन लेते हैं। इनके पास रंग नहीं हैं, इसलिए ये लोगों को तुरन्त खुश नहीं कर पाते हैं...देखते ही। पर ये पास बुलाते हैं और अगर तुम बिना हिचक इनके पास पहुँच गए तो ये तुम्हें अपने बीच शामिल कर लेते हैं...ओह, मैं तुम्हें बता नहीं सकता कि ये नन्हे प्राणी अपने भीतर कितना कुछ रहस्य छुपाए हुए हैं। इन्हें एक दिन में नहीं जाना जा सकता। मुझे नहीं लगता कि मैं अब भी इन्हें पूरी तरह जान पाया हूँ। ये रोज कुछ नया कह जाते हैं और कुछ नया कर जाते हैं...और मैं आश्चर्यचकित खड़ा रह जाता हूँ। सब अलग-अलग हैं जैसे मनुष्य होते हैं–अपने-अपने स्वभाव में अलग और गूढ़। पर मनुष्य को सुलझाना कठिन है, क्योंकि वह अपनी गूढ़ता का विस्तार करता जाता है...एक गाँठ खोलो तो वह दूसरी गाँठ तैयार कर लेता है। कबूतर की गूढ़ता की सीमा है और इसलिए सुलझाने का सुख है।"

"तुम सबको पहचानते हो अलग-अलग? यानी इनमें से कोई कहीं और मिले–इस छत से बाहर, तो तुम पहचान लोगे कि ये तुम्हारे कबूतर हैं? तुम इनका नाम लेकर पुकार लोगे?" मैंने पूछा।

"बिलकुल, और ये मेरे कन्धों पर आकर बैठ जाएँगे। आखिर मैं इन्हें जितना जानता हूँ, उतना जानने में बहुत समय लगता है। हो सकता है कि एक लम्बे समय बाद ये मुझे भूल जाएँ...पर कोई कबूतर जो यहाँ से भटक गया हो, बहुत लम्बे समय बाद मुझे नहीं मिला है, इसलिए मैं ठीक-ठीक कह नहीं सकता...एक-दो दिन भटककर वे वापस आ गए हैं...या हमेशा के लिए गायब हो गए हैं। कहाँ

होंगे वे, जो गायब हो गए...जीवित बचे होंगे या नहीं...कुछ नहीं कहा जा सकता। गायब हो गए कबूतर दुःख होते हैं...वैसा ही कबूतर फिर मिल जाता है...उसी रंग-रूप का, पर चला गया कबूतर अपनी याद दिलाता रहता है। सुख खोजते-खोजते हम बार-बार दुःख को पा लेते हैं और इस तरह सुख ज्यादा चमकीला और कठिन होता जाता है।''

उसके कबूतर, जब दूसरे के कबूतरों को अपने साथ नीचे उतार लाते होंगे तो वह सुखी होता होगा, जबकि ठीक उसी समय किसी और छत पर कोई कबूतरबाज दुःखी हो रहा होगा। तीन सब्जियों के साथ रोज खानेवाले के लिए, किसी दिन खाने में एक सब्जी का होना उसका दुःख हो सकता है, पर प्याज और मिर्च के साथ रोटी खानेवाले के लिए, रोटी के साथ एक सब्जी सुख होती है। मैंने सोचा, पर कहा नहीं।

कबूतर अब अपने घरों में थे। लकड़ी के खानों में अँधेरा टुकड़े-टुकड़े में बँटा बैठा था, जिसने कबूतरों के पंखों को ढक रखा था। लकड़ी के खानों के बाहर शाम का गहरा नीला रंग, अब भी बिखरा हुआ था। मुझे अजीब लग रहा था, जैसे मैं एक वीरान जगह पर खड़ा हूँ। सारी हलचल सिमटकर, कबूतरों के दड़बे में बन्द हो चुकी थी। गूटरगूँ अब भी थी, पर वह धीमी और थकी-सी गूटरगूँ थी जो छत के खालीपन पर लम्बे अन्तराल में ठहरी हुई पानी की बूँद-सी टपक रही थी। मैं और वह—दोनों चुप थे, जैसे एक-साथ कबूतरों की आवाज का टपकना सुन रहे हों। अचानक मेरी इच्छा हुई कि मैं उन्हें छूकर देखूँ—कबूतरों को। मैंने आज तक किसी कबूतर को नहीं छुआ था। दरअसल आज से पहले मैंने कभी छूना सोचा भी नहीं था। अब मैं छूना चाहता था और मुझे लग रहा था कि यह छूना शायद सुख को छूना होगा।

वह आसमान की ओर देख रहा था। मैंने पहली बार उसकी देह को ध्यान से देखा। वह पहले से दुबला हो गया था। कपड़े साफ-सुथरे थे, पर उसकी देह पर बड़े लग रहे थे। वह कमर पर हाथ रखे खड़ा था और लग रहा था जैसे कुरता-पैजामा पहने कोई पुतला खेत पर खड़ा हो—फसल की रखवाली करता। वह शायद आसमान में उड़ती सारी चिड़ियों के नीचे आने का इन्तजार कर रहा था कि वे आएँ और उसके कन्धे, सिर और बाँहों पर बैठ जाएँ। पर चिड़ियाँ—खेत पर खड़े पुतले से डरती हैं, क्योंकि वे नहीं जानती होतीं कि उनमें डरने जैसा कुछ नहीं होता—पुतले पेड़ नहीं होते, पर पेड़ की ठूँठ की तरह जरूर होते हैं। पुतले अगर सोच सकते तो हमेशा चिड़ियों का इस तरह बैठना सोचते कि वे चिड़ियों से ढक जाएँ।

''मैं सुख को छूना चाहता हूँ।'' मेरे मुँह से अचानक निकला, जबकि 'सुख' की जगह मुझे शब्द 'कबूतर' कहना था।

वह बिलकुल नहीं चौंका। उसने मेरे शब्द 'सुख' को 'कबूतर' ही समझा। वह मुस्कुराया। वह बहुत खुश दिख रहा था।

"हाँ-हाँ, क्यों नहीं!" उसने कहा।

वह कबूतरों के दड़बे के पास गया और धीरे से जालीवाले दरवाजे को खोला और जब मेरी ओर पलटा तो उसके हाथ में एक सफेद कबूतर था—पंख फड़फड़ाता। इतना सफेद कि उसे छूना सोचने में उसके गन्दे हो जाने का भय हो। मैंने अपनी हथेलियाँ देखीं। मैं आश्वस्त होना चाहता था कि वे साफ-सुथरी हैं या नहीं। मुझे लगा वे साफ हैं और सुख को छू सकती हैं।

उसने फड़फड़ाते कबूतर के सिर को सहलाया तो कबूतर उसकी हथेलियों के बीच दुबक गया, जैसे कबूतर के पंख स्नेह से गीले और भारी हो चुके हों और उनका फड़फड़ाना मुश्किल हो। उड़ना और भी मुश्किल होगा, क्योंकि पंख फड़फड़ाना—उड़ने की तैयारी की तरह होता है। वह मेरे करीब आ चुका था। अचानक मैंने अपने भीतर अजीब-सा भय महसूस किया—ऐसा भय जिससे मैं पहले नहीं मिला था—अपरिचित भय। मैंने सोचा—मुझे अपना इरादा बदल देना चाहिए। मैंने इसे नहीं छुआ तो भी जीवित रहूँगा, मर नहीं जाऊँगा। मैं कहीं से मजबूर नहीं था, बस, हाथ खींचने की देर थी और वह लौट जाता। पर मैंने उसकी आँखों को देखा और उसकी आँखों को 'नहीं' कहना मुश्किल था—वहाँ गहरा आग्रह था, जैसे माँ अपने नवजात शिशु को दिखा रही हो।

मैंने अपनी हथेलियों में, उसकी हथेलियों का स्पर्श महसूस किया और अचानक उसकी हथेलियाँ हटीं और मेरी हथेलियों में पंख फड़फड़ाने लगे। हथेलियों को अपने सीने की ओर खींचकर, मैंने उसे फड़फड़ाने को सँभालने की कोशिश की। जब उसे लगा कि मैं नहीं सँभाल पा रहा हूँ तो उसने अपने हाथ बढ़ाए। मैंने इस बार उसकी हथेलियों का स्पर्श, अपनी हथेलियों में महसूस नहीं किया—वहाँ बस पंखों का फड़फड़ाता स्पर्श था जो पहले से ही था! उसने कहा, "इसे सँभालो, इस तरह! यह तुम्हारी हथेलियों को पहचान नहीं रहा है...कबूतर आत्मीय स्पर्श माँगते हैं और उसके बिना भय से मुक्त नहीं हो पाते।"

अब कबूतर मेरी हथेलियों के बीच शान्त था—जैसे हथेलियाँ घोंसला हों। कबूतर की देह पर, उसकी हथेलियों का स्पर्श था जो जाना-पहचाना स्पर्श था। उसकी हथेलियों के सरकते ही मैंने कबूतर को सहलाना शुरू किया। मेरी हथेली के पहले स्पर्श पर, उसके पंख हलके से काँपे और फिर मेरी हथेली के स्पर्श में गुम हो गए और मेरी हथेली भी पंखों के स्पर्श में घुलने लगी। मैंने महसूस किया कि मेरी नीचे की हथेली, जिसमें कबूतर का पेट था—गरम धुक-धुक से भर रही है और थोड़ी देर बाद धुक-धुक हथेली से बहने लगी। सुख बह रहा था और मैं उसका बहना महसूस कर रहा था। अचानक हथेलियाँ जड़ों में बदल गईं जो मेरी देह के लिए धुक-धुक को भीतर खींचने लगीं।

पता नहीं कितनी देर, पहला कबूतर मेरी हथेली पर रहा...फिर दूसरा...और फिर तीसरा...कबूतर आते रहे और हथेली भरती रही।

मैं थक चुका था। आदमी सुख से भी ऊबता और थकता है। थकते ही मैंने अपने को अँधेरे में पाया–छत पर वह बिखरा हुआ था। मैं स्पर्श के खेल में था, जहाँ दिखने का कोई काम नहीं था, इसलिए साँझ का हटना मुझे नहीं दिखा था।

एक कबूतर अब भी मेरी हथेलियों के बीच था और दूसरा कबूतर वह मेरी ओर लेकर आ रहा था।

"बस, अब और नहीं, मैं सुख से लबालब हूँ...मैं जरा भी हिला तो वह छलकने लगेगा।" मैंने कहा।

वह मेरे पास आ चुका था–"फिर सोच लो!" उसने कहा, " ...मैं रोज-रोज तुम्हारे लिए यह नहीं कर सकता।"

मैंने अपनी हथेली उसकी ओर बढ़ाई जिसमें कबूतर बैठा हुआ था–काला : छत पर फैले धुँधले अँधेरे में–कबूतर अँधेरे का गहरा निशान था। उसने उसे ले लिया। उसका चेहरा अँधेरे में मुस्कुराता हुआ डूब रहा था। जब मैं उसके चेहरे का डूबना देख रहा था तो शायद वह मेरे चेहरे का डूबना देख रहा होगा।

"इन्हें मैं रख दूँ, फिर चलते हैं!" उसके दोनों हाथों में कबूतर थे–एक मेरा दिया हुआ और एक उसका लाया हुआ। मुझे नहीं लगा कि उसे कबूतरों को दड़बे में भेजने की कोई जल्दी है। वह अँधेरे से नहीं डर रहा था। वह शायद इस अँधेरे का आदी था। उसके दोनों हाथ भरे हुए थे, फिर भी वह कबूतरों को सहलाता हुआ था : वह अपने चेहरे से उन्हें सहला रहा था।

"चलो, मुझे देर हो रही है...या मैं जाऊँ?" मैंने चिढ़कर कहा।

"नहीं, चल रहा हूँ...मैं तुम्हारे लिए ही रुका था।"

मैंने कुछ नहीं कहा, पर वह समझ गया कि अब छत पर मुझे नहीं रोक पाएगा। वह दड़बे के पास गया। कबूतरों को उनका घर मिला। वैसे, उसकी हथेलियाँ भी कबूतरों को घर लगती होंगी।

अचानक कबूतर के दड़बे के ऊपर पीली रोशनी झरने लगी। लकड़ी के खोखे के ठीक ऊपर बिजली का बल्ब था।

"तुमने पहले क्यों नहीं जलाया?" मैंने पूछा।

"मुझे याद नहीं रहा।" उसने कहा।

हम सीढ़ियों से नीचे उतरने लगे। मैं आगे था, वह मेरे पीछे। मेरे पैरों में अँधेरा लिपटा हुआ था।

"यहाँ फिसलने का डर है।" मैंने कहा।

"तुम्हारे लिए।" उसने कहा।

सीढ़ियों पर मैं धीरे था, पर वह नहीं था। हर दूसरी सीढ़ी पर, मैं अपनी गर्दन में, उसकी गर्म साँसें महसूस कर रहा था। आखिरी सीढ़ी पर भी उसकी साँसें मेरी गर्दन पर रहीं और पैरों से अँधेरा लिपटा रहा। आखिरी सीढ़ी घर के बगीचे में थी। घर का दरवाजा आखिरी सीढ़ी से दूर था। दो-तीन कदम चलने के बाद मुझे लगा कि वह मेरे पीछे नहीं है। मेरी पीठ पर उसका होना नहीं था। मैं पलटा। वह आखिरी सीढ़ी पर ही खड़ा रह गया था। मुझे लगा वह कुछ कहना चाहता है। मैंने इशारे से उसे पूछा–सिर उठाकर। उसने बोलना शुरू किया, पर मुझे कुछ समझ में नहीं आया। वह कबूतर की आवाज में बोल रहा था। उसके मुँह से शब्दों की जगह गूटरगूँ निकल रही थी। मैं असहाय खड़ा था। वह अपनी बात खत्म कर फिर सीढ़ियाँ चढ़ गया। शायद उसे यह नहीं लगा था कि मैं उसे नहीं समझ पाया हूँ।

मैं वापस लौटने के लिए पलटा तो दरवाजे पर उसकी पत्नी दिखी। पत्नी के चेहरे पर दुःख और शर्म थी, जबकि मेरे चेहरे पर सिर्फ आश्चर्य रहा होगा।

"वे कन्धों पर कबूतर बैठाना भूल गए, इसलिए ऐसा हुआ।" उसकी पत्नी ने कहा, "अब वे कबूतरों से दूर रहकर मनुष्य की आवाज में बात नहीं कर पाते हैं...और उन्हें पता भी नहीं चलता...उन्हें लगता है कि वे मनुष्य की बोली बोल रहे हैं जबकि वे कबूतर की बोली बोल रहे होते हैं...आप किसी से कहिएगा नहीं। मैं नहीं चाहती कि लोग उन पर हँसें...लोगों के लिए तो यह हँसी की बात है।"

मैं जवाब में कुछ नहीं कह पाया, यह भी नहीं कि मैं किसी से नहीं कहूँगा। और तेज चलते हुए बाहर आ गया–सड़क पर। पीछे मुड़ा तो उसका घर दिखा, पेड़-पौधों से घिरा हरा-भरा घर : रोशनी और अँधेरे में एक-साथ डूबा हुआ। बगीचे को देखकर याद आया कि मैंने सोचा था कि अपने घर के लिए कुछ पौधे उससे माँगूँगा और मैं माँगना भूल गया था।

रचना-वर्ष – 1996 : कथादेश, सितम्बर-1998

दृश्य से बाहर

कमरे में अँधेरा था–फीका अँधेरा जो रोशनी के कहीं बाहर होने पर भीतर होता है और वस्तुओं को पूरी तरह गायब नहीं करता। कमरे के अँधेरे में अँगुलियाँ कमरे के बाहर का दृश्य खोज रही थीं। दृश्य किसी भी दीवार के पीछे छुपा हो सकता था, जैसे कोई बच्चा छुपा हो–किसी कोने में दुबकर धीमी-धीमी साँस लेता कि साँस की आवाज भी न हो : बादलों के भीतर चन्द्रमा। दृश्य के लिए बस एक खिड़की खुलनी थी। अँगुलियाँ कमरे की दीवार पर भटकती रहीं–बहुत देर तक, जैसे वे खिड़की तक पहुँचने से बच रही हों, और जब वे खिड़की तक पहुँचीं तो सिटकनी पर ठहरी काँपने लगीं–बारीक कँपकँपाहट जो दिखती कम है, महसूस ज्यादा होती है।

अँगुलियाँ सिटकनी खोलेंगी और बाहर का पूरा दृश्य कमरे के भीतर आ जाएगा। यदि कमरे के भीतर, सिर्फ खिड़की के आकार का दृश्य आएगा तो स्त्री खिड़की से बाहर झाँक देगी और तब दृश्य अपने पूरे विस्तार में भीतर आ जाएगा। पर खिड़की जैसे दूसरे ग्रह में है–अँगुलियाँ सिटकनी को छूते ही शक्ति खो देती हैं और शरीर हलका हो जाता है, जैसे गुरुत्वाकर्षण से बाहर है। उड़ती हुई देह भीतर की इच्छाओं का कहा माने–यह जरूरी नहीं है।

आकाश कमरे के भीतर आए–बादलों और चिड़ियों सहित। बादल आएँ तो नमी ले आएँ और चिड़ियाँ आएँ तो पंखों में रखकर हवा ले आएँ। हवा आए तो साथ-साथ पेड़ और पेड़ों का हरापन भी ले आए। पेड़ आएँ तो अपनी जड़ों में मिट्‌टी ले आएँ और कमरा उस सौंधी महक से भर जाए जो सूखी धरती पर पहली बारिश में धरती देती है। एक दृश्य के साथ, पीछे-पीछे आएँगे न जाने कितने दृश्य और स्त्री का कमरा दृश्यों से जगमग हो जाएगा। दृश्यों से जगमग कमरे की दीवारें भी दृश्य में शामिल हो जाएँगी और तब उनके पार जाना सम्भव होगा। बन्द दरवाजे, चाहे सदियों तक बन्द रहें–दृश्य में शामिल दीवार को पार कर, स्त्री कमरे के बाहर के दृश्यों तक जा सकेगी। बाहर के दृश्य रात में बदल जाएँगे। रात अगर चाँदी की हुई तो दृश्यों में चाँदी चढ़ी होगी और अगर गहरी हुई तो दृश्य उसकी

गहराई में डूबे हुए होंगे। डूबे हुए दृश्यों को निकालना, थोड़ा मुश्किल हो सकता है—पता नहीं वे कितने गहरे डूबे हों। स्त्री डुबकी लगाएगी और अपनी साँस-भर दृश्य, आँखों में समेटकर ऊपर आ जाएगी।

स्त्री ने याद करने की कोशिश की—कितने दिन हुए, बाहर का कोई दृश्य नहीं देखा तो वह याद नहीं कर पाई। दृश्यों में न रहो तो तारीखें याद नहीं रहतीं और दिन की गिनती फिसल जाती है। स्त्री को बीत गए दिनों के लिए, कमरे की दीवार पर निशान रखना चाहिए था। जब स्त्री बच्ची थी—यह तब की बात है कि उसकी माँ, दीवार पर कोयले से, दूध के निशान रखती थीं। एक किलो की लकीर जितनी बड़ी होती, आधे किलो की उससे आधी होती और पाव की आधे से आधी होती। वे सीधे-साधे निशान थे। उन काले निशानों से जब दीवार भर जाती तो घर के पीछे की, किसी दूसरी दीवार को माँ चुन लेती थीं। बैठक की दीवारें बाहर के लोगों की दृष्टि में रहती थीं, इसलिए वे हिसाब के लिए कभी नहीं चुनी जाती थीं। चौके की दीवारों या चौके के पीछे की दीवारें ही दूध के हिसाब की कॉपी बनती थीं। तब वह हँसा करती कि माँ, मैं अपनी कॉपी में दूध के निशान रख दूँगी। पर माँ को उसकी कॉपी पर भरोसा नहीं था। उन्हें लगता था कि लड़की और लड़की की कॉपी दीवार से बहुत छोटी हैं। छोटी लड़की, छोटी-सी कॉपी में, छोटे-छोटे निशान रखेगी तो उन निशानों के गुम जाने का डर रहेगा और बेकार में दूधवाले से झंझट होगी। आज जब स्त्री के पास, उम्र के हर फिसलते बरस में, माँ की तरह दिखना और होना है तो उसे लगता है कि दीवार में निशान, कठिन समय का हिसाब-किताब हैं जो कहीं भी, किसी भी स्थिति में साथ दे सकता है और जिसके पास गुम जाना नहीं है और इसलिए उसे ढूँढ़ना भी नहीं है। मिट जाना या ढह जाना भले हो जो गुम जाने से ज्यादा मुश्किल है। जब तक भूकम्प न आए, दीवार हिसाब की कॉपी बनी रह सकती है—इसलिए ठीक है।

वह स्त्री और किस तरह दिनों को गिन सकती थी। वह छत की कड़ियों में कपड़े की चिंदियाँ टाँग सकती थी। कमरे में बीते दिन, छत पर टँगे रहते रंगीन चिंदियाँ होकर और हवा उन्हें झुलाती रहती—धीरे-धीरे। बन्द कमरे में हवा जितना आ पाती—चिंदियाँ उतना झूलतीं। स्त्री चिंदियों को गिनती और बार-बार गिनती कि गिनती एक और बढ़ जाए। गलती तो कोयले के निशान और छत पर लहराती चिंदियों—दोनों को गिनने में हो सकती है। गलती होती तो स्त्री कितनी खुश होती, जब गलती वह बताती कि उसने कम गिना था और दिन एक ज्यादा बीत चुका है।

स्त्री इस कमरे में चार माह दस दिन के लिए है। यह कैद है, क्योंकि कमरे का दरवाजा बन्द कर दिया गया है और खिड़की खोलने की इजाजत नहीं है। यह भी हो सकता है कि खिड़की में बाहर से लकड़ी के बत्ते ठोंक दिए गए हों। वैसे, स्त्री ने कीलों के ठुकने की आवाज नहीं सुनी–पर हो सकता है कि उसे कमरे में लाने से पहले ही बत्ते ठोंक दिए गए हों कि वह चाहे तो भी खिड़की न खोल सके। यह कैद नहीं है, क्योंकि इस कमरे में लाने से पहले तीन बूढ़ी स्त्रियों ने उस स्त्री से पूछा कि क्या वह दृश्य से बाहर रह सकती है? वे स्त्रियाँ इतनी बूढ़ी थीं कि बोलते हुए, उनकी आवाज काँपती थी और उनका प्रश्न भी उतना ही बूढ़ा और काँपता हुआ था–जितनी वे थीं। वे दृश्यों से बाहर रह चुकी स्त्रियाँ थीं, इसलिए उनके पूछने में 'नहीं' सुनना नहीं था।

स्त्री, जब उन तीन बूढ़ी स्त्रियों के घेरे में थी तो वहाँ सूर्य, उसके पति की मृत्यु पश्चात तीसरी बार डूब रहा था। स्त्री डूबते सूर्य को देखना चाहती थी। स्त्री, उन सारे दृश्यों को देखना चाहती थी जो उसे अच्छे लगते रहे हैं और अपने चटक रंगों में बोलते रहे हैं। वह उन दृश्यों को स्मृति में सहेजकर रखना चाहती थी–जिससे उन्हें धीरे-धीरे खर्च किया जा सके। पर उन तीन बूढ़ी स्त्रियों और सूर्यास्त ने मिलकर दृश्यों को पोंछ दिया था। स्त्री, तीन काँपते और लगातार बोलते सिरों से घिरी रही और आसमान काला हो गया था।

वे, तीनों बूढ़ी स्त्रियाँ, उसे इस कमरे के दरवाजे तक छोड़ने आई थीं। स्त्री का बेटा और बहू, उनके पीछे थे। पीछे कुछ लोग और भी रहे होंगे–वह ठीक से देख नहीं पाई थी। उन बूढ़ी स्त्रियों के पार देखना कठिन था। वे ऊपर-नीचे, दाएँ-बाएँ, अपनी देह को इस तरह घटाती-बढ़ाती हुई थीं कि उनका चलना, डोलना ज्यादा हो चुका था और स्त्री का उनके पीछे के लोगों को देख पाना साफ-साफ नहीं रहा था। ऐसा लगा था, जैसे वे तीनों मुस्कुरा रही हैं–एक जैसी मुस्कान जो गहरे संतोष से उपजती है। क्या उसे, उनकी मुस्कुराहटों के लिए मुस्कुराना चाहिए? स्त्री ने सोचा था और तुरन्त सावधान हुई थी कि उसकी मुस्कान सीधे शोक पर गिरेगी और भद्दी लगेगी। स्त्री को कुछ समझ में नहीं आ रहा था। वह दरवाजे के भीतर थी और दरवाजे के बाहर वे बूढ़ी स्त्रियाँ थीं–जैसे भीतर आने से डर रही हों। स्त्री, अब तक यह तय नहीं कर पाई थी कि उसे दृश्य से बाहर रहना है या नहीं। उसने अब तक, उन स्त्रियों के बूढ़े प्रश्न का कोई जवाब नहीं दिया था। वे स्त्रियाँ 'हाँ' सुनना चाहती थीं, इसलिए उन्होंने 'हाँ' सुना था और अब बस वे दरवाजा बन्द करने वाली थीं। स्त्री ने सोचा था कि वह चीखे 'नहीं' और बूढ़ा प्रश्न चीख से भर जाए। पर स्त्री ऐसा नहीं कर पाई थी। उसका जीवन इस तरह बीता था कि वह जितना अधिक सोचती थी, उसका शायद

एकांश भी नहीं कह पाती थी। स्त्री सोचने में 'नहीं' चीखती रही थी और दरवाजा बन्द हो गया था। बेटा नहीं कह सकता था—माँ की तरफ से, पर वह उन बूढ़ी स्त्रियों के जादू से बँधा हुआ था और बूढ़ी स्त्रियाँ मुल्लाओं के जादू से बँधी हुई थीं और मुल्ले, अल्लाह के जादू से बँधे हुए थे। बेटा पैदा कर स्त्री ने गलती की थी। बेटा अपने मरने पर, अपनी स्त्री का दृश्य से बाहर होना चाहता था। बहू पहले मर जाए तो सजा से बच सकती है।

दरवाजा बन्द होते ही, स्त्री को कुछ आयतें मिली थीं जो उन बूढ़ी स्त्रियों के चेहरे से झड़ी थीं। आयतें बोलते हुए, उन स्त्रियों का चेहरा बार-बार मुल्लाओं के चेहरे में बदला था और वापस स्त्रियों के बूढ़े चेहरे में आया था। वे तीन आयतें थीं, पर उनका रंग एक था और वे एक-जैसी चमक रही थीं। हथेली में रखते ही वे एक-दूसरी की ओर खिंचीं और आपस में घुल-मिलकर एक हो गईं। स्त्री ने उस 'एक' को आले में रख दिया। आले के ठीक ऊपर, कमरे की दीवार पर, एक बूढ़ा पुरुष अपनी पत्नी के साथ बैठा स्त्री को देख रहा था, जैसे उस एक आयत को माँग रहा हो। उस पुरुष के देखने में न स्नेह था और न घृणा। उसकी पत्नी की नजर खुद के पैरों पर थी। पत्नी बूढ़ी नहीं थी, उसके पास जवान पैर थे। उन दोनों की पृष्ठभूमि में एक ऊँची इमारत थी, जिसके शीर्ष पर चाँद और तारे जड़े हुए थे। पीतल के जिस सुनहरे घेरे में वे स्त्री-पुरुष बैठे थे वह अब पुराना पड़ चुका था और घेरे का निचला हिस्सा अगरबत्ती के धुएँ से काला हो रहा था। धुएँ के कालेपन ने उस बूढ़े पुरुष के पैरों को ढक लिया था, पर उसकी पत्नी के पैर अब भी साफ-सुथरे थे। उस पुरुष की पत्नी अपने पैरों पर मोहित थी।

स्त्री ने कमरे को ध्यान से देखा, जैसे अपना रहना देख रही हो। कमरे को सुधारा गया था, वहाँ चूने की ताजा गन्ध थी। रद्दी वस्तुओं को उन लोगों ने कहाँ रखा होगा? पिछले तीन दिनों से घर में क्या होता रहा—स्त्री की पकड़ से बाहर रहा था, जैसे स्त्री घर में नहीं थी। देह थी और वह कहीं और थी—किसी और दुनिया में। वह दुःख की दुनिया थी, जिसका अनन्त विस्तार था। दुःख का कहीं छोर नहीं था कि पकड़ लें और ऊन के गोले की तरह लपेटकर पास रख लें। जहाँ एक दुःख खत्म होता है, ठीक वहीं से दूसरा दुःख शुरू हो जाता है—पहले दुःख से जुड़ा हुआ और जुड़ने की कहीं कोई गाँठ नहीं दिखती। एक आदमी जो बरसों से साथ रहा हो, उसका न रहना हिला जाता है। बरसों का साथ, एक-दूसरे की आदत हो जाती है—पसन्द और नापसन्द से बाहर। साथ-साथ रहो तो पता नहीं चलता कि आदत बन गए हैं। खोने पर पता चलता है। और जब एक बूढ़ी स्त्री, एक बूढ़े पुरुष को खोती है या एक बूढ़ा पुरुष एक बूढ़ी स्त्री को खोता है तो यह खोना सबसे अधिक खोना होता है। यह उम्र की अकेली ढलान पर होता है, जहाँ

गिरने की गति तेज और तेज होती जाती है और तब एक बूढ़ी बाँह का सहारा भी एक बड़ा सहारा होता है।

स्मृति में कुछ भी नहीं था—एक भी दृश्य नहीं। तीन दिनों से स्त्री ने किसी का चेहरा नहीं देखा था। चेहरे दृष्टि के इतने पास से गुजरते थे कि धुँधले हो जाते थे। आसमान, नदी, पहाड़, चिड़िया, बादल, पेड़, पौधे, मिट्‌टी, लोग...सभी देखे जा सकते थे और सभी देखे जाने के लिए थे—पर स्त्री ने नहीं देखा था। आँगन के पेड़ को भी वह नहीं देख पाई थी जो उन तीन दिनों भी लगातार अपने सफेद फूलों में झरता रहा था। दृश्यों के बीच होने-भर से, दृश्य को नहीं देखा जा सकता। दृश्यों को देखने के लिए भीतर से दृश्य की इच्छा का होना जरूरी है। चार माह दस दिन में उन तीन दिनों को भी घटाना चाहिए था, जिसमें स्त्री दृश्यों के बीच होते हुए भी दृश्यों से बाहर रही थी। उन तीन दिनों—स्त्री खुद एक दृश्य रही, जिसे सबसे ज्यादा देखा गया।

स्त्री बन्द कमरे में खड़ी थी। दरवाजे की ओर उसकी पीठ थी और ऐसा लग रहा था कि वह कमरे को देख रही है, जिसमें उसे इतने दिन काटने हैं। पर वह कुछ नहीं देख रही थी। वह कुछ नहीं सोच रही थी। वह सब भूल चुकी थी। यह भी कि उसने आयतों को उठाया था और उनका जादू देखा था। वह बस दुःखी थी और चीख-चीखकर रोना चाहती थी। अब तक, स्त्री जब भी रोई आँसुओं में रोई थी और हिचकियों में। पर अब वह इतनी जोर से रोना चाहती थी कि पूरा घर सुने...सुने पूरा मुहल्ला...पूरा शहर सुने, सुने पूरी पृथ्वी—कमरे में बन्द स्त्री का रोना। आँसू दया जगाता है, पर आँसू की चीख बेचैन भी करती है।

अल्लाह, पृथ्वी स्त्रियों के रुदन से भरी हुई है, गूँगे रुदन से। रुदन में आवाज होती तो तुम भी चौंकते और पृथ्वी भी चौंकती।

छत थी—जिसे देखकर स्त्री को अच्छा लगा था। खपरैलों से दृश्य के आभास झाँक रहे थे। पर आभास दृश्य नहीं हो सकते थे—वे दृश्य का लालच थे। यह शुरू के दिनों में स्त्री की समझ में नहीं आया था। अब खपरैल की छत उसे दुःखी करती है, क्योंकि वह सबसे ज्यादा दृश्य से बाहर होना याद दिलाती है और भीतर यह इच्छा जागती है कि कहीं से एक लम्बा बाँस मिल जाए और वह छत को कुरेद डाले। उड़ जाए छत और आसमान का दृश्य छत हो जाए। छत से हर दोपहर रोशनी की पट्‌टियाँ झरती हैं। बाहर को, भीतर आने से रोकना कितना मुश्किल है! रोशनी की पट्‌टियों को देखकर कभी स्त्री दुःखी होती और कभी सुखी। रोशनी की ये दोपहर-पट्‌टियाँ फर्श के किन-किन हिस्सों पर गिरती हैं—स्त्री, अँधेरे में भी उन जगहों पर निशान लगा सकती है। रोशनी की किसी पट्‌टी को कैसे कोई स्त्री

सूर्य मान ले? कैसे यह मान ले कि छत और दीवारों पर रेंगती छिपकलियों और तिलचट्टों के साथ रहा जा सकता है और बात की जा सकती है? यदि स्त्री छिपकली में बदल सकती या तिलचट्टे में, तो शायद वह सम्भव होता। छिपकली या तिलचट्टे में बदल जाने के बाद दृश्य भी सम्भव होता। स्त्री फर्श से दीवार पर पहुँचती, और फिर छत की कड़ियों पर, और फिर खपरैलों के बीच से दृश्यों तक। दरवाजे की झिरी से नहीं जाती–पता नहीं किस कमरे में कुचली जाती या मार डाली जाती! पर अगर स्त्री अपनी देह जितनी बड़ी छिपकली या अपनी देह जितना बड़ा तिलचट्टा बनेगी तो छत को पार करना सम्भव नहीं होगा। उतनी बड़ी छिपकली और उतना बड़ा तिलचट्टा तो सिर्फ दरवाजे से या खिड़की से ही बाहर जा सकता है।

अल्लाह, मुझे छोटी-सी छिपकली में बदल दे या छोटे-से तिलचट्टे में!

स्त्री कई बार दरवाजे के पास बिछ चुकी है–जहाँ से खाने की थाली भीतर सरकाई जाती है। फर्श पर ठुड्डी जितना दबा सकती है, उतना वह दबा चुकी है, पर कुछ नहीं दिखता। चूड़ी खनकती तो वह सोचती कि बाहर बहू का होना है। चूड़ियाँ नहीं खनकतीं और भारी साँस सुनाई देती तो वह सोचती बेटे का होना है। वे कुछ नहीं बोलते थे। थाली जैसे अपने-आप भीतर सरकती आ रही हो। कितना रद्दी खाना बनाती है वह औरत! वह जानती है कि स्त्री कुछ नहीं कर सकती तो वह दिनोदिन लापरवाह होती जा रही है और खाना रद्दी होता जा रहा है। कई बार थाली में सुबह बनी सब्जी, रात को भी होती है : बदमाश औरत! थाली के भीतर आने का समय अब बहुत ज्यादा ऊपर नीचे होने लगा है। कमरे में भूख कम लगती है, पर जब लगती है, तो थाली के भीतर आने का समय बेचैन कर जाता है। कमरे में खाने का सुख नहीं है। खाने के सुख की रचना अकेले में सम्भव नहीं होती। स्त्री खाने बैठती है तो कमरे की दीवारें घूरने लगती हैं–जैसे बरसों से भूखे चार आदमी खाने को घूर रहे हों। चारों तरफ भूखे खड़े हों तो अकेले खाना मुश्किल होता है। कई बार स्त्री दो-चार कौर ही खा पाती है और दीवारें खाने पर झपट पड़ती हैं। दीवारों को जिस दिन खाना नहीं मिलेगा वे स्त्री को खा जाएँगी, इसीलिए स्त्री थाली को कमरे के बीचोबीच रख देती है और इन्तजार करती है कि दीवारें थाली पर झपटें। पर दीवारें मुस्कुराती खड़ी रहती हैं। पर जैसे ही स्त्री खाना शुरू करती है और दो-चार कौर ही खा पाती है कि दीवारें थाली पर झपट पड़ती हैं। दीवारों की तृप्ति, स्त्री के हिस्से के खाने को छीनने में है और इसी तरह स्त्री के बिस्तर की तृप्ति भी उसकी नींद छीनने में है। बिस्तर वही है जो बरसों से उसका बिस्तर है। दो पतले गद्दे जो मिलकर मोटा गद्दा बनते थे, घिसी हुई चादरें–जिनका रंग गुम गया था और पतला-सा तकिया जिसके भीतर की रूई मर चुकी

थी। मरी हुई रूई में सिर करवटें लेता रहता है और नींद नहीं आती। नींद, बिस्तर पर नहीं बिछी थी। कुछ था जो नहीं था कि नींद नहीं आती थी। स्त्री ठीक से नहीं पकड़ पाई थी। नाती उसके साथ सोता रहा था–शायद उसने अपने हिस्से की नींद के साथ-साथ स्त्री के हिस्से की नींद भी अपने पास रख ली हो। नाती की आवाज क्यों नहीं आती? क्या इन लोगों ने उसे कहीं बाहर भेज दिया है या उसे पता नहीं कि वह इस कमरे में है? नाती की आवाज भी अगर मिल जाती तो स्त्री उसकी आवाज से अपनी नींद वापस माँग सकती थी। कमरे में नींद, मछली की तरह फिसलती है और स्त्री पारदर्शी जल के भीतर होती है उसे पकड़ने की कोशिश करती हुई। हाथ में सिर्फ रेत आती है। स्त्री एक भी मछली नहीं पकड़ पाई है। कभी-कभी मछली खुद उड़कर उसकी हथेली पर बैठती है और स्त्री गहरी नींद में पहुँच जाती है। पर ऐसा रात में नहीं होता और स्त्री कभी स्नानागार में और कभी शौचालय में नींद में पड़ी रहती है। नींद की मछली को बिस्तर की पहचान नहीं है।

कमरे से लगा हुआ ही स्नानागार और शौचालय था। यह कमरा स्त्री के लिए इस सुविधा पर ही छाँटा गया था। पानी सीधे नल से स्नानागार में आता था। पीने के पानी के लिए पीतल का घड़ा था और नहाने के पानी के लिए प्लास्टिक की बाल्टी थी। पीतल पुराना था और प्लास्टिक नया था। शौचालय में एक प्लास्टिक का मग भी था। शौचालय में नल नहीं था। पानी स्नानागार से लेकर जाना पड़ता था। स्नानागार और शौचालय की दीवार के ठीक ऊपर एक पन्द्रह पावर का बल्ब जलता था, जिसकी आधी रोशनी स्नानागार के लिए और आधी रोशनी शौचालय के लिए थी। स्त्री कई दिनों से नहा नहीं पाई है : स्नानागार और शौचालय में दिन को भी अँधेरा रहता है कि बल्ब स्त्री को परेशान कर रहा है। स्त्री नहाने जाती है तो बल्ब का वह आधा हिस्सा जो स्नानागार की तरफ होता है–बुझकर काला हो जाता है जैसे आधे हिस्से में अँधेरा पोत दिया हो, पर बल्ब अपने आधे हिस्से से शौचालय की ओर रोशनी फेंकता रहता है, और जब स्त्री शौचालय में जाती है तो बल्ब के शौचालय की ओर का हिस्सा 'भक्क' से बुझ जाता है और बल्ब शौचालय में अँधेरा फेंकने लगता है और स्नानागार की ओर रोशनी देने लगता है। शौचालय का इस्तेमाल तो स्त्री अँधेरे में कर लेती है, पर नहाना उसने बन्द कर दिया है। अँधेरे में नहाने की इच्छा नहीं जागती। अँधेरे में नहाओ तो यह नहीं लगता कि पानी से नहा रहे हैं–यह लगता है कि जैसे मग में अँधेरा भर-भरकर, सिर पर अँधेरा उड़ेल रहे हैं।

कमरे में पच्चीस पावर का बल्ब है और वह पूरा जलता है और पूरी रोशनी फेंकता है। यह जरूर है कि उसकी रोशनी दिनोदिन अधिक पीली और अधिक बीमार होती जा रही है।

स्त्री कमरे में घूमती रहती है–दीवारों से लगी हुई, जैसे उनके सहारे लम्बी यात्रा पर हो। पृथ्वी का पूरा एक चक्कर, दीवार पर घेरे के भीतर बैठे उस बूढ़े पुरुष-स्त्री के पास पूरा होता था। स्त्री कुछ क्षण उनके सामने खड़ी रहती–देखती। कई बार उसे लगता कि वे दोनों नीचे उतर आएँगे और साथ-साथ रहने लगेंगे। एक बार तो स्त्री ने उनके पैरों को घेरे के बाहर लटकते देखा था और स्त्री बहुत खुश हुई थी कि अकेलापन दूर होगा। पर पता नहीं, दीवार के पुरुष ने क्या सोचा कि पैर वापस घेरे के भीतर खींच लिये। पुरुष को पैर वापस खींचते देख, दीवार की स्त्री ने भी अपने पैर वापस खींच लिए घेरे के अन्दर। स्त्री को इतनी जल्दी खुश नहीं होना था। वे दोनों, उसकी प्रसन्नता से डर गए होंगे। बरसों से दुःखी चेहरा अचानक खुश दिखे तो पागल और डरावना लगता है।

स्त्री कमरे का चक्कर लगाती रहती और समय बीतता रहता–स्त्री के चक्करों से लिथड़ा। कमरे में घड़ी नहीं थी, इसलिए समय घड़ी में नहीं बज सकता था। समय–सुबह, दोपहर, शाम और रात के आभासों में बजता था। यह एक तरह से ठीक था कि क्षणों में समय का हिसाब नहीं था जो समय को खींचता है। अब बाहर कौन-सा दिन था–पता नहीं था। कौन-सा मास था–पता नहीं था। दिन और मास के पास कोई आवाज नहीं थी कि जिसे सुनकर पहचाना जा सके कि यह दिन की आवाज है और यह इस मास की। एक दिन स्त्री को पता चला कि कमरे के बाहर बुधवार है : बहू ने बेटे से दिन पूछा था। स्त्री बहुत खुश हुई थी कि हो सकता है न थोड़ी देर बाद बहू तारीख पूछे तो उन्हें तारीख मिल जाएगी और किसी तरह बहू मास भी पूछ ले तो वे सही-सही हिसाब लगा लेंगी कि कितने दिन गुजर गए। पर बाहर सिर्फ बुधवार रहा, वह भी दरवाजे के बाहर; भीतर नहीं आया कि उसके पीछे-पीछे आ सके बुधवार का दृश्य।

कमरे में आईना नहीं था, इसलिए चेहरा देखना नहीं था। नहीं तो स्त्री देखती कि कुछ दिनों में ही वह कितनी बूढ़ी हो चुकी है! स्त्री को अपने चेहरे की इस तरह याद नहीं है कि उसे देखना है। पति का चेहरा वह याद करना चाहती है, पर बहुत जोर देने के बावजूद स्त्री उसे नहीं ला पाती। पति का धड़ पूरा आ जाता है–नंगा धड़, पर गर्दन से ऊपर सिर्फ हवा होती है–चेहरे के आकार की और चेहरे की जगह गोल-गोल घूमती हुई।

ओह, मेरे अल्लाह, मैंने उनका चेहरा कहाँ खो दिया? और खो दिया है तो मैं इस खोने से इतनी दुःखी क्यों हूँ?

स्त्री खिड़की से चिपकी खड़ी थी। उसके हाथ ऊपर की ओर उठे हुए थे और अँगुलियाँ फैली और काँपती हुई थीं, जैसे किसी दलदल में डूबते अदमी के हाथ

हों। स्त्री के स्तन खिड़की के पल्लों में गुम थे। स्त्री, सिर्फ पेटीकोट और ब्लाउज में थी। पीठ पसीने से इतनी भीगी हुई थी कि सफेद ब्लाउज, उसकी पीठ के रंग का हो गया था। हाथ के काँपते पंजे, थोड़ी-थोड़ी देर बाद–इस तरह बेचैन हो रहे थे, जैसे पीड़ा की ऊँची लहर के नीचे हों–ऐसी पीड़ा की लहरें, जिनके अन्त का कभी पता नहीं होता : किसी लहर को इस तरह पहचानना नहीं होता कि यह अन्तिम लहर है।

दीवार पर घेरे का बूढ़ा पुरुष नींद में ऊँघ रहा था, पर उसकी स्त्री खिड़की के ऊपर काँपते पंजों को ध्यान से देख रही थी। पंजों की पीड़ा उस स्त्री के चेहरे पर साफ देखी जा सकती थी। छत से रोशनी की पट्टियाँ झर रही थीं। पर खिड़की से चिपकी स्त्री पर रोशनी की कोई पट्टी नहीं गिर रही थी। एक तिरछी और लम्बी पट्टी, जिसमें नाचते धूल के कण साफ दिख रहे थे–स्त्री के पैरों को छूते-छूते रह गई थी और इस तरह गिर रही थी, जैसे स्त्री की एड़ियों के स्पर्श से बच रही हो।

पिछले कई दिनों से ऐसा हो रहा है। स्त्री घंटों खिड़की से चिपकी खड़ी रहती है और इसी तरह पंजे खिड़की के ऊपर दिखते हैं–काँपते। स्त्री की सारी ताकत, अँगुलियों को खिड़की की सिटकनी खोलने से रोकने में लगी रहती है और एक सोलह-सत्रह साल के लड़के के जवान हाथ स्त्री की देह को अपनी ओर खींचने की कोशिश करते हैं। स्त्री उन हाथों को कनखियों से देखती है,और साफ-साफ देखती है कि वे उसकी ओर बढ़ रहे हैं। स्त्री, जब मुश्किल से बारह या तेरह साल की थी तो उन हाथों का स्पर्श उसकी देह पर जागा था : पहला पुरुष स्पर्श। बरसों पहले सीढ़ियाँ उतरते हुए–वह, उसके पीछे-पीछे था और अचानक सीढ़ियाँ जहाँ मुड़ती थीं–वह उतरा और पलटा और बस एक क्षण के लिए, उसके हाथ लड़की के स्तन पर आए थे और स्पर्श जगा गए थे। लड़की ने लड़के को जोर से धक्का दिया था और सीढ़ियाँ उतर गई थी। वह लड़की से उम्र में बड़ा, उसका ममेरा भाई था। इस कमरे में उस लड़के का चेहरा नहीं दिखता, बस हाथ दिखते हैं–सोलह-सत्रह बरस के जवान हाथ, एक-साथ कठोर और कोमल भी। जैसे थोड़ी देर बाद ही शर्म से लाल हो जाएँगे–इतने अधिक लाल कि शर्म से लाल रंग झड़ने लगेगा। स्त्री के परिपक्व स्तन, बारह-तेरह साल की लड़की के स्तनों में इन दिनों जब-तब बदल जाते हैं।

ओह अल्लाह! क्या यह पाप है–ऐसे दिनों में और इस कमरे में, उस स्पर्श की बार-बार उपस्थिति?

स्त्री ने बच्चे को जना तो देह खो दिया। देह को खोया तो पति खो दिया। बहुत पहले खो चुके पति के लिए वह इस कमरे में बन्द थी। उस पुरुष के लिए

जो दूसरी स्त्रियों में सौन्दर्य खोजता रहा था। जब भी अपनी स्त्री की देह के करीब आया–नशे में आया और उसकी देह से, किसी और स्त्री की देह रचता रहा। लम्बे समय के बाद ही, स्त्री की देह, पति-पुरुष को बुला पाती थी। वह आता और फिर लम्बे समय के लिए स्त्री उसे खो देती। स्त्री स्वीकार करती–उसका इस तरह आना, जबकि यह उसकी देह का अपमान था। पर लम्बे समय बाद देह इस तरह जाग चुकी होती थी कि पति-पुरुष किसी तरह भी आए, किसी भी मुद्रा में–उसका आना अच्छा लगता था। यह अलग बात थी कि अन्त में सिर्फ ग्लानि और घृणा बचती थी और फिर वह भी मन से पुँछ जाती थी और मन फिर उसका इन्तजार करने लगता था।

स्त्री के हाथों ने काँपना बन्द किया। वे एक-दूसरे से दूर फैलते गए। स्त्री, धीरे से खिड़की से अलग हुई। स्त्री के चेहरे पर मुस्कुराहट थी, जैसे किसी और चेहरे की मुस्कुराहट को लाकर पेंट कर दिया गया हो। स्त्री अपने फैले हुए हाथों के साथ दीवार पर चिपकी चलने लगी। दोनों हाथों की अँगुलियाँ, दीवार पर वह जगह खोजती हुई थीं जो एक हलके मुक्के में खिड़की हो सके। दोनों हाथ दीवार को टटोलते हुए थे, जितनी दूर तक टटोल सकते थे। स्त्री दीवार से चिपकी धीरे-धीरे रेंग रही थी, पर हाथों के टटोलने की गति बहुत तीव्र थी। चारों दीवारों की यात्रा पूरी करने में स्त्री को बहुत अधिक समय लगता था। पहली ही यात्रा में वह पसीने से तर-बतर हो चुकी थी, पर स्त्री रुकी नहीं। चौथी दीवार को पार कर वह पहली दीवार पर थी और उसका दूसरा चक्र शुरू हो चुका था। कहीं तो होंगे...कहीं तो होंगे। वह बड़बड़ा रही थी। स्त्री ने दीवारों के कई चक्कर लगाए–इतने चक्कर कि हाथ-पैर जवाब दे गए और साँस फूल गई। स्त्री खिड़की के नीचे लस्त गिरी पड़ी थी। देह के हाँफने की आवाज कमरे में गूँजती-सी थी।

थोड़ी देर बाद जब स्त्री अपनी थकान से बिखरती साँसों को सहेज चुकी तो उठी और दरवाजे के पास जाकर खड़ी हो गई और झिरी से पार देखने की कोशिश की और कुछ नहीं दिखा। वह पलटकर खड़ी हो गई और छत को देखने लगी। स्त्री ने छत पर लगी बाँस की कड़ियों को गिनना शुरू किया जोर-जोर से। वह गिनती गई और आगे सरकती गई और धीरे-धीरे उसने पूरा कमरा पार कर दिया। पूरी कड़ियाँ गिनने के बाद उसे लगा कि उसने गलत गिना है कि कड़ियाँ गिनती में चार माह दस दिन के बराबर थीं। वह फिर गिनने लगी–अब दूसरे छोर से, जहाँ वह एक गिनती के बाद पहुँच चुकी थी। स्त्री गिनती रही और बाँस की कड़ियाँ काँपती रहीं, जैसे उसके गिने-जाने से डर रही हों। स्त्री थक गई गिनते-गिनते और कड़ियाँ हर बार, चार माह दस दिन के बराबर निकलीं। अन्ततः स्त्री थककर

बैठ गई, दरवाजे के पास। वहीं बैठे-बैठे, घेरे की स्त्री से उसने चिल्लाकर पूछा कि जब कड़ियाँ चार माह दस दिन की हो गई हैं तो यह दरवाजा क्यों नहीं खुल रहा है? घेरे की स्त्री जवाब नहीं दे पाएगी और न ही नीचे उतरेगी...घेरे में बँधी रहेगी—पुरुष की सेवा में लीन...अपने पैरों को देखती और सँभालती कि कहीं ये काले न हो जाएँ।

ओह! कैसी यातना है!—स्त्री ने सोचा और अचानक उसे लगा कि दरवाजा खटका। वह तुरन्त खड़ी हो गई—चौकन्नी। झिरी से झाँकने की कोशिश की—दरवाजे के पास क्या कोई मनुष्य-आभास है? पर कुछ नहीं मिला। स्त्री सिर ऊपर-नीचे कर रही थी—दरवाजे से चिपकी और बाहर बस हवा थी। झिरी से कुछ दिखता नहीं था—वह इतनी बारीक थी कि किसी कोने से आभास का मिलना भी कठिन था। स्त्री, लगभग रोज इस तरह चौंकती है जब दरवाजे को हवा खटखटाती है और कई बार दरवाजे को स्त्री का मन भी खटखटा जाता है।

स्त्री नहीं जानती थी कि दरवाजा कब खुलेगा, पर स्त्री जानती थी कि दरवाजे की झिरी अपनी लम्बाई में कहाँ-कहाँ बन्द और खुली है, जहाँ आँख रखने से बाहर के आभास को पाने की कोशिश की जा सकती है। स्त्री जानती थी कि छत पर कितनी कड़ियाँ हैं—बाँस की, और कितनी बल्लियाँ हैं। स्त्री जानती थी कि कड़ियों और बल्लियों के किन-किन हिस्सों में दीमकें रहती हैं जो उन्हें चाटती हैं तो उनकी बारीक आवाज धीरे-धीरे कैसे फैलती है, और यह भी कि कमरे के किस हिस्से में खड़े होकर आप दीमक की आवाज को साफ-साफ सुन सकते हैं। स्त्री बता सकती है कि दीवार का प्लास्टर कहाँ-कहाँ ऊपर-नीचे है—ऊबड़-खाबड़ और कहाँ से वह बहुत जल्दी दीवार को छोड़ने वाला है। जहाँ प्लास्टर पुराना और खोखला था—वहाँ एक नई खिड़की खुलने का भ्रम स्त्री के भीतर बार-बार जगा है और यह भी सच है कि दीवार के उन हिस्सों पर स्त्री का स्पर्श ज्यादा रहा है, जहाँ का प्लास्टर अब-तब में दीवार छोड़ने वाला रहा है। कई जगह स्त्री के स्पर्श से प्लास्टर गिर चुका है और स्त्री की अँगुलियों ने ईंटों की जुड़ाई आधे से अधिक खुरच डाली है और ऐसी जगहें एक हलके मुक्के से खिड़की में बदल सकती हैं, पर वह हलका मुक्का, स्त्री के पास नहीं है। हथेलियाँ इन दिनों बहुत काँपती हैं।

स्त्री जानती है कि चिड़ियों की आवाज जब दीवार के पार से आती है तो कैसी सुनाई देती है। पेड़ों की सरसराहट में हवा की आवाज, उड़ते परिंदों में बदल जाती है। पगडंडी से गुजरते हैं पैर और जैसे पगडंडी आवाज करती है। दृश्यों की आवाज दृश्यों के न दिखने पर भी होती है। स्त्री जानती थी कि पृथ्वी घूम रही है और उसके साथ घूम रहे हैं दृश्य, और दृश्यों के साथ भटक रही है दृश्यों की

आवाज। पृथ्वी के साथ घूम रहा है स्त्री का कमरा, और कमरे के साथ-साथ उसका दृश्य, और कमरे के दृश्य से आ रही है स्त्री की आवाज, जो कोई नहीं सुन रहा है।

स्त्री सिर पर हाथ रखे बैठी थी और उसे इस तरह बैठे पता नहीं कितना समय हो चुका था। स्त्री शून्य में थी, जहाँ कोई खटका नहीं होता, पर जैसे जीवन भी नहीं होता; और अगर बाहर की कोई आवाज सुनाई नहीं देती तो भीतर से भी कोई आवाज नहीं आती। स्त्री के लिए शून्य में चले जाना सुख है कि यह कमरे की यातना से बाहर होना है।

कमरे में अँधेरा था और कमरे के बाहर गहरी शाम थी। सूरज पृथ्वी की ओर सरक रहा था और बाहर एक भव्य दृश्य रचा जा रहा था। स्त्री उस दृश्य में कहीं नहीं थी, उसका कमरा जरूर था, बच्चे के खिलौने की तरह छोटा-सा और स्त्री उस कमरे के अँधेरे में गुम थी।

ठीक उस समय जब सूर्य पृथ्वी को छू रहा था और एक भव्य दृश्य बना था, स्त्री को अचानक लगा कि कमरा पृथ्वी की गति से भी तीव्र गति पर घूम रहा है और स्त्री बहुत तेज भँवर में फँस चुकी है। थोड़ी देर बाद भँवर में दरवाजे के खुलने की आवाज गिरी और भँवर की तेजी मंद पड़ती गई। दरवाजे का बजना स्त्री ने सुना, पर उसका सिर झुका रहा—वह भ्रम को नहीं देखना चाहती थी, पर कुछ ही क्षणों बाद स्त्री ने अपनी पीठ पर किसी की हथेली महसूस की जो पीठ को सहलाती हुई थी। स्त्री ने बहुत धीरे से अपना सिर उठाया—इस डर से कि सिर कहीं भ्रम के भीतर न चला जाए। स्त्री ने अपनी आँखें खोलीं तो वही तीन बूढ़ी स्त्रियाँ थीं—उस पर झुकी हुईं। स्त्रियाँ, 'उठ-उठ' कह रही थीं। स्त्री नहीं सुन पा रही थी। स्त्री की देह नहीं सुन रही थी। बूढ़ी स्त्रियाँ उसके हाथों-पैरों को सहलाने लगीं, जैसे देह की बँधी गाँठों को खोलना हो। स्त्री को अच्छा लगा, वह वैसे ही बैठी रही। उन स्त्रियों के बूढ़े हाथों ने, सहारा देकर उसे उठाया और दरवाजे की ओर ले चलीं। दरवाजे पर बेटा था! अपराधी चेहरा था। बहू मुस्कुरा रही थी : बेवकूफ थी। नाती नहीं दिखा। स्त्री के चेहरे में बेटे-बहू को देखकर कोई भाव नहीं जगा, जैसे वे अपरिचित एवं महत्त्वहीन हों।

कमरे से बाहर आते ही स्त्री चौंकी और डर गई। वह देख रही थी और काँप रही थी कि बाहर के सारे दृश्यों से रंग गायब थे। दृश्य सिर्फ सफेद और काले रंगों में थे, इसके बावजूद कि सूर्य अभी पूरी तरह डूबा नहीं था और रंगों को दिखना था। स्त्री आँगन में थी और पेड़ हरा नहीं था, काला था—तने से लेकर एक-एक पत्तियों तक, और काले पेड़ में सफेद फूल इतना चमक रहे थे कि नकली लग रहे

थे। स्त्री ने सिर उठाया तो आसमान से नीला रंग गायब था। आसमान अँधेरे की छतरी की तरह दिखा, जिसमें कहीं-कहीं सफेद धब्बे बिखरे हुए थे और सूर्य बहुत तेजी से उसे छोड़कर भाग रहा था। सूर्य निस्तेज था—सफेद कि जितनी देर ठहरेगा, अपना सूर्य होना खोता जाएगा। गुलाबी रंग में पुता स्त्री का घर, हलका काला हो चुका था। आँगन का फर्श भी काला था। शरीर के रंग सभी के पास थे—बहू गोरी थी, बेटा साँवला और बूढ़ी स्त्रियों के पास बुढ़ापे के रंग थे जो बरसों पहले गोरे या साँवले रहे होंगे। देह का रंग नहीं गुमा था, पर उन सभी के कपड़े स्त्री को सफेद और काले दिखे। स्त्री को याद आया कि जब बूढ़ी स्त्रियाँ उसे लेने कमरे में आई थीं तो उनके कपड़ों में रंग थे। स्त्री भागती हुई कमरे में गई। आश्चर्य कि कमरे में सभी रंग थे—लाल, हरा, पीला, नीला सभी। घेरे में बैठे स्त्री-पुरुष के पास रंग थे। अलगनी में टँगे कपड़ों में रंग थे। छत पर रंग थे—खपरैलों, बाँसों और बल्लियों के। बिस्तर पर रंग थे। कमरे के भीतर से कोई रंग गायब नहीं था। स्त्री फिर बाहर भागी और बाहर जो भी था सब सफेद और काला था। बाहर के दृश्यों ने सारा रंग खो दिया था।

स्त्री सफेद और काले दृश्यों के बीच सहमी खड़ी रही और फिर कमरे के भीतर भागी—रंगों के पास, और थोड़ी देर बाद फिर कमरे से बाहर निकली और सफेद और काले दृश्यों के बीच सहमी खड़ी दिखी...

रचना-वर्ष—1997 : पहल-56

महानगर में गिलहरी

उस शहर में गिलहरी के लिए कोई पेड़ नहीं था, जिस पर वह जी सके जीवन और कुतर सके ताजे फल और अपनी खूबसूरत पूँछ उठाए, दौड़ सके पूरा पेड़। वह शहर गिलहरी के लिए नहीं था। कभी गिलहरी उस शहर में थी और फलदार पेड़ भी। शहर गाँव था–तो सबसे ज्यादा वहाँ थीं गिलहरियाँ और इतने फलदार पेड़ कि गाँव के भरपेट होने के बाद भी बचे रहते थे फल और टप्–टप् धरती पर गिरते तो धरती बजती। पशु–पक्षी फल खाते–उनका पेट भर जाता, पर फल खत्म नहीं होते थे। स्त्रियाँ फलों का अचार बनातीं तो लड़कियाँ अचार को घेरे बैठे रहतीं। लड़कियों की खुशी और अचार की खुशबू से गाँव महमहा उठता था। उसके बाद भी बच जाते थे फल, तो स्त्रियाँ फलों का रस निकालतीं और खपरैल की छतों पर रस सूखता रहता–लगता रस की छत है : गाँव में मिठास की छत। इस तरह फल इतने होते कि अपने होने के मौसम के बाद भी गाँव–घर में बने रहते।

धीरे–धीरे गाँव कस्बा हुआ और पेड़ कुछ कम हुए। पेड़ कम हुए तो कुछ कम हो गए फल। फल कम हुए तो कम हो गई मिठास और मिठास कम हुई तो कम हो गईं गिलहरियाँ। फिर कस्बा शहर हुआ तो और ज्यादा कम हो गए पेड़, तो और ज्यादा कम हुए फल, तो और ज्यादा कम हुई मिठास, तो और ज्यादा कम हो गईं गिलहरियाँ। और शहर जब महानगर हुआ–इतना विशाल कि कई शहर उसमें समा गए तो बचा नहीं एक भी पेड़, तो बचे नहीं फल, तो बची नहीं मिठास और मिठास नहीं बची तो बची नहीं कोई गिलहरी। फल बाहर से आते हैं और फलों से ज्यादा खूबसूरत होते हैं फलों के डिब्बे–जिनमें वे आते हैं, जैसे कोई कीमती सफर हो। फल तो आ जाते थे, पर पेड़ को बुलाना मुश्किल था और किसी को इसकी चिन्ता नहीं थी। भागमभाग मची थी और किसी के पास एक क्षण नहीं था ऐसा कि जिसमें पेड़ सोचा जा सके। पेड़ स्वप्न में नहीं उगते थे, इसलिए यथार्थ में उगने को मुश्किल थे। पेड़ जगह घेरते थे–स्वप्न में और यथार्थ में भी, और महानगर में जगह की बहुत कमी थी। आश्चर्य कि पूरे महानगर में गिलहरी का कोई चित्र नहीं था।

वह महानगर में था–एक उपनगरीय रेलवे स्टेशन के बाहर खड़ा। वह भीड़ के साथ बाहर आया था और स्टेशन के गेट के पास की दीवार से चिपका किसी तरह अपना खड़ा होना बचाए हुए था। भीड़ इतनी तेजी से गुजर रही थी कि उसे हर क्षण यह लग रहा था कि उसका खड़ा होना भीड़ के साथ चला जाएगा। भीड़ में सभी थे–स्त्री, पुरुष, बच्चे और बूढ़े, और सभी तेजी से कहीं जा रहे थे। वे, किसी चेहरे को नहीं देख रहे थे–वे बस अपना जाना देख रहे थे। उसने इतने सारे लोगों को अपना जाना देखते–इससे पहले कभी नहीं देखा था। वह आश्चर्यचकित और डरा हुआ था। उन सबके चेहरे खिंचे-खिंचे से थे, जबकि समय सुबह का था और चेहरों को अभी-अभी उगे फूलों की तरह तरोताजा होना था। उस गुजरती भीड़ में एक भी मुस्कुराता चेहरा नहीं था। यह देखकर उसे दुःख हुआ कि बच्चों के पास भी नहीं थी मुस्कुराहट। हो सकता है कि बच्चे छुपाकर रखते हों मुस्कुराहट–अपनी पेंट या कमीज की जेब में लड़कों ने, और लड़कियों ने अपने बालों में रिबिन की जगह बाँधकर रखी हों मुस्कुराहटें कि जरूरत पड़े तो झट् से ले आएँ चेहरे पर। बच्चे रख सकते हैं मुस्कान–यह उसने इस तरह सोचा कि उन्हें रखनी ही चाहिए मुस्कान। बच्चे बहुत-कुछ सँभालकर रखते हैं–जेब-खर्च के पैसे, रंगीन चमकीले पत्थरों में समुद्र का सौन्दर्य और स्मृतियों में स्वप्न का आभास। बच्चों ने जरूर सँभालकर रखी होगी मुस्कान।

वहाँ मुस्कुराहटें विज्ञापनों के पास थीं और किसी जीवित आदमी के चेहरे पर मुस्कुराहट की बारीक कौंध के लिए भी जगह नहीं बची थी। वहाँ मुर्दे मुस्कुराते थे और शवगृह उनकी मुस्कुराहटों से जगमग थे।

उसे लगा कि अभी अगर वह मुस्कुरा दे तो यह गुजरती भीड़ अचानक ठिठक जाएगी–मुस्कुराहट देखने कि यह किस तरह आदमी के चेहरे पर है कि जो बरसों से कभी नहीं है। पर उसकी हिम्मत नहीं हुई कि दीवार से चिपका वह मुस्कुरा सके और महानगर को चौंका सके। दीवार विज्ञापनों से ढकी थी और विज्ञापनों में सिर्फ लड़कियाँ थीं–खूबसूरत, मुस्कुराती और इठलाती। मुस्कुराती और इठलाती लड़कियों की देह ही उनका वस्त्र थी। उन खूबसूरत विज्ञापनों के बीच वह एक अचम्भित पुरुष का भद्दा विज्ञापन था। उसने एक झटके से दीवार छोड़ी। उसकी पीठ के नीचे एक नग्न लड़की दबी रह गई थी जो मुक्त हुई। उसे, उस लड़की की साँसें सुनाई दीं तो वह झेंप गया। ओह, इन लोगों ने पूरी दीवार पर ही कब्जा कर लिया है–आदमी के लिए पीठ टिकाने की जगह भी नहीं छोड़ी है! हर जगह विज्ञापनों से भरी पड़ी थी–चमकीले और जीवन्त विज्ञापन। पोस्टर, ग्लोसाइन बोर्ड, इलेक्ट्रॉनिक डिस्प्ले बोर्ड, टीवी स्क्रीन पर कम्प्यूटर के खेल और मनुष्य की देह–जिधर नजर घुमाओ, नजर विज्ञापनों में धँसती थी। विज्ञापन अपने अलावा कुछ और देखने के

लिए बहुत कम जगह छोड़ रहे थे। वे कार से लेकर नमक तक बेच रहे थे। यह अलग बात थी कि कार के विज्ञापन में गति और आराम कहा जा रहा था और नमक का विज्ञापन यह नहीं कह रहा था कि नमक स्वाद रचता है : नमक कैसे गिरता है बर्तन पर खूबसूरती से, विज्ञापन में यह नमक का गुण था। विज्ञापन झाड़ू का बुहारना नहीं दिखा रहे थे, वे झाड़ू की खूबसूरत मूठ दिखा रहे थे जो प्लास्टिक की रंग-बिरंगी **थी** और लोग खूबसूरत मूठ के लिए झाड़ू खरीद रहे थे, क्योंकि वैक्यूम क्लीनर नहीं खरीद सकते थे। मनुष्य की देह, विज्ञापन का सबसे आधुनिक माध्यम थी। देह संकोच और शर्म से बाहर थी। संकोच और शर्म से बाहर देह के पास कोई जगह नहीं बची थी, जिसे विज्ञापन ने नहीं छुआ था।

वह विज्ञापनों के बीच से अपने दोस्त का आना देख रहा था। उसने निकलने के पहले ही उसे फोन कर दिया था कि मैं गुमना नहीं चाहता और न ही खोजना चाहता हूँ। दोस्त हँसा था और उसे लगा कि दोस्त ने उसकी बात समझ ली है। वह जवाब में सिर्फ मुस्कुराया था, जो फोन पर दोस्त को नहीं सुनाई दी थी कि मुस्कुराहट सुनने की चीज नहीं है, देखने की चीज है और उसके लिए एक-दूसरे से मिलना जरूरी होता है। फोन पर उसकी मुस्कुराहट दोस्त तक चुप्पी बनकर पहुँची और व्यर्थ गई। मुस्कुराहट के लिए लोग मिलना-जुलना बचाए रखेंगे—उसने सोचा।

उसे समझ में नहीं आ रहा था कि दोस्त का आना वह किस दिशा में देखे। सड़क स्टेशन के गेट तक तीन दिशाओं से आ रही थी। दोस्त किसी भी दिशा की सड़क से आ सकता था। उसके पास एक डर यह भी था कि इस बीच अगर कोई लोकल ट्रेन आ गई तो फिर से उसे अपना खड़ा होना बचाना होगा। वह इस कठिनाई से पहले उसका आना चाहता था। हर क्षण लम्बा था—हवा में तना हुआ और वह तने हुए क्षण पर था। गेट के किनारे एक पान की दुकान उसे दिखी और दुकान, कस्बे का निशान लगी। उसने सोचा कि अगर मैं सिगरेट जला लूँ तो शायद थोड़ी देर के लिए तनाव से उतर सकूँ। वैसे, वह सिगरेट छोड़ चुका था, पर इस पुराने अनुभव से कि अकेलेपन में सिगरेट एक सहारे की तरह होती है—वह उस तरफ जा रहा था।

सिगरेट खरीदते हुए भी उसके पास यह भय रहा कि कहीं वह दोस्त के देखे जाने से बाहर न हो जाए। वह जल्दी कर रहा था और बार-बार तीनों सड़कों को देख रहा था और किसी चोर की तरह लग रहा था कि जिसके पास कोई कीमती वस्तु हो और जो भागने की तैयारी में हो कि किस दिशा में भागे। उसने सिगरेट जलाई ही थी कि वह उसे आता दिखा—पैदल! इतना निश्चिंत जैसे अपने ही शहर में चल रहा हो और एक वह स्वयं था कि इस शहर में उतरते ही अपनी स्वाभाविक चाल खो चुका था। दोस्त ने उसे नहीं देखा था। उसने हाथ हिलाया और पुकारा, "मैं यहाँ हूँ।" बेसब्र हाथ खुशी से काँप रहे थे।

दोस्त, उसकी आवाज से पहले चौंका और फिर खुश हुआ। उसने गोल गले की नीली टी-शर्ट–चुस्त जींस के ऊपर पहन रखी थी। अगर वह सिर्फ उसके कपड़ों को देखता तो उसे कभी न पहचान पाता। उसने पहले उसका चेहरा देखा था और उससे भी पहले उसकी चाल, जो बाईं तरफ उसे थोड़ा झुकाते हुए आगे बढ़ाती थी। अब दोस्त उसके बिलकुल करीब था और वह उसे अच्छा लग रहा था। सच कहा जाए तो उसका मिलना, पहली बार उसे इतनी अधिक खुशी दे रहा था। अपने शहर में वे दोनों कई बार मिलते, पर वह, उन दोनों का शहर था और इस तरह की खुशी कभी नहीं जगाता था। वह अपने चेहरे पर खुशी महसूस कर रहा था और उसके चेहरे पर भी खुशी छलकती देख रहा था। वे अगर एक दूसरे का चेहरा छूते तो उनकी हथेलियाँ गीली हो जातीं।

''मैं डर रहा था।'' उसकी खुशी ने कहा।

''मैं भी डरता रहा हूँ...यह शहर भयभीत करता है।'' दोस्त की खुशी ने कहा।

वे दोनों गले मिले और खुशी छलकने लगी।

''सिगरेट?'' उसने पूछा।

''मेरे पास है।'' दोस्त ने कहा और उसके हाथ में महँगी सिगरेट का पैकेट चमका।

''तुम यह पीने लगे हो?'' उसके पूछने में आश्चर्य था।

''हूँ,'' फिर कुछ सोचकर दोस्त ने कहा, ''पैकेट बताता है कि मेरी हैसियत क्या है। इस शहर में आदमी का चेहरा नहीं बोल पाता...उसके कपड़े, अँगूठियाँ, गले की चेन, उसकी कार, उसकी बगल में कोई खूबसूरत लड़की–उसकी हैसियत बोलते हैं...इनके साथ जुबान अंग्रेजी होनी चाहिए। यहाँ राष्ट्रभाषा और मातृभाषाएँ चहार-दीवारी के भीतर बोली जाती हैं...बहुत-से घरों में चहारदीवारी के भीतर भी अंग्रेजी ही है। अंग्रेजी, पढ़े-लिखों की भाषा है...बाजार की भाषा है। गोरी संस्कृति, गोरी भाषा और गोरे देशों के पीछे, यह शहर पागल है। ऐसे शहर में तुम वस्तु को अपना चेहरा नहीं बनाओगे तो चल ही नहीं पाओगे–भले ही वह एक झूठा चेहरा हो और उसे देखकर खुद को शर्म आती हो...शर्म भी नहीं आती–झूठ की आदत पड़ जाती है और वह सच लगने लगता है। सच कहूँ तो इस पैकेट में कुछ सिगरेट कीमती हैं और कुछ अपनी वाली...कीमती सिगरेट में मजा नहीं है साला!'' दोस्त ने अपनी वाली सिगरेट जलाई थी और कीमती सिगरेट को बचाए रखा था कि वह उसका चेहरा बन सके। ''चलें?'' दोस्त ने कहा।

वह उसकी निश्चिंत चाल के पीछे-पीछे अपनी झिझकती चाल के साथ था। दोस्त बार-बार पीछे मुड़कर उसका होना देख रहा था और वह बार-बार पीछे छूट रहा था। अचानक भीड़ आई, जैसे समुद्र की ऊँची शोर करती लहर और वह

दौड़कर उसके करीब पहुँचा और घबड़ाकर कोहनी के ऊपर उसकी बाँह को जकड़ लिया। वह दोस्त के दाहिनी ओर था। दोस्त ने कहा कि तुम मेरे बाएँ चलो। पीछे समुद्र की लहर थी–उनका पीछा करती हुई। उसे लग रहा था कि दौड़ना चाहिए, नहीं तो लहर डुबो देगी, पर दोस्त निश्चिन्त चाल में ही रहा। कुछ ही देर में लहर का शोर ठंडा पड़ गया। उसने पीछे मुड़कर देखा तो समुद्र की लहर नहीं थी। वह मुस्कुराया, पर दोस्त को उसका मुस्कुराना नहीं दिखा–उसका ध्यान कहीं और था। वे सड़क के बहाव के विपरीत थे। बहना कभी अचानक रुकता और कभी तेजी से शुरू हो जाता। अधिकांश मोटर-गाड़ियाँ टैक्सी थीं, जिनकी छत पीली थी और शेष हिस्सा काला। सड़क की ऊपरी सतह पर पीला रंग बह रहा था–बीच-बीच में फँसी रंग-बिरंगी मोटर-गाड़ियों के धब्बों के साथ एक काले रंग की एक चौड़ी पट्टी, पीले के नीचे थी–तेजी से बहती और कभी अचानक रुक जाती। सड़क के दोनों किनारों पर अट्टालिकाएँ थीं–आसमान तक ऊँची। नीचे से आसमान नीली गली की तरह दिख रहा था और आसमान के नीचे उतरने के लिए जगह नहीं बची थी।

"पूरा आसमान यहाँ मुश्किल होगा?" उसने पूछा।

"हाँ..., मैंने कई महीनों से नहीं देखा है। पूरा आसमान देखने के लिए कुछ तय जगहें हैं। समुद्र के किनारे खड़े होकर, तुम पूरा आसमान देख सकते हो...पर शान्त और साफ आसमान वहाँ भी नहीं है...हर दूसरे-तीसरे मिनट हवाई जहाज उसे भेदते रहते हैं। वह उनके शोर से भरा आसमान है। यहाँ जगह बहुत कम है और वह रोज और कम होती जा रही है, इसलिए लोग एक के ऊपर एक चढ़ रहे हैं और आसमान दिखने में कम होता जा रहा है। आसमान बचा नहीं है तो साफ-सुथरी हवा भी नहीं है...पर हवा की किसी को चिन्ता नहीं है–वह साँस लेने के लिए काफी है। जिस दिन साँस के लिए वह कम होगी, उस दिन लोग शायद चिन्तित होंगे...यहाँ साँस लेना सहज नहीं है, पर असहज है–यह भी तुरन्त पता नहीं चलता...जब चलता है तो उसकी जरूरत नहीं बचती।" दोस्त ने सिगरेट का लम्बा कश भीतर खींचा। सिगरेट का मुँहाना–दूर तक लाल चमकता, जलता गया। वह आदमी सारा धुआँ पी जाएगा। एक कतरा धुआँ भी बाहर नहीं निकालेगा–उसे लगा। दोस्त का मुँह बन्द था और धुआँ भीतर बन्द था। जब दुबारा बोलने के लिए उसने मुँह खोला तो धुएँ की पतली लकीर भी उसके मुँह से निकलती नहीं दिखी।

"एक दिन मेरी इच्छा हुई कि मैं उड़ती चिड़िया देखूँ...कोई रंगीन खूबसूरत चिड़िया देखने की उम्मीद मैं नहीं लगाए था...मैं बस चिड़िया देखना चाहता था–आसमान में उड़ती। तुम विश्वास नहीं करोगे कि मैं सुबह से शाम तक भटकता रहा–इमारतों की तरह सिर उठाए, इमारतों के बीच...आसमान की पट्टियों में झाँकता...पर मुझे एक चिड़िया नहीं दिखी...एक भी नहीं, जैसे उन्हें पता हो कि मैं

उन्हें देखने निकला हूँ और वे गायब हो गई हों...तो आजकल मैंने आसमान की ओर देखना छोड़ दिया है। आसमान को न देखो तो चिड़िया देखने की इच्छा भी नहीं जागती, और यह शहर किस साले को इतनी फुरसत देता है कि वह आसमान देख सके?''

उसे लगा कि दोस्त के कन्धे पहले से ज्यादा झुक गए हैं—इतने कि उनका झुका होना दिखने लगा है, जैसे भार से दबे हुए हैं।

उन्हें सड़क पार करनी थी और वे खड़े थे—सड़क के रुकने का इन्तजार करते हुए। सूरज दिखने में नहीं था सूरज का प्रकाश दिखने में था : धुँधला। मोटर-गाड़ियों की आवाज थी और धुआँ था जो सूरज के प्रकाश को धुँधला कर रहा था। दो बार कदम आगे बढ़ाकर वे पीछे खींच चुके थे। तेजी से गुजरती मोटर-गाड़ियाँ इतनी लगातार थीं कि आगे बढ़े कदम को कुचलकर आगे बढ़ जाती थीं। अचानक उसे लगा कि वह अकेला है और दोस्त सड़क पार कर चुका है। सड़क के बहने के किसी क्षणिक ठहराव का उसने सड़क पार करने के लिए इस्तेमाल कर लिया था। दोस्त ने सोचा होगा कि वह उसके साथ-साथ पार हो जाएगा, पर वह पीछे छूट गया था। दोस्त उस पार दिखा—हाथ हिलाता और जलता-बुझता-सा। गाड़ियों की ओट में वह बुझ जाता और ओट से बाहर फिर जलने लगता। दोस्त कभी आगे बढ़ने का इशारा करता और कभी रोक देता। जब दोस्त आगे बढ़ने का इशारा करता तो वह जब तक सोचता कि बढ़े या न बढ़े, तब तक दोस्त उसे रुकने का इशारा कर देता। वह सड़क पार करने की हिम्मत नहीं जुटा पा रहा था। गाड़ियों के क्षणिक ठहराव का इस्तेमाल करते और उन्हें छकाते हुए तेजी से भागना उसे कठिन लग रहा था। इसमें, सौ प्रतिशत कुचले जाने का भय था। पता नहीं कितनी देर तक, वह इसी तरह खड़ा रहा—हिचकता, दोस्त के हाथ के जलते-बुझते इशारे के नीचे झिझकता। दोस्त ने उसकी झिझक और उससे ज्यादा उसकी घबड़ाहट, शायद उस पार से महसूस कर ली थी और अब वह उसे आगे चलने का इशारा कर रहा था। अब वह बाएँ किनारे पर और दोस्त दाएँ किनारे पर—एक ही दिशा में आगे बढ़ने लगे। यह ऐसी यात्रा थी जो जाने की दिशा में नहीं जा रही थी। दोस्त, उसे उस जगह तक ले गया, जहाँ, 'जेब्रा-क्रॉस' था और ठीक 'जेब्रा' के सामने खड़े होकर दाएँ किनारे से मुस्कुराया। वह 'जेब्रा' की पीठ पर सवार होकर सड़क पार कर गया।

जब वे मिले तो उसने कहा, ''यह कठिन शहर है।''

दोस्त ने कहा, ''हाँ, यह मनुष्यों से ठसाठस भरा शहर है और उससे अधिक उनकी लालसाओं से...।''

महानगर के हर आदमी की पीठ पर एक पारदर्शी गठरी थी, जिसके भीतर लहसुन जैसी छोटी-छोटी गाँठें भरी हुई थीं—रंगीन गाँठें। गठरी में गाँठें इतनी थीं कि

पृथ्वी का कोई रंग नहीं बचा था कि जिस रंग की गाँठें गठरी में न हों। गठरी का वजन मनुष्य के वजन से कई गुना अधिक था, पर इसके बावजूद मनुष्य उस भार को खुशी-खुशी ढो रहा था और पैरों के तलवे घिस रहे थे। पारदर्शी गठरी से आदमी को दिख जाता कि किस गाँठ में कोंपल फूटी और वह उसे बाहर निकाल लेता कि वह पूरे शहर में विस्तार पा सके। कई बार पूरी उम्र निकल जाती, पर कोई गाँठ कोंपल नहीं देती, रंग नहीं फूटते, तो आदमी के साथ-साथ गठरी का भी अन्त होता। किसी दूसरे आदमी की गठरी, किसी दूसरे आदमी के काम की नहीं थी। हाँ, आदमी अगर पुनर्जन्म ले सकता तो गठरी का भी पुनर्जन्म हो सकता था और तब—गठरी आदमी के जनम-जनम तक काम आ सकती थी और आदमी जनम-जनम तक कोंपल फूटने का इन्तजार कर सकता था।

सड़कें एक-जैसी थीं—बहुत चौड़ी, पर भीड़-भरी। अट्टालिकाओं और भव्य दुकानों से सजा शहर। उसके पिता के पास इसी महानगर का एक किस्सा इस तरह था कि जब उन्होंने एक इमारत की ऊँचाई को देखने का लोभ किया तो उनका सिर नंगा हो गया था। उनकी गांधी टोपी गिर गई थी, जो बहुत ढूँढ़ने पर भी उन्हें नहीं मिली। महानगर में, वे दो दिनों तक नंगे सिर घूमते रहे। उनके सिर में अश्वत्थामा की तरह एक फोड़ा था जो पसीना और पीप छोड़ता था। टोपी गिर गई तो वे उस फोड़े को ढक नहीं पाए। स्वतंत्रता के लिए सक्रिय भागीदारी के बाद, पहली बार उनके सिर को नंगा होना पड़ा था और वे यह मानते थे कि यह उनके, ऊँचाई देखने के लोभ के कारण हुआ है। उन्होंने कहा था कि ऊँचाई हमेशा खींचती है और उससे निर्लिप्त रहना मुश्किल होता है। तुम अगर अपने भीतर उस ऊँचाई से भी ऊँचे हो, तो ही उस खिंचाव से बच सकते हो। हर आदमी गांधी नहीं हो सकता।

वह गांधो टोपी नहीं पहनता है, जबकि उसके पिता पहनते थे। वह ऊँचाइयों को देखता है और गांधी टोपी गिरती नहीं है। गांधी टोपी सिर से बाहर है और मन से भी बाहर है। गांधी के सिर पर कव्वे बीट कर रहे हैं और उनका चश्मा किसी अंधे ने चुरा लिया है। गांधी स्वयं टोपी नहीं पहनते थे। गांधी की टोपी नेहरू पहनते थे। नेहरू की टोपी शास्त्री के सिवा किसी ने नहीं पहनी। इक्कीसवीं शताब्दी के बच्चों ने गांधी की मूर्ति को देखकर पूछा : यह किस अधनंगे बूढ़े की मूर्ति है?

महानगर में पुरानी इमारतें भी हैं, पर वे जैसे ऊँची इमारतों के ओट में छिपी-छिपी-सी हैं, जैसे उसके शहर में दोमंजिला मकान के बगल में कोई झोपड़ी छिपी-छिपी-सी रहती है। चार मंजिला इमारत यहाँ बौनी है और उसका शहर बहुत मुश्किल से तीन-मंजिला तक पहुँचा है। बहुत-सी जगहों पर वह सिर्फ तल पर है, कुछ जगहों पर वह दूसरी मंजिल तक गया है और गिनती की जगहों पर वह तीसरी मंजिल पर है। उसके अपने शहर में तीन-मंजिला मकान बहुत ऊँचा लगता है, पर तीन-मंजिला

मकान के बगल में खड़ी मिट्टी की कोई धूसर झोपड़ी भी निःसंकोच लगती है, यद्यपि वह तीन-मंजिले मकान का संकोच होती होगी। महानगर में बहुत झोपड़ियाँ हैं, पर वे मिट्टी की नहीं हैं। वे आमतौर पर टीन की पुरानी जंग-लगी चादरों की दीवारों पर तनी पोलीथिन की काली छतों वाली होती हैं, जो महानगर में रेलगाड़ी के घुसते ही पटरियों के किनारे-किनारे, साथ-साथ चलती हैं और फिर पूरे शहर में बिखरी-बसी मिल जाती हैं। वे धरती की ओर गिरती-सी लगती हैं और इमारतों की ऊँचाइयों को और बढ़ाती रहती हैं। झोपड़पट्टियों से चाँद और सूरज, उस तरह नहीं दिखते, जैसे वे अट्टालिकाओं से दिखते हैं। पर अट्टालिकाओं से सूरज और चाँद और तारे कैसे दिखते हैं, यह झोपड़पट्टी वाले नहीं जानते। वैसे महानगर, जादू का नगर होता है तो कई बार बरसों में यह भी होता है कि झोपड़पट्टी का कोई आदमी अट्टालिका की छत पर खड़ा होकर सूरज और चाँद को देखता है और उसे लगता है कि वह उन्हें पहली बार देख रहा है। वह कभी याद नहीं कर पाता कि झोपड़पट्टी से भी उसने देखा था सूरज और चाँद और वह देखना दूसरा था। झोपड़पट्टियाँ, बहुत जरूरत और गहरे संकोच के साथ महानगर में हैं। यह, कभी नहीं लगता कि वे मनुष्य के रहने की जगह हैं, पर पृथ्वी पर मनुष्य की आबादी का बहुत बड़ा हिस्सा उन्हीं जगहों पर रहता है जो उसके रहने की जगह नहीं है : सूअर के बाड़े में मनुष्य।

वह महानगर का बाजार था। दुकानें इतनी थीं कि दुकानों के बाद भी बस दुकानें थीं। फुटपाथ पर चलते हुए नहीं लगता था कि फुटपाथ पर हैं, लगता था कि दुकानों के भीतर से गुजर रहे हैं। फुटपाथ पर छोटी दुकानें सजी थीं। बाजार वस्तुओं से पटा पड़ा था। इतनी वस्तुएँ कि उनका ढेर बनाओ तो एक छोटा शहर वस्तुओं के नीचे दब जाए और जब वस्तुएँ बिकें तो वह दिखे।

बाजार का पुकारता शोर आदमी को हर पल वस्तुओं से घेर रहा था। आदमी, वस्तुओं से भाग नहीं रहा था, वह उन्हें पाने के लिए साधन जुटा रहा था। पुरानी वस्तु के बदले में नई वस्तु दी जा रही थी। नई वस्तु घर आती तो पुरानी वस्तु की कीमत से तीन गुना ज्यादा कर्जदार बनाते हुए आती। आदमी कर्जदार पैदा हो रहा था और कर्जदार मर रहा था। आदमी के कलफ-लगे कपड़ों की कड़क, कर्ज की कड़क थी। कर्ज एक पीढ़ी से दूसरी पीढ़ी को हस्तांतरित हो रहा था और पीढ़ियाँ कर्ज के इस हस्तांतरण को सहजता से स्वीकार कर रही थीं और बाद की पीढ़ी, अपने पहले की पीढ़ी से ज्यादा कर्जदार होती जा रही थी।

साहूकार का चेहरा साफ-साफ दीखता नहीं था, पर कोई एक बड़ा साहूकार था—सात चेहरों वाला जादूगर। पृथ्वी का समूचा विकासशील भूभाग उसका कर्जदार था। उस साहूकार को पहचानना मुश्किल था। पहचान लो तो यह सिद्ध करना नहीं

था कि यह वही साहूकार है। साहूकार अपने जादू से क्षण-क्षण में रूप बदलता : सात चेहरों के पास लाखों रूप थे और पहचाना गया रूप पीछे छूट जाता। यहाँ तक कि पहचाने गए रूप का कोई निशान भी नहीं बचता–जिसे दिखाकर 'पहचानना' सिद्ध किया जा सके। साहूकार का सूचना-तंत्र बहुत विकसित था। पूरे भूमंडल को 'इंटरनेट' में डाल दिया गया था। खबरें, हर क्षण अपने पीछे की खबरों को पुरानी कर देती थीं और वस्तुएँ अपने पीछे की वस्तुओं को। बाजार, हर क्षण बदलती खबरों और हर क्षण बदलती वस्तुओं से संचालित था, इसलिए यह कठिन था कि बाजार एक आम उपभोक्ता की समझ में आ सके। सूचना-तंत्र इतना मजबूत था कि एक वस्तु की पर्याप्त खपत के आभास पर ही तुरन्त उस वस्तु के रूप और गुण को बदल दिया जाता–जिससे उसे खरीदने की लालसा उपभोक्ता में बढ़े और उसके घर में रखी वस्तु पुरानी हो जाए। घर में रखी वस्तु के बदले में उपभोक्ता उस नए रूप और गुण की वस्तु को पाने की कोशिश करता तो और ज्यादा कर्जदार हो जाता। कुछ दिनों में वह नई वस्तु भी पुरानी हो जाती और उपभोक्ता मन मारकर उसे कुछ महीने चलाता और फिर सामर्थ्य जुटाकर बाजार भागता कि उसकी जगह नए रूप-गुण की वस्तु खरीद सके।

वह एक छोटी फुटपाथी दुकान पर खड़ा वस्तुओं की गिरफ्त में था। उसके बालों में महानगर की धूल और धुआँ बसा हुआ था। दोस्त के फेफड़ों तक धूल और धुआँ था। महानगर उन बहुराष्ट्रीय कारखानों से घिरा था जो उपभोक्ता वस्तुओं का इतना अधिक उत्पादन करते कि सारी दुनिया में वे बिकने के लिए फैल सकें। महानगर में, देह पर धूल और धुआँ–कारखानों का धूल और धुआँ था, जिसमें विदेशी गन्ध थी। कारखानों को जो कौम चलाती थी वह 'एसी' के नीचे रहती थी। घर से कार में ऑफिस तक 'एसी' की छतरी थी। उसके सिर पर कोई छतरी नहीं थी और इसलिए महानगर के धूल और धुएँ की छतरी थी और ऐसा लग रहा था जैसे एक बूढ़ा सिर, वस्तुओं पर झुका हुआ है। वस्तुएँ हाथ बढ़ाकर उसे अपनी ओर खींच रही थीं और वह वस्तुओं पर गिरते-गिरते बच रहा था। वस्तुएँ आदमी को गायब कर सकती हैं–यह वह नहीं जानता था। वस्तुएँ खूबसूरत आवरण के भीतर थीं–इतने खूबसूरत आवरण कि उनके और खूबसूरत हो सकने की जगह जैसे बची ही न हो। आवरण वस्तु का चेहरा था। वह जितना सुन्दर होता, वस्तु की कीमत उतनी ही अधिक होती। वस्तु नहीं दिखती, आवरण ही दिखता था और आवरण ही खींचता था और आवरण ही बिकता था। वह आवरण से ही आतंकित था : वस्तुओं का रंग-बिरंगा जादू। वह एक अदना और भयभीत खरीदार था। दाम पूछने में भी उसे भय महसूस हो रहा था कि दाम पूछो तो कहीं वस्तु का अपमान न हो जाए। वह नजरों में, वस्तु से वस्तु तक की यात्रा कर रहा था और किसी वस्तु पर ठहर नहीं पा रहा था। वह ठगे जाने को

लेकर भी भयभीत था, जबकि उसका वह दोस्त उसके साथ-साथ था जिसने महानगर को लगभग जान लिया था। जब हम मोलभाव करके कोई चीज खरीदते हैं तो कभी इस बात को लेकर आश्वस्त नहीं हो पाते कि हमने वस्तु की सही कीमत दुकानदार को दी है। हमें यह लगता रहता है कि हमने, जितना उसे बोला था-उससे कम कीमत बोलते, तो भी शायद दुकानदार हमें यह वस्तु दे देता। उस जैसे आदमी के लिए महानगर का बाजार, वस्तु से वस्तु तक, रेलगाड़ी के ठसाठस भरे डिब्बे में, खड़े-खड़े की यात्रा थी-जहाँ खड़े होने के लिए भी मुश्किल से जगह थी।

"इस शहर में आदमी अपना कद खो देता है।" दोस्त ने अचानक कहा।

उसे लगा जैसे किसी और आदमी ने कहा हो। वह पलटा तो दोस्त उसके कन्धों के पास से कह रहा था-"खोने की गति बाजार में सबसे अधिक होती है। मैं तीन साल से यहाँ हूँ और अपना पाँच अंगुल कद खो चुका हूँ। तुम्हें विश्वास नहीं हो रहा होगा, पर यह सच है। इस शहर में आदमी का कद घटता है-मेरे और तुम्हारे जैसे आदमियों का। और फिर मुझे तो अपने धन्धे के सिलसिले में बाजार-बाजार घूमना पड़ता है...शायद इसलिए मेरे कद के घटने की गति ज्यादा है...नहीं तो कहते हैं कि सालभर में अधिक से अधिक एक अंगुल ही घटता है। मैं बाजार-बाजार घूमता हूँ, मैं इनके लिए स्वाद रचता हूँ-कस्बे का स्वाद...और ये मेरे रचे स्वाद की चोरी कर लेते हैं...और मैं पाता हूँ कि मेरे रचे स्वाद का, कहीं आर बड़े पैमाने पर उत्पादन होने लगा है। मैं कस्बे का कोई नया स्वाद उनकी जीभों के लिए खोजता हूँ जो बेचा जा सके...और कुछ दिनों बाद ही पता चलता है कि वह भी चोरी हो गया...वे मेरे कारखाने के लोगों को तोड़ लेते हैं। मैं एक तेज भँवर में फँसा हुआ हूँ...और अपने पूरे जोर के बाद भी बाहर नहीं आ पा रहा हूँ।"

"तुम लौट क्यों नहीं जाते-अपने शहर, अपनी दुकान और अपनी मिठाइयों में? तुम्हारे रचे स्वाद को वहाँ आज भी लोग याद करते हैं।" उसने कहा।

"कब तक? हर शहर अभिशप्त है-इसी तरह का शहर होने में। तुम ध्यान से देखो तो पाओगे कि तुम्हारा शहर किसी महानगर की ओर मुँह किए खड़ा है और जल्दी से जल्दी महानगर हो जाना चाहता है।"

"वह तुम्हारा भी शहर है!" उसने चिढ़कर कहा।

"हाँ, मेरा भी शहर..." दोस्त ने कहा और चुप हो गया।

एक आदमी, जिसने सिर्फ कमीज पहन रखी थी-गन्दी और फटी कमीज, जो बहुत मुश्किल से उसकी देह को ढक पा रही थी। कमीज से उसकी पीठ, पेट और सीना काले धब्बों में बाहर झाँक रहे थे। वह आदमी नीचे से पूरी तरह नंगा था और बाजार से घिसटता हुआ गुजर रहा था-अपने नंगे चूतड़, शिश्न और अंडकोश से बाजार को समेटता हुआ। आदमी दिखने में बहुत गन्दा था। चेहरे पर मैल की पपड़ियाँ थीं।

बाल लम्बे थे और जटा बन गए थे। साफ लग रहा था कि वह बरसों से नहाया नहीं है। वह अपने साथ पूरी पृथ्वी की बदबू लेकर चल रहा था और भीड़ उस घिसटते आदमी के घिसटने के लिए जगह देती छँट रही थी। लोग बदबू के घेरे से बाहर भाग रहे थे। पर सच यह था कि नहीं भाग पा रहे थे। वह बदबू पूरे महानगर को समेट चुकी थी। लोगों को लगता था कि वे उससे बाहर हैं, पर कोई उससे बाहर नहीं था। वह आदमी भीड़ को देखकर हँस रहा था और दुकानों की ओर थूक रहा था।

"यही होता है...यही! देखो, मैंने तुमसे अभी-अभी कहा था—यह आदमी अपना पूरा कद खो चुका है!" दोस्त उत्तेजित था।

वे दोनों भागे कि उस आदमी की बदबू के घेरे में न फँस जाएँ।

"वह फिर हमें दिखेगा...उससे भाग नहीं सकते...वह इस बाजार में कहीं भी, कभी भी दिख सकता है। कभी-कभी तो वह पीछे से बेआवाज घिसटता आकर पैरों को पकड़ लेता है और कहता है—ज्यादा मत दौड़ो...मत भागो, नहीं तो अपना कद खो दोगे। ऐसे समय में पैरों को उससे छुड़ाना आसान नहीं होता...सिर घूमने लगता है...समय अलग खराब होता है।" दोस्त ने कहा और पीछे पलटकर देखा, जैसे घिसटते आदमी का होना देख रहा हो।

यह नीचे था तो ठीक ऊपर, दो इमारतों की भव्य ऊँचाई पर बँधे, मोटे रस्से में जो इस तरह तना हुआ था कि जैसे इमारतों को गिरने से बचाए हुए हो—एक आदमी रस्से पर करतब दिखा रहा था। उसके तलवों में जादू था। वह मौत पर खड़ा था, पर उसे देखने की फुरसत किसी के पास नहीं थी। उस आदमी की ऊँचाई से देखो तो नीचे बाजार खरीद-फरोख्त में व्यस्त था और किसी भी आदमी का चेहरा आसमान की ओर नहीं था। लोग, बाजार में गुम थे और बाजार से बाहर की दुनिया को भूल चुके थे। रस्से पर, आदमी के ऊपर, धुएँ से भरा नीला आसमान था और चिड़ियों का संग-साथ भी नहीं था कि चिड़ियों की चहचहाहट से ही वह उत्साहित हो सकता। रस्से पर आदमी, अब इस तरह करतबों में था कि एक छोटी-सी चूक उसे चार-पाँच सौ फुट नीचे फेंक सकती थी और उसके चिथड़े उड़ सकते थे। रस्से पर डगमगाता खड़ा आदमी परेशान था कि वह बाजार का ध्यान अपनी ओर नहीं खींच पा रहा है और इस तरह रोज भूखा और कमजोर होता जा रहा था। उतनी ऊँचाई से, करतब करनेवाले आदमी को—घिसटता, नंगा, बदबूदार आदमी, मेंढक लगा होगा, नहीं तो बाजार से एक आदमी तो उसे देख रहा है—यह संतोष उसे मिल सकता था।

वह बाजार से थका हुआ और उसका दोस्त, उसके साथ-साथ थका हुआ था। उसके दोनों हाथों में प्लास्टिक की नीली और सफेद थैलियों में बाजार लटक रहा था। उसके हाथों में प्लास्टिक के सुन्दर बैग भी लटक सकते थे, अगर वह बड़ी

दुकानों में घुसने की हिम्मत कर पाता जो वह नहीं कर पाया था। बड़ी दुकानें इतनी भव्य और चकाचौंध थीं कि उसे लगा था कि वह दुकान के भीतर पहला कदम रखेगा और अन्धा हो जाएगा। इसलिए फुटपाथ की दुकानों में भटकता रहा था और वे दुकानें भी उसे आतंकित करती रही थीं। वह मन से ज्यादा थका था और शरीर से कम। मन हाँफ रहा था।

उसने अपने हाथों में लटकी प्लास्टिक की थैलियों को देखकर सोचा कि यह चिन्ता का विषय होना चाहिए कि एक दिन प्लास्टिक से ढक जाएगी धरती, और धरती को खोजना पड़ेगा। अगर मिट्टी चिन्ता में नहीं होगी तो यह धरती खो देगी अपना रंग, और रंग के साथ जीवन भी खो देगी।

वे दोनों एक ऐसे कोने में खड़े थे जो चौराहे पर था, पर भीड़ से बाहर था। महानगर में–वह भी उसके बाजार में, इस तरह कोई कोना ढूँढ़ लेना, जहाँ भीड़ में होते हुए भी भीड़ से अलग हुआ जा सके–सुख था। वह एक थोड़े महँगे कॉफे के गेट के पास का सुरक्षित कोना था, जहाँ कॉफे के दरबान की खटकती नजर के नीचे खड़ा रहा जा सकता था–अगर दरबान की ओर बिलकुल ध्यान न दिया जाए। वे दोनों चुप थे। उन्होंने सिगरेट सुलगा ली थी और इस तरह बाजार में थे कि जैसे बाजार में न हों।

वे चुप्पी और सिगरेट के धुएँ में पसरे, आराम कर रहे थे कि अचानक ठीक उनके सामने एक कार आकर रुकी। कार का रुकना इतना उत्तेजित था कि वह उस कोने में उनके रचे आराम को तोड़-फोड़ गया। कोना टायरों की चीख से भर गया था। वह एक काले रंग की बड़ी-सी कार थी। कार से तीन आदमी उतरे। उनके उतरने के लिए कार का दरवाजा, टायरों के चीखते ही भड़ाक से खुला था और कार के रुकते-रुकते ही वे तीनों उतर चुके थे। वे औसत कद के, पर मजबूत देह लिये लोग थे। उनकी 'टीशर्ट' के भीतर उछलती मछलियाँ थीं। उनकी पूरी देह में उछलती मछलियाँ थीं। उछलती मछलियों ने मशीनगनें थाम रखी थीं। वे तीनों आगे बढ़े तो उसे लगा कि वे उसकी ओर ही आ रहे हैं–उसे मारने। वह, उन्हें अपने जीवन में पहली बार देख रहा था। वह उन्हें जानता नहीं था और उसकी, उनसे कोई दुश्मनी भी नहीं थी। पर वे उसे मार सकते थे। वे मशीनगन की जाँच के लिए उसे मार सकते थे कि वह ठीक-ठीक चल रही है या नहीं। वह काँप रहा था–इस तरह कि काँपना दिख रहा था। उसने बाद में जाना कि उसके पैरों के नीचे, उसके ही पसीने का चहबच्चा था, जिसमें उसके हाथों की प्लास्टिक थैलियाँ गिरी पड़ी थीं। उसने, अपने को अकेला पाया था। वह पृथ्वी पर बिलकुल अकेला था–तीन हत्यारे हाथों से घूरती मशीनगनों के सामने। यह मौत को करीब से देखना था कि हाथ बढ़ाओ और छू लो। पर मौत को कौन छूना चाहेगा? हमेशा मौत ही छूती है। जो

आत्महत्या करते हैं, बस वे छूते हैं मौत। उसे मालूम था कि समर्पण कैसे किया जाता है। उसने हाथों को ऊपर उठाने की कोशिश की। उसे बहुत ज्यादा ताकत का इस्तेमाल करना पड़ा। उसके हाथ लगभग जवाब दे चुके थे। उन्हें सिर के ऊपर उठाने में, उसे इतनी ताकत लगानी पड़ी कि अपने ही भीतर दो और मजबूत हाथ पैदा कर, वह उन्हें उठा पाया। अब वह मशीनगनों के सामने समर्पण की मुद्रा में था और सिर के ऊपर उसकी हथेलियाँ फरफराते झंडे की तरह थीं। पर हत्यारे तेजी से और ठीक उसके बाजू से गुजर गए। उन्होंने उसकी तरफ देखकर भी देखा नहीं और वह मारे जाने से बच गया।

वह भय से बाहर आने की कोशिश में अपनी साँसें इकट्ठी कर रहा था कि उसने गोलियों की लगातार आवाजें सुनीं और आवाजों में, धब्बों की तरह मनुष्य की चीखें फैली हुई थीं। गोलियों की आवाज के बाद दुकानों के शटर की धड़ाधड़ गिरने की आवाजें आने लगीं, जिनमें फुटपाथ के व्यापारियों की गठरियाँ बाँधे जाने की आवाज भी शामिल थी—वह शटर गिरने की आवाज के नीचे दबी हुई थी। चारों तरफ अफरा-तफरी मच गई। हर आदमी हड़बड़ाया और उठ भागा—छुपने के लिए कोना ढूँढ़ता हुआ, जैसे हत्यारे सिर्फ उसी की हत्या के लिए आए हों। भय सबसे पहले आदमी को मारता है। कोई भी हत्यारा, भय से पहले कभी हत्या नहीं कर पाता।

कॉफे के आसपास का बाजार एक हड़कम्प के भीतर था। लोग सुरक्षित जगहों की ओर भाग रहे थे। सुरक्षित जगह कहीं नहीं बची थी, फिर भी भय की मार इतनी तेज थी कि भाग रहे थे कि सुरक्षित जगह कहीं तो होगी! यह कैसे हो सकता है कि पृथ्वी सुरक्षित जगहों से खाली हो गई हो? देखते-ही-देखते बाजार कुछ ही मिनटों में सूना हो गया। इतना सूना कि पेड़ से पत्ते के गिरने की आवाज को पकड़ा जा सकता था। यह अलग बात थी कि पेड़ नहीं थे तो पत्ते के गिरने की आवाज भी नहीं सोची जानी चाहिए।

वह किसी सुरक्षित जगह के लिए नहीं भाग पाया। वह, दोस्त के बिना भाग नहीं सकता था और दोस्त कहीं दिख नहीं रहा था। वे दोनों साथ-साथ थे। उसे अच्छी तरह याद है कि हत्यारों के दिखने के ठीक पहले तक वह उसके साथ था और अब वह नहीं है। क्या दोस्त उसे छोड़कर किसी सुरक्षित जगह में चला गया? उसका मन नहीं मान रहा था कि वह उसे इस तरह छोड़कर चला जाएगा। हो सकता है, दोस्त ने उसे आवाज दी हो और भागने के लिए अपनी ओर खिंचा हो, पर वह हत्यारों को देखकर इतना भयभीत रहा कि कुछ महसूस न कर पाया हो।

उसके पैर इस तरह काँप रहे थे कि उसे लगा—अब वह एक क्षण भी खड़ा नहीं रह पाएगा। वह कहीं उकड़ूँ बैठ गया, जहाँ उसके ही पसीने का गीलापन

फैला हुआ था। उसने अपना सिर अपने घुटनों के भीतर छुपा लिया। उसने सोचा कि हत्यारे कॉफे से बाहर आएँगे तो उसे कपड़े की गठरी समझेंगे और वह उन्हें नहीं दिखेगा। हत्यारे कॉफे से बाहर आए, पर उनके पास उसकी ओर देखने का समय नहीं था। हत्यारे दौड़ते हुए बाहर आए और उस कीमती कार में सवार हो गए जो उन्हें लेकर आई थी। कार तेजी से उस दिशा की ओर भागी जिस दिशा की ओर मुँह किए खड़ी थी। हत्यारे किसी भी दिशा से आते थे और किसी भी दिशा में चले जाते थे। सारी दिशाएँ हत्यारों की थीं।

हत्यारों के लौटते ही दुकानों के शटर की उठने की आवाज लौटी, जिसमें गठरियों के खुलने की आवाज भी शामिल थी–इतनी धीमी कि उसे सुना नहीं जा सकता था। बाजार पाँच मिनट में, इस तरह खुल गया कि पाँच मिनट पहले बन्द था–यह कहना कठिन था। रस्से पर आदमी की मृत्यु को खेलता करतब जारी था, उसे हत्यारों के आने की और उनके चले जाने की खबर नहीं थी। बीच चौराहे पर बैठा नंगा और गन्दा आदमी जो अपना कद खो चुका था–पूरी तल्लीनता के साथ–रस्से पर आदमी का करतब देख रहा था।

...और दोस्त उसे दिख गया। वह बहुत खुश हुआ, उतना ही, जितना स्टेशन पर उसे देखकर हुआ था : कुछ खो देने के बाद पा लेने की खुशी। इस महानगर में दोस्त उसकी निश्चिंतता था। यह अलग बात थी कि दोस्त ने उसे नहीं बचाया था, हत्यारों ने ही उसे बचा दिया था कि उनके दिमाग में ठीक उस समय, उसे मारना नहीं आया था। कॉफे के सामने खड़ी छोटी भीड़ में दोस्त था। भीड़ इतनी छोटी थी कि लग सकता था कि कॉफे के भरे होने के कारण–टेबलों के खाली होने का इन्तजार करती भीड़ है। वह डरता हुआ, होटल के पास पहुँचा। उसका डर कॉफे के भीतर के लिए था। वह दोस्त के पीछे जाकर खड़ा हो गया। दोस्त ने अपने पीछे, उसका खड़ा होना महसूस नहीं किया। दोस्त, पूरी तल्लीनता से कॉफे के भीतर देख रहा था।

कॉफे पूरी तरह खाली था। काँच का प्रवेश-द्वार, हलके से काँपता-सा था, जैसे अभी-अभी कोई आदमी उसे खोलकर, बाहर या भीतर गया हो। कॉफे का भीतर बिखरा हुआ था। एक टेबल फर्श पर गिरा था, जिसके ऊपर एक आदमी औंधा पड़ा था। दूसरा आदमी भागने की मुद्रा में, भीतरी दरवाजे के पास गिरा हुआ था जो कॉफे के 'किचन' का दरवाजा था। टेबल पर औंधे गिरे आदमी के ठीक कान के ऊपर गोली का निशान था–कान के ऊपर की चमड़ी उधड़ी और जली हुई थी। शायद यह पहली गोली रही हो जो उस आदमी को लगी हो। कौन-सी गोली उसे पहले लगी, यह नहीं बताया जा सकता था। उसका सारा शरीर ही गोलियों से छिदा हुआ था जो हड़बड़ाती हुई बन्दूक की नली से निकली थीं और जहाँ-तहाँ उसके शरीर में धँस गई थीं। टेबल पर गिरे आदमी का सिर फर्श को छू रहा था और धड़, गिरे हुए टेबल पर चढ़ा हुआ–

सा था। उसके सिर के ठीक नीचे खून का चहबच्चा था जो धीरे-धीरे बड़ा हो रहा था। आदमी का दाहिना हाथ इस तरह फर्श पर गिरा हुआ था, जैसे वह कॉफे के सामने लगी भीड़ की ओर इशारा कर रहा हो। हाथ की चारों अँगुलियों में सोना और हीरा था। उसका चेहरा एक जवान आदमी का चेहरा था, जिसमें आश्चर्य आकर ठहर गया था। उसके बाल घुँघराले और काले थे और इतने घने थे कि जैसे उसने बालों की टोपी पहन रखी हो। उसकी ठुड्डी फर्श से सटी हुई थी और सिर थोड़ा बाईं ओर झुके हुए भीड़ को देख रहा था। उसका देखना भयावह था : मृत्यु की आँखें। थोड़ी ही देर में, उसके सिर के पास, बड़ा होता खून का चहबच्चा इतना बड़ा हुआ कि उसकी हथेली जिसमें सोना और हीरा था, खून में डूब गई। एक सुनहरे फ्रेम का खूबसूरत चश्मा भी चहबच्चे में डूबा हुआ दिखा, जो शायद उस आदमी का ही रहा होगा और उससे छिटककर दूर गिर गया होगा। वह आदमी अब मृत था जो बेढंगेपन से औंधा पड़ा था, इस तरह कि शरीर का सारा खून शरीर पर असंख्य छिद्रों के बाद भी कनपटी पर बने एक छिद्र से बह रहा था। भीतर के दरवाजे की ओर भागते आदमी का चेहरा, कॉफे के प्रवेश-द्वार की ओर नहीं था और इसलिए यहाँ से यह जानना मुश्किल था कि वह जवान है, अधेड़ या बूढ़ा है। उसके नए और चमकीले जूते साफ दिख रहे थे। उसने महँगा सूट पहन रखा था। उसके पैरों के पास एक गुलदस्ता टूटा पड़ा था और गुलदस्ते के फूल, उसके चमकीले जूतों पर इस तरह बिखरे हुए थे—जैसे उन्हें अभी-अभी कोई मृत देह पर चढ़ा गया हो। गुलदस्ते को छूने से बचते हुए, खून की एक पतली धार नीचे उतर गई थी—उसके पैरों से थोड़ा हटकर। वह भागता हुआ मारा गया था और उसकी पीठ गोलियों से छिदी हुई थी—इतनी कि कुछ गोलियाँ और झेलती तो पीठ के चिथड़े उड़ जाते। उसके शरीर से, खून की कई पतली धारें उतर रही थीं। थोड़ी ही देर में, उसका शरीर उसके ही खून में डूब जाएगा।

वह, यह सब देख रहा था और उसके पैर काँप रहे थे। वह वहाँ से हटना चाहता था। वह दोस्त को आवाज देना या उसके कन्धों को छूना सोच रहा था, जिससे वे भीड़ से बाहर हो सकें कि उसने देखा—टेबल पर औंधे पड़े मृत आदमी के सिर के नीचे बना खून का चहबच्चा अपना रंग खो रहा है और धीरे-धीरे खून पानी में बदल रहा है। चहबच्चे का बाहरी किनारा पहले पानी में बदला, फिर कुछ देर में खून का चहबच्चा—पानी का चहबच्चा हो गया। खून में डूबी उस आदमी की हथेली पानी में डूबी दिखने लगी। इतना साफ पानी कि अँगुलियों का सोना और हीरा अपनी चमक में साफ नजर आने लगे। मृत देह का चेहरा पानी में डूबा अब भी भीड़ को देख रहा था। यही हाल भागते हुए मृत आदमी के शरीर से बहे खून का भी था। उसका शरीर पानी में डूबा हुआ दिखा। उसके चमकीले जूतों पर चढ़े—गुलदस्ते के फूल, पानी में काँप रहे थे और टूटा हुआ गुलदस्ता टुकड़ों में चमक रहा था।

खून के पानी में बदल जाने के बाद–कॉफे के कर्मचारी दिखाई दिए, जैसे अचानक प्रकट हुए हों। कर्मचारियों ने फर्श पर पोंछा लगाया। टेबल और कुर्सियाँ जमाईं–जैसे वे पहले जमी रही होंगी। टेबल-क्लॉथ बदले जो खून से लाल हो गए थे। टूट चुके गुलदस्तों और कुचल गए फूलों की जगह नए गुलदस्ते और नए फूल कर्मचारियों ने सजा दिए। वे चार थे और बहुत तेजी से अपना काम कर रहे थे।

अचानक उसने ध्यान दिया कि लाशें जहाँ थीं वहाँ से गायब हैं। वे कब उठाई गईं–नहीं दिखा था। लाशों का गायब होना आश्चर्यजनक था। कहीं यह सिर्फ नाटक तो नहीं था कि लाशें उठकर, कर्मचारियों के साथ कॉफे को व्यवस्थित करने लग गई हों। कर्मचारियों का हॉल के भीतर-बाहर इतनी जल्दी आना-जाना हुआ था कि लाशें उनके काम में शामिल भी हुई होंगी तो कर्मचारियों की गिनती दिखने में नहीं बढ़ी होगी। वह कुछ समझ नहीं पा रहा था। उसने कर्मचारियों को ध्यान से देखा–किसी भी कर्मचारी की कनपटी पर, पीठ या सीने पर, गोली का सूराख नहीं था। कॉफे को देखकर अब यह नहीं कहा जा सकता था कि कुछ ही मिनटों पहले यहाँ दो हत्याएँ हुई थीं। भीड़ खत्म हो चुकी थी, दोस्त उसकी तरफ देखकर मुस्कुरा रहा था।

"भूख लगी है। यहाँ खा लेते हैं...अच्छा मिलता है!" दोस्त ने कहा।

उसने देखा भीड़ खत्म नहीं हुई थी–वह कॉफे में टेबलों पर थी। उसके पेट के भीतर कुछ तेजी से घूमने लगा और गले की ओर धीरे-धीरे उठा। वह कॉफे के बाजू में उसी सुरक्षित कोने की ओर भागा और उकडूँ बैठकर पेट दबाए उल्टी करने लगा।

रचना-वर्ष–1997 : अक्षर पर्व वार्षिकी–1998

नहीं बन पा रहा चेहरा

सुबह की बारिश के बाद–धुली और गीली धूप में, उस आदमी की देह सबसे चमकती चीज थी। उसकी देह का भार, उसके हाथों के पंजों पर था जो सड़क पर ताकत से जमे हुए थे। उसका पिछला हिस्सा आसमान की ओर उठा था और सिर सड़क से चिपका, सड़क को सुनने की कोशिश में था। उस आदमी की देह पर सिर्फ लँगोटी थी जो कमर से बस एक बित्ता नीचे उतरी थी और पिछवाड़े को नंगा छोड़े हुए थी। पिछवाड़ा इस तरह नंगा था कि जिसने कभी लँगोटी न पहनी हो–उसे अश्लील लग रहा था। तेल–चुपड़ी काली देह, सुबह की गीली धूप में चमक रही थी : मांसल लकीरें, जिन्हें सिर्फ मेहनत खींचती है। उस आदमी की आँखें खुली थीं और सड़क की सतह से चिपकी कहीं दूर देखती लग रही थीं–पर कहीं नहीं देख रही थीं। उसकी देह का सिर्फ एक अंग सक्रिय था–कान, जो सड़क सुन रहा था। सड़क बहुत धीमे–धीमे बज रही थी। इस बजने को, कई मील दूर जाकर ही पकड़ा जा सकता था और इसे सुनना तभी सम्भव था, जब कान के साथ–साथ मन भी आवाज के पीछे हो। इस समय उस आदमी के लिए सड़क के बजने की आवाज के अतिरिक्त, दुनिया स्थगित थी।

सड़क–सुनते आदमी को घेरे कुछ लोग खड़े थे। उनमें से बस एक ने पंछा और बंडी पहन रखा था और बाकी सब लँगोटी में थे। पर कमर में बँधे पंछे के नीचे, वह एक आदमी भी लँगोटी में ही था। सभी के चेहरों पर उत्सुकता थी, काले चेहरों पर उजली। उत्सुकता, सड़क के किनारे खड़े पेड़ों की पत्तियों पर सजी थी। उत्सुकता, सड़क पर उतर आई चिड़ियों और गिलहरियों की चुप्पी में बैठी थी। उत्सुकता, सड़क–सुनते आदमी के ऊपर आकर ठहर गई हवा में डोल रही थी। उत्सुकता, सबको देख रहे सूरज में थी–वह अपना तेज अपने भीतर दबाए उन्हें देख रहा था और दिन धूप की तेजी से बाहर हो गया था।

अचानक सड़क–सुनता आदमी कुछ बुदबुदाया। उसे घेरकर खड़े सभी लोग झुक गए, कि साफ–साफ सुन सकें। सड़क के किनारे खड़े पेड़ भी थोड़ा झुके, जैसे चिड़ियों और गिलहरियों के पीछे–पीछे हों। चिड़ियाँ और गिलहरियाँ, आदमी के और करीब सरक आईं। इस बीच, सूरज ने साँस छोड़ी–ताजी हवा के लिए और धूप

दप् से चमकी। चमकती धूप में, उत्सुकता वहाँ दिखी जो इतनी गाढ़ी और ज्यादा थी कि सड़क पर चू रही थी, जैसे बच्चों के ओठों से चूता है शहद। चिड़ियाँ और गिलहरियाँ उत्सुकता में डुबकी लगाने लगीं। पेड़ों की जड़ें भीगने लगीं और पत्तियाँ और हरी हो गईं। मनुष्यों के पैर उत्सुकता में डूबे गीले और नरम थे। सड़क-सुनता आदमी फिर बुदबुदाया, जैसे कोई मंत्र, जो बिलकुल स्पष्ट नहीं था। झुके लोग और झुक गए–घुटनों को थामे। चिड़ियाँ, सड़क-सुनते आदमी के सिर और कन्धों पर बैठ गईं और गिलहरियाँ उसकी पीठ पर। पेड़ और झुके, जितना झुक सकते थे–टूटने और चिड़िया होकर उड़ जाने से पहले तक। सभी के सिर सड़क पर झुके हुए थे–सड़क-सुनते आदमी के सिर से थोड़ा ऊपर। दूर से देखो तो एक बड़ा काला फूल, धुली और गीली धूप में, सड़क पर खिला हुआ था–पेड़ों की हरी आत्मीयता के नीचे, जिस पर चिड़ियाँ और गिलहरियाँ निडर बैठी थीं और जिसे सूरज साँस रोके देख रहा था।

अचानक हवा चली और सूखी पत्तियाँ नाचती हुई कहीं दूर से आईं–धूल के साथ और सड़क पर खिले काले फूल से टकराने लगीं। कुछ क्षणों तक तेज हवा में टिका रहा आश्चर्यजनक फूल और फिर बिखर गया। सड़क-सुनता आदमी अचानक उठ खड़ा हुआ था। चिड़ियाँ उड़कर पेड़ों पर बैठ गई थीं और पेड़ उनके घोंसलों के लिए सीधे खड़े हो गए थे। गिलहरियाँ पेड़ों के तनों पर नाचती-सी दिखी थीं और फिर पत्तियों के पीछे छिप गई थीं।

उस आदमी ने सड़क को सुन लिया था और उसका चेहरा गहरे विश्वास से भरा हुआ था। आदमी जहाँ सड़क सुन रहा था, उसके मुँह से बहे लार का गीला घेरा चमक रहा था। पंछा-बंडी पहने आदमी के कान में, सड़क सुन चुके आदमी ने इतनी ऊँची आवाज में–जो तेज चलती हवा की आवाज से ऊपर हो–कहा कि पक्की बात है...वे आ रहे हैं। उसने कहा और हवा थम गई।

सड़क-सुनता वह गाँव, पहाड़ के नीचे, घने पेड़ों और झाड़ियों के पीछे छुपा हुआ था–मिट्टी के छोटे-छोटे घरों में। घर इस तरह थे जैसे पत्तियों के भीतर फल हों। छुई-पुते घर : पके फल। ध्यान से देखो, तो ही घर दिखते थे–झाँकते-से, जैसे पेड़ों के हरेपन से मिट्टी का लिपा-पुतापन झाँक रहा हो। घर की छतें जो घास-फूस से बनी थीं–लौकी, तोरई और कुम्हड़े की बेलों से ढकी थीं और घर ऊँचाई पर उड़ रहे पक्षियों को नहीं दिखते थे। घर नहीं दिखते थे तो गाँव भी दिखने से रह जाता था। पक्षी जंगल के धोखे में उतरते और घरों और मनुष्यों को पाकर चौंक जाते।

पक्षियों को 'ग्राम पंचायत भवन' कभी नहीं चौंकाता था जो सड़क से बीस कदम उतरो तो लाल पुता ठीक सामने दिखता था और गाँव का एकमात्र पक्का भवन था–जिसकी छत बारिश में मिट्टी के घरों की छतों से ज्यादा चूती थी।

गाँव में सबसे अधिक जो रंग था–वह हरा था जो पेड़ों पर बैठा था और बस पतझड़ में उतरता और पतझड़ के बाद कोमल पत्तियों पर फूटता, फिर चढ़ जाता था। उसके बाद दूसरा रंग काला था जो लोगों की देह के पास था। देह के रंग के अलावा पुरुषों के पास लँगोटी-जितना दूसरा रंग था, पर स्त्रियों की देह विविध रंगों के पास थी–लाल, पीला, हरा, नीला, बैंगनी...। स्त्रियाँ साड़ी में रंगों को पहनती थीं जो घुटनों से ऊपर शुरू होकर, उनके स्तनों को छुपाती पीठ पर गिरती थी। पर स्त्रियाँ खोए हुए रंगों के पास रहती थीं, रंगों के आभास के पास कि अंडी की सस्ती साड़ियाँ, रंग जल्दी खोती थीं। स्त्रियाँ फूल और गिलट के गहने पहनती थीं और गिलट को चाँदी और फूल को सोना समझ खुश हो लेती थीं। पुरुष भी कभी-कभी अपने कानों में फूल खोंप लेते थे और तब, लँगोटी के अलावा एक खुशबूदार रंग कानों में चमकता था।

स्त्री-पुरुष, छोटे-छोटे सुखों में थे और उनको बचाए रखने की कोशिश करते थे, जैसे चूल्हा और उस पर चढ़ी बटलोई में बुदबुद करता भात...ताड़ी और सलफी के पेड़ पर लटकी मटकियों में बूँद-बूँद जमा होता रस...पेड़ों से फल का पकना और ईंधन का मिलना...कंदमूल और धान के लिए धरती की उर्वरता...।

इन सबके साथ वे नदी के जल को बचाए रखना चाहते थे। नदी थी–जाने किस पहाड़ से उतरती, गाँव के पास से गुजरती और पत्थरों पर बहती। सड़क से बस नदी की आवाज दिखती थी। आवाज की दिशा में चढ़ो, फिर उतरो, फिर चढ़ो...जैसे लहर पर हो तो नदी थी। गाँव की सबसे रंग-बिरंगी पगडंडी वह थी जो नदी को लाती थी। स्त्रियाँ बार-बार नदी को लेने जातीं और नदी, बार-बार घर आकर खत्म होती थी, जैसे सुख खत्म होता था। घर-भर को जब तक नदी पुर नहीं जाती, स्त्रियाँ नदी को लाती रहती थीं। स्त्रियाँ नदी में ही नहाती थीं और पुरुष भी, और मछलियाँ उन्हें नहाते देखती थीं, चाँदी की देहवाली पारदर्शी-सी लगती मछलियाँ। मछलियाँ नदी के साथ-साथ घर आ जाती थीं। पिछले कुछ बरसों से नदी सिकुड़ रही है और मछलियाँ बेचैन हैं। सिकुड़ती नदी गाँव की चिन्ता है। सिकुड़ती नदी अन्ततः पेट की चिन्ता है।

गाँव सड़क से उनके आने की आहट सुन रहा था जो नदी को भर सकते हैं...जो बटलोई में अन्न का होना बचाए रख सकते हैं...जो पेड़ों को बचे रहने दे सकते हैं–फल और ईंधन के लिए...जो धरती की उर्वरता को बढ़ा सकते हैं...वे साहब लोग हैं जो लँगोटी नहीं पहनते हैं और जिनके पास वैसा काला रंग नहीं है जैसा गाँव के पास है। जो बहुत कम बोलते हैं और मुश्किल से हँसते हैं। जो मोटर-गाड़ी में आते हैं और पैदल नहीं देखे जाते। जो पिछले बरस आए थे और उसके पिछले बरस और उसके पिछले बरस भी...और जिन्होंने कहा था कि नदी को भर देंगे, बटलोई को इतना देंगे कि अन्न छलके। जंगल बढ़ाएँगे कि चिड़ियाँ न भटकें और रंग हरा बचा

रहे। धरती को उर्वर बना देंगे जीवन के लिए...। पर नदी भरी नहीं गई थी और चट्टानें बड़ी हो रही थीं। चूल्हे में चढ़ी बटलोई का तला जल रहा था और काला पड़ता जा रहा था। पेड़ कट रहे थे और कुल्हाड़ी दिख नहीं रही थी। धरती तड़क रही थी और कारण समझ नहीं आ रहा था...। अब वे फिर आ रहे थे और फिर उम्मीद थी कि वे सब ठीक कर देंगे।

एक साथ कई मोटर-गाड़ियाँ आईं—सड़क को कँपकँपाती। कमिश्नर की गाड़ी से कलेक्टर की गाड़ी थोड़ा हटकर खड़ी हुई। कलेक्टर की गाड़ी से बाकी गाड़ियों ने दूरी का संकोच बनाया और गाड़ियों के बीच दूरी का संकोच अधिकारियों के पद की ऊँचाई के अनुसार बनता चला गया। अधिकारी तेजी से उतरे—गाड़ियों के रुकते ही और कमिश्नर की गाड़ी की ओर दौड़े। कमिश्नर के ड्राइवर ने ही गाड़ी का दरवाजा खोला, पर अधिकारियों के हाथ उधर, इस तरह आगे बढ़े हुए थे कि कमिश्नर के लिए गाड़ी का दरवाजा खोल सकते तो कितना अच्छा होता! कलेक्टर का बढ़ा हुआ हाथ सबसे आगे था। बढ़े हुए हाथों ने भी गाड़ियों की तरह पद की दूरी का संकोच बनाए रखा।

कमिश्नर के गाड़ी के उतरते ही, सर...सर...सर...की आवाजें इतनी अधिक थीं कि पेड़ पर बैठी चिड़ियाँ डर गईं और पत्तियों का हरापन काँप गया। पेड़ों के पीछे छिपे मिट्टी के छोटे-छोटे घरों का क्या हाल हुआ—पता नहीं।

कमिश्नर, मँझोले कद और साँवले रंग का अधेड़ अधिकारी था, जिसके पास उतना ही मोटापा था, जितना उसकी उम्र ले आई थी। बाल अधपके थे और रँगे हुए नहीं थे। चेहरे का साँवला रंग, चेहरे की लाली से दबा हुआ था, इसलिए साँवला नहीं कहा जा सकता था। पतली-सी मूँछ के ऊपर, थोड़ी फैली-सी नाक थी जो भद्दी नहीं लग रही थी, जिस पर उसने मोटे फ्रेम का चश्मा पहन रखा था। झक्क सफेद कमीज के नीचे भूरे रंग की पतलून थी और पतलून के पायँचे को छूते चमकीले काले बूट थे। कमिश्नर को देखो तो आँखें चौंधियाँ जाती थीं।

कमिश्नर गाड़ी से उतरते हुए नहीं मुस्कुराया। वह आगे बढ़ा—'ग्राम पंचायत भवन' की ओर और उसके पीछे-पीछे अधिकारी थे—दौड़ते हुए। कलेक्टर और जनसम्पर्क-अधिकारी, लगभग कमिश्नर के साथ-साथ थे। पर वह साथ-साथ होना बहुत विनम्र था। वे इस बात का लगातार ध्यान रखे हुए थे कि उनका कद कहीं कमिश्नर से ऊँचा न हो जाए—धोखे से भी नहीं। वे कमिश्नर से बातें करते हुए, उसकी ओर इस तरह झुके हुए थे जैसे उसे सुन रहे हों और दो अधिकारी सिर, कमिश्नर के कन्धों के थोड़ा ऊपर डोल रहे थे। लग रहा था कि कमिश्नर के तीन सिर हैं...कमिश्नर के तीन हजार सिर हैं।

'ग्राम पंचायत भवन' के सामने एक शामियाना लगा था, जिसके ऊपर धूप ठहर गई थी। शामियाने के नीचे एक पंक्ति में कुछ कुर्सियाँ लगी थीं जो एक जैसी बिलकुल नहीं थीं। कुर्सियाँ गाँव में बसे शिक्षकों और कारकुनों के घरों से आई थीं और उनकी पसन्द और हैसियत की तरह अलग-अलग थीं। शामियाने के भीतर या उसके आसपास गाँव के लोग बहुत कम थे। वे दूर-दूर दिख रहे थे–आमतौर पर पेड़ों के नीचे, पेड़ों की छाँव में एक-एक, दो-दो की संख्या में। और वे दूर से देख रहे थे, जैसे सर्कस में शेर का खेल देख रहे हों।

कुर्सियों की पंक्ति के ठीक बीच में सबसे अच्छी कुर्सी रखी गई थी, जिसमें कमिश्नर बैठा। कलेक्टर, कमिश्नर के बाजू बैठा। जनसम्पर्क-अधिकारी खड़ा रहा-कुछ क्षणों के अन्तराल तक, जिसके बाद कमिश्नर ने उसे बैठने का इशारा किया। जनसम्पर्क-अधिकरी का बुझा चेहरा दमकने लगा। वे कुछ क्षण, जो अभी-अभी सरककर समाप्त हुए थे–उसे बहुत भारी पड़े थे। कभी भी, किसी भी क्षण, कुछ भी खोया जा सकता था और आप अपनी जगह से नीचे गिर सकते थे। बाकी अधिकारी खड़े रहे, बैठने के संकेत का इन्तजार करते, जिसे कमिश्नर की तरफ से आना था और कुर्सियाँ खाली पड़ी रहीं। खाली कुर्सियों के कारण, कमिश्नर की कुर्सी और अधिक ऊपर उठ गई। कलेक्टर और जनसम्पर्क-अधिकारी की कुर्सियाँ कमिश्नर की कुर्सी का पाया बन गईं।

"गुरुजी कहाँ हैं?" जनसम्पर्क-अधिकारी ने, पंछा-बंडी पहने आदमी को पास बुलाकर पूछा।

पंछा-बंडी पहने आदमी ने, लँगोटी पहने उस आदमी को–जो सड़क सुन सकता था और अब भाला लिये सावधान की मुद्रा में खड़ा था–अपनी ओर इशारे से बुलाया और कहा, "गुरुजी!"

वह आदमी दौड़ता हुआ गया। उसने सड़क पार की और पेड़ों के पीछे कहीं गुम हो गया। गाँव के स्कूल का भवन, शामियाने से नहीं दिख रहा था। स्कूल कहीं से भी नहीं दिख रहा था। गुरुजी दिख जाते थे और पढ़ते बच्चे, और जहाँ बैठकर वे पढ़ रहे होते वह जगह स्कूल दिखने लगती थी।

अचानक वह जगह, मोटर-साइकल की तेज आवाज से भर गई। एक पुलिस अधिकारी, मोटर-गाड़ियों से बहुत दूर, एक पेड़ की छाँव में अपनी मोटर-साइकल खड़ा करता दिखा। उसका डील-डौल ऊँचा-पूरा था और तोंद जरूरत से ज्यादा बाहर थी। तोंद के ठीक बीचोबीच, उसकी खाकी कमीज का एक बटन टूटा हुआ था, जिससे उसकी सफेद बनियान झाँक रही थी और तोंद बनियान को फाड़कर बाहर आ जाएगी–लग रहा था। उसके चेहरे को एक बड़ी मूँछ ने घेर रखा था–जिसके सिरे उसके गालों पर जाकर, गोलों में बदल गए थे : अधपकी गोलोंदार मूँछ जो उसके ऊपरी ओंठ से

गालों तक फैली थी और पूरे चेहरे को डरावना बना रही थी। मोटर-साइकल खड़ी करते ही वह पुलिस अधिकारी, शामियाने की ओर दौड़ता हुआ बढ़ा, जैसे मांस का भारी-भरकम हाँफता ढेर बढ़ रहा हो। वह सड़क पार करते ही रुका और अपनी एड़ियाँ टकराकर सैल्यूट मारा। वह बुरी तरह हाँफ रहा था और उस सैल्यूट के बाद, उसे भरोसा नहीं हुआ था कि कमिश्नर ने उसके सैल्यूट को देख लिया है। बड़े अधिकारी का देखना बहुत बारीक होता है और उसे पकड़ना उस तरह है, जैसे सुई के छेद में धागा डालना होता है। वह फिर दौड़ा अपनी भारी-भरकम देह के साथ और ठीक शामियाने के सामने उसने सैल्यूट दिया। किसी को यह नहीं लगा कि कमिश्नर ने उसे देखा है, जबकि वह उसी की ओर देख रहा था। पर वह भारी-भरकम पुलिस अधिकारी जो किसी को पकड़ने—किसी के पीछे नहीं भाग सकता था और जो मुश्किल से सैल्यूट के पीछे भाग रहा था—इस बात को लेकर आश्वस्त था कि कमिश्नर तक उसका सैल्यूट पहुँच गया है। वह, उन अधिकारियों के बीच जाकर खड़ा हो गया था जो कमिश्नर के इशारों का इन्तजार करते खड़े थे। उसने अपने हाथ सामने बाँध लिए जैसे बाकी अधिकारियों ने बाँध रखे थे।

भाले और लँगोटी के पीछे दौड़ते हुए गुरुजी पेड़ों से उभरे। उनके पीछे बच्चों का झुंड उभरा, जैसे पेड़ों से पैदा हुआ हो। उन लोगों ने सड़क पार की और शामियाने के सामने आकर खड़े हो गए। गुरुजी ने हाथ जोड़ा तो बच्चों के झुंड ने हाथ जोड़ दिए। ठीक सूर्य के नीचे, चिड़ियों की ठिठकी हुई उड़ान और पेड़ों के हरेपन के आसपास, एक विनम्र दृश्य रचा गया : नन्हे जुड़े हुए हाथ, जिनकी पीठ पर बस्ते का वजन था और देह पर मैले और फटे कपड़े। अधिकांश इस तरह थे कि हाफ पेंट थी तो कमीज नहीं थी, कमीज थी तो हाफपेंट नहीं थी और कुछ तो सिर्फ लँगोटी में थे। नन्हे जुड़े हाथ, अपने चेहरों पर कौतुक लिये खड़े थे और गुरुजी के बूढ़े हाथ हलके से काँपते दिख रहे थे।

अब शामियाने के भीतर भीड़ थोड़ी बढ़ी थी—ज्यादातर बच्चे जो स्कूल की जगह शामियाने में थे। पंछा-बंडी पहना आदमी, दूर-दूर पेड़ों की छाँव में खड़े लोगों को इशारे से बुला रहा था। वे आ रहे थे और आने में हिचक रहे थे। आखिरकार कई इशारों के बाद वे, धीरे-धीरे सरकते हुए—शामियाने के आसपास तक आए। पेड़ अपनी छाँवों को लिये अकेले रह गए। बस, एक पेड़ के नीचे, एक बूढ़ी स्त्री, जिसने कमर में बस पंछा बाँध रखा था और कमर के ऊपर घनी झुर्रियों के बीच उसके स्तन, कपड़े की उन छोटी थैलियों की तरह लग रहे थे, जिनमें तम्बाखू रखा जाता है—पेड़ की छाँव में खड़ी थी, पेड़ के साथ। बूढ़ी स्त्री का एक हाथ उसके गालों पर था और एक हाथ कमर पर और वह एकटक शामियाने की ओर देख रही थी। पंछा-बंडी पहने आदमी के इशारों को वह कनखी से देख रही थी, जो उसे बार-बार बुला रहे थे। वह उसे

पकड़ते-पकड़ते छोड़ देती थी और इशारा पेड़ की छाँव में गिरकर गुम हो जाता था। जितने इशारे गए, सारे गुम गए और पंछा-बंडी पहना आदमी समझ गया कि बूढ़ी नहीं आएगी। पर शामियाने से दूर और ठीक उसके सामने, पेड़ के नीचे खड़ी–वह अकेली बूढ़ी स्त्री बहुत ज्यादा दिख रही थी–लगभग उतना ही, जितना दृश्य में भीड़ के साथ शामियाना दिख रहा था।

इस बीच लँगोटी पहना भाले वाला आदमी, कई बार बस्ती की ओर दौड़ लगा चुका था और जिसका बुलावा हुआ–वह आदमी, उसके पीछे दौड़ता दिखा था और शामियाने की भीड़ में शामिल हो गया था।

जनसम्पर्क-अधिकारी अपनी कुर्सी से उठा और उसने कमिश्नर का परिचय देना शुरू किया, उसके बाद कलेक्टर का। कमिश्नर का परिचय, कलेक्टर के परिचय से बहुत बड़ा था। जहाँ कमिश्नर नहीं होता था वहाँ कलेक्टर का परिचय बड़ा कर दिया जाता था। परिचय में जो कुछ आया–गाँव वाले उसे नहीं समझ पाए। बार-बार 'सहृदय अधिकारी' शब्द आ रहा था। वे इतनी बार इसे सुन चुके थे कि इसका अर्थ खोज चुके थे कि परिचय का इतना अर्थ पा लेना काफी था : एक शब्द के अर्थ का परिचय।

परिचय के बाद कमिश्नर का स्वागत शुरू हुआ। जनसम्पर्क-अधिकारी, एक के बाद एक अधिकारियों का नाम और पद-नाम पुकारता गया और कमिश्नर का गला मालाओं में डूबता चला गया।

सबसे पहले कलेक्टर ने माला पहनाई और उसके बाद अन्य अधिकारियों ने–पद की ऊँचाई के अनुसार। अचानक जनसम्पर्क-अधिकारी को सुध आई कि पंछा-बंडी पहना आदमी तो बुलाए जाने से रह गया है।

पर पंछा-बंडी पहने आदमी से एक गलती हो गई कि वह पहले कलेक्टर को माला पहनाने लगा। जनसम्पर्क-अधिकारी ने तुरन्त उसे टोक दिया–"नहीं...नहीं... पहले इधर!" और कलेक्टर की ओर देखकर मुस्कुराया–ऐसी मुस्कान जो इशारे से क्षमा माँगती-सी लगती है। जैसे ही गले में माला गिरती, गाँव वाले ताली बजाते और कामकाजी गट्टे-पड़ी हथेलियों की ताली की आवाज वहाँ जोर से गूँजती जाती।

इस बीच एक अधेड़ स्त्री, अपनी जगह से उठी और जनसम्पर्क-अधिकारी की ओर अपने हाथ फैला दिए। उसके हाथों में सफेद फूलों की एक छोटी माला थी, जिसमें दो रुपए का एक पुराना नोट गुँथा हुआ था।

"हाँ, हाँ...आओ! खुशी की बात है, आओ!" जनसम्पर्क-अधिकारी ने कहा।

वह स्त्री, बैठे हुए लोगों के बीच से, अपनी गुजरने की जगह बनाती आगे बढ़ी–लोगों के सिर और कन्धों को आत्मीयता पर छूती हुई। उसने वह माला

कमिश्नर के गले में पहना दी। उसके हाथ झुके कमिश्नर के पैरों की ओर–उसकी देह झुकी। कमिश्नर के पैरों को छूकर, उसने हाथ अपने माथे पर लगाया। कमिश्नर के पैर चमकीले बूटों के भीतर न काँपे, न हिचके–मुर्दों की तरह पड़े रहे।

कमिश्नर, पसीने से भीगे उस दो रुपए की बू को बर्दाश्त नहीं कर पा रहा था, जो उस स्त्री की माला के साथ उसके गले में अभी-अभी आया था। उस दो रुपए की बू, सारी मालाओं की खुशबू से ऊपर थी और कमिश्नर को बेचैन कर रही थी। कमिश्नर ने उस स्त्री की माला धीरे से उतारी और अपने पीछे खड़े अधिकारी को दे दी। तभी उसे लगा कि एक माला उतारकर गलती हुई है, तो वह उन सारी मालाओं को गले से उतारने लगा जिनकी खुशबू उसे अच्छी लग रही थी।

राशन कार्ड बँट गए?	:	**कमिश्नर का प्रश्न।**
बँट गए सर!	:	खाद्य अधिकारी का जवाब।
ऋण पुस्तिकाएँ बँट गईं?	:	**कमिश्नर का प्रश्न।**
बँट गईं सर!	:	राजस्व अधिकारी का जवाब।
स्टाप डैम का प्रस्ताव बना?	:	**कमिश्नर का प्रश्न।**
बन गया सर!	:	लोक-निर्माण अधिकारी का जवाब।

इस तरह के बहुत-से प्रश्न कमिश्नर ने अधिकारियों से पूछे और अधिकारियों ने उसका एक ही जवाब दिया। इस प्रश्नोत्तर के पश्चात् यह लगा कि सब-कुछ कितना व्यवस्थित और त्वरित निर्णयों में है!

"और कोई परेशानी हो तो कहिए!" कमिश्नर ने गाँव वालों से कहा।

सबसे आगे बैठे–बच्चे, बड़े और बूढ़े पीछे पलटकर देखने लगे कि पीछे वाली पंक्ति जवाब दे। पीछे वाली पंक्ति, अपनी पीछे वाली पंक्ति की ओर पलटी कि वे जवाब दें। इस तरह यह पलटना, शामियाने के आखिरी तक चला गया। लोगों की अन्तिम पंक्ति जब पलटी तो खड़े हुए अधिकारियों के जूते और पैर थे। इसलिए अन्तिम पंक्ति संकोच से भरी और फँसी बनी रही। वह अपना संकोच और जवाब देने का भार अधिकारियों के जूतों और उन पर खड़े पैरों पर नहीं डाल सकती थी।

कार्यक्रम का संचालन कर रहे जनसम्पर्क-अधिकारी ने कहा, "बोलो...बोलो...जो भी तकलीफ हो बोलो!...सरपंच, तुम ही कुछ कहो!"

"अब मैं क्या कहूँ साब! आप लोग तो सब जानते हैं...पहले भी बोला था...उसके पहले भी–खेत सूख जाते हैं...नदी का पानी कम होता जा रहा है...और बहुत-सी बातें हैं...पहले भी बोला था..." पंछा-बंडी पहने आदमी ने कहा।

"हाँ, हाँ...मालूम है...तुमने कहा होगा। स्टाप डैम का प्रस्ताव तैयार हो गया है...अभी-अभी बात हुई है...तुम्हारे सामने।" कलेक्टर ने कहा।

"प्रस्ताव तो साहब चार साल से तैयार है..." पंछा-बंडी पहने आदमी ने कहा।

"सरकारी काम, सरकारी काम की तरह होता है और उसमें थोड़ा समय तो लगता है।" कलेक्टर ने कहा।

"अधिकारी बदल जाते हैं तो कान भी बदल जाते हैं...इतनी बात तो तुम समझते ही होंगे...नए कान को सारी बातें फिर सुनानी पड़ती हैं..." जनसम्पर्क-अधिकारी ने मुस्कुराते हुए कहा, जैसे उसने बहुत बढ़िया मजाक किया हो।

"बोलो सरपंच! और कुछ कहना है?" जनसम्पर्क-अधिकारी ने फिर कहा। चुप्पी तामझाम बिखेर देगी–वह जानता था।

"इन्हीं लोगों से पूछो साहब," पंछा-बंडी पहने आदमी ने गाँव वालों की ओर इशारा किया, "ये खुद बताएँगे।"

"बोलो...आप लोग ही बोलो। मैं तो चाहता हूँ कि आप लोग ही बोलें...मैं पूरी कोशिश करूँगा कि समस्याओं का निराकरण हो जाए।" कमिश्नर ने शब्दों की डोर अपने हाथ में ली और उसे लहराने लगा। शब्दों की डोर बहुत देर तक लोगों के सिरों के ऊपर नाचती रही–शामियाने की रंगीन छत से टकराती।

शामियाने के पिछले हिस्से से एक आदमी उठा–लँगोटीधारी, और उसने कुछ कहा, पर आवाज इतनी धीमी थी कि जैसे उसने अपने भीतर कहा और कमिश्नर नहीं सुन पाया।

"जोर से बोलो!" कमिश्नर ने कहा।

"अब तक राशन कार्ड नहीं मिला है..."

"क्यों नहीं मिला?"

"पचास माँगते हैं...मेरे पास नहीं हैं..."

मुझे भी राशन कार्ड नहीं मिला–दूसरी आवाज उठी, मुझे भी नहीं–तीसरी आवाज, मुझे भी नहीं। चौथी आवाज...और बहुत सारे लोग 'मुझे भी नहीं' कहते अपनी जगह पर खड़े हो गए।

और एक आश्चर्य घटा। 'मुझे भी नहीं' की पुकार का सीधा असर कमिश्नर के चेहरे पर हुआ। चेहरा धीरे-धीरे सूखने लगा और कुछ ही क्षणों में इतना कड़ा हो गया कि उसमें दरारें उभर आईं। अचानक कमिश्नर की नाक तड़ से टूटी और नीचे गिरने लगी। जनसम्पर्क-अधिकारी तेजी से लपका और जमीन पर गिरने से पहले, उसने नाक को अपनी हथेली में रोक लिया। उसके बाद लोगों को कमिश्नर का चेहरा नहीं दिखा। बस, जनसम्पर्क-अधिकारी की पीठ दिखती रही। पीठ हटी तो नाक लग चुकी थी और चेहरे की दरारें भरी जा चुकी थीं और कोई नहीं कह सकता था कि थोड़ी देर पहले कमिश्नर की नाक टूटकर गिरी थी और चेहरा तड़का था।

“इन सभी को राशन कार्ड मिल जाना चाहिए...पचास-पचास रुपए की बात, अगर मैंने दुबारा सुनी...आप मेरी बात समझ रहे हैं न?” कमिश्नर ने खाद्य अधिकारी से कहा।

“सर...राशन कार्ड खत्म हो गए थे, इसलिए कुछ लोग रह गए...ऐसी कोई बात नहीं है...” खाद्य अधिकारी ने कहा। उसके चेहरे पर घूस के आरोप की कोई शिकन नहीं थी।

“ठीक है...ठीक है...आप अपने स्तर पर निपटाइए...छोटी-छोटी बातें मुझ तक नहीं आनी चाहिए...” कमिश्नर जैसे खाद्य अधिकारी के जवाब से संतुष्ट था।

“सबके पास ऋण-पुस्तिका है?...जमीन की ऋण-पुस्तिका सबके पास है?” कमिश्नर ने भीड़ से पूछा—नया प्रश्न, “किसके पास नहीं है...हाथ उठाएँ?”

आधे से अधिक हाथ उठ गए।

“क्यों?” राजस्व अधिकारी की ओर देखकर कमिश्नर ने पूछा।

“नहीं सर...नहीं सर...,” राजस्व अधिकारी ने हाथ से फिसलते झूठ को जो सत्य की तरह दिख रहा था—सहेजने की कोशिश की।

“एक ऋण-पुस्तिका के चार सौ माँगते हैं।” एक आवाज आई। फिर कई आवाजें उठीं कि ऋण-पुस्तिका के चार सौ माँगते हैं। और ‘चार सौ माँगते हैं’ से शामियाना गूँज उठा।

कमिश्नर का चेहरा फिर तेजी से सूखने लगा और इस बार नाक के साथ-साथ, कमिश्नर का दाहिना कान और गालों का कुछ हिस्सा भी टूटकर गिरने लगा। जनसम्पर्क-अधिकारी, लोगों को बिजली की तरह कमिश्नर के चेहरे के आसपास लहराता और चमकता दिखा और फिर कुछ समझ में नहीं आया—कमिश्नर का चेहरा जनसम्पर्क-अधिकारी की पीठ के पीछे छुपा हुआ था।

कमिश्नर ने जितने प्रश्न किए—भीड़ से आए उन सभी के जवाब, कमिश्नर के चेहरे को तोड़ने वाले निकले।

जनसम्पर्क-अधिकारी अब आठवीं बार कमिश्नर के चेहरे के टूटे हिस्सों को जोड़ रहा था। उसने सबसे पहले नाक लगाई थी, फिर दाहिना कान। वह जब गाल के दरारों को भर रहा था, तभी अचानक शोर उठा कि मिट्टी-तेल नहीं मिलता!...राशन दुकान का चावल खाने लायक नहीं है!...हैंडपम्प खराब पड़े हैं!...उल्टी-दस्त से लोग मर रहे हैं!...स्कूल-भवन ढह गया है!...आवाजें लगातार आने लगीं : कष्ट और दर्द से भरी सच्ची आवाजें और भीड़ से उठी इन आवाजों के कारण कमिश्नर के चेहरे पर लगातार चोट पड़ने लगीं—चेहरे की हालत खराब थी। जनसम्पर्क-अधिकारी, एक दरार भरता तो दूसरी उभर आती और फैलती जाती। अपनी माहिर और अभ्यस्त अँगुलियों के बावजूद, जनसम्पर्क-अधिकारी चेहरे को सँभाल नहीं पा

रहा था। टूटने की गति इतनी तीव्र हो चुकी थी कि चेहरे के टूटते हिस्सों को जमीन पर गिरने से पहले रोकना लगभग असम्भव हो चुका था। कमिश्नर के चेहरे के चेहरे के टुकड़े–उसके ही बूटों के आसपास गिरे और चूर-चूर होकर बिखर गए। चेहरे की जगह, अब घना अँधेरा था–कोलतार की तरह चिपचिपा और गरम–जिसमें अँगुली डुबाओ तो अँगुली जले।

"सर! अब चलना चाहिए...इतना काफी है मेरी समझ में..." जनसम्पर्क-अधिकारी और कलेक्टर के ओंठ कमिश्नर के दोनों कानों पर अलग-अलग फुसफुसाए। कमिश्नर के...कान टूटकर गिर चुके थे, पर उन दोनों का अंदाजा था कि कमिश्नर के कान कहाँ हैं और किन ध्वनि-तरंगों को सुन पाते हैं और उसके ओंठ, वही ध्वनि-तरंग उत्पन्न करते थे–जिन्हें कमिश्नर के कान सुन सकें।

"आप लोग बिलकुल चिन्ता न करें–सब ठीक हो जाएगा।" कमिश्नर ने भीड़ से कहा।

आखिरकार, बिना चेहरे के कमिश्नर के पास से, जनसम्पर्क-अधिकारी ने कार्यक्रम-समाप्ति की घोषणा की।

पर घोषणा के बाद भी लोग बैठे रहे–बच्चे, बड़े और बूढ़े। कमिश्नर उठा, उसके पीछे कलेक्टर और कलेक्टर के पीछे बाकी अधिकारी–सभी सड़क के उस पार बढ़ गए, जहाँ मोटर-गाड़ियाँ दूरी का संकोच बनाए खड़ी थीं। उनके पीछे सबसे आखिर में–पंछा-बंडी पहना आदमी जाता दिखाई दिया–थका-थका-सा। पर गाँव के लोग बैठे रहे। कोई नहीं हिला। पेड़ के नीचे, पेड़ की छाँव पर खड़ी, अकेली बूढ़ी स्त्री, अब भी उसी तरह शामियाने की ओर एकटक देख रही थी।

रचना-वर्ष–1998 : कथादेश 'अप्रैल-1999

पृथ्वी को चन्द्रमा

जागते सूर्य के समय पर–वहाँ दो बूढ़ी स्त्रियाँ थीं और एक जवान लड़की। वह एक बड़े भवन की भव्य बैठक थी और उन तीनों के बावजूद बहुत खाली-खाली लग रही थी। वहाँ उन तीनों का होना, जैसे एक दृश्य था–अधूरा कि कुछ और होना था, पर होने से छूट गया था। शायद जागते सूर्य का समय, वहाँ पूरी तरह होने से रह गया था।

वहाँ चार दरवाजे थे, जो चार दिशाओं को खोल सकते थे। तीन दिशाएँ सीधी खुलती थीं, पर दिशा पूर्व के लिए वहाँ एक दरवाजा था जो उस भवन के भीतरी भाग पर खुलता था। वह दरवाजा, पता नहीं कितने कमरों पर खुलते-खुलते कितनी दूर चला जाता, तब अन्त में एक छोटी बैठक मिलती थी। उस बैठक के दरवाजे को खोलते ही, ठीक उसके बाहर एक बरामदा मिलता, जिसकी छत पत्थर के गोल खूबसूरत स्तम्भों पर टिकी हुई थी और पूर्व दिशा उस बरामदे में ठहरी दिखती थी। उस दिशा से कोई नहीं आता था कि वह बरामदा लगभग बीस फुट ऊँची चहारदीवारी पर खुलता था। जहाँ मुख्य प्रवेश-द्वार से घूमकर आना पड़ता था–भवन का लगभग आधा चक्कर लगाकर। उस बरामदे में खड़े होकर सिर्फ आसमान देखना सहज था। तो वह दिशा पूर्व, चिड़ियों के लिए थी, पर वे भी नहीं आती थीं। उस भवन के लिए वह एक बन्द दिशा थी। अब तो बरामदे की छत से झूलती लतरें, इतनी घनी और लम्बी हो चुकी थीं कि बरामदा उनसे पूरी तरह ढका हुआ था। लतरों को खोलकर ही दीवार देखी जा सकती थी और फिर आसमान। लतरें आपस में उलझती जा रही थीं।

बचे तीन दरवाजों से लोग भीतर आ सकते थे–तीन दिशाओं से। पर बरामदों में पर्दे की तरह झूलती हरी लतरों को देखो तो यह समझना आसान था कि आने-जाने की बस एक ही दिशा बची थी कि जिसकी लतरों ने दरवाजे के सामने मनुष्य की ऊँचाई के लिए जगह छोड़ रखी थी–वह दक्षिण दिशा थी। बाकी दो दरवाजे भी अपने-अपने बरामदों में, दिशा पूर्व की तरह, फर्श तक लतरों से ढँके थे और बाहर से यह सोचा जा सकता था कि दरवाजा होगा, पर देखना सम्भव नहीं था। उस भवन के तीन दरवाजे जो बाहर को भीतर में बदल सकते थे–बरसों से बन्द पड़े थे

और अब यह कहना मुश्किल था कि अगर उन्हें खोला जाएगा तो वे खुलेंगे ही। (बहुत दिनों तक बन्द दरवाजे अन्ततः दीवार में बदल जाते हैं।)

उस बैठक में बस दो खिड़कियाँ थीं, पर वे इतनी बड़ी और इतनी पारदर्शी थीं कि सुबह के सूर्य को आसमान में नहीं, उस बैठक में ही जागना चाहिए था। पर सूर्य नहीं जाग पा रहा था पूरी तरह, क्योंकि खिड़कियाँ भी लतरों से ढकी थीं और सूर्य की रोशनी, लतरों से कटी और छँटी होकर बैठक में थी।

बूढ़ी स्त्रियाँ, उस दरवाजे के पास की खिड़की के नीचे बैठी थीं जो आने-जाने को खुलता था। वे दोनों धीमी आवाज में बतिया रही थीं। एक बूढ़ी स्त्री बेंत की सोफानुमा कुर्सी पर बैठी थी और दूसरी मूढ़े पर। मूढ़े पर बैठी स्त्री की गोद में बाँस की टोकरी थी, जिसमें फूल थे–लाल, पीले, सफेद...फूल पत्तियों के साथ, टोकरी से उठ-उठकर उस बूढ़ी स्त्री के हाथ में आ रहे थे और वह उन्हें गूँथती जा रही थी। फूल गूँथती बूढ़ी स्त्री, बहुत दुबली-पतली और साँवले रंग की थी। चेहरा झुर्रियों की गहरी लकीरों के पीछे कहीं दूर था। गाल उभरे नहीं थे, पर आँखों के नीचे हड्डियाँ उठी हुई थीं, तो चेहरे पर झुर्रियाँ गालों की गहराई में उतरती-सी थीं। उसके हाथ दिख रहे थे–कोहनियों तक, जिसमें झूलती चमड़ी थी जो हर फूल के साथ डोल रही थी और कलाइयों में चाँदी के मोटे कंगन खनक रहे थे। उसने नीले किनारों की सफेद साड़ी पहन रखी थी–झक्क। साड़ी के पल्लू से उसने कसकर अपना चेहरा बाँध रखा था। पल्लू से उसके सफेद बाल झाँक रहे थे। मूढ़े पर बैठी स्त्री, थोड़ी-थोड़ी देर में, अपना पल्लू छू रही थी कि उसे लगता कि पल्लू गिर रहा है, पर पल्लू स्थिर था–सिर को कसकर बाँधे। खुली खिड़की से आती हवा, बस कभी-कभी पल्लू से झाँकते चाँदी बालों को हिला-भर रही थी।

बेंत की कुर्सी पर बैठी स्त्री बिलकुल विपरीत थी–मूढ़े पर बैठी स्त्री से। वह बहुत मोटी और गोरे रंग की थी। बाल बहुत दूर तक काले और घने थे। सिर के बीचोबीच लाल रेखा थी–सिन्दूरी। चेहरा गोलमटोल था–किसी बच्चे के चेहरे की तरह। चेहरे में ठुड्डी, बुद्ध की मूर्तियों में ठुड्डी जैसी थी। आँखें बड़ी-बड़ी थीं और आँखों के ऊपर सधी हुई भौंहें थीं। माथे पर लगी, बड़ी-सी लाल बिन्दी के कारण चेहरा दमकता-सा था। उसने सुनहरे गहने पहन रखे थे–कंगन, हार, मंगल-सूत्र...उसकी कलाइयों में काँच की चूड़ियाँ भी थीं। पर कलाइयाँ इतनी मोटी थीं कि चूड़ियों के साथ कंगन खनक नहीं पा रहे थे। वह खाली दीवार की ओर देख रही थी और मूढ़े पर बैठी स्त्री ठीक खिड़की के नीचे उसके दाहिनी ओर थी, जहाँ उस खिड़की से दिखना शुरू होता था। मूढ़े पर बैठी स्त्री का सिर, ठीक दिखना शुरू होने के पहले तक पहुँच पा रहा था और वह खिड़की से बाहर नहीं देख सकती

थी। वह खिड़की से बाहर देखने की इच्छा से बाहर थी, क्योंकि उसकी पीठ खिड़की की ओर थी और वह फूल गूँथती, बीच-बीच में कुर्सी पर बैठी स्त्री को देख रही थी।

"देखो, फिर वही...मेरे कान में कुछ है..." मूढ़े पर बैठी स्त्री ने कहा।

"तुम्हें हमेशा यह भ्रम होता है..." कुर्सी पर बैठी गोरी स्त्री ने दीवार की ओर देखते हुए ही चिढ़कर कहा।

"नहीं, सच में कुछ है जो भीतर रेंगता है...नहीं तो मैं बार-बार तुमसे क्यों कहती? कुछ है...कभी-कभी तो वह दिमाग तक चला जाता है और मैं कुछ सोच नहीं पाती...मैं भूल जाती हूँ कि मैं कहाँ हूँ और क्या कर रही हूँ। उसे निकालने, जब भी मैं कान कुरेदती हूँ, जैसे उसे आहट मिल जाती है...वह पीछे सरक जाता है...सरकते-सरकते वह कान को छोड़ देता है और यही वह क्षण होता है जब वह दिमाग में घुसता है।" यह कहते हुए मूढ़े पर बैठी स्त्री के चेहरे की झुर्रियों में पीड़ा उतर आई और चेहरा काँपता-सा लगने लगा।

"तुम्हें मालूम है, कितने बरसों से...कितने बरसों से तुम यह शिकायत कर रही हो?" कुर्सी पर बैठी स्त्री ने कहा, जैसे वह बार-बार यह सुनकर ऊब चुकी हो।

"बहुत बरस...मैं जानती हूँ...पर बरसों से वह भीतर है...वह एक कीड़ा अदना सा...और इसलिए मैं जो सुनना चाहती हूँ, वह कभी नहीं सुन पाती...वह उन सारे शब्दों को चबा डालता है–मैं जिन्हें सुनना चाहती हूँ और वे मेरे कानों के पर्दों तक पहुँच ही नहीं पाते हैं...जिन शब्दों को वह छोड़ देता है, वे सुनने लायक नहीं होते...उन्हें सुनना मुझे पसन्द ही नहीं है...मैं उन्हें मजबूरी में सुनती हूँ कि मुझे उन्हें सुनना पड़ता है...मैं उन्हें सुनती हूँ और दुःखी होती हूँ...और बरसों से मैं दुःख सुनती आ रही हूँ...मैं सुख भी सुनना चाहती हूँ–चाहे वह कुछ शब्दों में ही सिमटा हो...हजार के बीच दो शब्द ही सही सुनने को मिले, पर सुख के दो शब्द हों तो...देखो, मेरी दशा...मैं सूखती जा रही हूँ...मुझे झुर्रियों ने रस्सी की तरह बाँध रखा है..." मूढ़े पर बैठी स्त्री रोने लगी–फफक-फफक। उसका हवा में अधर ठहरा हाथ–गोद में गिर चुका था। फूल जो अँगुलियों में था, छिटककर कुर्सी पर बैठी स्त्री के पैरों के पास चला गया था। वह एक पीला ताजा फूल था जो उस कुर्सी पर बैठी मोटी स्त्री के गोरे-गुदाज पैरों को देख रहा था, जिसमें चाँदी की भारी पायल थी। मोटी स्त्री, जरा-सा भी अपने दाहिने पैर को हिलाएगी तो पायल खनकते हुए फूल को छू लेगी।

कुर्सी पर बैठी मोटी स्त्री ने अपनी आँखें बन्द कर लीं और सिर कुर्सी की पीठ पर टिका दिया। वह किसी को रोते नहीं देख सकती थी। रोता देख उसके भीतर रोने की इच्छा जागने लगती थी। उसके कानों में, मूढ़े पर बैठी स्त्री की हिचकियाँ बज

रही थीं और वह परेशान थी। वह वहाँ से उठकर जाना चाहती थी, पर जाना बड़ा कष्टदायक था। उसके पैर, उसके शरीर का वजन ले-देकर ढोते थे।

हिचकियों में रोती स्त्री को पता नहीं था कि उसके कानों के भीतर रेंगता कीड़ा, एक वाक्य से बस एक-दो शब्दों को खाकर पूरे वाक्य को दुःख में बदल देता है। मोटी स्त्री को यह पता नहीं था कि उसके बोले वाक्य पूरे के पूरे उस स्त्री तक नहीं पहुँचते हैं जो हिचकियों में रो रही है।

इसी बीच अचानक दरवाजे पर आहट हुई। कोई आया था। मूढ़े पर बैठी स्त्री ने अचानक रोना बन्द किया और अपना चेहरा झुकाया और फूल गूँथने लगी। वह दरवाजा खोलने से बचना चाहती थी। कुर्सी पर बैठी स्त्री उठना नहीं चाहती थी। उठना एक कष्ट था। वह सारे लाज-लिहाज छोड़कर मूढ़े पर बैठी स्त्री को अपना काम सौंपती थी। मूढ़े पर बैठी स्त्री लगभग सात सौ बरसों से उनके यहाँ चाकरी कर रही थी और उनके परिवार में इस तरह घुली-मिली थी कि जैसे हवा थी और कई बार दिखती भी नहीं थी। उस घर की दीवारें जानती थीं कि वह कैसे गायब होती है, और कहाँ छिपती है। जहाँ कोई काम होता–वहाँ वह होती थी। जहाँ वह होती थी, वहाँ कोई-न-कोई काम होता था।

''यह सुख होगा...खोल दो दरवाजा!'' कुर्सी पर बैठी मोटी स्त्री ने कहा। उसका सिर अब भी कुर्सी की पीठ पर टिका हुआ था। दरवाजे की आहट को, उसके सिर ने हलके-से घूमकर देखा-भर था।

''दुःख भी हो सकता है!'' मूढ़े पर बैठी स्त्री ने कहा।

''दरवाजा खोले बिना, यह कभी पता नहीं चलता कि जो आ रहा है वह कौन है।''

''मैं फूल गूँथ रही हूँ।'' मूढ़े पर बैठी स्त्री ने बिना चेहरा ऊपर उठाए कहा। लगा कि वह चेहरा उठाएगी और फूल सूखने लगेंगे।

''अगर दुबारा आहट आई तो खोलेंगे।'' कुर्सी पर बैठी स्त्री ने निर्णय दिया और अपने को बचा लिया। कुर्सी की पीठ पर टिका उसका सिर, थोड़ा और पीछे की ओर झुका और उसकी आँखें बन्द हो गईं।

लड़की दूसरी खिड़की पर खड़ी बाहर देख रही थी। वह एक औसत कद की लड़की थी–सुडौल और सुन्दर। उसने सूती सलवार और कमीज पहन रखी थी, जिसमें रंग-बिरंगे इतने छोटे-छोटे फूल थे कि दूर से रंग के छींटों की तरह दिख रहे थे। लड़की के बाल घुँघराले थे–इतने अधिक घुँघराले कि कसकर बाँधो तो भी खुल जाएँ। बाल उसकी पीठ पर एक बड़े गुच्छे की तरह थे जो सिर की हलकी-सी हरकत पर डोलने लगते थे। लड़की, खिड़की से सटी खड़ी थी–शायद लतरों के

कारण, जो बाहर से खिड़की को इस तरह ढाँपे हुए थीं कि बाहर देखने के लिए आँखों को उनकी बीच की जगह पर साधना पड़ रहा था। लड़की उन दोनों बूढ़ी स्त्रियों को भूली हुई थी कि बेंत की कुर्सी पर बैठी बूढ़ी स्त्री, उसकी माँ थी कि मूढ़े पर बैठी स्त्री उसकी आया थी। वह बाहर थी–दृश्यों में।

बाहर केले के पेड़ों का एक हरा झुंड था–हवा में सरसराता, और उसके पास ही एक कुआँ था जिसकी मुँडेर पर एक बाल्टी रस्सी से लिपटी रखी थी–लोहे की पुरानी, जंग-लगी। कुएँ की मुँडेर काली पड़ चुकी थी और उसमें जहाँ-तहाँ काई लगी हुई थी। कुएँ और केलों के झुंड के पार देखो तो दूर एक झोपड़ी दिखती थी–टिमटिमाती-सी, जैसे किसी काँपते दृश्य के भीतर हो, जैसे जल में देख रहे हों अपना चेहरा। झोपड़ी के पास ही, नारियल के तीन पेड़ों का एक झुंड था–जिसमें एक पेड़ जमीन को छूता झुका हुआ था। झोपड़ी के बाद रेत का विस्तार था, और विस्तार के अन्त में समुद्र–रेत के विस्तार को कम-ज्यादा करता। वहाँ भी नारियल के पेड़ थे, दूर-दूर छिटके, पर बहुत थे।

नारियल के पेड़, लड़की के बचपन से थे जैसे यह कुआँ था जो खिड़की से बाहर देखो तो सबसे पहले दिखता था। नारियल के पेड़, लड़की के लिए हमेशा अबूझ रहे–अपनी ऊँचाई और खुरदुरे तनों के कारण। लड़की को नारियल का पानी पसन्द है। एक पेड़ से अगर हम फल पाते हों तो पेड़ हमें जीत लेता है, फिर पेड़ को जीतने की इच्छा नहीं बची रहती। नारियल के पेड़ पर चढ़ने की इच्छा, लड़की के बचपन के दिनों में कहीं पड़ी हुई है।

लड़की बहुत देर से खिड़की पर थी–जब बाहर का सब कुछ नीली रोशनी में था और सूर्य धीरे-धीरे उठ रहा था। बूढ़ी स्त्रियाँ उस समय बैठक में नहीं आई थीं। और जब वे आईं, तो लड़की को उनके आने की आवाज नहीं आई थी। वैसे भी लड़की को लगता था कि आया के पैर चलते हुए बिलकुल नहीं बजते हैं और माँ के पैरों की धम-धम-सी भारी आवाज अब धीमी पड़ने लगी है। हो सकता है कुछ महीनों में माँ भी बेआवाज पैरों की हो जाए। तब लड़की की पीठ पर बस चौंकना बचेगा।

कुएँ को देखकर, लड़की को अपने पिता याद आते थे। वे बहुत गुस्सैल और दुस्साहसी थे। एक बार वे गुस्से में कुएँ की मुँडेर पर चढ़ गए थे। बात बड़ी नहीं थी। माँ सुनते-सुनते थक गई थीं तो बहस पर उतर आईं और सफाई देने लगी थीं। वे जितना बोलती गईं, पिता का गुस्सा बढ़ता गया। फिर कुएँ की मुँडेर पर चढ़कर वह फट पड़े कि तुम अगर चुप नहीं हुईं तो मैं कुएँ में कूद पड़ूँगा। वह बहुत छोटी थी–पाँच साल की और उसे लगा कि पिता कुएँ में कूदेंगे तो कभी नहीं मिलेंगे और वह फिर रोने लगी थी। माँ चुप हो गई थी और पिता बेटी के रोने की डोर पकड़कर कुएँ

की मुँडेर से नीचे उतर आए थे। गुस्सा जैसे पिता के स्वभाव के आगे-आगे चलता था और हर बार उनकी पकड़ से बाहर हो जाता था। घर पर उनके गुस्से की छाया मँडराती रहती थी। घर सावधानी बरतता, पर गुस्से से बचना फिर भी मुश्किल ही होता था। पिता का गुस्सा बेटी के सामने हारता था। माँ उसे पिता के गुस्से की हार के लिए हथियार की तरह इस्तेमाल करती थीं। वे आया को इशारा करतीं और आया किसी-न-किसी कमरे से उसे तुरन्त खोज लाती। माँ बिना कुछ बोले अपने और पति के बीच बिटिया को खड़ा कर देतीं। बिटिया रोने लगती। पिता उसे रोता देखते तो सारा गुस्सा सिर से नीचे सरकने लगता और पानी होकर पैरों से बहता। पानी के चहबच्चे से पिता अपने गीले पैर हटाते और उसे गोद में लेकर मुस्कुराने लगते कि वह चुप हो जाए। वे माँ को भूल जाते। वे उस बात को भूल जाते–जिस पर थोड़ी देर पहले गुस्सा थे।

पिता अजीब थे। गायब हो जाते थे–अचानक। वह उन्हें ढूँढ़ती रहती और पूछती रहती, पर कोई नहीं बता पाता था कि वे कहाँ गए होंगे। हमेशा पूर्व के दरवाजे से जाते थे और कई दिनों तक नहीं दिखते थे। वह जब आठ बरस की थी तो एक बार वे गए थे, अन्तिम बार गए थे। वे फिर नहीं लौटे। माँ कहती है, साधु हो गए होंगे–घर में भी संन्यास-भाव से ही रहते थे। दाढ़ी उन्होंने पहले ही बढ़ा ली थी। सिर के बाल भी कन्धों तक रख लिए थे, बस गेरुआ वस्त्र पहनना था। धोती-कुरता तो पहनते ही थे। चुन्नटदार धोती रेशम की और रेशम का कुरता उनकी पसन्द थी। पिता खूबसूरत थे : गोरे-चिट्टे और ऊँचे-पूरे। क्यों चले गए वे बिना किसी से कुछ कहे? अपनी छोटी-सी-बेटी से भी कुछ नहीं कि बड़ी हो तो उनका कहना पढ़ सके। बस, उन्होंने उस सुबह उसकी जिदों को सहेजा था, पर यह कोई नई बात नहीं थी, वे उन्हें आमतौर पर सहेजते ही थे। लड़की को अब लगता है कि उस दिन उन्होंने उसकी जिदों को कुछ ज्यादा सहेजा था और वह इसी बात में उनका हमेशा का विदा होना पढ़ती है।

उनके जाते ही, इस भवन में एक बच्ची और दो स्त्रियाँ अकेली रह गई थीं। कई महीनों तक माँ और आया और वह, उनका इन्तजार करती रहीं। कई महीनों तक, हर आहट उनके आने की आहट रही। फिर कानों ने बजना बन्द कर दिया। पर अब भी यह होता है–इतने बरसों बाद कि माँ कभी अचानक उठती हैं–कोई भी करता काम छोड़कर या अपने खालीपन को छोड़कर और भीतरी दरवाजों को खोलते, पूर्व दिशा के अन्तिम दरवाजे तक पहुँच जाती हैं और पिता का इन्तजार करने लगती हैं। पूर्व दरवाजे की ओर उनका जाना, इतनी तेज-चाल होता है कि आश्चर्य होता है, जैसे कि कई दिनों तक घिसटती-सी चाल चलकर वे उसे इकट्ठा करती रही हों। वह माँ को इस हरकत में अपने पिता का इन्तजार करती है। आया धीरे-धीरे मुस्कुराती है–कभी-कभी। पर यह जरूरी नहीं है कि वह अभी हुई किसी बात पर मुस्कुरा रही

हो। आया बरसों पहले घटी किसी घटना को सोचकर भी मुस्कुरा सकती है। तो सात सौ बरस की उस बूढ़ी स्त्री को क्षमा!

लड़की ने उनकी ओर देखा—माँ कुर्सी की पीठ पर सिर टिकाए सो रही थी और आया फूल गूँथ रही थी—तल्लीन। लड़की उन्हें चौंका सकती थी। उसने अपने पेट पर हाथ फेरा। वह हलका-सा उभरा हुआ था। भीतर कोई हरकत अभी नहीं थी, पर वह धीरे-धीरे बड़ा हो रहा था। कैसे कहे और कब कहे—लड़की तय नहीं कर पा रही थी। देह कहे, इससे पहले वह उनसे सब-कुछ बता देना चाहती थी। वे विश्वास करें या न करें।

चाँदनी रात में, लड़की को समुद्र खींचता था। पर वह कभी हिम्मत नहीं कर पाती थी कि माँ को बताए बिना दरवाजा खोले—चुपचाप, और केलों के झुंड और कुएँ की मुँडेर को पार करते हुए निकल पड़े टिमटिमाती झोपड़ी तक और नारियल के तीन पेड़ों को छूकर जगा दे और पहुँच जाए समुद्र के किनारे की चाँदनी रात में, जिसकी लहरें नीली चमक रही हों और जिनमें हो ज्वार-भाटा।

पर लड़की ने एक दिन हिम्मत की। उसकी मजबूरी थी कि चाँदनी रातों में वह सो नहीं पाती थी। अब उसे समुद्र नहीं, चन्द्रमा बुलाता था—समुद्रतट पर आओ! लड़की ने बहुत कोशिश की कि न सुने चन्द्रमा की पुकार। कई चाँदनी रातों को उसने जाने दिया और वे डूब गईं समुद्र में और उनके साथ थोड़ा-थोड़ा डूबी लड़की थी, पर अन्ततः वह हार गई।

लड़की समुद्रतट पर थी—अपने ही हाथों बँधी। उसका दायाँ हाथ उसके बाएँ कन्धे को और बायाँ हाथ दाएँ कन्धे को जकड़े हुए था। पैर नंगे थे। पैरों के नीचे गीली रेत, सीपियाँ और घोंघे थे। समुद्र आवाज कर रहा था—ऊँची उठती लहरों में : ज्वार-भाटा। लड़की का चेहरा आसमान की ओर था, जहाँ अँधेरे के विस्तार में टिमटिमाते तारों के बीच एक चन्द्रमा पूरा हो रहा था। आसमान बहुत खूबसूरत था जैसे एक विशालकाय छतरी हो—चन्द्रमा और तारों और बादलों से सजी।

आसमान लड़की को खींच रहा था, जैसे खींचता है सौन्दर्य। सौन्दर्य लड़की को खींच रहा था, जैसे खींचता है प्रेम। प्रेम लड़की को खींच रहा था, जैसे खींचता है जीवन।

लड़की हलकी कँपकँपी में थी, पर वह अँधेरे में जागते सौन्दर्य के नीचे थी। और पता नहीं कब से खड़ी देख रही थी चन्द्रमा—एकटक कि लड़की की देह चन्द्रमा से नहाई हुई थी कि लड़की की देह तारों से सजी हुई थी। उस वीरान समुद्रतट पर वह अकेली खड़ी थी और चाँदी-होती रात थी और झोपड़ी के भीतर सुनसान था—नारियल के तीन पेड़ों के पीछे रुका। लड़की को कोई नहीं देख रहा

था। देख रहा था सिर्फ चन्द्रमा और चन्द्रमा के इशारों पर तारे। लड़की की माँ और आया भवन के भीतर गहरी नींद में थीं। बूढ़ी स्त्रियों की नींद में नहीं था चन्द्रमा। बूढ़ी स्त्रियों की नींद में स्वप्न नहीं थे बहुत। लड़की की माँ के पास बस, कभी-कभी का एक स्वप्न था, जिसमें पूर्व दरवाजे से एक ऊँचा-पूरा, गोरा-चिट्टा आदमी बार-बार भीतर आता था और फिर बार-बार दिखती थी उसकी जाती पीठ।

चन्द्रमा ने देखा कि लड़की से दूर दिखता एक घर है, बहुत बड़ा और बहुत पुराना जो अपनी बड़ी-बड़ी खिड़कियों के भीतर हवा और रोशनी बाँधे, अँधेरे में सफेद दीवारों के साथ खड़ा है—लतरों से ढका। पृथ्वी पर बहुत-से घर हैं—ऐसे ही या इससे मिलते-जुलते, पर पृथ्वी पर लड़की का यही एक घर है। चन्द्रमा ने जब घर को और ध्यान से देखा तो उसे लगा कि लड़की का घर लड़की के पीछे रेंगता-सा है कि लड़की थोड़ी देर और नहीं लौटी घर के भीतर, तो घर समुद्रतट पर आ जाएगा।

चन्द्रमा ने देखा कि घर के पास दूर-दूर नारियल के पेड़ों के अलावा केले के पेड़ों का एक झुंड है, अलग-सा दिखता। केले के पेड़ों में फल नहीं हैं और पत्ते हवा में सरसराते, थककर फट चुके हैं। केले के झुंड के नजदीक ही कुएँ की मुँडेर है और मुँडेर के भीतर कहीं चमकता जल है और जल के भीतर कुएँ की गहराई है—छिपी हुई : चन्द्रमा के देख सकने से बाहर, कि चन्द्रमा अपने होने में, कुएँ के भीतर न हो तो नहीं देख सकता कुएँ की गहराई। चन्द्रमा जब कुएँ के भीतर होगा तो आकाश में नहीं रह जाएगा। (क्या ऐसा कोई किस्सा है जिसमें कुएँ ने लील लिया हो चन्द्रमा?)

चन्द्रमा ने देखा कि लड़की के घर के अलावा, बस उन तीन नारियल के पेड़ों के नजदीक एक ध्वस्त होती झोपड़ी है। भीतर मनुष्य बुलाती रहने के लिए कि ध्वस्त होने से बचने के लिए।

चन्द्रमा ने देखा कि पेड़ों पर बैठी है हवा और हवा पर बैठे हैं पेड़। चन्द्रमा ने देखा कि हवा लड़की की कमीज पर है—कमर के नीचे सरसराती समुद्री हवा, कि हवा लड़की के बालों पर अटक-अटक रही है, कि हवा लड़की की समूची देह पर लिपट-लिपट रही है, कि हवा में खुशबू है—चन्द्रमा ने जाना।

चन्द्रमा को लगा कि लड़की हवा के साथ उठेगी—ऊपर और ऊपर...और ऊपर...और उतर आएगी चन्द्रमा पर। अगर नहीं आ पाई तो कहीं बीच अधर में ठहरी रहेगी और चन्द्रमा को अपनी कक्षा छोड़, उतरना होगा नीचे—पृथ्वी की ओर कि अधर खड़ी लड़की के करीब ठहर सके वह भी कि लड़की उतर सके चन्द्रमा पर और गुरुत्वाकर्षण से बाहर हो सके—पूरी तरह।

उस वीरान और नीले समुद्रतट पर, चन्द्रमा को एकटक देखती लड़की, सब कुछ भूल, अचानक उठने लगती है ऊपर—चन्द्रमा की ओर, और उठती-उठती इतनी ऊपर हो जाती है कि समुद्र को नहीं दिखती और नहीं दिखती नारियल के पेड़ों

को और उस ध्वस्त होती झोपड़ी को और केलों के झुंड को और कुएँ को और अपने पीछे-पीछे आते घर को। किसी को नहीं दिखती है लड़की। लड़की गुरुत्वाकर्षण से बाहर हो जाती है...वह पहुँच जाती है चन्द्रमा की कक्षा पर। चन्द्रमा देखता है लड़की का होना अपनी कक्षा पर और चन्द्रमा बचा नहीं रह पाता चन्द्रमा और लड़की बची नहीं रह पाती लड़की।

वे तीनों एक बड़ी-सी गोल मेज को घेरे बैठी थीं—लड़की, उसकी माँ और उसकी आया। मेज पर एक मोमबत्ती जल रही थी—बीचोबीच। मोमबत्ती की लौ लहराती तो कमरा रोशनी में लहराने लगता और उनकी ठुड्डियाँ। लड़की का चेहरा झुका हुआ था। वह मेज को देख रही थी—अपलक। कमरे की दीवारों का रंग अँधेरे में गायब था। छत सफेद होगी—लग रहा था।

उस कमरे में रहस्यों का विचरण था। वह आया का कमरा था। सारे रहस्य, अभी पलंग पर गोल बँधे बिस्तर के भीतर थे। आया सोती है या नहीं—कहना कठिन था कि उसका बिस्तर हमेशा इसी तरह गोल बँधा दिखता था। रात, जब वह भीतर से दरवाजा बन्द कर लेती तो माँ-बेटी समझतीं कि वह सो रही होगी।

आया का कहना था कि वह किसी को भी अपने कमरे में बुला सकती है जो जीवित नहीं बचा है और आत्मा है। आया लड़की के पिता को बुलाती है—यह माँ-बेटी को पता नहीं था। पता होता तो पास सच होता कि वे जीवित नहीं बचे हैं और वे दोनों शायद खुश भी होतीं कि वे कैसी भी स्थिति में दिखे, उन्हें देख तो सकीं।

आया के बुलाने पर, लड़की के पिता दौड़ते-भागते आते थे—ब्रह्मांड की लम्बी यात्रा कर। थके लगते, पर खुश लगते कि आया उन्हें उनकी बेटी से मिला देगी। पर आया, बेटी तक ले जाने के लिए जो दरवाजा खोलती, वह एक अँधेरे से दूसरे अँधेरे तक ले जाता—अनन्त अँधेरे की ओर। पिता थक जाते। आया कहती, थोड़ा आराम कर लो! और पलक झपकते ही वे अपने को फिर आया के कमरे में पाते। आया, उनकी पगड़ी उतारकर अपने पलंग पर रखती, फिर उनके लहराते लम्बे बालों को जो हवा चले या न चले लहराते ही थे—दो मोटी बड़ी लटों में बाँटकर, उनके सिर पर गाँठ डाल देती थी कि उसके सहारे दीवार में लगी खूँटियों में से एक में, उन्हें आराम के लिए टाँगा जा सके। आत्माएँ इतनी हलकी थीं कि आया उन्हें एक हाथ से उठाकर खूँटी पर टाँग देती थी, जैसे सब्जी का थैला टाँग रही हो।

आया, लड़की के ठीक सामने बैठी थी और माँ दाहिनी ओर। बाईं ओर आया का पलंग था, जिसमें रहस्यों से भरा बिस्तर गोल बँधा पड़ा था। लड़की अपने चेहरे पर आया की बूढ़ी पर चमकीली आँखों को चुभता महसूस कर रही थी। वह आया से डरती नहीं थी, क्योंकि उसके रहस्यों पर विश्वास नहीं करती थी। पर आया को

देखना ऐसा था कि भीतर कुछ बार-बार बिखर रहा था और लड़की को सिर झुकाना पड़ रहा था। वह थोड़ी देर बाद अपने को समेट लेती तो फिर आया की आँखों से आँखें मिला देती। यह सब बहुत देर से चल रहा था और माँ चुप और परेशान बैठी थीं, जैसे वे वहाँ पर नहीं होने के लिए हों। माँ ने अपना बहुत-सा जीवन नहीं होने के लिए, होते हुए काट दिया था। बेटी होना चाहती थी और होने के लिए बची रहना चाहती थी। और बचे रहने के लिए लड़ना चाहती थी–फिर चाहे वे आया की आँखें ही क्यों न हों।

तो लड़की ने अपने को पूरी ताकत से समेटा कि इस बार नहीं बिखरेगी और सिर झुकाकर मेज की ओर नहीं देखेगी। उसने आया की आँखों से आँखें मिला दीं। ओह, कितनी भयावह आँखें! जैसे झपट्टा मारने को तैयार पंजे हों। क्या आया, अपनी आँखों से खींचकर उसे लील लेगी? पर लड़की ने अपने को बिखरने नहीं दिया। वह आया को घूरती रही–अपलक।

और आया हारी कि उसे बोलना पड़ा, ''ठीक-ठीक बता यह किसका है? तू हमें बेवकूफ समझती है?'' दो चमकती आँखों के नीचे, आया के बूढ़े ओंठ बहुत उत्तेजित थे और काँप रहे थे।

''बताया न...चन्द्रमा का...समझ में नहीं आ रहा है?'' लड़की ने चिढ़कर कहा। लड़की के जवाब से आया का चेहरा बुझ गया।

''बता दे, सही-सही...कौन मानेगा कि चन्द्रमा का है...?'' माँ बोली–बोले कि चुप रहे के बीच बोली।

बेटी ने जवाब नहीं दिया। उसने कनखियों से माँ की ओर देखा। दयनीय स्त्री...परेशान स्त्री...मोटापे से बीमार स्त्री...आया के रहस्यों से बँधी स्त्री। लड़की को अपनी दाहिनी ओर माँ के भीतर एक-साथ कई स्त्रियाँ बैठी दिखीं। उसने उधर से आँखें फेर लीं और फिर आया को घूरने लगी। आया ने अपना सिर झुका लिया था और अब वह मेज की ओर देखने लगी थी। आया के हारते ही, लड़की को आया पर दया आने लगी। वह जानती थी कि आया उसे चाहती है, कि आया ने ही उसे सहेजा और सँभाला है। पर यह मामला ऐसा था कि वह आया को बहुत छूट नहीं दे सकती थी। वह फँस जाती। उसे अपने को बचाए रखना था।

लड़की ने छत की ओर देखा। छत में आसमान था और आसमान में चन्द्रमा–उसकी ओर देखकर मुस्कुराता। लड़की मुस्कुराई और उसने कहा, ''चन्द्रमा था मेरे साथ सम्भोगरत...बस अकेला चन्द्रमा...समुद्र के किनारे रेतीले बिस्तर पर...हवा पर...सुख था ऐसा, जैसा मैंने पहले कभी नहीं पाया...रोशनी थी ऐसी, जैसी मैंने पहले कभी नहीं देखी। समुद्र गवाह है...बस, चन्द्रमा था...कि बस मैंने चन्द्रमा से किया है प्रेम, मेरे पेट में है चन्द्रमा का अंश,...मैं पैदा करूँगी पृथ्वी पर एक चन्द्रमा...और

आया, तुम आश्चर्य करोगी...तुम बरसों से जीवित स्त्री...तुमने कभी नहीं देखा होगा पैदा होता चन्द्रमा, स्त्री की कोख से, क्षितिज में उठता हुआ। यह दृश्य इतना सुन्दर होगा कि तुम उसे देखने के बाद तुरन्त मरना चाहोगी...मरोगी और मुक्त हो जाओगी...हो सकता है इस प्रजनन के बाद मैं भी न बचूँ...माँ बची रहेगी–इस किस्से को बखानने...कई बरसों तक...बरसों-बरस मनुष्य की उम्रों को फलाँगता बचा रहेगा यह किस्सा...'' लड़की कहते-कहते काँपने लगी थी। थोड़ी देर वह काँपती बैठी रही, फिर उठकर कमरे से बाहर हो गई।

कमरे में दो अवाक् बूढ़ी स्त्रियाँ बैठी रहीं। थोड़ी देर बाद मोमबत्ती बुझ गई। इतना घना अँधेरा था कि अवाक् बैठी दो स्त्रियाँ नहीं थीं।

रचना-वर्ष–1999 : कथादेश, 'अप्रैल-2001 हंस, सितम्बर-2001

मौत पर छलाँग

वह ऊँचाई से गिरता है–जलता हुआ, और हजारों आँखें उसे देखती हैं गिरता। हजारों आँखों से उसके ओझल होते ही, छपाक् की आवाज आती है और थोड़ी देर बाद वह दिखता है, अपने दोनों हाथ हिलाता–कुएँ की मुँडेर पर। और मौत वहाँ कुएँ के भीतर सहमी बैठी रहती है।

मैं बीड़ी पीता हूँ और जितने गहरे कश खींच सकता हूँ–खींचता हूँ अपने भीतर। बार-बार जलाता हूँ बीड़ी, क्योंकि बार-बार वह बुझती है। बीड़ी में माचिस का खर्च कितना है! खाँसता रहता हूँ, फिर भी पीता हूँ। बिना पिए मन नहीं मानता। खाली पेट में जब धुआँ भरता है तो देह में एक अजीब कँपकँपाहट जागती है नशे की। मैं चाय भी बहुत पीता हूँ और हर चाय के साथ बीड़ी जरूरी तौर पर। या बीड़ी और चाय साथ-साथ। सिर्फ बीड़ी पीना और चाय के बाद बीड़ी पीना और बीड़ी के साथ-साथ चाय पीना–तीनों का अलग-अलग स्वाद है।

जीवन को जीने की जितनी अधिक किस्में होंगी, जीने का स्वाद उतना ही अधिक होगा–मैं ऐसा मानता हूँ। वैसे बहुत-से लोग हैं जो ऐसा नहीं मानते हैं। बहुत-से लोग हैं जो एक लकीर में जीते हैं : आसान जीवन! लकीर से जरा-सा भी टसमस हुए कि उन्हें गिरने का भय होता है : गिरना जैसे गुमना। (यह लकीर कौन खींचता है, जिस पर चलते पूरा जीवन चुक जाता है?)

मेरे बाबू भी ऐसे ही थे। बस-ड्राइवर थे तो काम तो उनका पूरी तरह, एक लकीर केभीतर नहीं था, पर उन्होंने उसे लकीर के भीतर लाकर ही पूरा किया। वे एक भयभीत बस-ड्राइवर थे और कोई खतरा मोल नहीं लेते थे। उनकी बस की गति, पचास से ऊपर कभी नहीं रही। पचास, वह भी खाली दिखती सड़क पर, वरना चालीस या चालीस से नीचे आम तौर पर। वे अपने 'रूट' के एक-एक पेड़, एक-एक स्पीड-ब्रेकर और एक-एक गड्ढे को जानते थे, पर गति उनकी नहीं बढ़ती थी। होना यह चाहिए था कि खतरों को जानते ही खतरों के बीच गति बढ़े। पर बाबू सड़क के खतरों को इस तरह जानते थे, जैसे अपनी पत्नी को जानते थे,

जैसे अपने बेटे को जानते थे, जैसे अपने घर-पड़ोस को जानते थे। तो इस जानने में प्रतिद्वंद्विता कहीं नहीं थी और इसलिए गति में तीव्रता नहीं थी।

बाबू के भीतर बस ड्राइवर के सहज गुण नहीं थे। न वे बीड़ी पीते थे और न शराब, न अफीम और न डोडा। मेरे बाबू एक भले आदमी थे। इतने भले कि जितने आमतौर पर लोग होते नहीं हैं। इतने भले कि पूरी तरह असहज। इतने भले कि मूर्ख माने जाने की कगार पर खड़े। वे गलती से बस-ड्राइवर थे। यह बात नहीं कि बस-ड्राइवरी भले आदमियों का काम नहीं है। वह है, पर बाबू किसी स्कूल में, विशेषकर गाँव के प्राइमरी स्कूल में 'गुरुजी' होने लायक थे। प्राइमरी स्कूल मैं इसलिए कह रहा हूँ कि मैंने जितना उनके बारे में सुना है—वे बड़ी कक्षा को नहीं सँभाल पाते—मुझे लगता है। पर वे ज्यादा पढ़े-लिखे नहीं थे : बस छठी कक्षा। पहली-दूसरी कक्षा को तो वे पढ़ा लेते। पर गुरुजी की नौकरी, पढ़ा सकने पर नहीं मिलती थी। वे कम से कम दसवीं पास होते तो नौकरी उन्हें मिल जाती। तो उन्होंने 'बालाजी बस सर्विस' में बस-ड्राइवर होना ठीक समझा और अपने शेष जीवन, एक 'गुरुजी मन' आदमी, बस-ड्राइवर की सीट पर बैठा रहा और उस सीट पर बैठे-बैठे ही मारा गया।

सड़क खाली थी। बस की गति पचास से ऊपर नहीं थी। पर पता नहीं कहाँ से आया एक साइकल-सवार बीच सड़क पर बाबू को दिखा। वह दिखना इतना अचानक था कि उसे बचाने की कोशिश में बाबू की बस सड़क के किनारे खड़े आम के एक विशाल पेड़ से टकरा गई—ठीक उस तरफ से जिधर बाबू बैठे थे स्टीयरिंग सँभाले। स्टीयरिंग उनके सीने में घुस गई थी। वे तुरन्त मर गए थे या कुछ ही देर पीड़ा झेलते रहे—ठीक पता नहीं। जब बस के लोगों का दिमाग, दुर्घटना से बाहर आया तो उन लोगों ने बाबू को मरा पाया था। बाकी सब बच गए थे। बस, बाबू मारे गए थे। वह साइकल-सवार तो बच ही गया था जो जर्जर साइकल पर, अपनी जर्जर देह को लेकर सवार था : जो मरता तो आधे से अधिक मर चुका आदमी पूरा मारता—जिसके लिए बाबू मारे गए थे। कहते हैं वह साइकल-सवार जो पास के ही गाँव का था—बाबू के मरने के तीसरे दिन ही मर गया। वह तपेदिक की अन्तिम दशा में था।

बाबू मरे तो मैं बस छह साल का था। वे मुझे पहली कक्षा में दाखिला दिलाने के दूसरे दिन मर गए थे। उनके नहीं रहने ने आखिरकार माँ को भीतर तक हिला दिया। माँ उन्हें बहुत चाहती थीं। शायद माँ को यह लगता रहा हो कि बाबू ने उससे ब्याह कर बड़ा त्याग किया है। (माँ आदिवासी थीं और बाबू ब्राह्मण।)

बाबू की बस, जब बन्दरचुआँ पहुँचती तो एक साँवली-सी लड़की, सोलह-सत्रह बरस की, सिर पर टोकरी रखे कुछ और लड़कियों के साथ बस में चढ़ती थी। ड्राइवर की सीट के ठीक बगल में खाली जगह बची रहती—इंजन की कँपकँपाहट और शोर से भरी। लड़की टोकरी अपने सिर से उतारकर उस खाली जगह पर रख देती और खुद

खड़ी रहती सिमटी-सी, जैसे खाली जगह को खाली बचाए रखना जरूरी हो। लड़की इंजन की घड़घड़ाहट को एकटक देखती कि कैसे इंजन का बड़ा-सा ढक्कन जोर-जोर से काँप रहा है। कभी-कभी उत्सुकता से वह बाबू की ओर भी देख लेती थी। पर उसका देखना इंजन के लिए ही अधिक रहता। वह खड़ी रहती, बैठती बहुत कम। कभी-कभी टोकरी के पास सिकुड़ी-सी बैठी दिखती थी। टोकरी में चार, चिरौंजी, महुआ, ककड़ी और भथुआ, बोहार, कोयलार, कटकेल भाजी जैसी चीजें होती थीं। कभी बड़ा-सा कुम्हड़ा होता था अकेला और कभी अकेला कटहल भी। जो होता, वह जब कुनकुरी बाजार में उतरती, एक मुट्ठी वह चीज-बाबू के बाएँ हाथ को अपने बाएँ हाथ से खींचकर-उनकी हथेली में रख देती, फिर उनकी हथेली को अपनी दोनों हथेलियों के बीच लेकर हलके से दबाती और धीरे से मुस्कुराती। फिर टोकरी उठाती और बस से नीचे उतर जाती थी। जब टोकरी में बस कुम्हड़ा या कटहल रहता था तो उसके पल्लू में बाबू के लिए कुछ-न-कुछ बँधा होता था। बाबू को उसके सिर का तिरछा जूड़ा और जूड़े पर खोंपा कन्धा भी मुस्कुराता-सा लगता था।

बहुत जल्दी बाबू, सप्ताह के उस दिन का, सप्ताह-भर इन्तजार करने लगे। बहुत जल्दी बाबू, बिना लड़की की पहल के, अपनी हथेली लड़की की ओर बढ़ाने लगे कि हथेली में 'मिठास' पा सकें। बहुत जल्दी बाबू की बस, लड़की का इन्तजार करने लगी। लड़की अब बस में खड़ी होती इंजन के पास, तो लड़की का दायाँ हाथ बाबू की सीट पर होता और बस के झटकों के साथ-साथ बाबू की पीठ पर स्पर्श जगाता रहता। बहुत जल्दी लड़की का हाथ बाबू के कन्धों को छूने लगा। बहुत जल्दी बाबू, बस चलाते-चलाते, लड़की की ओर कनखियों से देखकर मुस्कुराने लगे। बहुत जल्दी ऐसा हुआ कि बाबू को लगा कि वह आदिवासी लड़की दुनिया की सबसे सुन्दर लड़की है। बाबू के पिता ने विरोध किया, बाबू की माँ ने विरोध किया, और बाबू को घर से निकलना पड़ा। बाबू गाँव के बाहर एक छोटी-सी झोपड़ी में उस आदिवासी लड़की के साथ रहने लगे।

माँ के शरीर में गोदने ही गोदने थे-हाथों में कोहनियों तक और पैरों में घुटनों तक। और ठुड्डी में था गोदने का एक खूबसूरत फूल हरा, और माथे पर गोदने की हरी तिकोन बिन्दी। बाबू के मरते ही सबसे पहले बिन्दी का रंग हुआ काला, फिर ठुड्डी का हरा फूल काले फूल में बदल गया। फिर हाथ और पैर के गोदने हुए काले। माँ पहले अकेली हुई, फिर चुप, फिर नहीं रहीं। माँ आधी रात मरीं। मैं माँ के साथ ही सोया था। बाबू को मरे तीन-चार महीने हो चुके थे। मैंने अपनी नींद में माँ की आखिरी हिचकी को सुना था। मैं अब भी उस आवाज को नहीं भूल पाता हूँ : मौत की हिचकी, कि जैसे कहीं कुछ फँसा हो और जिसे छुड़ाने की कोशिश हो रही हो और जो छूट न रहो हो। मुझे कुछ समझ में नहीं आ रहा था। मैं उठ बैठा

था—डरकर। उस समय मेरी उम्र इतनी नहीं थी। उस समय की बहुत-सी बातें तो मैं आज जाकर समझ पाता हूँ। पर मुझे लगा था कि कहीं कुछ गड़बड़ है। पर अँधेरा था और कुछ ठीक दीख नहीं रहा था। मैंने पुकारा—माँ! वह इस शब्द पर तुरन्त उठती थी, पर नहीं उठी। मैंने माँ के सिरहाने रखी लालटेन उठाई और फिर माचिस—अँधेरे को टटोलकर। मैं रोशनी कर पाया तो माँ दिखी—छत की कड़ियों को देखती, जहाँ एक चूहे की हिलती पूँछ थी।

मैंने फिर पुकारा—माँ! नहीं सुनी। मैंने उसकी बाँह पकड़कर हिलाई तो बाँह मेरी ओर गई। मैं लगातार माँ-माँ...पुकार रहा था। अचानक मैं रोने लगा। मैं खाट से उतरकर, माँ के चारों ओर घूमने लगा—रोता। मुझे कुछ समझ में नहीं आ रहा था कि मैं क्या करूँ। माँ अब भी छत की कड़ियों को ताक रही थी। मैं रोते-रोते थक गया। मैं माँ के पैरों के पास नीचे बैठ गया, खाट के पाटे पर सिर टिकाकर। मैंने जब सिर उठाया तो छत चूहों की पूँछों से भरी हुई थी। चूहे बहुत शोर कर रहे थे और मेरे रोने की आवाज उनकी उठा-पटक में दबने लगी। मैं सिसकियों के बीच कब सो गया थककर, मुझे पता ही नहीं चला था।

उठा तो सब-कुछ वैसा ही था। बस, माँ की देह पर मक्खियाँ मँडराने लगी थीं। मैंने अपनी हथेलियों से उन्हें उड़ाने की कोशिश की, पर वे बार-बार माँ के चेहरे पर बैठ रही थीं—माँ के ओठों के किनारे से बह चुके लार की लकीर पर। मुझे मक्खियों को दूर करने के लिए माँ की लार पोंछनी थी। मैं कोई कपड़ा ढूँढ़ने लगा—साफ-सुथरा। माँ बहुत सफाई-पसन्द थी। मैं किसी भी कपड़े से उसका मुँह नहीं पोंछ सकता था। और मुझे बाबू का अँगोछा मिल गया। बाबू के अँगोछे में बाबू के कन्धों की खुशबू थी। मैंने बहुत धीरे-धीरे माँ का मुँह पोंछा। वह अब भी छत की ओर देख रही थी। चूहों की हिलती पूँछें अब नहीं थीं। क्या माँ मर गई? मैंने सोचा। मैं मृत्यु को बाबू की दुर्घटना से जानता था। पर उस जानने में और माँ के इस तरह पड़े रहने में—बहुत अन्तर था। मैं किसी निर्णय पर नहीं पहुँच पाया, पर मुझे लग रहा था कि वह मर चुकी है।

घर का दरवाजा खोल मैं बाहर निकला। बाहर सुबह निकल रही थी। मैं मामा के घर गया जो थोड़ी दूर पर था। मैंने साँकल खटखटाई। थोड़ी देर बाद मामी बाहर आई। मैं भूल गया कि मुझे क्या कहना है। क्या कहना है, यह शायद मैंने सोचा भी नहीं था। मैं फफक-फफककर रोने लगा। मामी के बार-बार पूछने पर, बहुत देर बाद मैं कह पाया कि मेरी माँ को कुछ हो गया है।

एक बच्चा जब अकेला हो जाता है तो जीवन उसके लिए कितना कठिन हो जाता है! पर धीरे-धीरे अकेले रहने और जीने की आदत पड़ जाती है। मैं कुछ महीने ही मामा के घर रह सका। किसी और के बच्चे को अपने बच्चे की तरह

पालना लोगों के लिए हमेशा कठिन होता है। तो धीरे-धीरे मैं मामा के घर के लिए कठिन होता गया। मामी खाना देती, पर बची दाल और सब्जी में पानी डाल, ज्यादा बनाकर देती। बची हुई रोटियाँ होतीं, जिनमें काले धब्बे बहुत होते, जिन्हें नोच-नोचकर हटाने के बाद रोटी और कम बचती। और बासी चावल होता। मेरा पेट नहीं भरता था। ऐसा नहीं था कि मेरी खुराक बहुत थी, जो मिलता वह मेरी कम खुराक से भी कम रहता था।

भूख तरीके खोज लेती है और मेरी भूख ने भी तरीका निकाल लिया। मैं ठीक खाने के समय किसी भी घर के सामने जाकर खड़ा हो जाता। लोग दया करते और मुझे बुलाकर खिला देते। ऐसी दया रोज-रोज एक ही घर नहीं कर सकता, यह मैं समझता था। मैं दुत्कारे जाने से पहले ही दूसरा घर ढूँढ़ लेता था। गाँव में इतने दयावान घर तो थे ही कि जिस घर के दरवाजे पर मैं पहली बार खड़ा हुआ–उसके ठीक आठ दिन बाद मैं दुबारा वहाँ खड़ा हुआ। पहले घर ने आठ दिन में इतनी दया इकट्ठी कर ली थी कि मुझे खाना मिल गया। इस तरह देखें तो पेट तो मेरा भर जाता था, पर मन हमेशा खाली रहता। माँ याद आती। बाबू याद आते। झोपड़ी में अकेला पड़ा-पड़ा मैं रोता रहता।

धीरे-धीरे मेरे भीतर अजीब बदलाव आया। मैं वजह-बेवजह गुस्सा करने लगा। मैं छड़ी से पेड़ों को पीटने लगा। चिड़ियों पर पत्थर फेंकने लगा। मैंने कई तितलियों की उड़ान छीन ली : मैं उन्हें अपनी हथेली में लेता और मसल देता। एक दिन तो मैंने हद कर दी–एक छोटा बच्चा, यही लगभग चार-पाँच साल का, अपने घर के सामने अकेला खेल रहा था। पता नहीं मुझे क्या सूझा कि मैंने चट् से उसे एक झापड़ मारा और भाग गया। उसके चीख-चीखकर रोने की आवाज (जो मेरे भागते में, मेरे पीछे-पीछे आ रही थी) सुनकर मुझे खुशी हुई।

मैं गिर रहा था उस गहराई में, जहाँ से ऊँचाई की कल्पना ही सम्भव नहीं थी। वह तो अच्छा हुआ कि इस बीच कुनकुरी में मीना बाजार लगा। मैंने सुना और बस में बैठ गया। बस जानती थी कि मैं तिवारी ड्राइवर का लड़का हूँ। मैं बस से उतरा तो ड्राइवर ने कंडक्टर से कहा–मुन्ने को कुछ पैसा दे दे, मीना बाजार घूमेगा।

जिस जगह मुझे बस से उतारा गया था, मीना बाजार वहाँ से दिखने में बहुत पास था। मुझे रंग-बिरंगे–आसमान छूते झूले दिख रहे थे। पर मैं भटक गया। मीना बाजार के दिखाई देने से, मैंने सोचा था कि मैं आसानी से वहाँ तक पहुँच जाऊँगा। पर मैंने जो रास्ता चुना था, वह कहीं और जाता था–थोड़ी देर बाद ही मुझे पता चल गया कि मैं भटक गया हूँ। मीना बाजार के दिखते झूले जो मेरे करीब आ रहे थे, अब दूर होने लगे थे। फिर मैंने एक बूढ़े से पूछा तो उसने कहा, "चलो!" मैं उसके पीछे-पीछे चलने लगा। बूढ़े की बाईं टाँग में कुछ गड़बड़ी थी और वह उसे झटके

से उठा और पटक रहा था, इसलिए उसकी चाल धीमी थी और उसके पीछे होने में मुझे छूटने की परेशानी नहीं हुई।

मीना बाजार के गेट पर पहुँचकर बूढ़ा पलटा, "किससे मिलना है?"

"किसी से नहीं!" मैंने कहा।

"तो?"

"मीना बाजार देखना है।"

बूढ़ा हँसा, "शाम को खुलेगा...छह बजे आना।" और बूढ़ा गेट पर आड़े लगे बाँस को उठाकर भीतर घुस गया।

मैंने ताक-झाँक की। भीतर सुनसान था। थोड़ी देर, दूर तक जाता बूढ़ा दिखता रहा, फिर वह भी गायब हो गया। मैं टिकिट-खिड़की के पास बैठ गया—ठीक उसके नीचे, कि खिड़की खुलेगी और मैं पहला टिकट लूँगा।

दोपहर का समय था और मीना बाजार जिस मैदान में लगा था वहाँ सुनसान था कि उस मैदान में पसरी ठंड की गुनगुनी धूप को खेलती, एक चिड़िया भी नहीं थी। वह बहुत ऊबड़-खाबड़ सूखा मैदान था, जहाँ कोई कँटीला पेड़ तक नहीं था। मैंने पेड़ों और चिड़ियों से इतना खाली मैदान इससे पहले नहीं देखा था। मैं पूरी दोपहर बैठा रहा—भूखा-प्यासा। मुझे डर था कि मैं उठूँगा तो मेरी जगह कोई और आ जाएगा और पहली टिकिट मुझसे छूट जाएगी।

और उस दिन, मैं मीना बाजार की पहली टिकिट खरीदने में सफल रहा। मैं दौड़कर सबसे पहले मीना बाजार के भीतर घुसा था। उस दिन जो मैं मीना बाजार के भीतर गया तो आज तक मीना बाजार से बाहर नहीं आ पाया। अब मीना बाजार मेरे भीतर लगता है।

वह एक-एक सीढ़ी ऊपर उठ रहा था और आसमान एक-एक सीढ़ी नीचे आ रहा था। हजारों आँखें उसे देख रही थीं। आज वह जीवन की सबसे ऊँची छलाँग के लिए था। पहली बार जब उसने छलाँग लगाई थी तो वह ऊँचाई, आज की ऊँचाई से एक-चौथाई ही थी या उससे भी कम रही होगी। आज वह इतनी ऊँचाई पर होगा कि ठीक उसके पीछे झिलमिलाती मौत होगी। जीवित बचा रहा तो सीढ़ी अपनी ऊँचाई में फिर बढ़ेगी। सीढ़ी की ऊँचाई, हर सफल छलाँग के बाद, उसके लिए नीची हो जाती है—ऊँचाई को फिर बढ़ना होता था कि उसे ऊँचाई लगे। वह मौत से नहीं डरता था। मौत उसके लिए खेल है, जैसे किसी टीले से नदी पर छलाँग और तैरकर किनारा पकड़ना और किनारे खड़े होकर मुस्कुराना।

वह जैसे-जैसे सीढ़ी पर ऊपर उठता गया—उसे देखती आँखें नीचे छूटती गईं। वह हर पाँचवीं सीढ़ी पर ठहरकर बड़ा-सा सफेद रूमाल लहराता था। उसका सिर-

भर दिख रहा था–गर्दन से ऊपर। बाकी देह, कैनवस जैसे मोटे सफेद कपड़े की जैकेट और पतलून और सफेद जूतों से ढकी थी। उसके हाथों में भी मोटे दस्ताने थे–सफेद। पैर से गर्दन तक उसके पास कठोर, चमकीली सफेदी थी। कैनवस के कपड़े जैसे उसकी देह को बाँधे हुए थे, इसलिए सीढ़ियों पर उसके पैर उठने में धीरे और कठिन थे।

जब वह ऊँचाई के ठीक बीच पहुँचा तो उसने हाथ हिलाया और उसके हाथों से कागज की रंग-बिरंगी पन्नियाँ झरने लगीं। हजारों आँखों ने उन रंग-बिरंगी पन्नियों को देखा और कुछ ने अपने चेहरे पर उनका गिरना महसूस किया। क्षण-भर बाद ही, हजारों आँखों ने देखा कि वह फिर उठ रहा है और उसका आकार छोटा होता जा रहा है। आसमान तारों के साथ उसका इन्तजार कर रहा था और चन्द्रमा नहीं था। हवा तेज चल रही थी और उसमें थोड़ी ठंड थी। हजारों आँखें ऊपर उठी रहीं–एकटक। हजारों आँखों में धैर्य बना रहा। हजारों आँखों में उत्तेजना की चमक थी–पनीली।

सीढ़ी पर चढ़ते हुए, अचानक उसे अपनी माँ के माथे का तिकोन गोदना याद आया और उसकी ठुड्डी में गोदा हरा फूल। उसने आसमान की ओर देखा। आसमान अब पहले से अधिक नीचे था–उसके करीब। इतने तारों में, एक उसकी माँ होगी-उसने सोचा। बचपन में सुने इस वाक्य पर उसका भरोसा बना हुआ था कि जो मरते हैं, वे तारे बन जाते हैं। उसने एक तारा, माँ समझकर अपने लिए चुना। दूसरा, एक तारा ठीक माँ के पास उसे दिखा और बाबू याद आए। मृत्यु में डूबा उनका चेहरा, जैसे मृत्यु में डूबा बिलकुल नहीं था–वह विस्मय में डूबा चेहरा था। बाबू के लिए चुना गया तारा विस्मय में डूब गया। उसे आश्चर्य हुआ कि आसमान के हमेशा करीब होने के बावजूद इससे पहले, उसने कभी माँ और बाबू के लिए तारे नहीं चुने थे। तो वे दो तारे 'माँ और बाबू' उसका 'खेल' गौर से देखने लगे।

उसने नीचे देखा, हजारों चेहरे उसकी ओर थे। इमारतें रोशनी और अँधेरे में डूबी हुई थीं। इमारतों के बीच झोपड़ियाँ लुप्त थीं। इन्हीं लुप्त झोपड़ियों-सी, गाँव की उसकी झोपड़ी थी, पर गाँव में कोई झोपड़ी लुप्त नहीं थी। अब वह झोपड़ी बची होगी या नहीं?–उसने सोचा।

उसे दूर टीवी-टावर की लाल रोशनी दिखी–चमकती। अगर वह अपनी छलाँगों में जीवित बचता गया तो एक दिन वह टीवी टॉवर की ऊँचाई को भी अपनी छलाँग के लिए पा लेगा–उसने सोचा और मुस्कुराया। और उसका मुस्कुराना सिर्फ तारों ने देखा। वह आसमान की ओर देखता ऊपर उठता रहा और आसमान उसकी ओर देखता नीचे आता रहा। आखिरकार, नीचे की हजारों आँखों से बँधा वह अन्तिम सीढ़ी पर पहुँच गया–लकड़ी के उस छोटे-से मंच पर जो सीढ़ी के शीर्ष पर बना

हुआ था। वहाँ पहुँचकर, उसने एक क्षण अपनी साँसें इकट्ठी कीं और फिर हाथ हिलाने लगा। हजारों आँखों में चमक बढ़ गई : हिंसक-सी उत्सुक चमक।

वह, उसे देख रही आँखों की चमक नहीं देख पा रहा था। उसे नीचे हिलते हाथ दिख रहे थे—हजारों हिलते हाथ। वह खुश हुआ कि वह 'हीरो' है। एक अजीब हीरो, जिसे इन हजारों आँखों में से कोई एक भी आँख, दिन में सामने देखे तो न पहचाने। वह मौत की छलाँग में देखा जाता था और छलाँग के बाहर उसकी पहचान बहुत धुँधली थी।

''तैयार!'' नीचे से आवाज उठी जो उस तक बहुत धीमी होकर आई। वह जानता था कि यह आवाज आएगी, इसलिए वह, उसे बिना सुने ठीक समय पर सुन लेता था। उसने हाथ हिलाया कि तैयार है।

वह मीना बाजार के मैनेजर की आवाज थी। वह काले रंग का मोटा-तगड़ा आदमी था, जिसने शराब पी-पीकर आँखों के नीचे थैलियाँ गढ़ ली थीं। उसके पास ही एक दुबला काला-सा आदमी चुपचाप खड़ा था। अचरज कि वह ऊपर देख भी नहीं रहा था।

''तैयार!'' मैनेजर ने दुबारा पुकारा। उसने फिर हाथ हिलाया कि तैयार है। मैनेजर की आवाज वैसे बहुत मोटी और भारी थी, पर आसमान को आवाज देना कितना कठिन है!

उसने आसमान की ओर देखा। चन्द्रमा नहीं था—बस तारे थे। वह थोड़ी देर चन्द्रमा खोजता रहा—अपनी आँखों से। तारे थे तो उसमें एक तारा माँ थी, एक बाबू थे। उसने उन्हें प्रणाम किया। उसका प्रणाम नीचे हजारों आँखों को दिखा। उसका प्रणाम लाखों तारों को दिखा।

उसने अपने जैकेट से कागज की पन्नियाँ निकालीं और नीचे छोड़ दीं। आज हवा तेज है—उसने सोचा। पन्नियों को नीचे आने में समय लगा। नीचे दूर खड़े जिन लोगों ने अपने चेहरे और बालों पर उन पन्नियों को पाया वे खुश हुए, पर उन्होंने खुशी जाहिर नहीं की।

उसके हाथों में एक बोतल दिखी। उसने अपना बायाँ हाथ आगे फैलाया और बोतल के तरल से उसमें एक लकीर बना दी। फिर बाएँ हाथ में बोतल लेकर उसने अपने दाहिने हाथ में तरल लकीर को रच दिया। फिर उसने अपना एक पैर उठाया, फिर दूसरा और उसके दोनों पैर, बोतल में भरी तरलता के भीतर आ गए। अन्त में उसने अपने दोनों कन्धों पर तरलता को उँड़ेल दिया और बोतल हवा में उछाल दी। ठीक उसी समय, कुएँ से आग की लपटें उठने लगीं।

लोगों ने देखा कि उसके हाथ में एक थैलीनुमा टोपी आई और उसने उसे अपने सिर में पहनकर नीचे खींच लिया—गर्दन तक, और उसे कस लिया—ठुड्डी के नीचे। अब सिर से पैर तक वह ढक चुका था।

फिर उसके हाथ में माचिस दिखी। फिर लौ दिखी। फिर वह दिखा–जलता और ऊँचाई से नीचे गिरता। एक क्षण भी नहीं गुजरा होगा कि छपाक् की आवाज आई और कुएँ में लगी आग बुझ गई।

हजारों आँखों को अब उसके बाहर आने का इन्तजार था कि खेल तब समाप्त होता था, जब वह कुएँ से बाहर आकर कुएँ की मुँडेर के चारों तरफ हाथ हिलाता घूमता था।

लोग इन्तजार करते रहे, पर वह बाहर नहीं आया। मैनेजर ने कुएँ के भीतर झाँककर देखा–वहाँ कोई हलचल नहीं थी। वह चिन्तित दिखा। हजारों आँखें अब कुएँ की ओर देख रही थीं–उत्सुक। खेल ने नया मोड़ ले लिया था।

मैनेजर ने अपने पास खड़े आदमी के कान में कुछ कहा। वह आदमी कुएँ की मुँडेर पर चढ़ा, फिर कुएँ में कूद गया। मैनेजर मुँडेर के चारों ओर बेचैन घूमने लगा।

थोड़ी देर बाद वह आदमी बाहर आया–पानी से लथपथ और उसके हाथ इस तरह हिले जैसे कह रहे हों कि कुएँ में कुछ नहीं है। पर वे अपने कहने में आश्वस्त हाथ नहीं थे।

"तो कहाँ गया?" मैनेजर चीखा।

वह आदमी चुप रहा। भीड़ में सन्नाटा गहराता गया।

"एक बार और देख!" मैनेजर ने उस आदमी को डाँटते हुए कहा।

वह आदमी फिर कुएँ में कूदा। इस बार वह बहुत दूर तक कुएँ के भीतर रहा–जब तक उसकी साँसें उसका साथ देती रहीं। पर वह नहीं मिला। वह आदमी जल की सतह पर दिखा–एक क्षण, अपनी साँसों को सँभालते और फिर पानी में गायब हो गया। इस बार वह उसे दिख गया–कुएँ की तल पर, गर्भस्थ शिशु की मुद्रा में पड़ा। उसके ऊपर ढेरों काली मिट्टी थी जो उसे दिखने से बचा रही थी। यह तो अच्छा हुआ कि पानी में होती लगातार हलचल ने उसके घुँघराले बालों से मिट्टी हटा दी थी और वह दिख गया था, नहीं तो वह आदमी उसे गायब मानता, और उसके गायब होने पर जीवन-भर आश्चर्यचकित रहता। उस आदमी ने उसके घुँघराले बाल पकड़े और उसे खींचता ऊपर ले आया।

वह बेहोश पड़ा था और वह आदमी जो अच्छा तैराक था–उसके पेट से पानी निकालने की कोशिश कर रहा था। मैनेजर उन दोनों के पास खड़ा था–चिन्ता में लथपथ।

भीड़ सन्नाटे में खड़ी थी बहुत देर से–इतनी देर कि थक चुकी थी। और अन्ततः वह बिखरने लगी। बिखरती भीड़ से हलका-हलका शोर उठ रहा था–इतना हलका कि उसे फुसफुसाता शोर कह सकते थे।

उस दिन जब मुझे होश आया था तो मेरे सिर के दाहिने हिस्से में पीड़ा की तेज लहरें उठ रही थीं और एक आदमी मेरे ऊपर झुका हुआ था, जिसे मैं पहचान नहीं पा रहा था। मैं कहाँ था–मुझे पता नहीं था। मुझे बार-बार लग रहा था कि मैं किसी विचित्र-सी जगह पर हूँ–ऐसी जगह जिसे मैंने पहले कभी देखा नहीं है। वह बहुत सुनसान जगह थी। वहाँ हवाओं का डरावना शोर था और रोशनी की चुप्पी थी। मुझे लगा कि वहाँ से मैं किसी भी दिशा में जा सकता हूँ और मैं बिना चुने एक दिशा की ओर चल पड़ा था। चुनने के लिए मेरे पास कुछ था ही नहीं–सभी दिशाएँ एक-जैसी थीं। (यह मुझे बाद में मालूम पड़ा।)

बहुत देर तक या शायद बहुत दिनों तक मुझे कुछ याद ही नहीं आया। फिर मुझे अपनी छलाँग की याद आई–धुँधली-सी याद। बाद में मैंने मान लिया कि वह मेरी अन्तिम छलाँग थी।

मेरी उस अन्तिम छलाँग का असर मेरे साथ-साथ दो और व्यक्तियों पर हुआ है। मीना बाजार का शराबी मैनेजर अब पागल हो चुका है। वह बेवकूफ उस रोज मुझे खोजने मीना बाजार से बाहर निकला था। उसे मेरी चिन्ता नहीं थी। उसे मौत के खेल के बन्द हो जाने की चिन्ता थी। मैं उसे नहीं मिला। वह आज भी सड़कों पर मुझे ढूँढ़ता फिर रहा है।

दूसरा, रग्घू मेरा दोस्त, मैं मानता हूँ कि उसने ही मुझे कुएँ में डूबने से बचाया होगा। वह उस रात सो नहीं सका और सुबह की रोशनी में, जब वह अपनी प्यास के लिए, पानी के घड़े के पास गया तो पानी देखते ही उसके दाँत किटकिटाने लगे। आखिरकार वह प्यासा मर गया।

मैंने बहुत प्रयत्न किया कि मैं उन दोनों तक पहुँच सकूँ। मैं एक को पागल होने से और दूसरे को मरने से बचा सकता था। पर मैं ऐसा कर नहीं सका। आप अगर यह जानते हों कि आप कहाँ हैं, तो आप दूसरी किसी जगह के लिए यात्रा कर सकते हैं। पर अगर आप यह नहीं जानते हों कि आप कहाँ हैं तो हर यात्रा आपको, आपकी जगह पर ही लौटा देती है। मेरे साथ यही हुआ है। मैं उन दोनों तक पहुँचने की अपनी यात्राओं में बार-बार वापस अपनी जगह पर लौटता रहा हूँ। और अब मैं बिलकुल अकेला हूँ। पर मेरे भीतर एक मीना बाजार क्यों बार-बार बनता और टूटता रहता है–मैं समझ नहीं पाता हूँ...।

रचना-वर्ष–2000 : कथादेश, सितम्बर-2000

फूल का कहना सुनो

फूल ने कहा तो सुना पत्तियों ने—ध्यान से। इतने ध्यान से सुना कि तनों से होते हुए जड़ों तक पहुँच गई फूल की आवाज। फूल ने कहा तो हवा ने सुना और फूल का कहना, हवा से इतना घुल-मिल गया कि हवा की खुशबू हो गया। फूल ने कहा तो सुना जल ने, पशु ने, पक्षी ने, धरती ने...समस्त सृष्टि ने सुना। किसी ने उनसे नहीं कहा कि फूल का कहना सुनो!

कद को छूना

वे सब मुझसे बड़े हैं—मुझसे ऊँचे। अगर मैं खड़ी रहूँ और वे सब बैठे हों तो मैं उनके बराबर हूँ। अगर वे खड़े हों तो मैं इतनी छोटी हूँ कि अपने पंजों के बल पर खड़ी होऊँ तो उनके नाक छू सकती हूँ। छू सकती हूँ उनके ओंठ और गाल, पर माथा नहीं छू सकती। अगर वे न झुकें तो कभी नहीं।

मैं धीरे-धीरे बड़ी हो रही हूँ और वे सब धीरे-धीरे छोटे हो रहे हैं—मेरी दादी, मेरी माँ और मेरे पापा। पर दादी बहुत जल्दी-जल्दी छोटी हो रही हैं...मुझे लगता है, मैं सबसे पहले दादी के माथे को छू पाऊँगी—खड़े-खड़े। बैठे में तो मैं उनके बराबर अब भी हूँ। कितनी अच्छी बात है कि दादी ज्यादा समय बैठी रहती हैं...मैं उनसे लिपट सकती हूँ...बैठ सकती हूँ गोद में...मैं उन्हें चूम सकती हूँ। यदि दादी मुझसे ऊँची नहीं होतीं तो मुझे कभी नहीं लगता कि वे मुझसे बड़ी हैं, जैसे बड़े हैं पापा, जैसे बड़ी हैं माँ।

पेड़ कितने ऊँचे हैं मुझसे और पेड़ों से ऊपर बहुत ऊँचा है आकाश। आकाश से ऊपर और क्या है?

चिड़िया के घर से बड़ा घर

मैं एक छोटे सफेद घर में रहती हूँ। छोटा माने चिड़िया के घर-इतना छोटा नहीं...छोटा माने चिड़िया के घर से बहुत बड़ा। छोटा इसलिए कि मेरे घर से बड़े घर और बहुत-से हैं...मेरे घर से सुन्दर घर और बहुत-से हैं।

मैंने एक बार अपने घर से सुन्दर एक घर चुना जो बाजार जाने के रास्ते पर मुझे हमेशा मिलता था और जरूर दिखता था। मैंने पापा को वह घर दिखाया, "क्या हम इसमें रह सकते हैं?"

"नहीं..." पापा ने कहा।

"क्यों?" मैंने पूछा।

"हम इसे नहीं खरीद सकते..." पापा ने कहा।

"क्या घर खरीदना पड़ता है?" मैंने पूछा।

"किराए से भी मिलता है..." पापा ने कहा।

"तो क्या हम किराए के घर में रहते हैं?" मुझे आश्चर्य हुआ।

पापा चुप रहे। पर थोड़ी देर बाद उन्होंने कहा कि अगर तुम इस घर में रहने भी लगो तो कोई और घर इससे सुन्दर तुम्हें दिखेगा। जिस घर में तुम रहती हो, उस घर को सबसे सुन्दर सोचो तो वह घर सबसे सुन्दर हो जाएगा!

मैं समझ नहीं पाती कि सोचने से कोई घर कैसे सुन्दर हो सकता है? हमारे घर के आसपास, कुछ ऐसे घर हैं, जिनकी दीवारें मिट्टी की और छत खपरैल की हैं...तो उनमें जो लोग रहते हैं, अपने घरों को हमारे घर-इतना सुन्दर सोचेंगे तो क्या उनके घर हमारे घर-जितने सुन्दर हो जाएँगे?

घर के भीतर चिड़िया का घर

हमारे घर के सामने पीपल का एक बड़ा-सा पेड़ है। पीपल की पत्तियाँ कितनी चमकीली होती हैं! कितनी गुलाबी होती हैं नन्ही पत्तियाँ! मैं जब इस पेड़ को देखती हूँ तो मुझे लगता है कि पेड़ चहचहा रहा है—इतनी चिड़ियाँ! ओह...बहुत-सी चिड़ियाँ—पत्तियाँ ओढ़े बैठी रहती हैं। मैं कहती हूँ कि यह पीपल का पेड़ तो चिड़ियों का पेड़ है!

चिड़ियाँ शान्त नहीं बैठतीं कभी...फुदकती रहती हैं—इस डाली से उस डाली पर। इस डाली से उस डाली पर फुदकते हैं चिड़ियों के रंग। चिड़ियों के साथ-साथ फुदकती हैं पीपल की पत्तियाँ। मैं पत्तियों को सुनती हूँ...उनकी प्यारी आवाज...अचानक एकदम चुप...अचानक मीठा शोर। मैं हवा को सुनती हूँ। (पीपल का रंग, चिड़ियों का रंग है और चिड़ियों का रंग, पीपल का रंग है।)

एक दिन मैंने देखा कि ऊपरी मंजिल पर बालकनी की ओर खुलने वाले दरवाजे के नीचे तिनके पड़े हैं। बालकनी से पीपल का पेड़ इतना पास है कि उसे छूने की इच्छा होती है। पर मैं छू नहीं सकती। जब मैंने सिर उठाया तो दरवाजे के ठीक ऊपर, बालकनी की छत से लगा एक घोंसला था। मुझे बहुत खुशी हुई कि चिड़िया ने अपने घर के लिए हमारे घर को चुना है। घोंसला बहुत ऊपर है...मैं नहीं देख सकती कि घोंसले के भीतर क्या है। अभी तो चिड़िया की आवाज भी नहीं है।

अंडे होंगे। पापा कहते हैं–चिड़िया अंडे देती है और अंडे फूटने पर छोटी चिड़ियाँ बाहरी आती हैं। मैं छोटी चिड़ियों की आवाज से पहचान लूँगी कि वे हुई हैं।

मैं रोज ऊपर जाती हूँ उस आवाज को सुनने...पर लगता है कि छोटी चिड़ियों ने अब तक अंडों को फोड़ा नहीं है...अंडों के भीतर वे छोटी से भी बहुत छोटी होंगी। क्या मैं आवाज से पहचान लूँगी कि घोंसले में कितनी छोटी चिड़ियाँ हैं? मैंने मुर्गी का अंडा देखा है...मैं चिड़िया का अंडा देखना चाहती हूँ...मैं देखना चाहती हूँ कि अंडा फोड़कर कैसे निकलती है एक छोटी चिड़िया।

मैं चाहती हूँ कि दरवाजे से भीतर आ जाएँ चिड़ियाँ–हमारे घर। हमें घर के सारे खिड़की-दरवाजे खोलकर रखने चाहिए कि वे भीतर आ सकें और डरें नहीं...वे हर कमरे में अपने घोंसले बना सकें...वे बारिश से बच सकें...कितना अच्छा लगेगा बहुत-सी चिड़ियों के साथ रहना!

हाँ, खिड़की-दरवाजे खोलेंगे उनके लिए तो घर के पंखों को बन्द रखेंगे...नहीं तो वे कट जाएँगी पंखों से टकराकर। मेरी एक सहेली है, आकांक्षा...उसके घर एक चिड़िया भीतर आई और भटकती रही। वह घोंसले के लिए जगह ढूँढ़ रही होगी...पर वह जगह खोज पाती, इससे पहले ही छत पर घूमते पंखे से टकरा गई। घूमता पंखा दिखता नहीं है...चिड़िया नहीं देख पाई...वह छितरा गई। मैं सोचती हूँ तो सिहर जाती हूँ।

मैं नहीं चाहती कि कोई चिड़िया मरे। चिड़िया कितनी नाजुक होती है...कितनी भोली! मेरी बुआ का लड़का है, गप्पू। वह चिड़िया को 'चीं-चीं' कहता है। वह मुझसे बहुत छोटा है। वह ठीक से बोल नहीं पाता है। चिड़िया चाहिए? मैं कहती हूँ तो वह सिर हिलाता है, चाहिए चिड़िया। उड़ना चाहिए? मैं कहती हूँ तो वह सिर हिलाता है, चाहिए उड़ना। उस दिन हम दोनों इन्तजार करते रहे कि पीपल के पेड़ से आ जाएँ चिड़ियाँ हमारे पास और हम दोनों को उड़ा ले जाएँ अपने साथ।

कितना अच्छा होता कि मैं सोचती और चिड़िया बन जाती! कितना अच्छा होता कि मैं सोचती और उड़ जाती! पेड़ों से मिलती। मिलती आकाश से। देखती कि आकाश से ऊपर क्या है? जब थकती तो फिर लड़की बन जाती। पापा, दादी और माँ को पता न होता...मुझे ढूँढ़ते रहते...मैं उनके सामने बैठी रहती एक सुन्दर चिड़िया...नीले पंखों पर पीले बुँदकों वाली...और वे मुझे पहचान न पाते। फिर अचानक मैं लड़की बन जाती–आठ साल की। कितना चौंकते सब!...दादी तो बेचारी डर ही जातीं।

दादी की देह में नींद का घोंसला

मैं अपनी दादी के साथ सोती हूँ–उनके पेट के भीतर घुसकर। वह बहुत गरम और खूशबूदार जगह है। दादी की खुशबू बस दादी के पास है, बाहर कहीं नहीं है।

किसी के पास भी नहीं। उनकी गुदगुदी छाती और पेट के आसपास मेरी नींद का खजाना है।

कभी जब मुझे माँ और पापा के बीच सोना पड़ता है तो मैं पापा की ओर सोती हूँ। 'तू मुझे गिराएगी क्या?' पापा कहते हैं। मैं उनके और पास होते-होते अपनी नींद में उन्हें पलंग के किनारे तक पहुँचा देती हूँ। वे बोलते जरूर हैं, पर वैसे ही पड़े रहते हैं। कभी-कभी ही मुझे खिसकाते हैं—माँ की ओर। बस, उतना ही कि उनके सोने की जगह बन सके। अभी तक पापा पलंग से नहीं गिरे हैं, पर किसी दिन गिर भी सकते हैं। मैं हँसूँगी। पापा गिरेंगे तो उन्हें चोट तो नहीं आएगी?

मैं नौ बजे सो जाती हूँ। मैं पलंग पर पड़े-पड़े दादी-दादी चिल्लाती रहती हूँ। दादी के बिना मुझे नींद नहीं आती। दादी 'आती हूँ...आती हूँ...' कहती रहती हैं। मेरे कारण दादी भी जल्दी सोती हैं। वे टीवी नहीं देख पातीं। माँ देखती हैं देर रात तक, सास-बहू के सीरियल।

मुझे छह बजे उठना पड़ता है। सुबह जब दादी सैर से लौटती हैं तो छह बजते हैं। दादी किसी दिन सैर के लिए नहीं जा पातीं—अपनी तबीयत के कारण तो उस दिन ठीक से छह नहीं बजते हैं।

मैं जागती हूँ तो दादी मुझे एक मग-भर पानी लिए खड़ी मिलती हैं। मैं लेटे-लेटे मग और उनका मुस्कुराता चेहरा देखती रहती हूँ। पानी मुझे पीना ही पड़ता है। जब तक मैं पूरा पानी नहीं पी जाती, दादी मेरे पीछे पड़ी रहती हैं...बस थोड़ा और बचा है...बस थोड़ा और...। सुबह-सुबह इतना पानी पीओ तो पेट पूरा पानी से भर जाता है। पेट के भीतर पानी का तालाब बन जाता होगा...नहीं?

पानी पीकर मैं 'ऊपर' जाती हूँ—माँ-पापा के कमरे में, और बिस्तर में घुस जाती हूँ उनके बीच। पापा मुझे अपनी ओर खींचते हैं—मेरी बेटी। हमारी फुसफुसाहटों से माँ हमेशा जाग जाती हैं। कहती हैं : चल बेटा, पढ़ने बैठ! पापा जोर से मुझे चिपकाते हैं और कहते हैं कि बेटा गहरी नींद में है। माँ कहती हैं : छोड़ो उसे।

सबसे अधिक मैं माँ से डरती हूँ। वे बस डाँटती रहती हैं। पढ़ना...और पढ़ना...और पढ़ना...मैं थक जाती हूँ...सच कहती हूँ। मुझे 'टेस्ट' में कम नंबर मिलते हैं तो माँ दु:खी हो जाती हैं...बहुत चिल्लाती हैं। अच्छे नंबर मिलने पर खुश होती हैं।

सुबह ठीक साढ़े छह बजे हम पढ़ना शुरू करते हैं, और सवा सात तक पढ़ते रहते हैं। पापा चादर सिर तक ओढ़े, हमारा पढ़ना सुनते रहते हैं और बीच-बीच में चादर के भीतर से हमारी गलती सुधारते हैं। पापा मेरी पढ़ाई में बस इतना कहते हैं। उन्हें पढ़ाना पसन्द नहीं है। माँ के कहने पर कभी पढ़ाने बैठते भी हैं तो पढ़ाई जल्दी खत्म हो—इसकी चिन्ता मुझसे ज्यादा उन्हें रहती है।

सवा सात बजे, मैं स्कूल जाने के लिए तैयार होना शुरू करती हूँ और आधे घंटे में तैयार हो जाती हूँ। (कोई माँ-बेटी को देखे तो हँसे कि ये कैसे बाथरूम और कमरे के बीच दौड़ती-भागती-सी दिखती हैं—माँ, चीखती-चिल्लाती, और बेटी रोती-झल्लाती।)

मेरे तैयार होने से पहले, पापा मेरे जूते में पालिश कर तैयार रहते हैं। जूता रोज पापा पहनाते हैं। जूता पहनाते हुए, कभी-कभी वे मजाक करते हैं और मोजे चढ़े मेरे पैरों पर ब्रश करने लगते हैं। 'अरे पापा, यह मेरा पैर है! जूता नहीं!'—मैं कहती हूँ। 'मैंने समझा जूता है!'—पापा कहते हैं। पापा हँसते हैं, मैं हँसती हूँ।

मैं 'नीचे' उतरती हूँ तो दादी होती है। दूध और नाश्ता तैयार रहता है। नाश्ता वह होता है जो ऊपर आने से पहले या रात सोने से पहले मैं दादी से कह चुकी होती हूँ। ऐसा कभी नहीं होता कि मैं कुछ कहूँ और नाश्ता कुछ और बने। दादी, कभी नहीं भूलती। मैं अपनी माँ के सामने यह नहीं कहना चाहती, पर मुझे अपनी दादी के हाथ से बनी चीजें खाना ज्यादा अच्छा लगता है।

मेरा स्कूल, मेरे घर के बहुत पास है। मेरा स्कूल, मेरे कदमों से दो सौ आठ कदमों पर है। मैंने गिना है। मेरे घर की छत पर चढ़कर देखो तो मेरे स्कूल का मैदान दिखता है। घर के लोग चाहें तो बिना दूरबीन के मुझे मैदान में खेलते देख सकते हैं। मेरी 'क्लास' स्कूल-बिल्डिंग के पिछले हिस्से में लगती है। अभी मैं 'क्लास थ्री' में हूँ। जब 'क्लास-टेन' में आ जाऊँगी तो वे मुझे खिड़की के पास बैठे हुए अपनी छत से देख सकेंगे, अगर मैं ऐसी खिड़की चुनूँ कि वे मुझे देख सकें।

मेरा स्कूल-बैग इतना भारी है कि हमारी काम वाली बाई उसे मेरे साथ स्कूल के गेट तक पहुँचाती है। गेट पर, बैग मैं अपनी पीठ पर ले लेती हूँ और इतना झुक जाती हूँ कि पूछो मत! जब बैग को पीठ से उतारकर हाथ में लेती हूँ तो दाहिने हाथ में बैग होने पर, दाहिनी ओर झुक जाती हूँ। बाएँ हाथ में बैग लेती हूँ तो बाईं ओर झुक जाती हूँ। मेरी उम्र के सारे 'स्टूडेंट' बैग के साथ ऐसे ही दिखते हैं, जैसी मैं दिखती हूँ। हँसी आती है। पढ़ते हुए भी हम झुके रहते हैं। सीधे, हम बस प्रार्थना या खेल-मैदान में होते हैं।

प्रार्थना अंग्रेजी में होती है। मैं घर में हिन्दी बोलती हूँ और स्कूल में अंग्रेजी पढ़ती हूँ। अभी मैं ठीक से अंग्रेजी बोल नहीं पाती। हिन्दी मुझे आसान लगती है। हिन्दी तो मैं अपने-आप लिख लेती हूँ और पढ़ भी लेती हूँ—अक्षर जोड़-जोड़कर। पापा कहते हैं : लड़की की हिन्दी अच्छी है। माँ कहती हैं कि इसकी अंग्रेजी खराब है।

मैं दोपहर दो बजे, स्कूल से लौटती हूँ। फिर खाना खाती हूँ। फिर साढ़े तीन बजे मुझे 'ट्यूशन' जाना पड़ता है। फिर मैं 'ट्यूशन' से साढ़े पाँच बजे लौटती हूँ।

फिर मैं दूध लेती हूँ। फिर मैं एक घंटे टीवी देखती हूँ–कार्टून। मुझे 'कार्टून' अच्छे लगते हैं। साढ़े छह बजे माँ मुझे फिर पढ़ने बैठा देती हैं। फिर मैं आठ बजे तक पढ़ती रहती हूँ। फिर मैं थोड़ा खाना खाती हूँ–दादी के साथ। मुझे आलू पसन्द हैं। माँ कोई भी सब्जी बनाती हैं तो मेरे लिए उसमें आलू डाल देती हैं। सब्जी के साथ आलू का स्वाद बदलता है और मुझे अच्छा लगता है। फिर मुझे नींद आने लगती है और मैं पुकारने लगती हूँ–'दादी...दादी...' कि दादी मेरे साथ सोने चले...

संतरे का फल : ईश्वर

मेरी चार 'बेस्ट फ्रेंड' हैं–आकांक्षा सतवानी, भावना मुदलियार, शेरोन अब्राहम और महक जादवानी। एक और है, पर वह थोड़ी अलग-सी है। उसका नाम आयशा मसूद है। आयशा, हम लोगों के साथ कभी-कभी ही खेलती है–कभी सिर्फ बैठी रहती है। आयशा कम बोलती है और जल्दी रोने लगती है, पर वह मुझसे अच्छे-से बात करती है। वह मुझे अच्छी लगती है।

आयशा के भगवान, वह नहीं हैं जो मेरे हैं। मेरे भगवान आकांक्षा और महक और भावना के भी हैं। शेरोन के भगवान भी अलग हैं। शेरोन के भगवान आयशा और हमारे भगवानों से बिलकुल अलग हैं। शेरोन के भगवान हमारे स्कूल में भी हैं। वे एक खम्भे पर टँगे हैं। उनके हाथों और पैरों में कीलें ठुकी हैं। उनकी दाढ़ी बढ़ी हुई है। वे नंगे हैं कमर तक, पर कमर में एक खिसकता कपड़ा है। वे मुझे बहुत थके-थके-से दिखते हैं। हम सबको स्कूल में उनकी प्रार्थना करनी पड़ती है। आयशा प्रार्थना के समय चुप रहती है।

"तुम प्रार्थना क्यों नहीं करती?...सिस्टर देखेंगी तो डाँटेंगी!" एक दिन मैंने आयशा से कहा।

"मना है..." आयशा ने कहा।

"कैसे?" मैंने पूछा।

"मना है बस..." आयशा ने फिर कहा।

"सिस्टर को आते देखो तो ओंठ हिलाने लगना...नहीं तो पता चल जाएगा कि तुम प्रार्थना में चुप रहती हो...डाँट पड़ेगी!" मैंने आयशा को समझाया।

"तुम ऐसा ही करती हो?" आयशा ने खुश होकर पूछा।

"नहीं, मैं प्रार्थना करती हूँ।" मैंने कहा।

मैं प्रार्थना करती हूँ स्कूल में तो अपने भगवान को सोचती हूँ। स्कूल की प्रार्थना ऐसी है कि किसी भी भगवान के लिए उसे कर सकते हैं। मुझे स्कूल वाले भगवान, भगवान की तरह नहीं लगते हैं। वे आदमी ज्यादा लगते हैं। हमारे भगवान आदमी से कितने अलग दिखते हैं...भगवान ज्यादा लगते हैं...किसी के चार-चार हाथ

है...किसी के तीन-तीन सिर हैं...किसी की सूँड है...किसी की पूँछ है...देखो तो हँसी आती है। पर हँसने से कहते हैं कि पाप पड़ता है।

(प्रार्थना के समय ओंठ बुदबुदाना या अपने भगवान को याद करना, एक ऐसी चोरी है कि जिसे सिस्टर नहीं पकड़ सकतीं। पकड़ सकतीं तो कितना चौंकती कि स्कूल में ईसा मसीह की प्रार्थना के भीतर हिन्दू देवी-देवता और अल्लाह तक की प्रार्थना तैर रही हैं!)

आयशा के भगवान मस्जिद में रहते हैं। रहते हैं, पर दिखते नहीं हैं। उनका कोई चेहरा नहीं है। आयशा कहती है कि हम पुकारते हैं तो वे सुन लेते हैं। शेरोन के भगवान हमारे स्कूल में रहते हैं और चर्च में भी हैं। शेरोन कहती है कि यह भगवान के बेटे हैं...भगवान तो कोई और है। इनके सामने प्रार्थना करो तो ये प्रार्थना भगवान तक ले जाते हैं।

मेरे भगवान मन्दिर में रहते हैं। वे मेरे घर में भी हैं। वे एक बड़े-से आले के भीतर रहते हैं। आले के आसपास अगरबत्ती की खुशबू रहती है। वह आला जिस कमरे में है—उसके भीतर हम जूते पहनकर नहीं जाते। हम बिना नहाए भगवान को नहीं छूते। हम भगवान को खिलाते हैं, उसके बाद खाते हैं। भगवान खाते कुछ नहीं हैं—जितना उनके सामने रखो उतना ही रखा रहता है। दिन से रातभर रखे रहो, तो भी वह उतना ही बचा मिलेगा। वह 'प्रसाद' होता है और उसे हम आपस में बाँट लेते हैं। दादी कहती हैं कि भगवान कण-कण में रहते हैं।

मुझे याद नहीं कि मैंने पहली बार कब भगवान को प्रणाम किया था। मैं बहुत छोटी थी तो माँ ने कहा था शायद, और मैं झुकी थी या शायद दादी ने कहा था। जैसे माँ करती हैं और दादी करती हैं—मैं ठीक वैसी ही पूजा कर लेती हूँ। मुझे पूजा करना अच्छा लगता है, जैसे मुझे 'घर-घर' खेलना अच्छा लगता है।

मेरे पापा पूजा नहीं करते! गन्दे पापा! वे कहते हैं भगवान नहीं हैं। दादी से मैंने बताया तो दादी ने कहा—तेरा बाप पागल है...तू उसकी बात मत सुना कर! दादी ठीक कहती हैं। अपनी सहेलियों से मैंने पूछा है—सबके पापा भगवान को मानते हैं। मेरे पापा अजीब हैं! पर वे मेरे साथ गणेश जी खरीदने जाते हैं...कृष्ण भी खरीदते हैं। सारे भगवान बाजार में बिकते हैं। बहुत सुन्दर और बहुत बड़े भगवान, बहुत पैसे में आते हैं...हम हमेशा छोटे भगवान खरीदते हैं।

मैंने एक दिन दादी से पूछा, "हमारे भगवान से, शेरोन और आयशा के भगवान अलग क्यों हैं?"

दादी थोड़ी देर सोचती रहीं। थोड़ी देर क्या, थोड़े से बहुत ज्यादा देर सोचती रहीं।

"सबके भगवान एक क्यों नहीं हैं, दादी?" मैंने फिर पूछा।

दादी ने कहा, "बेटा, ईश्वर संतरे का फल है...संतरे को छीलो तो कितनी फाँकें रहती हैं? तो एक फाँक शेरोन के लिए है...दूसरी आयशा के लिए...तीसरी तुम्हारे लिए है...पर सब मिलकर खाते एक ही ईश्वर को हैं..." दादी हँसी।

"नहीं, वे अलग-अलग हैं, दादी! फिर हम मस्जिद क्यों नहीं जाते? चर्च में भी नहीं जाते...इस तरह तो शेरोन और आयशा को भी आना चाहिए मन्दिर...नहीं दादी, झूठ...झूठ बात..."

दरवाजे पर नीम की डाली

क्या पीपल के पेड़ पर भूत रहते हैं? मैंने तो कभी भी नहीं देखा—अपने घर के सामने वाले पीपल पर। यहाँ तो बस चिड़ियाँ रहती हैं...भूत रहते तो चिड़ियाँ क्यों रहतीं?

मालूम, भूत के पैर उल्टे होते हैं। कुछ भूतों के तो पैर ही नहीं होते...पैरों की जगह लहराती पूँछ होती है और ऐसे भूत अधर में तैरते रहते हैं। भूत खाँसते हैं तो उनकी हड्डियाँ बजती हैं। वे हँसते हैं तो उनका मुँह इतना खुल जाता है कि नीचे वाला जबड़ा जमीन छूता है और ऊपर वाला आसमान...और आसमान डरकर पीछे हट जाता है। भूत रोते हैं तो उनके आँसू इतना बहते हैं कि वे जहाँ बैठकर रो रहे होते हैं, वह जगह आँसुओं से डूब जाती है...भूत नहीं डूबते : वे आँसू की सतह पर तैरते रहते हैं...रोते जाते हैं और सतह के साथ-साथ ऊपर उठते जाते हैं। वे रोते-रोते अचानक हँसना शुरू करते हैं तो आँसू गायब हो जाते हैं। भूत तब हवा में तैरते रहते हैं और जब चाहते हैं तो आ जाते हैं जमीन पर...

भूतों को किसी ने नहीं देखा है, पर सब भूतों की बातें करते हैं! दादी भी। मालूम, दादी के मायके में भी एक भूत था। उस भूत को मटिया कहते हैं। दादी बताती हैं कि वह छोटे बच्चे की तरह दिखता है। उसका कद मुझसे भी छोटा होता है। सब सो जाते हैं तो वह घर में घुसता है और रसोई में बचा सारा खाना खा जाता है और खाली बर्तनों में गन्दगी कर जाता है...

मैंने दादी से पूछा कि तुमने मटिया देखा? दादी ने कहा कि नहीं, उसे नहीं...बर्तनों में गन्दगी देखी है। उनकी माँ ऐसे बर्तनों को घर के बाहर फेंक देती थी। फिर वे लोग 'जर्मन' के बर्तनों में खाना खाने लगे। दादी ने बताया कि वे सस्ते थे और उन्हें फेंकने में उनकी माँ को दुःख नहीं होता था। फिर बर्तन फेंकते-फेंकते वे इतने गरीब हो गए कि पत्तलों में खाना खाने लगे। (गरीबी दिखी, पर मटिया नहीं दिखा।)

मालूम, औरत-भूत को चुड़ैल कहते हैं। मेरी एक सहेली ने बताया है कि 'हरेली' के दिन चुड़ैलें जाग जाती हैं...उस दिन रात में बाहर नहीं निकलना चाहिए...नहीं तो चुड़ैल बच्चों को पकड़ लेती है...फिर वह बच्चा कभी नहीं दिखता। सहेली ने

कहा कि घर के दरवाजे पर नीम की एक छोटी–सी डाली खोंस दो तो चुड़ैल घर के भीतर नहीं घुसती है...चुड़ैल नीम की पत्तियों से डरती है।

मैंने अभी तक किसी को बताया नहीं है, पर कल हरेली का दिन है और मुझे नीम की डाली अपने घर के दरवाजे पर खोंसनी होगी...मैं दादी से कहूँगी, वे मान जाएँगी। अगर सच में चुड़ैल आ गई तो...?

बाजार में गुम तो गुम

घर से थोड़ी दूर पर किराना–दुकान है। पर हमारे घर का सामान वहाँ से नहीं आता। हमारे घर का बहुत–सा सामान वहाँ नहीं मिलता। वह दुकान कच्चे घरों के लिए है। मेन रोड तक बाहर निकलो तो और दुकानें हैं...उससे आगे बढ़ो तो और दुकानें हैं। आगे बढ़ते–बढ़ते गोल बाजार पहुँच जाओ तो इतनी दुकानें हैं...इतनी दुकानें हैं कि उनके बीच घूमते–घूमते थक जाओ।

गोल बाजार से बाएँ जाओ तो नवीन बाजार है। गोल बाजार से दाएँ जाओ तो शास्त्री बाजार है। बाजार में जमीन की ओर नीचे उतरो तो भी दुकानें हैं...आकाश की ओर ऊपर उठो तो भी दुकानें हैं...ओह! कितनी दुकानें! मुझे बाजार घूमना अच्छा लगता है।

शास्त्री बाजार में एक 'सुपर मार्केट' है–हम वहाँ से सामान खरीदते हैं। वहाँ सब मिलता है। वहाँ जाना मुझे अच्छा लगता है। वहाँ जाना माँ को भी अच्छा लगता है। हम एक 'ट्रॉली' लेते हैं और उसे धकेलते सामान के बीच गुजरते जाते हैं। मेरे दोनों तरफ–मेरे सिर से ऊपर तक सामान होते हैं। मैं सामान से बनी सुरंग में होती हूँ...रंग–बिरंगी सुरंग...थोड़ी–थोड़ी देर में जिसकी खुशबू बदल जाती है। मुझे सामान को देखने के लिए उचकना पड़ता है। कई बार वे अपने–आप मेरे ऊपर गिरते हैं और माँ हड़बड़ा जाती हैं। वे जमीन से उठाकर उन्हें उनकी जगह जमाने लगती हैं। दुकान का लड़का आसपास रहता है तो लपकता हुआ पास आता है। तब माँ छोड़ देती हैं गिरे सामान को और आगे बढ़ जाती हैं। पीछे दुकान का लड़का उन्हें तुरत–फुरत जमा देता है। ऐसा हर बार होता है कि 'सुपर मार्केट' में मेरे ऊपर सामान गिरते हैं। माँ खीझती हैं, पर मैं क्या करूँ? मैं उन्हें नहीं गिराती, वे अपने–आप मेरे ऊपर गिरते हैं।

पापा साथ रहते हैं तो ऊपर के सामान को देखने के लिए मैं उनकी गोद में जा सकती हूँ। मैं जब पापा की गोद में रहती हूँ तो मेरा सिर उनके सिर से भी ऊपर आ जाता है। ऊपर से देखो तो सब बदल जाता है। नीचे से देखो–जैसा ऊपर से नहीं दिखता। पर ऊपर से देखो तो नीचे रखे सामान नहीं दिखते–साफ–साफ, इसीलिए माँ को नीचे झुकना पड़ता है। वे जब झुकती हैं, शर्माते हुए झुकती हैं। वे सामान को

हाथ से उठाकर ऊपर लाती हैं–अपनी ऊँचाई तक, फिर उसे देखती हैं गौर से। कीमत देखती हैं...देखती हैं कि उसमें कोई इनाम-विनाम है या नहीं।

चाय-पत्ती हमने वह ली–जिसके पैकेट पर 'दिन दहाड़े लूट' छपा था। दो साबुन खरीदने पर एक मुफ्त नहाने का साबुन हमने खरीदा। बर्तन माँजने के 'बार' के भीतर कार निकलने का 'चांस' था। पाउडर हमने वह लिया जो एक खरीदने पर एक मुफ्त मिल गया। सभी चीजों के भीतर इनाम छिपे रहते हैं। माँ कहती हैं–भाग्य है तो किसी दिन कार भी मिल सकती है...नहीं तो वाशिंग मशीन तो मिल सकती है। कभी-कभी जब काम वाली बाई नहीं आती है तो माँ को कपड़ा धोना पड़ता है...कितनी परेशानी होती है!

'सुपर मार्केट' में पाँच सौ का सामान खरीदने पर एक कूपन मिलता है। कूपन को 'स्क्रैच' करो तो तुरन्त इनाम निकलता है। हम इतना सामान हर महीने खरीदते हैं कि कम-से-कम तीन कूपन हमें मिल जाते हैं। कभी-कभी तीसरे कूपन के लिए माँ को सौ-दो-सौ का सामान और खरीदना पड़ता है। टोकनी से दो कूपन मैं चुनती हूँ...एक माँ चुनती हैं। 'स्क्रैच' तीनों को मैं ही करती हूँ। मुझे 'स्क्रैच' करना अच्छा लगता है। इनाम में कभी पोहे का पैकेट, कभी पाउडर का छोटा डिब्बा, कभी नमक का पैकेट, कभी कोई क्रीम निकलती है। जो चीज इनाम निकलती है वह हम पहले खरीदे रहते हैं तो माँ दुःखी होती हैं कि अरे अब इसका क्या करेंगे? 'सुपर मार्केट' में रखे इनामी टीवी और वाशिंग मशीन अब तक किसी कूपन से नहीं निकले हैं...पर किसी दिन निकल सकते हैं।

घर में वापस आते ही हम उन सब चीजों को खोल डालते हैं, जिनके भीतर इनाम छिपे होते हैं। चाय-पत्ती को उलट डालते हैं जार में कि एक कूपन दिख जाए, जिससे माँ सोने की दुकान से अपनी पसन्द के गहने, एक मिनट के भीतर, दौड़-दौड़कर उठा सके। माँ सोचती हैं कि एक मिनट में वे इतने गहने उठा लेंगी कि गहनों से लद जाएँगी। हमारे यहाँ रखे सारे साबुनों के रैपर खुले होते हैं।

अबूझ शब्द : अबूझ डर

(टीवी से एक-साथ कितनी आवाजें आती हैं...एक साथ कितने शब्द...एक-साथ कितने दृश्य! जिस कमरे में टीवी रहता है–वह कमरा टीवी की आवाज, शब्दों और दृश्यों से भर जाता है, पर आसपास कमरे और गलियारे भी टीवी के घेरे में होते हैं। इन दिनों, घरों में सबसे अधिक आवाजें, शब्द और दृश्य टीवी के दिए हुए हैं।)

जिन्हें मैं सुनती हूँ, उन सारे शब्दों के अर्थ मैं नहीं जानती। कुछ शब्द सुनने में कितने अच्छे होते हैं कि सुनो तो लगता है कि और सुनो...कुछ ऐसे होते हैं कि जिन्हें सुनकर लगता है कि उनके भीतर कुछ और है जो अच्छा नहीं है। ऐसे शब्दों से मुझे

डर लगता है, पर मैं किसी से कहती नहीं हूँ। मैं पापा से ऐसे शब्दों के अर्थ नहीं पूछती जो मुझे अजीब लगते हैं। अच्छे लगते शब्दों के अर्थ मैं तुरन्त पूछ लेती हूँ। पापा खुश होकर बताते भी हैं...समझाते रहते हैं देर तक। कभी धोखे से किसी गड़बड़ शब्द का अर्थ मैं पूछ लेती हूँ तो पापा फँस जाते हैं...चुप हो जाते हैं। क्या कहें, क्या न कहें...उन्हें कुछ समझ नहीं आता। मैं समझती हूँ कि वे मुझसे झूठ नहीं बोलना चाहते। (वे, शब्द से भी झूठ नहीं बोलना चाहते।) वे कहते हैं कि बड़ी हो जाओगी बेटा, तो अपने-आप समझ जाओगी। कुछ शब्द सिर्फ अपने-आप समझने के लिए होते हैं।

मेरे पास एक छोटी-सी डायरी है...मेरी हथेली से बस थोड़ी-सी बड़ी डायरी। उसके एक पन्ने पर, बड़े अक्षरों में लिखें तो सिर्फ एक शब्द आसानी से आता है। पर वह शब्द इतना बड़ा होगा कि दूर से देखो तो भी दिखेगा। वह डायरी मैं छिपाकर रखती हूँ—अपने 'बैग' में। पापा 'बैग' को 'बस्ता' कहते हैं। मेरे बैग में एक छोटी-सी जगह है—बैग के भीतर के ऊपरी हिस्से में, चेन-लगी। वह ऐसी जगह है जो कभी-कभी मेरे ध्यान से भी बाहर चली जाती है। (पर डायरी रखने के लिए वह सबसे अच्छी जगह इसीलिए है।)

गड़बड़ शब्द, मेरी उस डायरी में छिपे हैं और बढ़ते जा रहे हैं। जो शब्द मुझे समझ आता जाएगा, मैं उसे काटती जाऊँगी। पर डायरी से वे बाहर कहाँ होंगे...डायरी में तो रहेंगे ही...एक लकीर से कटकर डायरी में, मरे पड़े रहेंगे। डायरी के पूरे शब्द कट जाएँगे तो मैं डायरी फाड़कर फेंक दूँगी।

रंग बदलते चाँद, सूरज, पहाड़

मैंने एक दिन अपनी माँ से कहा कि मेरी गुड़िया ने आज देर तक मुझसे बात की। माँ मुस्कुराने लगीं, जैसे नहीं मान पा रही हों कि गुड़िया ने मुझसे बात की है। माँ को क्यों ऐसा लगता है कि सिर्फ मैं अपनी गुड़िया से बात करती हूँ और गुड़िया चुप रहती है? गुड़िया बोलती है—यह वे क्यों नहीं मानतीं? दादी तो मानती हैं कि मेरी गुड़िया मुझसे बतियाती है।

मैं जब और छोटी थी तो 'ड्राइंग' करती तो दादी से पूछती, "दादी, चन्द्रमा को कौन-सा रंग दूँ?"

"जो तुम्हारी इच्छा हो...जो रंग तुम दोगी, चन्द्रमा उस रंग का हो जाएगा।" दादी कहतीं।

"और पेड़ को कौन-सा रंग दूँ?" मैं पूछती।

"जो तुम्हारी इच्छा हो...जो रंग तुम दोगी, पेड़ खुशी-खुशी उस रंग का हो जाएगा।"

"सच?" मैं कहती।

"सच!" दादी कहतीं।

इस बात को सिर्फ मैं और दादी समझते हैं कि अपनी 'ड्राइंग बुक' में मैं किस रंग से रँग देती हूँ चिड़िया, मछली, नदी, पेड़, बादल, आकाश, चाँद, पहाड़...सब उस रंग के हो जाते हैं–खुशी–खुशी।

फूल का कहना सुनो, जैसे सुना चिड़ियों ने, मछली ने, नदी ने, पेड़ ने, धरती ने, चाँद ने, पहाड़ ने...फूल ने चाहा कि चन्द्रमा हो जाए गुलाबी तो चन्द्रमा हो गया गुलाबी। फूल ने चाहा कि पेड़ हो जाएँ नीले तो पेड़ हो गए नीले। फूल ने चाहा कि लाल दमके पहाड़ तो लाल दमका पहाड़। फूल ने चाहा कि आसमान झोपड़ी की छत पर आकर टिक जाए तो वह आकर टिका और फूस के रंग का हो गया। फूल के मन पर चिड़ियों ने बदला अपना रंग। फूल ने चाहा तो शेर को बिल्ली बनने में खुशी हुई...।

तो फूल कुछ कहें तो ईश्वर को सुनना चाहिए ध्यान से...सुननी चाहिए मनुष्य को फूलों की कोमलता।

रचना-वर्ष–2001 : 'इंडिया टुडे' साहित्य वार्षिकी-2002

टीला

वह टीले पर बैठा था–चुप और गुमसुम। पैर पेट की ओर मुड़े हुए थे और घुटनों पर कोहनियाँ थीं। अपनी हथेलियों में वह अपना चेहरा थामे था। हथेलियों के बीच काला चेहरा था–ठेठ काला और चेचक के गहरे दागों से भरा। सबसे अधिक दिखती नाक थी–पीछे दबी और सामने को पसरी। सबसे कम दिखती देह थी–दुबली और पतली। सिर पर लाल पंछा था जो उसके कन्धे तक लम्बे, तेल चुपड़े बालों को समेटे हुआ था। कमर में लँगोटी थी–मटमैली सफेद। पीठ नंगी थी और सीना नंगा था और अभी पैरों के पीछे छिपा पेट भी नंगा था।

(वह जब कभी गाँव से बाहर निकलता तो पंछा सिर से उतरकर उसकी कमर में आ जाता और बाल कन्धे को छूने लगते। बंडी से ढक जाती पीठ तो सीना और पेट भी। उसकी इच्छा होती तो वह बालों को एक तिरछे जूड़े में बदल देता और पूरी ठसक के साथ गाँव से बाहर निकलता–अगर निकलता तो, कि निकलना बहुत कम था।)

टीले के आसपास, दूर-दूर तक सुनसान था तो वह सुनसान पर बैठा था। आज उसका अड़तीसवाँ जन्मदिन था। और उसे पता नहीं था कि आज का दिन उसके जन्म का है। उसे जन्मदिन कभी मालूम नहीं रहा। जन्मदिन, पढ़ने-लिखने जाओ तो गुरुजी रच देते थे। जो पढ़ने नहीं जाते थे, उनका कोई जन्मदिन नहीं था। उसके जन्म का दिन गुम गया। वह पढ़ने गया नहीं तो जिस दिन उसका जन्म हुआ, उसके आस-पास का दिन भी उसके पास नहीं रहा। जन्म का दिन तो जो पढ़ने जाते थे, उनका भी गुम जाता था। गुरुजी का रचा दिन, उनके जन्म के दिन से कभी-कभी बहुत दूर का दिन होता था और जीवन-भर साथ बँधा रहता था। यह भी सच है कि बँधे-बँधे वह दिन असली जन्मदिन बन जाता था। जन्मदिन उसके लिए जैसे दीमक की दूह की, मिट्टी का ढेला था कि छुओ तो बिखर जाए और हथेली में सिर्फ धूल रह जाए और धूल यह न कह सके कि वह दीमक के दूह की है। (वह दिखने में अड़तीस से अधिक था। पिछले कुछ बरस उसके एक-एक जन्मदिन में कई-कई जन्मदिन इकट्ठा करते गए थे।)

वह सुबह से भटकता रहता था–नशे की लहरें इकट्‌ठी करता। और जब वे उसके भीतर इतनी जमा हो जातीं जितनी उसकी जरूरत थी...जितनी उसके मन की जरूरत थी तो वह नशे की, उठती-गिरती लहरों के साथ टीले पर आकर बैठ जाता था और अपने भीतर उठने-गिरने लगता था। पर आज वह नशे की लहरों में नहीं था। वह सुबह से बैठा था–इसी तरह। वह हिलता-ढुलता भी नहीं दिख रहा था। दूर से कोई उसे देखे तो काले पत्थर की मूरत को देखे।

टीले के आसपास, कँटीली झाड़ियाँ थीं और थोड़ी दूरी पर एक विशाल बरगद का पेड़ था। बरगद का पेड़ इतना पुराना था कि जमीन तक पहुँचकर जड़ हो गई जटाओं के भीतर था। धरती पर वह आदमी जीवित नहीं था, जिसने उस बरगद को पौधा देखा था। टीले पर बैठे आदमी ने बरगद को जटाओं में ही देखा था। उसका बचपन बरगद की जटाओं में झूल चुका था और जटाएँ झूल चुकी थीं उसके बचपन में, पर उसे बरगद का बढ़ना नहीं दिखा था। (पौधों का बढ़ना दिखता है...बूढ़े पेड़ों का बढ़ना कितना लुप्त होता है! बूढ़े पेड़ भीतर ही भीतर बढ़ते हैं...पकते हैं...और अन्त में नष्ट हो जाते हैं...तो सीधे उनका नष्ट हो जाना दिखता है।)

बरगद के आसपास ही, थोड़ी दूरी पर–पीपल, नीम, साल, सेमल के पेड़ हैं। साल और सेमल बहुत हैं। सेमल की रुई वहाँ उड़ती रहती है–नाचती-सी और उसके फूलों का रंग लाल, जागता रहता है। देखो, बूढ़े पेड़ों में नहीं उग रहे हैं बूढ़े फूल! देखो, बूढ़े पेड़ों के फूल उनकी मुस्कान हैं, जैसे किसी बूढ़े चेहरे में बच्चे की मुस्कान! (सभी पेड़ बूढ़े हो रहे हैं!) बबूल के पेड़ भी हैं और बहुत अधिक हैं, दूर-दूर तक छिटके...नदी को घेरे से–नदी के किनारे तक खड़े। नदी की सतह पर बबूल के साथ-साथ पीपल, नीम लाल, सेमल के डोलते पेड़ हैं।

बबूल के पेड़ आदमी को दातौन दे देते हैं। अलस्सुबह, वह टीले पर बैठकर बहुत देर तक अपने दाँतों को घिसता रहता है। इतना कि लम्बा दातौन घिसते-घिसते अंगुल-दो अंगुल बचता है। काले चेहरे पर मोती चमकते हैं। फिर वह नदी में उतरता है–पंछा लपेटकर। उसकी उतरी लँगोटी टीले पर उसका इन्तजार करती रहती है। फिर वह नदी से बाहर आता है। गीली देह पर ही लँगोटी बाँधता है। और पंछे को निचोड़ता, हवा में फटकारता, चल पड़ता है आबादी की ओर–नशे की लहरें इकट्‌ठी करने। टीले पर वह इस तरह बैठता है, जैसे टीले पर पैदा हुआ हो। देखो, बारिश है और वह टीले पर बैठा है...देखो अंधड़ है और वह टीले पर बैठा है...देखो आसमान से आग बरस रही है और वह टीले पर बैठा है।

टीला अपने पर उगे झाड़-झंखाड़ को महसूस करता था और अपने पर बैठे रहने वाले इस आदमी को भी। टीले के भीतर यह इच्छा उमड़ती-घुमड़ती रहती थी कि वह इतना उठे कि पहाड़ बन जाए–ऊँचा, और आदमी के लिए कठिन हो जाए। टीले

को यह पता नहीं था कि आदमी की झोपड़ी पहाड़ी पर थी। पहाड़ी से वह हर सुबह उतरता–एक पगडंडी पकड़कर, और उसी पगडंडी को पकड़कर वापस पहाड़ी चढ़ता था। पहाड़ी से कई पगडंडियाँ उतरती थीं और नदी में डूब जाती थीं। नदी, पहाड़ी को घेरे बह रही थी। पगडंडियाँ पैरों का निशान थीं–हजारों-हजार पैरों का। पहला आदमी जो बरसों-बरस पहले पहाड़ी चढ़ा और उतरा होगा–अब जीवित नहीं था, पर पगडंडियों में उसके पैरों के निशान जीवित थे। पगडंडी पर चलते हो तो हजारों-हजार पैरों की, हजारों-हजार बरस पुरानी ध्वनियों के साथ चलते हो।

टीले से नदी दिखने की दूरी पर थी। नदी चट्टानों पर बहती थी और बहुत आवाज करती थी। टीला, हमेशा नदी को बहते देखता रहता था–एकटक। टीले तक, नदी के बोलने की आवाज बहुत साफ-साफ आती थी। टीला नदी को सुनता कि नदी उसे पुकारती रहती।

टीले पर बैठे-बैठे आदमी भी नदी को सुनता। नदी की आवाज सुनते-सुनते वह अपनी आँखें बन्द करता तो टीला धीरे-धीरे अपनी जगह से खिसकने लगता। थोड़ी देर बाद छप् की आवाज आती और वह समझ जाता कि टीला नदी में उतर गया है। टीला नदी में बहता जाता...बहता जाता...जैसे कोई विशाल हाथी। वह टीले पर बैठे-बैठे ही नदी को अपने पैरों और हथेलियों में महसूस करता–गीली और ठंडी नदी। कभी-कभी उसके चेहरे पर भी नदी के छींटे आते।

नदी, चट्टानों को कहते बह रही थी और चट्टानें नदी को कहतीं, ठहरी हुई थीं–पर आदमी आज दोनों को नहीं सुन पा रहा था। उससे आज टीले पर बैठकर रोज की तरह कुछ भी नहीं किया गया। टीला आश्चर्यचकित कि उस पर कोई दूसरा आदमी तो नहीं बैठा है?

टीले पर बैठा आदमी, अकेला रह गया था...इतना अकेला जैसे आसमान में भटकता कोई पक्षी...इतना अकेला जैसे हवाओं में तैरता कोई पत्ता...इतना अकेला जैसे बादलों के बीच चमकी और गुम हुई बिजली...

पाँच भाइयों और एक बहिन में वह सबसे छोटा भाई है। बहिन ससुराल चली गई है। बहिन कभी-कभी पुकारती है तो पहाड़ी में–उसकी झोपड़ी तक आती है बहिन की आवाज। तब उसकी पुकार से उसे लगता है कि अकेला नहीं है। पर झोपड़ी में देर तक नहीं ठहरती थी बहिन की आवाज। आवाज, पहाड़ी उतरती कि दूसरी पहाड़ी चढ़ सके–अपनी ससुराल। और वह फिर अकेला हो जाता। भाई, पहाड़ी उतरे तो किसी दूसरी पहाड़ी पर नहीं चढ़े–आबादियों की ओर चले गए। इतनी भीड़भाड़ कि गुम गए। कमीज-पतलून पहनते हैं। कमीज के भीतर नहीं है बंडी तो पतलून के भीतर नहीं है लँगोटी। उनकी आवाजें बदल गई हैं–इतनी कि

इस छोटी पहाड़ी को चढ़ना, उनकी आवाजों के लिए मुश्किल है...घर तक पहुँचना मुश्किल है कितना!

उसकी पहाड़ी पर आठ घर हैं—आठ झोपड़े। कई बरस से हैं। अब झोपड़े बढ़ते नहीं हैं। झोपड़े, बनने से पहले ही पहाड़ी उतर जाते हैं। वह इन आठ में से किसी भी झोपड़े के भीतर जा सकता है—बेधड़क। पर सगे भाई-बहन तो सगे भाई-बहन होते हैं। याद आते हैं और जब-जब याद आते हैं, वह अकेला हो जाता है। औरत हो साथ, तो भी अकेला। माँ थी और बाबू थे तो कम आती थी भाई-बहनों की याद। माँ पहले गई। फिर पीछे-पीछे बाबू गए, जैसे माँ के लुगड़े का छोर उनके हाथ में फँसा रह गया हो—माँ के मरने के बाद भी। माँ भोली थी। बाबू उससे भी अधिक भोले। (सभी भोले हैं...पूरी पहाड़ी ही भोली-भाली है।) बाबू अपनी दुनिया में मगन आदमी थे। उनकी दुनिया में पीतल आकार पाता था। उनकी अँगुलियों में जादू था...और जादू के भीतर जादू था, और फिर उस जादू के भीतर भी जादू था। वे धातु से जो गढ़ते—वह सबको खींचता। यह ऐसा जादू था, जो पहाड़ों पर बसे, इन आठ घरों के गाँव को पार कर, नीचे आबादियों में पसरता गया था। जादू का मोल कौड़ी का ही था। पर बाबू को खुशी थी कि उनके आकारों के लिए लोग पहाड़ी चढ़ते हैं : पढ़े-लिखे सभ्य लोग। (एक आदमी बार-बार आता था, जिसके सिर पर कन्धे को छूते लम्बे बाल थे और लम्बी उलझी दाढ़ी थी—सफेदी की ओर गिरती। कुरता और लुंगी पहना आदमी : लुंगी हमेशा सफेद रहती और कुरता कभी-कभी रंगीन-छींटदार हो जाता था। वह दिखने में संत था—स्वामी। बहुत बाद में पता चला कि वह खुद कलाकार है कि उसकी कला में पहाड़, चिड़ियों के साथ उड़ते हैं।)

बाबू की अँगुलियों का जादू धीरे-धीरे उसकी अँगुलियों में उतरा—बरसों लगे। वह अपने बचपन से बाबू को काम करते देखता रहा है। अभी टीले पर जैसा बैठा है, ठीक वैसा ही बैठा, घुटनों पर कोहनी और हथेलियों में अपना चेहरा लिये—छोटा-सा लड़का, घंटों अपने बाबू को काम करते देखता रहता। बाबू की पीठ-पीछे झोपड़ी रहती और लड़के की पीठ-पीछे ढलान उतरता सलफी का पेड़, बाड़ से टिका खड़ा रहता। सलफी के पेड़ और झोपड़ी के बीच वह जगह थी, जहाँ जादू रचा जाता। बाबू पहले मिट्टी से आकृति गढ़ते—पेड़, चिड़िया, ईश्वर, मछली, मनुष्य...। बाबू के साथ-साथ वह भी कोशिश करता। बाकी चारों भाई इधर-उधर होते रहते और उनकी हँसी झरती रहती—बाबू की पीठ पर और उसके चेहरे पर और मिट्टी को साधती उसकी हथेलियों पर। मिट्टी उसकी नन्ही अँगुलियों में सधती नहीं तो वह जो सोचता, वह आकार न सधता। वह झुँझलाता, पर फिर कोशिश करता। बाबू की अँगुलियों की ओर देखता, ध्यान से कि वे कितनी तेजी से नाचती हैं—मिट्टी के लोंदे पर! मिट्टी, मिट्टी नहीं रह जाती। वह झुँझलाता कि मुझसे क्यों नहीं होता?

बाबू से पूछता। बाबू कहते–सब धीरे-धीरे होता है, जैसे कुम्हड़े का फूल खिलता है धीरे-धीरे और धीरे-धीरे बनता है फल–इतना बड़ा कि कइयों का पेट भरता है। बाबू ने यह कहा तो झोपड़ी की छत पर उसे कुम्हड़े की नार दिखी–जैसे बाबू को सुन खुश होकर काँप रही हो...खुशी से काँपता कुम्हड़े का फूल दिखा...कुम्हड़े का बड़ा-सा फल दिखा खुश-खुश चमकता।

वह पूरे उत्साह से देखता रहता बाबू को जीवन गढ़ते। उसकी अँगुलियाँ बाबू की अँगुलियों को देखती रहतीं। जब मिट्‌टी की आकृति सूख जाती तो बाबू की अँगुलियों में मोम, मोटे-पतले धागों-सा बटकर आता और मिट्‌टी की आकृति को लपेटता जाता। आकृति सजती जाती। आकृति, मोम से सारे गहने-गुरिया पहन लेती। बाबू सजी-सँवरी आकृति में फिर मिट्‌टी लपेटते। सब-कुछ ढक जाता मिट्‌टी के नीचे। मिट्‌टी लिपटी आकृति, धूप में सूख रही होती तो भीतर क्या है–इसका हलका-सा अंदाज लगता कि मनुष्य है कि चिड़िया है कि पेड़ है कि ईश्वर है...कि बाबू ने जो गढ़ा है उससे अलग मिट्‌टी के भीतर, कुछ गढ़, बन और पक रहा है।

झोपड़ी की दाईं ओर भट्‌टी थी, जिसमें बाबू पीतल के टुकड़े पिघलाते थे। बहुत समय लगता, पर पीतल पानी हो जाता। धातु को पानी होता देखना कितना अच्छा लगता है! पीतल-पानी को बाबू उस छेद में डाल देते जो गढ़ी आकृति में, मोम तक पीतल-पानी पहुँचाने के लिए, वे पहले से छोड़कर रखे होते। पीतल-पानी छेद से भीतर जाता और मोम की जगह बैठता जाता...मोम, पीतल-पानी को जगह देने, हवा बन, उसी छेद से बाहर आता...आस-पास मोम की गन्ध ही गन्ध होती...धातु की गन्ध रहती–जलती गन्ध। जब आकार ठंडा हो जाता तो मिट्‌टी तोड़ते। मिट्‌टी तोड़ते तो जादू बाहर आता। आकृति, कहीं-कहीं चमकती-सी और कहीं-कहीं काले धब्बों में होती। बाबू आकृति को धोते-माँजते तो वह साफ चमकने लगती। पर अनगढ़ता के धब्बे बने रहते...अच्छे लगते। बाबू की आकृतियाँ इसीलिए सबसे अलग थीं कि वे बहुत सावधानी से गढ़े जाने के बाद भी अनगढ़ थीं–इतनी सहज जैसे किसी बच्चे का मन थीं।

गढ़ने का सब काम झोपड़ी से बाहर था तो बाबू बस खाने और सोने झोपड़ी के भीतर जाते थे। सोना और खाना भी कभी-कभी भूल जाते थे, पर पीना कभी नहीं भूलते थे। दिन-भर सलफी पीते। और उसे दिन में एक बार सलफी के पेड़ पर जरूर चढ़ना पड़ता। सलफी के पेड़ पर–एकदम ऊँचे पर टँगी मटकी में, सफेद द्रव्य भरा रहता–झागदार। जैसे-जैसे धूप बढ़ती, द्रव्य खट्टा होता जाता और द्रव्य के भीतर नशा गहराता जाता। तो बाबू सुबह से शुरू करते और दोपहर तक पूरी मटकी पी जाते। माँ लाँदा बनाती तो लाँदा भी पी जाते। (मड़िया और चावल पकता और चार-

पाँच दिन रखा रहता तो लाँदा बनता।) लाँदा बनता तो सब खाने की जगह लाँदा ही पीते। हलका-हलका नशा दिमाग में कुछ देर बना रहता—अच्छा लगता।

बाबू के पास बहुत नशा होता। सलफी भी होती तो लाँदा भी होता तो ताड़ी भी होती तो महुआ भी होता। महुआ अक्सर रात में होता। होता तो माँ और बाबू में झगड़ा भी होता। वे माँ को पीटते तो माँ भी उन पर हाथ चलाती। लगता दोनों एक-दूसरे को मार डालेंगे। पर एक-दूसरे को पीटते-पीटते जब वे थक जाते तो उनके बीच धीरे-धीरे प्यार उठता। प्यार उठता और उठता जाता...

माँ का यह दुःख नहीं था कि झोपड़ी की ओर बाबू की पीठ है। सारे आदमियों की पीठ झोपड़ी की ओर ही थी। घर औरतों में था। आदमी नशे की लहरों में ज्यादा थे, काम में कम। औरतें मेहनती थीं, जैसे माँ—सुबह उठती...जंगल जाती...लकड़ी बीनती...कंद-मूल खोदती...भाजी तोड़ती...महुआ बीनती...भात पकाती...साग पकाती...बाजार जाती...नमक लाती...पहाड़ी की किसी सीधी पगडंडी से उतरती जो उसे बहुत तेज नीचे उतारती कि वह सब कुछ जल्दी निपटा सके, साँझ घिरने से पहले सौदा-सुलफ लेकर घर पहुँच सके। (साँझ घिरते ही, डर घिरता था।) बाजार जाती माँ के सिर पर टोकनी होती, जिसमें चार, महुआ, इमली आदि होते जो बाजार पहुँचकर, बदल जाते किसी उस वस्तु में जो जंगल देता नहीं था। अक्सर नमक में ही बदलते। नमक ही स्वाद था। वह नमक के लिए ही बाजार जाती थी। पैसा बचता तो ही कुछ और सौदा करती, नहीं तो नमक लेकर ही वापस आ जाती थी। वह नमक सहेजती थी। नमक खत्म हो जाता तो बेचैन हो जाती थी। नमक माँगने जाती—किसी झोपड़े में तो मुट्ठी-आधी मुट्ठी नमक मिल जाता कि काम चल सके, कि माँ जब-जब बाजार कर लौटती तो वह मुट्ठी-आधी-मुट्ठी नमक याद से वापस कर देती। कोई नमक माँगने आता तो तुरन्त दे देते हैं। पर हाथ में कोई किसी को नमक नहीं देता है। नमक का दोना जमीन पर रख देते हैं। कहते हैं कि हाथ में नमक दो तो झगड़ा होता है। झगड़ा सब करते हैं, पर झगड़े से सब बचना भी चाहते हैं।

माँ उसे इतनी मेहनती लगती कि आकार गढ़ते बाबू शर्म लगते। उसे लगता था कि बाबू का काम माँ के काम से कम मेहनत का है कि बैठे-बैठे गढ़ो। माँ दौड़ते-भागते गढ़ती थी। पहाड़ चढ़ती-उतरती थी। नदी पार करती। सड़क लाँघती। दिनभर लगी रहती तो साँझ और सुबह के लिए भात-भाजी इकट्ठा कर पाती थी। माँ कभी बीमार पड़ जाती तो सब कुछ बिखर जाता। कुछ भी समय पर न घटता...न झोपड़े के भीतर...न झोपड़े के बाहर...न पहाड़ी के जंगल में...न पहाड़ी के नीचे नदी में...न नदी के पानी में मछलियों के बीच...कुछ भी समय पर न घटता। दूर कहीं लगे बाजार में एक औरत महुआ, इमली, कन्द-मूल आदि के बदले नमक खरीदने खड़ी नहीं होती और बाजार से उस औरत का समय छूट जाता।

तो जब माँ नहीं रही तो झोंपड़े में माँ के किए-धरे का समय बहुत दिनों तक नहीं घटा। समय रुका रहा। फिर वह घटने लगा। घटा, पर वह माँ के किए-धरे का नहीं रहा। वह बाबू के किए-धरे का समय बना–अनगढ़ (ठीक उनके आकारों की तरह) जिसे बार-बार सहेजो तो बार-बार बिखर जाता था। फिर बहन बड़ी हुई तो माँ का समय फिर घटने लगा। बहन के रहते-रहते ही भाइयों की शादियाँ हुईं, पर उनकी औरतें घर में ठहरी नहीं–इस तरह कि झोपड़ी में उनका समय घटे। तो झोपड़े में बहन का समय ही बना रहा। बहन गई ब्याह कर, तो बाबू और वह फिर अकेले हो गए। तब झोपड़े में उसका समय घटने लगा। ठीक-ठीक उसका बस नहीं–वह बाप-बेटे का मिला-जुला अनगढ़ समय था जो लगभग साल-भर घटा। फिर घोटुल में वह दिखी, जिसके ऊपरी ओंठ के बाईं ओर एक छोटा-सा मस्सा था। चेहरा गोल था और माथे पर उसकी माँ की तरह का गोदना! उसके हाथों और पैरों में भी था गोदना (उसकी पीठ पर भी गोदना था और...)

वह घर आई तो एक बार फिर माँ का समय घर आया। पर बाबू उसके आने के बाद कुछ माह तक रहे, जैसे इन्तजार कर रहे हों कि झोपड़ी में माँ के समय को देखें एक बार फिर, और चले जाएँ–ऊपर। (वह आसमान की ओर आज भी देखता है तो बाबू को खोजने लगता है।) बाबू नहीं रहे तो बाबू की जगह वह बैठने लगा–झोपड़ी की ओर पीठ कर और आकार गढ़ने लगा। उसे लगा कि अब आकार गढ़ते उसके हाथ पूरी तरह सधे हुए हैं : पके हुए। ऐसा बाबू की जगह बैठने पर हुआ, जैसे वह जगह जादू हो। इससे पहले भी वह बरसों बाबू के सामने बैठकर गढ़ता रहा था, तब झोपड़ी की ओर उसका चेहरा होता था और उसे लगता था कि उसके हाथों में पूरा सधना नहीं है।

वह बाबू की जगह बैठा तो बाबू की तरह हो गया। दूर से देखो तो बाबू बैठे दिखते कि वे मरे नहीं हों। (देखो, बहुत बूढ़े बाबू अपनी उम्र घटाकर फिर बैठ गए धीरे-धीरे बूढ़ा होने!) अन्तर इतना था कि सलफी के लिए पेड़ चढ़ने उसके पास कोई बेटा नहीं था। पहला हुआ तो कुछ दिन बाद मर गया। दूसरा हुआ तो कुछ और ज्यादा दिन रहा और मर गया। तीसरी लड़की थी, बहुत दिन जीवित रही। बहुत सुन्दर। वह आकार गढ़ता होता तो पीछे आती चुपचाप, और उसकी पीठ पर लद जाती। थोड़ी देर, बेटी को वह अपनी पीठ पर झुलाता रहता झूला और उसके सीने पर बेटी के नन्हे हाथ डोलते और बजते रहते। बेटी हँसती रहती, जब तक झूलती रहती उसकी पीठ। पीठ ठहरती तो बेटी उतरकर दौड़ पड़ती खेलने-कूदने। बेटी, उसके कन्धों तक आते जीवित रही। एक दिन लड़कियों के साथ जंगल गई–लकड़ी बीनने। भालू ने पकड़ लिया। लड़कियाँ दौड़ती-चीखती वापस आईं। बेटी आई तो लहूलुहान आई। बची नहीं। पर वह आकार गढ़ने जब भी बैठता है (अब वह रोज बैठता नहीं...मन फट

चुका है।) उसकी पीठ को लगता है कि बेटी आएगी और लद जाएगी। कभी-कभी उसकी पीठ अपने-आप झूलने लगती है...झूलती जाती है...झूलती रहती है...जैसे कोई पागल पीठ।

तो आदमी टीले पर बैठा था—चुप और गुमसुम। ऊपर पहाड़ी पर साँझ थी और उसकी झोपड़ी में लोग इकट्ठा हो चुके थे। झोपड़ी में, ठीक चूल्हे के पास, उस आदमी की औरत मरी पड़ी थी। पास ही टाँगी पड़ी थी—खून से सनी और खून के दाग पर रखी। खून का धब्बा, मिट्टी के फर्श पर बड़े घेरे में बना हुआ था—औरत की गर्दन को छूता। औरत खून के धब्बे में डूब रही थी। औरत का चेहरा अवाक् था जैसे वह अचानक चली टाँगी के वार को अब भी देख रही हो। झोपड़ी के फर्श पर भात बिखरा हुआ था और एक जर्मन का तसला दीवार को छूता इस तरह पड़ा था कि लग रहा था कि भात उससे बिखरा था।

कल रात औरत-आदमी के बीच बहुत छोटी बात घटी थी। इतनी छोटी जैसे सरसों का दाना...इतनी छोटी जैसे चींटी का सिर...इतनी छोटी...। वह नशे में रहा था। दिन-भर, रोज की तरह। दिन-भर नशे की लहरें इकट्ठी करते रहो तो रात तक इतनी जमा हो जाती हैं कि पूरी देह हवा में तैरती रहती है। तो जब वह खाने बैठा तो उसकी देह हवा में तैर रही थी—बहुत ऊपर। उसकी औरत ने खाना परोसा—भात के ऊँचे ढेर में, थोड़ी-सी बथुआ भाजी, एक प्याज और दो हरी मिर्चें थीं। खाना रोज की तरह ही था। भाजी बदलती थी, इस तरह कि कभी-कभी नहीं रहती थी और बाकी सब ऐसा ही रहता था। पता नहीं क्या हुआ कि उसने खाना शुरू किया और भाजी खत्म हो गई और भात बचा रह गया। उसका गला ऐसा नहीं था कि सूखा भात गड़े, पर पता नहीं क्यों भात गले में गड़ा। देह हवा में ज्यादा ऊपर थी शायद...शायद इसलिए यह हुआ। उसने औरत से थोड़ी भाजी और माँगी। बस, वह बड़बड़ाने लगी—दिन-भर पीना...कुछ काम नहीं...मैं ही मरूँ-खपूँ...तू डगर-डगर घूम! वह बोलती गई...बोलती गई। वह भीतर ही भीतर भरता गया...भरता गया। वह इतना भर गया कि उसने बेचैनी से तड़पते चारों ओर देखा। सबसे पहले थाली दिखीं—उसमें आधे से ज्यादा बड़े ढेर में भात दिखा और अधखाया प्याज और अधखाई मिर्चें दिखीं। दीवार पर टँगा तूंबा दिखा। छत में बाँस की कड़ियाँ दिखीं—फूस के बीच से झाँकती। धुएँ में काला चूल्हा दिखा। चूल्हे की बुझती आग दिखी। औरत की पीठ दिखी जो उसकी बड़बड़ाहट पर हिल-डुल रही थी। सबसे अन्त में टाँगी दिखी—दीवार से टिकी रखी और उसका देखना ठहर गया...

औरत को जैसे आभास हो गया। वह मुड़ी तो उसे टाँगी दिखी आदमी के हाथ में, उसके कन्धे से ऊपर उठी। औरत का हाथ, टाँगी के वार को रोकने के लिए

अपने-आप ऊपर उठा। चेहरा अवाक्! टाँगी खच् से उसकी मुड़ी हुई गर्दन में घुस गई। वह चीखी और चूल्हे की ओर लढ़क गई। सारे बर्तन बिखर गए।

आदमी ने खून देखा तो उसे अचम्भा हुआ। खून उसे नशे की लहरों से नीचे उतार लाया। उसे समझ नहीं आ रहा था कि उसने क्या कर दिया। वह औरत की ओर लपका। उसकी परोसी थाली उसके पैरों से टकराई और भात बिखर गया–चारों तरफ खून बहुत तेजी से बह रहा था...औरत मर रही थी–अवाक् उसकी ओर देखती। अचानक आदमी को बिखरे बर्तन दिखे। औरत की दाहिनी बाँह के पास भाजी की गंजी थी। उसमें भाजी नहीं थी। उसे याद आया कि औरत की तबीयत ठीक नहीं थी। वह भाजी तोड़ने बाहर नहीं गई होगी। बची-खुची या पड़ोस से माँगी भाजी औरत ने उसे दी थी। वह रोने लगा...रोता रहा। वह रात-भर अपनी औरत के पास सिर पर हाथ धरे बैठा रहा। सुबह हुई तो मरी हुई औरत की ओर देखने की उसकी हिम्मत नहीं हुई। वह बाहर आया–धुँधली सुबह में। उसने झोपड़ी का दरवाजा बन्द नहीं किया। बस, उढ़का दिया। (पता नहीं क्यों उसे लग रहा था कि हो सकता है औरत सिर्फ बेहोश हो और होश में आए तो झोंपड़ी में बन्द न रह जाए।)

बाहर आकर वह कुछ देर तक क्या करे और कहाँ जाए पर खड़ा रहा। आसमान अँधेरा उतार रहा था और धरती नीली थी। वह दोनों को नहीं देख रहा था। अचानक वह चल पड़ा। वह हर सुबह झोपड़ी से बाहर होने के–अपने रोज के समय में था। वह बिना कुछ सोचे पहाड़ी उतरता, टीले पर होता और नदी में नहाता। देह जो रोज करती है नियमित–वह अपने-आप घटता है। पर आज वह सलफी के पेड़ के पास ठिठक गया। सुबह की नीली रोशनी में पेड़ डूबा हुआ था–धीरे-धीरे काँपता-सा। और उसने सलफी के तने पर अपना सिर टिका दिया। सिर पीटा और सलफी के पेड़ से कहा कि मेरी औरत मरी न हो...मरी हो तो सलफी के पेड़, उसे जीवित करो!

उसने पगडंडी पर पैर रखा। उसे लगा–उसके पैर पगडंडी की धूल में गहरे-गहरे धँस रहे हैं तो उसने पगडंडी से कहा कि वह मरी न हो...मरी हो तो पगडंडी, उसे जीवित करो!

वह पहाड़ी से उतरा तो पहाड़ी दिखी। उसने पहाड़ी की ओर अपना चेहरा किया। पहाड़ी उसे विशाल ईश्वर की तरह दिख रही थी–भव्य। वह पहाड़ी के सामने झुक गया और कई बार वह माथा टेका और कहा कि हमेशा से खडी पहाड़ी, वह मरी न हो...मरी हो तो उसे जीवित कर दो!

वह नदी के पास गया कि नदी, तुम तो मुझे जानती हो कि मैं उसे नहीं मार सकता...वह मरी न हो...मरी हो तो नदी, तुम उसे जीवित कर दो!

उसने चिड़ियों से कहा...उसने उगते सूरज से कहा...उसने आसमान से कहा...उसने धरती से कहा...उसने हवा से कहा...कि वह मरी न हो, मरी हो तो उसे जीवित कर दो!

सबसे आखिर में वह टीले के पास गया और उसने टीले से कहा कि तुम मुझे सबसे अधिक जानते हो...मैं उसे मारना नहीं चाहता था...वह मरी न हो...मरी हो तो उसे जीवित करो!

उसने टीले से कहा और खड़ा रहा इन्तजार करता...खड़ा रहा तब तक कि सूरज सिर पर न आ गया...फिर वह थककर टीले पर ही बैठ गया–रोज की तरह और अब तक बैठा हुआ है...

कल, जब पहाड़ी से लोग उतरेंगे तो टीले पर, एक छोटे टीले को बैठा देखेंगे...

रचना-वर्ष–2001 : कथादेश, जून–2002